시민교육을 위한 역사교육의 이론과 실천

학술총서
04

시민교육을 위한
역사교육의 이론과 실천

김한종 · 구경남 · 이해영 · 방지원 · 나미란
김주택 · 류현종 · 김부경 · 박선경 · 박찬교
공저

책과함께

■ 책을 내면서

　이 책은 역사교육에서 시민교육에 어떻게 접근할 것인지를 주제로 한 공동 연구의 산물이다. 필자들은 지난 3년 동안 이 문제를 함께 공부하고 토론했다. 이 책은 그 결과를 정리하는 성격을 가지고 있다. 근래 시민교육의 문제는 역사교육 연구의 주된 관심사 중 하나다. 이런 경향은 사회 변화가 역사교육에 요구하는 과제에서 비롯되었다. '세계화 시대'는 세계 여러 지역과 나라, 사람들의 교류를 촉진하고 정보의 접근을 손쉽게 했지만, 다른 한편으로 겉으로 드러나는 효율성을 앞세우는 신자유주의 논리를 정당화했다. 성과를 잣대로 하는 평가와 좋은 성적을 얻기 위한 무한 경쟁이 일상화되고, 사람들은 이를 당연한 것으로 받아들였다. 이에 대한 반성은 평화, 인권, 다원성 등 민주적 가치를 되돌아보게 했으며, 배려나 공공선과 같이 구성원들이 함께 살아갈 수 있는 행동이나 도덕적 기준을 논의하게 만들었다. 학교 교육도 이런 가치를 존중하는 사회를 만드는 데 참여할 수 있는 인간을 기르는 데 관심을 가져야 한다는 목소리가 나왔다. 근래 교육부나 일부 교육청들도 민주시민 교육을 새삼 강조하면서 학교 교육에서 실천할 수 있도록 정책적으로 힘을 기울이고 있다.

　그런데 역사교육은 사회 갈등의 대상이 되었다. 21세기에 접어들어 한국의 역사교육은 외적으로는 일본의 역사왜곡과 중국의 동북공정, 내적으로는 유사 역사학, 근현대사 논쟁과 국정 교과서 파동 등으로 연이어 사회적 논란에 휩싸였다. 이는 동아시아 국가들 간에 그리고 한국 사회 내부에 적잖은 갈등을 가져왔다. 이런 문제들을 겪으면서 학교 역사교육의 방향을 고민하는 목소리도 나왔다. 사회구성원이 공유해야 할 가치에 기반을 두는 시민교육으로서 역사교육을 모색하려는 움직임이 대표적이다. 이에 따라 '민주주의를 지향하는 역사교육', '민주시민을 기르는 역사교육'과 같은 말들을 어렵지 않게 들을 수 있게 되었다.

역사학이 인간의 사회적 행위를 다루는 학문이며 역사교육은 그런 역사학의 성과를 내용으로 하는 것이므로, 역사교육은 본질적으로 시민교육의 성격을 가지고 있다. 그런데도 시민교육으로서 역사교육의 성격이나 방법의 논의는 그동안 활발하지 못했다. 여기에는 여러 요인이 복합적으로 작용했다. 가장 큰 문제는 사회를 바라보는 역사학과 다른 학문 간의 관점 차이일 것이다. 다 같이 인간의 사회 활동을 대상으로 하더라도 일반적인 사회과학들은 그것이 만들어내는 사회 현상이나 규칙을 밝히고자 한다. 반면에 역사학은 인간의 판단과 선택, 거기에 들어가 있는 의지와 생각들에 관심을 쏟는다. 그런데 시민교육이 다루는 문제는 주로 전자였다. 또한 역사과목과 사회과의 관계도 한몫을 했다. 학교 교육에서 역사과와 사회과는 갈등 관계에 놓인 적이 많았다. 사회과는 성립 초기부터 시민성의 함양, 민주시민의 양성을 교육 목표로 내세웠다. 사회과의 확대는 학교 교육에서 역사과목 비중의 약화를 초래했다. 더구나 사회과는 민주시민의 육성을 위해 교과 통합 교육의 필요성을 강조했으며, 역사교육이 시민교육임을 내세운다면 사회과 통합의 논리를 받아들일 수밖에 없어서 역사는 사회과의 한 영역에 편입되고 말 것이라는 우려도 존재했다. 역사과와 사회과 간의 이런 갈등 구조는 한국뿐 아니라 미국이나 유럽 등 세계 여러 나라의 공통된 현상이었다. 그렇지만 여기에 얽매여 역사교육이 시민교육의 역할을 버리는 것은, 오히려 학교 교육에서 역사의 입지를 좁히고 위상을 약화시킬 수 있다는 비판도 존재한다. 그래서 역사와 시민교육의 관계를 어떻게 설정할 것인가는 역사교육 연구의 주된 과제가 되었다.

시민교육으로서 역사교육의 방향이나 방법에 대한 논의가 활성화되고 있지만, 시민교육으로서 역사교육이 아직 자리를 잡고 있다고 보기는 어렵다. 근래 발표되는 여러 글들에 제시된 역사교육의 관점이나 학습내용은 이론적 근거를 가지거나 체계적인 연구결과가 아니라 교사들의 수업 아이디어 차원에서 나온 것이 많다. 역사수업을 통한 시민교육의 방안을 논의할 때면 민주적 가치의 인식이나 민주시민 육성이라는 교육 목적에 맞춰 역사적 사실을 해석하거나 평가하고, 역사교육의 내용을 구성하는 역사적 사실들이 시민교육의 자료로 활용되는 데 그칠 수 있다는 고민이 상존한다. 역사교육을 바라보는 관점이나 역사수업의 접근방법이 탈역사적이라는 비판도 여전하다.

이에 우리는 역사교육을 전공하는 입장에서, 시민교육으로서 역사교육의 방향이나 역사수업의 접근방법을 함께 공부하고 고민해보기로 했다. 모임에는 대학과 초·중등학교에 근무하면서 역사교육을 전공하는 연구자들이 참여했다. 모임은 2015년 12월부터 2018년 9월까지 3년 가까이 매달 1회씩 세미나 형식으로 진행되었다. 세미나는 크게 세 단계로 나뉘었다. 처음 1년 동안은 역사교육에서 국가와 시민, 정체성의 문제를 다룬 국내외 역사교육 책을 함께 읽었다. 다음 약 6개월 동안은 관련된 기존 역사교육 연구들을 영역별로 검토했다. 역사교육의 목적, 역사 기억, 평화와 다문화, 통일 문제, 역사인식을 둘러싼 갈등과 논란, 외국 역사교육과정의 시민교육 내용 등을 살펴보았다. 하나하나의 주제를 검토하는 데 많은 시간과 노력을 필요로 했지만, 국내에 소개된 연구들을 중심으로 현황을 개괄적으로 이해하는 정도였다. 이를 바탕으로 모임을 마무리하는 단계로서 역사교육에서 시민교육의 접근방안을 담은 논문을 한 편씩 쓰기로 했다. 이 책은 이렇게 쓴 글을 모은 것이다. 다만 단행본으로서 책의 취지와 체계를 살리기 위해 모임에 직접 참여하지 않았거나 일시적으로 참여했던 필자들의 글을 추가했다. 반면 세미나에는 지속적으로 참가했지만 본인의 사정으로 이번 책에 글을 싣지 않은 필자들도 있다. 책에 실린 대부분의 글은 세미나 과정에서 학술지에 이미 발표한 것들이다(14쪽 '일러두기' 참조). 그렇지만 한 권의 책으로서 일정한 통일성을 위해 글의 형식과 내용을 상당 부분 수정했다.

책은 크게 3부로 구성되어 있다. 1부에는 시민교육을 바라보는 역사교육의 관점과 내용 구성 원리를 담았다. 역사교육에서 시민교육의 접근방법의 기초를 마련하기 위한 이론적 검토라고 할 수 있을 것이다. 2부는 시민적 가치에 주목하는 역사교육의 접근방법을 다루고 있다. 학생들에게 '전달'하는 것이 아닌 학생들과의 '만남', 민족을 넘어선 인권의 관점, 남북갈등을 넘어서는 통합의 지향 등은 이런 가치다. 2부의 글들은 이런 관점의 역사수업 방향과 실천이다. 3부의 글들은 민주사회의 시민에게 필요한 역량을 기르는 역사수업을 제안한다. 역사적 사실을 바라보는 도덕성의 함양, 다원적 관점의 역사인식, 논쟁적인 역사 읽기, 자아정체성의 확립 등은 역사학습에 필요한 능력이면서 주체적으로 사회를 살아갈 수 있는 역량이다. 2부와 3부는 편의상 구분했을 뿐, 글들의 성격이 본질적으로 다른 것은 아니다. 시민교육을 위한 역사교육의 관점과 교실 역사수업의 실천방안을 고민한 것이다.

세미나와 학술지에 글을 발표하는 과정에서 필자들이 함께 검토하고 토론했다는 점에서 책의 내용은 공동 연구라 할 수 있다. 그렇지만 글의 성격상 글에 따라 논지의 차이를 보이는 내용도 있으며, 그 기본적 책임은 필자 개인에게 있을 것이다. 우리는 이 책의 글들이 역사교육을 통해 시민교육에 접근할 때 부딪히는 여러 문제를 해결하거나, 시민교육에 관심을 두는 역사교육 연구를 향한 비판이나 회의적 시각에 대한 명쾌한 답변이 될 수 있으리라고 기대하지 않는다. 그것은 아직까지 우리의 역량을 벗어난 일이며, 역사교육계가 앞으로 지속적으로 고민하고 연구해야 할 문제다. 다만 역사교육 전공자로서 하나의 방향을 제안하거나 사례를 제시하는 것으로 받아들여 주었으면 하는 마음이다.

다른 역사교육 연구서들과 마찬가지로 이 책의 간행을 도서출판 책과함께에 부탁했고, 류종필 대표는 이를 흔쾌히 받아들여 주었다. 필자들로서는 고마울 따름이다. 편집과 교정에 세세히 신경을 써주신 이정우 팀장에게도 감사의 말을 전한다. 필자들은 책의 간행을 계기로 역사교육 연구와 교육에 더욱 매진할 것이다. 모쪼록 이 책이 학교 역사교육의 방향에 대한 논의를 활성화하고 역사교육 연구를 다양화하는 작은 디딤돌이 되었으면 한다.

2019년 2월
필자들을 대표하여 김한종

3 │ 비공식적 역사 읽기를 통한 논쟁적 역사인식 323

4 │ 이봉창의 자아정체성 탐구를 통한 역사학습 365

일러두기

이 책의 글은 각 필자가 학술지에 발표한 아래 글들을 토대로 한 것이다. 그러나 공동 연구 및 이 책의 취지에 맞게 글의 내용을 수정·보완하고 형식을 조정했다.

1부   1장. 김한종, 〈시민역사교육을 위한 내용구성 원리〉,《역사교육연구》29, 2017.

2장. 구경남, 〈'애국주의'를 넘어 '세계시민주의'를 지향하는 역사교육 탐색〉,《역사교육연구》28, 2017.

3장. 이해영, 〈교사들이 생각하는 민주주의 역사교육 내용 구성과 적용 가능성 탐색-전근대 영역을 중심으로-〉,《역사교육연구》29, 2017.

2부   1장. 방지원, 〈최근 역사수업에서 '학생활동'의 양상: '탐구'에서 '만남'으로-민주시민을 기르는 역사교육의 관점에서-〉,《역사교육논집》65, 2017.

2장. 나미란, 〈인권 관점에 의한 3·1운동 수업구성과 실천〉,《역사교육연구》30, 2018.

3장. (미발표)

3부   1장. 류현종, 〈초등학생의 역사학습에 나타난 도덕성 양상〉,《사회과교육연구》24-1, 2017.

2장. 김부경, 〈역사 텍스트의 다원적 관점에 대한 초등학생의 인식〉,《사회과교육연구》25-3, 2018.

3장. 박선경, 〈초등 역사학습의 비공식적 역사 읽기 방안〉,《역사교육연구》31, 2018.

4장. 박찬교, 〈이봉창 전기를 활용한 자아정체성 탐구 학습〉,《역사교육연구》31, 2018.

1부

시민교육을 위한
역사교육의 방향

1장

시민 역사교육의 개념과
내용 구성 원리

김한종

I. 국가 역사교육에서 시민 역사교육으로

수능(대학수학능력시험)에서 한국사를 필수로 한다고 했을 때, 역사교육과 관련을 맺고 있는 사람들의 반응은 엇갈렸다. 그 의도가 무엇이건 간에, 학교 현장에서 역사를 가르치는 교사들에게는 긍정적 뉴스로 들렸음 직하다. 그래도 학생들의 수업 참여도가 높아져서 정상적인 수업진행이 될 수 있지 않겠느냐는 기대감을 가지게 하기 때문이다. 수능 필수화 발표 이후 주로 1학년에 편성되어 있던 한국사를 일부 학교들이 3학년으로 옮긴 것도 이런 생각을 반영하고 있다. 그렇지만 다른 한편에서는 우려의 목소리도 많았다. 그나마 조금씩 달라지고 있던 역사수업이 사실을 외우는 것 위주로 돌아가지 않겠느냐는 것이다. 한국사를 필수로 하는 수능이 치러진 이후, 결과적으로 기대했던 효과는 거의 없다는 평인 것 같다. 해에 따라 차이가 있기는 하지만, 절대평가인 데다가 수능 문제는 상당히 쉽게 출제되었다. 한국사를 입시에 반영하는 대학들이 제한적인 데다가, 여기 지원하는 학생들은 별도로 공부하지 않아도 대학들이 요구하는 3~4등급을 맞추는 데는 별로 부담을 느끼지 않았다.

이런 '현실'보다 더 큰 문제는 학교 역사교육에 대해 논의할 때면 언제나 '현실'을 앞세우는 현실이라는 생각이 든다. 입시, 시간 부족, 학생 수준, 교실 환경에 이르기까지 수많은 '현실'이 역사교육을 압박한다. 그렇지만 한편으로는 이런 '현실'에 역사교육을 가두어두는 것도 우리다. 입시나 시간 부족 못지않게 자주 언급되는 '현실'은 학생의 수준이다. 학생들이 역사를 몰라도 너무 모르고, 또 역사를 배울 수 있는 기초 능력도 없다고 한다. 언론은 사람들이 기초적인 한국사 지식이 없음을 개탄하고, 교사들은 교과서조차 읽지 못하는 학생이 많다고 하소연한다. 이 학생들에게 역사교육은 어떤 의미를 가질까? 어떻게 하면 쉽게 이해시킬 수 있을지 고민하고 어떤 수업방법을 개발하면, 의미 있는 역사수업이 될 수 있을까? 아마도 '그렇다'고 대답할 사람은 별로 없을 것이다. 그것은 지금이야말로 기존의 틀에서 벗어나 역사교육의 새로운 틀을 만드는 논의가 필요함을 말해준다. '현실'과 기존의 틀 안에서 역사교육을 어떻게 개선할 수 있을지가 아니라, 역사교육이 왜 필요하고, 역사를 공부하는 것이 사회 속에서 살아가는 우리에게 어떤 의미가 있는지부터 다시 논의하는 것이 필요하다. 그리고 그 논의를 역사교육을 바꾸는 토대로 삼았으면 한다.

역사교육에 대한 사회적 관심이 높아지고 논의도 활발해졌지만, 문제는 이런 관심이나 논의가 국가 차원이나 관점에 머물고 있다는 사실이다. 국가 역사교육은 국가 또는 정권의 이데올로기나 정책이 학교 역사교육에 영향을 미친다는 의미만은 아니다. 국가가 역사교육 논의를 주도하고 역사경험을 국가 경험으로 일원화한다는 것이다. 역사에서 일어난 일은 하나지만, 역사적 경험은 반드시 하나가 아니다. 하나의 사건이라 하더라도, 그 경험은 사람마다 다르기 마련이다.

예를 들어 '고구려와 수·당 간의 전쟁'을 생각해보자. 전쟁은 한 가지 사실이지만, 그 경험은 사회구성원에 따라 서로 다르다. 그런데 우리는 이를 '국가'라는 명목으로 왕이나 중앙귀족의 경험으로 정리한다. 국가 역사교육이다. 이를 다양한 경험으로 재구성할 필요가 있다. 고대사에 근대적 의미의 시민 계층이 존재했을 리도 없고, 시민 개념을 적용할 만한 사회계층을 찾기도 어렵지만, 시민 역사교육이란 크게 보면 이처럼 역사적 사실을 다양한 사회구성원의 경험으로 생각할 수 있는 기회를 제공하는 것이다.

민주사회를 살아가는 시민의 육성은 학교 교육의 공통 과제다. 그런데 역사교육에서 '인간의 육성'을 강조한 것은 국가나 그 이름을 가장한 정치권력이었다. 근대 국민국가는 국가 발전에 필요한 '국민'의 육성을 역사교육의 목적으로 내세웠다. 역사교육을 정치적 목적에 이용한 것이다. 더구나 사회과 통합에 대한 비판이나 인근 사회과목과의 갈등 등은 역사교육에서 시민교육의 문제를 상대적으로 소홀하게 만들었다. 근래 역사교육 논의에서는 이런 경향이 달라지고 있다. 민족주의와 포스트모던 논쟁, 역사인식을 둘러싼 동아시아 국가들 간의 갈등, 한국 사회 내부의 근현대사 인식 논란, 역사교과서 국정화 파동 등 일련의 문제들을 겪으면서, 역사학이나 역사교육에서 '민주주의', '시민', '민주시민'이라는 말을 자주 들을 수 있었다. 국가를 주체로 하는 역사교육 대신에 시민이 주체가 되는 역사교육, '민족' 대신에 '민주'를 중심에 두는 역사교육으로의 전환을 모색하는 것이다. 역사교육이 지향해야 할 방향, 역사교육의 궁극적 목표에 대한 고민을 통해 문제를 풀어나가려고 하는 이런 경향은 긍정적이라고 생각한다. 역사학이 인간의 사회적 행위를 대상으로 한다는 점에서, 사회와 시민에 대한 관심으로 돌아가는 것은 역사교육이 지향해야 할 방향이며 새로운 모색이다. 다만 이런 움직임은 아직까지 일부 교육청에서 민주시민 교육의 일환으로 정책적으로 시행되거나, 교실 수업의 차원에서 교사 개개인에 의해 실천되고 있어서 학교 역사교육에 어떤 영향을 줄 수 있을지 불투명하다.

2000년대 들어 국가 교육과정은 많은 사람의 관심을 끌고 있으며, 교육과정이 개정될 때마다 적지 않은 논란이 일어난다. 국가 교육과정은 교과의 성격과 목표부터 내용, 교수·학습 방법, 평가에 이르기까지 여러 요소로 구성되어 있다. 그런데 교육과정 구성 원리가 어떻든 간에, 국가 교육과정과 교과서, 교실 수업으로 이어지는 학교 역사교육에서 가장 중요한 문제는 교육 내용이다. 무슨 내용을 어떻게 조직해서 가르칠 것인가는 학교 역사교육 논의의 중심이다. 교실 역사수업에 가장 큰 영향을 미치는 것도 '내용'이다. 그런 점에서 보면, 시민이 주체가 되거나 민주주의를 지향하는 역사교육의 흐름이 학교 역사교육에 실질적인 영향을 미칠 수 있는지는, 이런 경향을 어떻게 역사교육 내용 구성에 반영할 것인가에 달려 있다고 하겠다. 시민교육으로서 역사교육이 어떤 방향이나 성격을 가져야 하며 내용 선정의 원리와 교수요목이 어떻게 구성되어야 하는지는 제대로 제시되지 못하고 있다. 시민 역사교육이 필요하다는 사실을 강조하거나 이를 위한 역사교육의 방향을 제안하는 수준에 머물러 있다. 그렇지만 어떤 내용이 시민 역사교육에 적합하다는 절대적 선택은 존재할 수 없다. 문제는 어떤 내용을 다루는가가 아니라 그것을 어떤 관점에서 어떻게 접근하는가 하는 점이다.

이런 현실을 고려할 때, 국가 역사교육에서 시민 역사교육으로 전환하기 위해서는, 시민 역사교육의 내용 구성 원리를 마련할 필요가 있다. 시민 역사교육의 내용을 어떻게 구성할 것인지는 앞으로 많은 연구와 논의가 필요하다. 먼저 시민 역사교육의 개념과 접근방향을 검토하고, 그것이 내용 구성에 주는 시사점을 논의해야 한다.

이 글에서는 '시민 역사교육'이라는 말을 사용한다. 아래에서 자세히 논의되겠지만, 여기에서 말하는 '시민'은 '시민을 기르는'과 '시민의 관점'이라는 의미를 가진다. '시민 역사교육'이라고 할 때 두 가지 문제에 부딪힌다. 첫째, 용어의 문제다. '시민 역사교육'이라는 말은 시민을 대상으로 하는 역사교육, 즉 학교 교육과는 대비되는 사회 교육이나 평생교육으로서의 역사교육이라는 느낌을 준다. 그렇다고 해서 '(민주)시민을 기르기 위한 역사교육'이라는 말은 이 글에서 의도하는 시민 역사교육의 성격을 충분히 반영하지 못한다. 둘째, 그동안 시민교육이 주로 사회과(social studies)를 통해 이루어졌다는 점이다. 한국의 경우 초등학교에서는 '사회', 중·고등학교에서는 '일반사회'에서 시민교육을 담당했다. 이런 현상은 한국뿐 아니라 사회과가 생겨난 미국에서도 마찬가지였다.[1] 시민성(citizenship)의 개념이나 성격 논의는 활발했지만, 정작 민주주의 논의는 주로 정치적 민주주의에 초점이 맞춰져 있기 때문이다. 이는 정치뿐 아니라 사회문화 각 분야의 민주시민성을 어떻게 역사교육으로 연결 지을 것인가 하는 과제로 이어진다. 역사교육의 주된 목적 중 하나가 사회에서 살아가는 바람직한 시민을 기르는 것이라는 데 동의한다고 하더라도, 역사 속에서 시민의 범주를 어떻게 규정할지, 역사교육을 통해 길러야 할 시민적 자질이 무엇인지는 제대로 논의되지 않았다. 시

---

1 키쓰 바튼·린다 렙스틱, 김진아 옮김, 《역사는 왜 가르쳐야 하는가》, 역사비평사, 2017, 71쪽.

민을 기르는 역사교육 방법이 별도로 있는지도 의문이다.

II. 시민 역사교육의 개념과 쟁점

1. 시민교육의 개념과 역사교육

역사를 비롯한 인문사회 교육의 목적은 사회에서 살아가는 바람직한 인간을 기르는 데 있다. 사회구성원으로 다른 구성원들과 어울려 살아가면서, 바람직한 사회를 만드는 데 역할을 할 수 있는 인간을 육성하는 시민교육을 이념으로 하는 것이다.

시민교육은 보통 민주시민을 육성하는 교육이라는 의미로 이해되었다. 시민교육에 해당하는 영어 단어 'civic education'은 'education for citizenship'으로도 사용된다. 시민교육의 개념을 미국으로부터 받아들인 한국에서도 이런 인식은 마찬가지였다. 그렇기에 시민교육은 학교 교육의 일반적 목표로 받아들여졌다. 1949년 12월에 제정·공포된 교육법 제1조에서는 "교육은 홍익인간의 이념 아래 모든 국민으로 하여금 인격을 완성하고 자주적 생활능력과 공민으로서의 자질을 공유하게 하여 민주국가 발전에 봉사하며 인류공영의 이상실현에 기여함을 목적으로 한다"라고 규정했다. 이 규정은 '공민'을 '민주시민'으로 바꾸는 등 일부 표현만 가다듬은 채 오늘날까지 교육기본법에 그대로 이어지고 있으며, 국가 교육과정도 학교 교육을 통해 길러야 할 인간상으로 제시하고 있다.

우리나라 교육은 홍익인간의 이념 아래 모든 국민으로 하여금 인격을 도야 하고, 자주적 생활능력과 민주시민으로서 필요한 자질을 갖추게 함으로써 인간다운 삶을 영위하게 하고, 민주국가의 발전과 인류공영의 이상을 실현 하는 데에 이바지하게 함을 목적으로 하고 있다. (2015개정 교육과정, 총론, '추구하는 인간상')

'홍익인간'이라는 민족적 색채가 강한 용어가 나오지만, '인격을 도야 하고, 자주적 생활능력과 민주시민으로서 필요한 자질을 갖추게 함으로 써'라는 내용은, 바람직한 시민성을 가진 시민의 육성을 학교 교육을 통 해 길러야 할 인간상으로 여기는 것이라고 할 수 있다. 민주시민의 육성 은 흔히 사회과의 교육 목표로 제시되었다. 그렇지만 역사교육의 가치도 이런 자질을 갖춘 시민을 기르는 데서 찾는 경우가 많다. 예를 들어 서양 사학자인 차하순은 자국사 교육의 중요성을 다음과 같이 두 가지 점에서 시민교육에 둔다. 첫째는 시민교육의 기초로, 민주사회의 '책임감 있는' 시민의 역할을 다할 수 있게 한다는 것이고, 둘째는 국민의 건전하고 성 숙한 자의식을 함양하고 동포에 대한 공감과 국가에 대한 애국심을 길러 준다는 것이다.[2] 교육의 일반 목적과 역사교과의 목적을 둘러싼 논쟁에 서도, 학교에서 가르칠 역사는 민주시민의 덕목 양성이라는 교육의 기본 적 목적에 부합해야 한다는 주장이 한 축이었다.[3]

시민교육에서 기르고자 하는 시민의 자질은 '시티즌십(citizenship)'이 라는 말로 표현된다. 즉 시민교육에서 시민이란 시티즌십을 가진 인간 이라고 할 수 있다. 시티즌십은 다양한 개념으로 사용된다. '시민성', '시 민정신', '시민의식', '시민권(市民權)', '시민권(市民券)' 등으로 번역된다.

2_ 차하순, 《역사의 본질과 인식》, 학연사, 1988, 122~123쪽.
3_ 양호환, 《역사교육의 이론과 구성》, 책과함께, 2012, 363쪽.

시민으로서 갖추어야 할 교양을 의미하기도 하고, 가치나 태도에 중점을 두기도 한다. 때로는 사회문제가 생겼을 때, 이를 합리적으로 해결할 수 있는 능력을 가리킨다. 시티즌십의 번역어로 가장 많이 사용되는 것이 '시민성'이지만, 그 의미를 주제로 하는 논문만도 수백 편에 이를 것이다. '시민성'이라고 하더라도, 그 개념을 둘러싼 다양한 논의들이 있으며 속성이 무엇인지는 보는 사람에 따라 다를 수 있기 때문이다. 그만큼 시티즌십의 개념과 성격을 어떻게 볼 것인지는 사회과 교육의 주된 연구 주제 중 하나다.

시민교육 연구로 잘 알려진 미국 노던아이오와대학교(The University of Northern Iowa)의 다문화교육센터는 글로벌 시대에 시민을 기르는 교육의 관점으로 ① 민주주의, ② 다양성, ③ 세계화(globalization), ④ 지속가능 발전, ⑤ 제국, 제국주의, 세력, ⑥ 편견, 차별, 인종주의, ⑦ 이민, ⑧ 정체성/다양성, ⑨ 다원적 관점, ⑩ 애국주의와 세계시민주의를 들고 있다.[4] 시민교육에 대한 권고안을 담고 있어 한국에서 자주 인용되는 영국의 크릭 보고서(Crick's Report)에서는 시민교육의 주요 개념으로 ① 민주주의와 전제주의, ② 협력과 갈등, ③ 평등과 다양성, ④ 공정, 정의, 법의 지배, 규칙, 법률, 인권, ⑤ 자유와 질서, ⑥ 개인과 사회, ⑦ 권력과 권위, ⑧ 권리와 책임을 제시한다.[5]

그런데 한국 사회에서 시민교육은 앞에 '민주'를 붙여 으레 민주시민교육으로 지칭되어왔다. 시민교육이 지향하는 '시민'은 민주시민인 것이

4_ James A. Banks. et. al., *Democracy and Concepts for Educating Citizens in a Global Age*, Seattle: Center for Multicultural Education, College of Education University of Washington, 2002.

5_ 영국시민교육자문위원회, 《학교 시민교육과 민주주의》, 민주화운동기념사업회, 2008, 101쪽.

다. 국가 중심의 역사교육에 대한 대안으로 시민 역사교육보다 민주주의 역사교육이 논의되는 것도 이런 이유다. 그렇지만 시민성의 개념과 마찬가지로, 민주시민 교육의 개념이나 범주도 통일되어 있지 않다. 이는 민주시민이 포괄하는 범위가 너무 넓기 때문이다. 예를 들어 민주시민 교육을 논의한 여러 편의 글과 책을 쓴 심성보는 그 개념을 다음과 같이 규정한다.

민주시민 교육은 시민이 민주사회의 구성원으로서 자신의 권리와 책임을 수행하고, 사회운영의 주체로서 참여하는 데 필요한 지식과 역량, 가치관과 태도 등 민주적인 자질을 함양하기 위한 의도적이고 체계적인 교육적·학습적 노력이라고 할 수 있다.[6]

이런 시민교육의 관점을 역사교육에 적용하는 데 우선 문제가 되는 것은 당연히 시민의 개념이다. 시민교육에서 시민의 개념은 주로 현대 사회의 시민이 가지는 속성을 중심으로 논의되어왔다. 앞에서 언급한 바와 같이 시티즌십을 다양하게 번역하는 것도, 시민의 속성을 무엇으로 볼 것인가 하는 견해의 차이에서 비롯된 것이었다. 그렇지만 시민은 역사성을 가지는 개념이다. 사전적 의미나 법적 개념만으로 정의할 수 있는 것이 아니라, 그 말이 사용된 시간성이나 뜻하는 지향성이 포함되어 있다. 이를 둘러싸고 지적 긴장과 정치사회적 갈등의 양상을 빚기도 한다.[7] 그러기에 그 개념은 시간적·공간적 맥락에서 달라진다.

흔히 시민은 근대 개념으로 인식된다. 그렇지만 역사교육을 통해 민주

6_ 심성보, 《인간과 사회의 진보를 위한 민주시민 교육》, 살림터, 2011, 192쪽.
7_ 박명규, 《국민·인민·시민: 개념사로 본 한국의 정치주체》, 소화, 2014, 25~26쪽.

시민을 길러야 한다고 생각하는 사람들은 근대 시민뿐 아니라 전근대 사회에서도 시민교육을 위한 소재와 시민에 준하는 존재를 찾고자 한다. 그래야 근현대사 교육뿐 아니라 역사교육 전반에 걸쳐 시민교육의 필요성을 주장할 수 있으므로 이런 시도는 자연스러워 보인다. 민주시민의 '민주(民主)'라는 말은 글자 그대로 옮기면 '민이 주인이 된다'는 의미다. 그런데 교육과정이나 교과서, 심지어 일반 역사책들이 담고 있는 내용 중에서도 민이 주도해서 자신의 입장을 관철시킨 역사적 사실은 거의 찾아볼 수 없다. 전근대에는 민이 사회의 주인이자 주체가 된다는 의식이 없었다. 지배층뿐 아니라 민 자신들도 그런 의식을 가지지 못했다. 단지 민본의식이 존재했을 뿐이다. 그렇지만 민본의식은 민의 의식이 아니라 지배층의 의식이었다. "우리가 너희들 대중을 보살펴줄 테니, 너희는 우리 말을 잘 듣고 우리가 만들어놓은 사회체제를 지키며 살아라"는 논리는 지배층의 민본의식을 반영한 것이었다. 시민교육이나 민주시민 교육을 전근대사에 어떻게 적용할 것인지가 문제가 되는 것은 여기에서 비롯된다.

엄밀히 따지면 전근대 사회에서 민주시민에 해당하는 사회구성원은 없었다. 구태여 찾자면 '사회의 주인 역할을 하는 농민이나 백성, 또는 민' 정도라고 할 수 있다. 전근대 사회에서 '시민'으로 대체할 수 있는 용어로는 '민중'이나 '인민'을 떠올리게 된다. 상민(常民)이나 평민, 백성, 농민 등도 여기에 해당한다. 기록을 보면 조선시대에는 '민(民)'이나 '민인'이라는 말이 자주 사용되었으며, '인민'도 종종 찾아볼 수 있다. 한 연구에 따르면 조선 전기에는 '인민'이, 조선 후기에는 '민인'이 많이 사용되었다. 그러다가 1894년을 전후해서 다시 '인민'으로 바뀌어갔다고 한다.[8] 그런데 개화기의 '인민'은 국가나 지역이라는 공동체의 정체성을 가진 구성원이라는 의미를 가지고 있었다. 의식과 행위의 주체였다는 것이다.[9] 개화기 '인민'의 이런 속성은, 통치의 대상이지만 자기 생각을 가지고 행동하는 주체라는 의미에서 시민과 비슷하다는 느낌을 준다.

근대에 접어들어서야 비로소 대중을 사회적 의사결정의 주체로 인정하기 시작했다. 대중은 '신민(臣民)'에서 '시민(市民)'으로 바뀌었다. 그렇지만 근대 국민국가가 양성하고자 하는 '시민'도 '민주시민'이 아니라 국가정체성이나 민족정체성을 가지고 국가의 이해관계에 맞춰 정책을 따라야 하는 '국민(國民)'이었다. 고종은 1895년에 발표한 교육조서에서 교육의 목적을 다음과 같이 말하고 있다.

짐은 정부에 명하여 학교를 널리 세우고 인재를 양성하여 너희들 신민의 학식으로써 국가중흥의 대공을 세우게 하려 하노니, 너희들 신민은 충군하고 위국하는 마음으로 너희의 덕과 몸과 지를 기를지어다. 왕실의 안전이 너희들 신민의 교육에 있고, 국가의 부강 또한 신민의 교육에 있도다.

이후 근현대 사회에서 시민의 개념이나, 국가와 시민 간의 관계는 시기에 따라 달라졌으며, 지역에 따라서도 차이가 있었다. 이런 차이는 시민의 속성에 대한 규정에도 영향을 미쳤다.

8_ 김윤희, 〈근대국가 구성원으로서의 인민 개념 형성(1876~1894)〉, 《역사문제연구》 21, 2009, 308쪽.
9_ 위의 글, 326쪽.

2. 시민 역사교육의 두 측면

민주시민을 기르는 역사교육을 논할 때 으레 문제가 되는 것은 시민교육인가 역사교육인가 하는 것이다. 역사교육이 독자성을 상실한 채 시민교육을 위한 수단이 되고, 역사적 사실을 시민교육의 자료로 삼는다는 비판이 계속되었다. 시민교육을 지향하는 역사교육을 둘러싼 이런 갈등을 해소하고 역사교육과 시민교육의 통합적 이해를 추구하기도 한다.

근래 역사교육에서 민주주의, 인간의 기본적 가치 등을 강조하는 목소리가 높아지는 것은, 신자유주의와 무한경쟁의 시대에 사회구성원으로서 다른 사람들과 더불어 살아갈 수 있는 인간을 기르는 데 역사교육도 책임이 있다는 관점에서 비롯된다. 평화, 인권, 공존을 지향하는 역사교육이 되어야 한다는 주장은 민주주의를 지향하는 역사교육의 성격을 보여준다. '민주주의와 역사교육', '민주사회를 위한 역사교육', '시민을 위한 한국사' 같은 말들도 이런 경향을 반영한다. 일부 교육청에서 토론 중심의 역사수업을 추진하는 것도 토론이 시민의 기본적 자질을 기르는 효율적인 수단이라고 생각하기 때문일 것이다. 역사교육뿐 아니라 한국사에서도 민주주의의 역사를 찾으려는 움직임이 활발하다. 이런 움직임은 크게 보아 민주시민을 기르는 역사교육을 지향하는 것이라고 할 수 있다.

시민교육을 지향하는 기존의 역사교육 논의들은 역사적 사실 중에서 시민성의 요소들을 찾으려고 노력한다. 그렇지만 민주시민을 기르는 역사교육의 내용은 근현대사에 집중된다. 전근대사의 경우에는 흔히 민본의식이나 상부상조의 정신, 신분이나 집단의 제한을 받는 합리성 등을 보여주는 사례를 역사학습 내용으로 제시하고는 한다. 그렇다면 조선시대 성리학자의 민본주의 정신이나 백성을 위한 세종의 정책은 시민의식에서 나온 것이라고 할 수 있을까, 아닐까? 조선 후기 실학자나 정조의 개혁론을 시민의식으로 보아야 하는가, 반(反)시민의식이라고 평가해야 하는가? 물론 현대의 관점에서 보면 근본적인 한계가 있지만 당시의 맥락에서 접근하면 시민교육을 위한 학습내용으로 사용할 수 있다는 식으로 설명할 수 있다. 그렇지만 이런 식의 역사교육에는 과연 시민교육이 무엇인가, 시민교육을 통해서 어떤 생각을 가지고 행동하는 인간을 기르려고 하는 것인가 하는 문제가 여전히 남아 있다.

민주시민을 기르는 역사교육과는 달리, 역사적 사실을 시민적 가치로 해석하는 역사교육으로 접근할 수도 있다. 이 접근법은 역사적 사실을 시민교육의 소재로 활용하기보다는 그 자체를 이해하거나 해석하는 데 초점을 맞춘다. 시민적 가치는 역사학습 내용 선정의 기준이 아니라 판단이나 평가의 준거다. 학습내용의 선정은 기존 역사 연구나 역사교육의 기준을 따르면 된다. 역사학습에서 다루는 역사적 사실 자체가 달라지는 것이 아니라, 이를 바라보는 관점을 달리하는 것이다. 시민이 역사교육의 주체가 되어, 시민의 눈으로 역사적 사실을 바라보는 역사교육이다.

물론 역사교육과 시민교육을 연결하는 이 두 가지 접근법의 공통점도 찾을 수 있다. 비판적 사고 중심의 역사교육이다. 비판적 사고는 민주시민에게 필요한 자질이면서, 역사적 사실을 보는 관점이다. 역사교육이 시민교육의 기능을 하기 위해서는 사실 지식 중심의 역사교육에서 사고 중심의 역사교육으로 전환해야 한다. 그 핵심은 비판적 사고다. 비판적 사고를 하게 되면 앎이나 사고의 사회적 실천성이 높아지게 된다. 그러기에 사고의 경험을 확대하고 비판적 사고를 촉진할 수 있는 교과서 서술이나 학습활동이 필요하다.

III. 민주시민을 기르는 역사교육

시민교육은 주로 '민주시민을 기르는 교육'으로 인식되었으므로, '시민 역사교육'보다 '민주시민을 기르는 역사교육'이라는 말이 익숙하게 들린다. '민주시민을 기르는 교육'이라고 했을 때는, '어떤' 시민인가에 방점이 찍히게 된다. '유능한', '바람직한', '민주적인' 등이 이런 시민의 속성으로 머릿속에 떠오른다. 기존의 사회질서나 관습에 잘 적응하는 시민일 수도 있고, 반대로 기존 사회를 새로운 방향으로 바꾸려는 시민일 수도 있다.

'민주시민을 기른다'고 할 때, 시민은 민주주의 의식을 가지고 민주사회를 건설하는 데 나설 수 있는 실천 능력을 가진 사회구성원이라는 뜻이다. 이렇게 육성된 시민이 사회 안에서 자신의 주체적 지위를 자각하고 사회문제의 해결과 의사결정에 주도적으로 참여해야 한다는 의미도 내포한다. 이는 교육 목적으로서 시민 역사교육이다. 민주시민을 기르는 궁극적인 목적은 민주사회 건설에 있다. 민주사회는 사람들이 존중해야 할 보편적 가치를 유지해나가면서 상호관계를 형성하는 사회라고 할 수 있다.

시민교육은 시간, 공간, 사회 현상의 다양한 정보를 활용한다. 역사적 사실도 시민교육이 활용하는 정보 중 하나다. '민주시민을 기르는 역사교육'은 역사적 사실을 소재로 하여 시민교육을 하는 것이다. '민주시민을 기르는 역사교육'은 범교과적이거나 사회과 교육 또는 정치교육에서 논의하는 시민교육의 성격과 기본적으로 맥을 같이한다. 역사교육에서 민주주의를 강조하는 글을 여러 편 쓴 방지원은, 과거사 교육이 시민을 기르는 역사교육에서 차지하는 중요성을 다섯 가지로 정리한다. ① 사건의 진실된 실체 기억, ② 학생들 각자가 목격자로, 역사적 판단의 주체가 되는 것, ③ 피해자에게 공감, ④ 화해를 위한 연대활동 참여, ⑤ 미래의 자신의 역할과 자신들이 만들어간 사회상을 생각하며, 스스로 역사적 책임감을 가진 주체가 된다는 것이다.[10] 역사적 사실을 이해하고, 이를 토대로 실천하고 시민으로 성장하는 것을 내세운다는 점에서는 흔히 제시되는 시민교육의 내용과는 차이가 있다. 그렇지만 이것이 역사교육의 고유한 성격인지는 논란의 여지가 있다.

'민주시민을 기르는 역사교육'은 보통 시민교육의 개념이나 내용 요소에 따라 역사교육을 구성한다. '민주주의 역사교육'이라고 할 때도 이런 방식을 택한다. 이 접근법에서는 시민교육의 여러 영역에서 역사적 사실을 학습한다. 예를 들어 시민성의 요소라고 할 수 있는 자유, 평화, 평등, 인권, 통일, 다문화, 국제이해 교육에서 역사적 사실을 내용으로 하거나 자료로 활용한다. 따라서 시민교육의 영역을 설정하고, 해당 영역의 요소와 속성을 밝히는 것이 중요하다. 역사적 사실 중 시민교육의 이런 요소를 학습하기에 적합한 것을 찾아내서, 이를 교수요목으로 구성한다.

예를 들어 미국의 사회과 교육학자로 민주시민을 기르는 사회과 의사결정 교육과정을 연구한 오초아베커(Anna S. Ochoa-Becker)는 민주적 시민교육의 지식요소로 다음 여섯 가지를 제시한다. ① 광범위한 교양, 특히 복잡하고 논란이 많은 세계 문제의 이해, ② (가족, 경제, 정부, 문화, 법) 제도의 사회적 기능 이해, ③ 시대나 장소에 따른 사회적·문화적 차이의 본질 이해, ④ 신뢰할 만한 지식을 습득하거나 그 한계를 깨닫는 방법을 알고자 할 때 부딪히는 문제의 파악, ⑤ 서로의 관계를 정당하고,

---

10_ 방지원, 〈공감과 연대의 역사교육과 '과거사' 문제〉, 《역사교육연구》 24, 2017, 144쪽.

〈표 1〉 민주시민 교육의 지식요소를 위한 한국사 내용 선정(예)

민주시민 교육 요소 \ 시대	고대	고려	조선	근현대
사회의 주요 쟁점	중앙집권적 국가의 운영 방식	고려의 대외적 자주성	유교 의례의 사회화	의병항쟁과 계몽운동
사회제도의 기능	화랑도	향도	향약과 두레	청년회
사회적·문화적 차이	초기 국가의 장례 방식	본관제와 지역의식	조세제도의 지역별 차이	청소년 운동을 보는 관점
지식의 신뢰성과 한계	건국설화의 사실성과 허구성	《삼국사기》와 《삼국유사》의 성격	《조선왕조실록》의 편찬	역사인식을 둘러싼 갈등
사회구성원의 공정한 관계	골품제도	무신집권기 농민봉기	조선 후기 통청운동	만민공동회, 신여성

공공적이고, 공정하게 만들기 위한 사람들의 노력 인식, ⑥ 사회가 직면한 주요 쟁점의 충분한 파악과 그에 대한 지식이다.[11] 이 중 ①과 ⑥은 모두 사회 쟁점에 해당하므로 하나로 통합할 수 있다.

이를 한국사에 적용한 학습내용 선정 사례를 제시하면 〈표 1〉과 같다.

더 구체적으로 사회 참여의 가치를 인식하고 실천적 의지를 가르치는 역사교육을 한다면, 국가정책, 민주주의 발전, 역사적 쟁점, 개인의 판단과 선택 등을 내용 요소로 삼아서, 이를 다루는 데 적합한 역사적 사실을 선정하여 가르치게 될 것이다. 내용조직은 통사가 될 수도 있고, 주제 중심이 될 수도 있다.

2015개정 교육과정 고등학교 〈통합사회〉의 내용체계는 명시적이지는

11_ Anna S. Ochoa-Becker, *Democratic Education for Social Studies: An Issue-Centered Decision Making Curriculum*, Greenwich, Connecticut: Information Age Publishing, 2007, 40~51쪽.

않지만 시민교육의 요소를 제시한 것으로 보인다. 여기에서는 내용 영역을 '삶의 이해와 환경', '인간과 공동체', '사회 변화와 공존'의 세 영역으로 나누고, 각 영역의 핵심 개념을 제시한다. '삶의 이해와 환경' 영역의 핵심 개념은 행복, 자연환경, 생활공간이다. '인간과 공동체' 영역의 핵심 개념으로는 인권, 시장, 정의가 포함된다. '사회 변화와 공존' 영역의 핵심 개념으로는 문화, 세계화, 지속가능한 삶을 제시한다. 제시된 핵심 개념들이 모두 동질적인 것은 아니지만, 대체로 사회가 지향해야 할 방향이라고 할 수 있다. 행복, 인권, 정의, 공존은 사회구성원이 가져야 할 가치관이며, 자연환경, 생활공간, 시장, 사회 변화, 세계화, 지속가능한 삶 등에서는 사회적 가치가 느껴진다. 이런 개념들이 교육적으로 지향해야 할 가치를 내포하는지는 별도로 논의해야 하겠지만, 이처럼 시민교육 영역의 특정 요소를 중심으로 시대별로 역사학습의 내용을 구성할 수도 있다. 예를 들어 '국가질서의 형성에서 민이 정치적 주체로 등장하기까지'를 주제로 중국사의 내용을 구성하는 것[12]은 그런 사례에 해당한다. 국민(인민) 주권을 지향해야 할 사회적 가치로 내세우는 것이기 때문이다. 이 경우 내용 구성은 주제사와 같은 성격을 띠게 될 것이다. 근래 책으로 간행된 민주주의 이념과 민주적 제도의 성립과 발전을 주제로 한국근대사를 정리하려는 연구들[13]도 여기에 해당한다. 이런 연구성과들도 민주시민을 기르는 역사교육의 내용으로 활용할 수 있을 것이다.

12_ 윤세병, 〈세계사교육의 내용 선정 기준으로서 민주주의〉, 《역사교육연구》 20, 2014.

13_ 서희경, 《대한민국 헌법의 탄생: 한국헌정사, 만민공동회에서 제헌까지》, 창비, 2012; 김육훈, 《민주공화국 대한민국의 탄생》, 휴머니스트, 2012; 박찬승, 《대한민국은 민주공화국이다》, 돌베개, 2013; 김정인, 《민주주의를 향한 역사: 시대의 건널목, 19세기 한국사의 재발견》, 책과함께, 2015; 김정인, 《독립을 꿈꾸는 민주주의: 민주주의 개념으로 독립운동사를 새로 쓰다》, 책과함께, 2017.

그렇지만 '민주시민을 기르는 역사교육'에는 '민주시민'만 남고 '역사'는 빠져 있다는 비판을 받기도 한다. 이 비판과 관련하여 역사적 사실을 민주시민을 기르기 위한 소재나 자료로 활용하는 역사교육에서는 다음과 같은 문제들을 검토해야 한다.

첫째, 역사적 사실을 수단화한다는 우려다. '민주시민을 기르는 교육'은 기본적으로 역사교육보다는 시민교육의 성격이 강하다는 지적을 받는다. 시민교육의 접근법에서 역사교육의 가치는 역사적 사실의 이해나 해석 자체보다는 특정 교육 목적에 얼마나 효율적인가에 있다. 여기에서 역사학은 시민교육을 위한 도구 학문, 학교 역사는 도구 과목이 된다. 역사교육을 시민교육의 수단으로 보는 관점은, 역사교육에서 민주주의를 강조하는 사람들 사이에서도 있었다. 평화나 인권, 다문화, 공존 같은 민주적 덕목은 역사교육에서 더 중요하고, 역사의 고유한 방식으로 내용을 구성하거나 가르칠 수 있다는 생각이 그것이다.[14] 이들은 역사교육의 독자적 성격을 역사적 사실의 이해와 해석, 역사인식에 두기보다는 민주시민을 기르는 '방법'에서 찾는다. 그렇지만 시민을 기르는 역사학습의 방법이 자리를 잡았는지는 의문이다. "타자성에 대한 인식이나 공감, 역사적 주제를 학생들의 삶이나 현재 문제와 연결하려는 노력, 감정이입적 역사이해(empathetic historical understanding)와 공감을 토대로 노동자, 여성, 소수민족 등과 연대한다"[15]는 정도가 이제까지 제시된 민주주의 의식을 기르는 역사학습 방법이다. 물론 시민교육, 평화교육, 다문화교육, 세계교육 등의 영역들은 기존의 교과 구분과는 성격을 달리하는

---

14   방지원, 〈'국민적 정체성' 형성을 위한 교육과정에서 '주체적 민주시민'을 기르는 교육과정으로〉, 《역사교육연구》 22, 2015, 100쪽.

15   방지원, 〈역사수업 원리로서 '감정이입적 역사이해'의 재개념화 필요성과 방향의 모색〉, 《역사교육연구》 20, 2014, 42~43쪽.

범교과 학습의 성격을 띠고 있다. 따라서 기존 교과 개념을 기준으로 역사교육과 시민교육이 구분되는 것인지 의문이며, 구태여 구분할 필요가 있는지도 논란의 여지가 있다. 그렇지만 '민주시민을 기르는 역사교육'은 사회구성원으로 살아가는 데 필요한 일반적인 민주적 시민성을 제시한 것으로, 역사학습의 고유한 방법론으로 볼 수 있을 것인가 하는 문제는 여전히 남는다. 시민교육의 내용이나 방법으로 역사교육을 이용한다면, 이는 역사교육보다는 시민교육의 문제이므로 시민 역사교육을 별도로 논의하지 않아도 된다. 더 근본적으로 역사교육이라는 학문이나 교과 영역의 존재 가치도 흔들릴 수 있다. 역사적 사실을 학습내용으로 하여 민주시민성을 기른다는 교육적 목적을 달성할 수는 있다. 그렇지만 학교교육의 목적을 여기에 둔다면, 구태여 역사적 사실을 내용으로 할 필요는 없다. 지난날 일어났던 일이 아니라 현대 사회의 문제들이 이런 문제의식을 가지게 하는 데 더 효과적일 수 있기 때문이다.

둘째, 시민교육의 목적에 맞춰 역사적 사실을 기계적으로 해석하려는 경향이 있다. 그 결과 목적론적 역사해석이 될 가능성이 커진다. 유교적 민본주의를 근대 민주주의의 가교로 해석하는 것[16]이 그 사례다. 이에 입각하여 향약이나 동약, 계, 서원과 향교 등에 나타나는 신분질서에 기반을 두고 전통사회 질서를 유지하기 위한 지배층 내부의 의사결정 구조를 민주적 의사결정으로 받아들인다. 이런 향촌공동체의 규약이 근대 서구 민주주의의 합리성을 내포하고 있는 것으로 무리하게 해석하기도 한다.[17] 자칫 잘못하면 역사적 사실의 본질적 성격이나 역사행위의 규명은 사라진 채, 시민교육의 목적에 맞춘 해석만이 남게 된다.

16_ 황현정, 〈민주주의 요소로 본 역사교육 내용 선정 원리〉, 《역사교육연구》 20, 2014, 1쪽.
17_ 위의 글, 64~68쪽.

더구나 이런 역사해석은, 시민 역사교육이 극복하고자 했던 국가주의, 민족주의적 역사교육의 역사적 사실 해석으로 되돌아갈 수 있다. 1970년대 유신체제에서는 전통사회의 공동체 조직을 독재정치를 합리화하는 데 이용했다. 서구식 의회민주주의를 한국 상황에 적합하도록 수정해야 한다고 하면서,[18] 전통사회의 공동체 조직에서 그 근거를 찾았다. 조선의 유교 정치이념과 유교공동체의 의사결정 과정을 민주주의적 전통으로 해석하는 다음 내용은 이를 잘 보여준다.

> 조선왕조는 유교적 정치이념에 입각하였지만, 여기서 배출된 지배사상 역시 관인정치(寬仁政治)의 그것에 못지않게 민주적 통치이념이었다. (……) 정책 결정 과정에 있어서 개인의 독단이나 자의를 피하기 위하여 언론을 개방하여 오늘날 민주주의가 토론에 의한 의결에 이르는 것과 같은 효과를 얻을 수 있었음을 볼 수 있다.
> 비록 언론이 일부 사림계급에만 국한되었다고 해도 그것이 중우(衆愚)를 방지한다는 목표에 의한 제한일 뿐이지 민주적 정책결정 과정과 하등의 모순이 있었던 것은 아니다.[19]

조선왕조의 지배사상은 민주적 통치이념으로, 유학자들의 공론은 민주적 정책 결정으로 해석하고 있는 것이다. 대중의 참여를 배제하는 사회적 의사결정은 근대의 민주적 절차가 아니다. 그런데도 민주적 의사결정인지 여부를 판단하는 기준에서 제외시키고 있다. 나아가 '중우'라는 말로 이를 합리화하고 있다. 이는 역사적 사실을 정치권력의 정당성

18_ 《한국 민주주의: 각급 학교 교육 지침》, 문교부, 1972, 79~80쪽.
19_ 위의 책, 82쪽.

을 뒷받침하는 데 이용하는 국가주의 역사교육에 다름 아니다. 1970년대 이런 역사해석의 바탕에는 국민을 배제한 독재정권의 의사결정을 합리화하고 정당화하려는 의도가 깔려 있다. 물론 '민주시민을 기르는 역사교육'의 학습내용을 전근대 한국의 역사적 사실에서 찾으려는 시도가 이런 의도에서 나온 것은 아니지만, 역사적 사실을 통해 민주적 의사결정의 절차를 가르치려는 교육 목적에 맞춘 무리한 역사해석은 결과적으로 비판의 대상으로 삼고 있는 국가주의 역사교육과 비슷한 관점으로 역사적 사실을 해석하게 될 수도 있다.

셋째, 현재의 관점으로 역사적 사실을 보게 된다. 역사적 사실을 현재의 관점으로 보는 것 자체가 문제가 있는 것은 아니다. 역사적 사실에는 역사가나 역사를 공부하는 사람의 관점이 들어가게 된다. 근래 한국의 역사학이나 역사교육 연구에서도 자주 언급된 비판적 읽기와 쓰기, 포스트모던 역사학을 둘러싼 논쟁, 그리고 역사적 사실이 인간들 사이의 갈등의 산물이며, 이는 그 사실이 일어난 시기에 따라 달라진다고 보는 '역사화'도 현재적 관점을 반영한다. 그렇지만 역사적 사실이나 역사서술의 본질이 무엇인지에 대한 논의와는 별개로, 역사교육에서 다루는 역사적 사실은 행위자의 의도와 그 사실이 일어났을 당시의 상황이 반영되어 있다. 특히 역사 전공자가 아닌 학생들로서는 당시 상황의 맥락적 이해가 필요하다. 그렇지만 '민주시민을 기르는 역사교육'의 접근방식에서는 이를 염두에 두지 않을 가능성이 높다.

넷째, 역사적 사실의 다원적 성격을 무시하고, 하나의 관점에서 역사를 이해하는 경향이 있다. 하나의 역사적 사실이라 하더라도, 이를 통해 얻고자 하는 교육적 목적은 다양하다. 그렇지만 민주시민을 위한 역사교육은 역사적 사실을 하나의 관점에서 바라보게 한다. 국가주의적 역사교육은 말할 것도 없지만, 이를 비판하는 역사교육도 이런 성격에서는 마찬가지다. 이 경우 하나의 역사적 사실을 제시하고 학생들로 하여금 자신의 관점에서 평가하게 하더라도, 긍정이나 부정의 양자택일적 성격을 띠는 경우가 대부분이다. 예를 들어 통일교육을 위한 학습내용으로 신라의 삼국통일을 다룰 때, '신라의 삼국통일은 긍정적인가, 부정적인가'를 생각하게 하는 것이다. 이런 접근방식은 시민 역사교육이 지향해야 할 다원적 사고를 가로막고, 학생들의 비판적 사고 경험을 제약할 가능성이 크다.

IV. 시민적 관점의 역사교육

민주시민 교육의 소재로 역사적 사실을 활용하거나 역사교육을 민주시민 교육의 수단으로 이용하기보다는, 시민의 눈으로 역사적 사실을 바라보는 '시민적 관점의 역사교육'을 생각할 수도 있다. 시민적 가치를 잣대로 역사적 사실을 해석하고 판단하고 평가하는 것이다. '민주시민을 기르는 역사교육'이 역사교육의 목적을 먼저 생각한다면, '시민적 관점의 역사교육'은 역사적 사실의 해석에 중점을 둔다. 이런 접근법에서는 당연히 시민적 관점이나 가치가 무엇인지가 논의 대상이 된다. 시민이 누구인지, 시민적 가치가 무엇인지에 따라 시민적 관점도 달라진다. 여기에서 '시민'은 단일한 하나의 집단을 뜻하지 않는다. '시민'을 하나의 집단이 아닌 다양한 속성을 가진 여러 집단으로 본다면, 시민적 관점의 역사해석도 시민 집단에 따라 변할 수 있다. '시민적 관점의 역사교육'은 역사교육의 목적보다는 역사를 보는 주체에 관심을 가진다. 시민이 주체가 되는 역사교육이다. 이런 역사교육에서는 시민성이나 시민정신에 초점을 맞추어 역사적 사실에 접근하며 시민적 가치를 기준으로 역사적 사실을 해석한다. 그렇지만 '시민적 관점'이라고 표현하더라도, 인류가 지향해야 할 보편적 가치를 존중하는 시민, 사회를 바람직한 방향으로 바꾸려는 실천적 시민, 민주시민을 떠올리게 된다. 이런 가치관은 곧 민주주의의 관점과 연결될 수 있다.

앞 절에서 언급한 유교적 공동체를 사례로, '시민적 관점의 역사교육'의 성격을 살펴보자. '민주시민을 기르는 역사교육'에서는 향약이나 계의 의사결정 절차가 합리적이라는 점에 주목하여 민주적 속성을 가지고 있다고 해석한다. 향약의 사례를 통해 합리적 의사결정의 절차를 이해하고 이를 실천에 옮길 수 있는 능력을 기른다면, 향약은 '민주시민을 기르는 역사교육'의 학습내용이 될 수 있다. 그렇지만 민주적 의사결정에서 '민주적'을 의사결정 주체의 관점에서 본다면, 향약의 의사결정 구조는 비민주적이 된다. 향약은 농민을 향촌지배층 중심의 통치질서 안에 묶으려는 제도다. 시민 대중이라는 민주적 의사결정 주체의 의사와 관점이 반영되지 않고, 일부 특정 사회구성원에 의해 의사결정이 이루어지기 때문이다. 대중을 사회적 의사결정의 주체가 아니라 수동적이고 복종적인 존재로 만든다는 점에서 민주시민의 육성과는 반대의 가치를 가지는 역사적 사실이다.

사회적 쟁점이 되는 문제의 경우, 관련된 모든 집단이나 사람들이 동의할 수 있는 의사결정을 내리기는 어렵다. 이 경우 다수가 참여하고 동의하는 의사결정을 하는 것이 일반적이다. 이는 합리적 의사결정이라고 할 수 있다. 그렇지만 합리적 의사결정이 반드시 시민적 가치에 부합하는 것은 아니다. 또한 이미 행위가 일어난 역사적 사실을 다루는 역사학습에서는, 의사결정을 하는 것이 아니라 그 과정을 파악하고 결과를 평가하게 된다. 역사적 사건에 대한 경험은 관련된 사람들에 따라 달라진다. 과거에 일어난 일은 하나이지만, 역사적 경험은 다양할 수 있는 것이다. 따라서 시민이 단일한 존재가 아니라면, 관련된 다양한 사람이나 집단의 관점에서 역사적 사실을 해석하는 것이 '시민적 관점의 역사교육'이 될 수 있다.

학생들이 시민적 관점으로 역사를 바라보는 데 익숙하지 않을 수도 있다. 시민적 관점이 추구하는 민주적 가치를 너무 협소하게 생각해서, 정치나 사회적 문제 이외의 사실에 적용해볼 수 있는 기회가 거의 없기 때문이다. 민주시민 교육을 강조하지만, 학교 교육도 이 점에서는 마찬가지다. '민주시민'이라는 말을 들을 때 학생들은, 민주라는 말을 정치적 문제로만 생각할 뿐 다른 시민적 가치와 연결 짓지 못한다.[20] 이는 학생들의 인지발달의 문제가 아니라 학교 교육이나 교과서 서술의 문제일 수 있다. 학교 교육이나 교과서에서는 민주화운동을 정치운동으로서 절차적 민주주의에 한정짓는다. 사회와 문화, 통일 등 다양한 운동을 민주운동으로 서술하지 않는다. 근래 역사학에서도 활발한 연구가 이루어지고 있는 사회생활이나 사회구성원들의 관념 변화는 민주화와 관련 없는 문명개화의 차원에서만 다루어진다.

학생들에게 사회적·정치적·경제적 이슈에 관한 결정을 내릴 수 있도록 가르치고 그런 기회를 주는 것이 그동안 사회과가 맡아온 교육이라고 할 때,[21] 역사교육이 사회 참여를 위한 의식의 전환과 실천을 촉진하기 위해서는 시민의 눈으로 역사에서 일어난 사회 쟁점을 바라보는 연습을

20_ 이해영, 〈민주주의 관점으로 구성한 역사수업 탐색〉, 《역사교육연구》 21, 2015, 145쪽.
21_ 키스 바튼·린다 렙스틱, 앞의 책, 73쪽.

해야 한다. 다양한 사회구성원의 눈으로 역사적 사실을 해석하고 평가할 때, 학생들은 시민적 가치를 판단 준거로 삼는 다원적 역사인식을 할 수 있다.

역사교육에서 비중 있게 다루는 전쟁사의 사례를 들어보자. 몽골의 침공을 받자 고려 무신정권은 수도를 강화도로 옮기고 저항을 계속했다. 약 30년간 여섯 차례에 걸친 몽골군의 침공이 있었으며, 전국에 걸쳐 많은 지역이 전쟁에 휘말렸다. 강화도의 고려 조정과 무신집권자들은 몽골군의 침공이 있을 때 육지의 민중들에게 산성이나 섬으로 들어가도록 명령했으며, 몽골군이 철수하면 거기에서 나와 일상생활에 복귀하게 했다. 산성이나 섬에 들어간 백성들 중에는 굶어죽는 자가 속출했다. 고려 민중이라고 해서 몽골과의 전쟁에서 다 같은 입장을 취한 것은 아니다. 관악산 초적들은 스스로 나서서 몽골과의 전투에 앞장섰으며, 충주성에서는 노비들로 구성된 노군별초가 몽골군을 물리쳤다. 그러나 고려군이 몽골 관리인 서경의 다루가치를 죽이려고 하자, 몽골군의 보복을 두려워한 서경 사람들이 반란을 일으키기도 했다. 고려 조정의 개경 환도에 맞서 삼별초가 봉기를 일으키자, 이를 따라간 사람들도 있으며 반대로 삼별초의 징집을 피해 도망친 사람들도 있었다. 남해안 연안의 사람들은 삼별초군과 이를 진압하기 위해 파견된 몽골군 양편으로부터 시달림을 당했다.

고려와 몽골 간의 전쟁은 하나의 역사적 사건이지만, 그 경험은 사람들마다 다르다. 고려 조정, 무신집권자, 삼별초, 농민 대중, 노비들은 이 사건에서 서로 다른 경험을 했을 것이다. 농민이라 하더라도 모두 같은 경험을 한 것은 아니다. 관악산 초적들의 경험과 서경 사람들의 경험은 다르다. 고려 조정의 명령에 따라 산성이나 섬으로 피난해야 했던 농민들의 경험과, 고려 조정과 삼별초군 양측의 눈치를 보아야 하는 남해안 연안 농민들의 경험은 같지 않다. 다원적 관점으로 보면, 이런 다양한 고려·몽골 간의 전쟁 경험을 생각할 수 있다. 과거에 일어난 하나의 사건이지만, 관련된 사람들의 다양한 경험을 역사적 사실로 접하는 것이다.[22]

교과서나 학교 역사교육에서는 한국사에서 고려와 몽골 간의 전쟁이 가지는 역사적 의미를 부여한다. 세계 최강의 몽골군을 맞아 30년간이나 강력히 저항했기 때문에, 강화 천도 이후 고려는 원의 간섭을 받기는 했지만 나라를 그대로 보존할 수 있었다고 평가하는 것이 대표적이다. 전쟁을 평가할 때는 으레 승패나 전쟁의 결과가 나라에 얼마나 이익을 가져왔는지를 기준으로 한다. 그렇기에 다른 나라와 갈등이 심각해지거나 주변국의 침공을 받았을 때 강화보다 전쟁을 선호한다. 외교적 해결책은 고려와 거란 간의 전쟁에서 서희의 외교담판과 같이 외형적으로 드러난 이익을 가져왔을 때만 긍정적으로 평가한다. 그렇지만 평화를 잣대로 고려의 대몽항쟁을 평가할 수도 있다. 몽골군은 일반적으로 자신에게 적대적인 상대에게는 가혹한 보복을 했지만, 항복하는 세력에게는 관대했다. 1258년 고려 조정이 국왕의 친조를 약속하자 더 이상 공격하지 않은 것도 이를 보여준다. 그렇다면 고려는 구태여 천도까지 하면서 전쟁을 계속하는 대신 다른 대안을 모색할 수 있지 않았을까 생각해볼 수도 있다. 삼별초 봉기는 외세에 굴복하지 않는 고려인의 항쟁 정신을 보여주는 것이지만, 평화를 잣대로 본다면 반드시 긍정적인 것만은 아니다. 삼별초의 봉기로 고려는 몇 년간 전쟁에 휩싸였고, 특히 남해안 연안의 사람들은 불안한 나날을 보냈다. 삼별초를 어떻게 평가하건 간에 이들에게는 몽골과 삼별초군 모두 평화를 위협하는 세력이었다.

22_ 김한종, 《민주사회와 시민을 위한 역사교육》, 서울대학교출판문화원, 2017, 154~174쪽.

고려의 대몽항쟁을 공공선(common good)의 관점으로 바라볼 수도 있다. 공공선은 공동체 구성원 전체나 다수에게 이익이 되거나 바람직한 가치다. 대몽항쟁과 같은 역사적 사실에서 모든 사회구성원에게 이익이 되는 선택은 어려우므로, 실제로는 다수의 사람들에게 이익이 되는 것이 무엇인지를 찾게 된다. 고려의 강화 천도, 산성이나 섬에 들어가서 농성을 하는 전술, 개경 환도와 국왕의 친조, 삼별초 봉기 등을 공공선의 관점으로 평가할 수 있다.

고려의 대몽항쟁은 합리적 의사결정을 거쳤을까? 일단 기록으로만 놓고 보면 그렇다고 보기 힘든 부분들이 있다. 고려 조정에서는 강화 천도에 반대하는 목소리가 많았던 듯하다. 그러자 무신집권자인 최우는 반대하는 관리를 제거하고 강화로 도읍을 옮겼다. 고려 조정이 몽골 측에 개경 환도의 뜻을 비치자 무신집권자들은 이를 가로막았다. 그 결과 고려 조정은 10년 이상 강화도에 더 머물러야 했다. 강화로 도읍을 옮긴 것이나 개경으로 환도한 것 모두 집권층의 결정이다. 이런 의사결정에 민중의 의사가 반영되었을 가능성은 없다. 다만 지배층 내부에서라도 어떤 의사결정 과정을 거쳤으며 그 결정이 합리적인지는 분석 대상이 될 수 있다.

다원적 관점, 평화, 공공선, 합리적 의사결정은 모두 사회가 지향하는 시민적 가치에 해당한다. 인권이나 통일, 공정성 등의 잣대로도 역사적 사실을 바라볼 수 있다. 이런 민주적 가치, 시민적 가치로 역사적 사실을 해석하는 것이 '시민적 관점의 역사교육'이라고 할 수 있다. 시민적 관점의 역사교육은 다음과 같은 속성을 가진다.

첫째, 국가나 지배층이 아닌 민의 눈으로 역사적 사실을 본다. 시민의 개념을 명확히 규정하지 않더라도, 시민적 관점의 시민은 적어도 권력을 가진 통치층이 아니라 일반적인 사회 대중을 의미한다. 이들의 눈으로 역사를 바라보는 것이다. 물론 민이나 백성이 가지고 있는 속성이 무엇인지도 역사 연구의 대상이며, 이에 따라 이들의 범주도 달라질 수 있다. 그렇지만 시민 역사교육에서 구태여 민이나 백성과 시민의 관계까지 따질 필요는 없어 보인다. 역사수업을 설계할 때 어떤 관점으로 역사를 해석할지를 구상하는 것은 교사이며, 학습활동을 통해 역사를 해석하는 것은 학습자다. 따라서 역사학습에서 역사를 해석하는 시민적 관점은, 실제로는 시민의 눈으로 역사적 사실을 바라보려는 교사나 학습자 자신의 관점이다.

둘째, 근대 시민은 공동의 속성을 가진 집단이지만, 역사 속의 민이나 백성은 단일한 성격을 가진 집단이 아니다. 그보다는 대중의 관점을 반영한다는 취지를 살리는 편이 나을 것이다. 그런 점에서 시민적 관점의 역사교육은 하나의 단일한 역사해석보다는 다원적 관점을 추구한다. 그렇다고 해서 사회구성원의 정체성이 전혀 없는 것은 아니다. 한 개인은 자신이 속한 집단에 따라 정체성을 달리하는 다중정체성을 가지며, 정체성의 속성이 모든 역사에 적용되는 것이 아니라 경험에 따라 바뀌기도 한다. 즉 시민적 관점의 역사교육에서 정체성은 다중정체성이며 가변적이다. 그런 점에서 시민적 관점으로 역사적 사실을 해석한다는 것은 다중정체성을 전제로 한다.

셋째, 역사적 사실을 합리적으로 추론한다. 역사적 사실을 해석하는 관점은 다양하지만, 역사해석은 합리성을 가지고 있을 때 역사적 사실로서 의미를 가진다. 역사해석의 다원성도 합리적 추론을 전제로 한다. 합리적으로 추론한다는 것은 역사적 상황을 합리적으로 판단한다는 의미와, 다른 사람의 의사결정을 합리적 기준으로 평가한다는 의미를 함께 가진다. '시민적 관점의 역사교육'에서 학생들은 이런 추론을 통해 비판적 사고를 경험하게 된다.

넷째, 참여의 관점에서 역사적 사실을 본다. 역사학습에서 다루는 역사적 사실은 과거 행위자가 자신이 처한 상황에 대한 판단을 바탕으로 어떤 의도를 가지고 합목적적으로 행한 행위다. 그런 의미에서 과거 사람들의 사회 참여 행위라고 할 수 있다. 이들의 관점을 파악하는 것은 사회 참여의 결과를 평가하는 것이며, 역사를 공부한다는 것은 사회적 실천 행위와 연결될 수 있다. 시민적 관점의 역사교육은 역사적 사실을 사회 참여의 결과로 인식할 수 있게 하며, 역사 공부를 사회적 실천과 연결짓는다.

'시민적 관점의 역사교육'은 사회에서 바람직하다고 여기는 가치를 역사적 판단이나 평가에 적용함으로써 사회구성원 간의 갈등을 줄이고자 한다. 따라서 가급적 다수의 관점을 반영하려고 하지만, 반드시 이를 따르거나 소수의 관점이라고 무시하는 것은 아니다. 인권, 다원적 관점, 합리적 의사결정, 공공선, 통일, 평화, 통일과 같은 민주시민성도 시대나 사회에 따라서 속성을 달리한다. 모든 역사적 사실에 이런 관점을 적용할 필요도 없다. 역사해석에 적용할 수 있는 시민적 가치는 역사적 사실의 성격이나 그 사실이 일어난 맥락에 따라 달라지기 때문이다. 이런 점을 감안하여 한국사 교육에서 나오는 주요 전쟁을 해석하는 데 적용할 수 있는 시민적 관점을 제시하면 〈표 2〉와 같다.

'시민적 관점의 역사교육'이 학습내용으로 하는 역사적 사실 자체가 기존 역사교육과 달라지는 것은 아니다. 고구려와 수·당전쟁, 고려와 몽골의 전쟁, 임진왜란과/이나 병자호란, 청일전쟁과/이나 러일전쟁, 한국전쟁 등은 한국사 교육에서 빠짐없이 다루는 중요한 역사적 사실이다.

역사적 사실 ＼ 시민적 관점	인권	다원성	평화	공공선	합리적 의사결정
고구려와 수·당전쟁	○	○	○	○	
고려와 몽골의 전쟁		○	○	○	○
임진왜란(과/이나) 병자호란	○	○	○		○
청일전쟁(과/이나) 러일전쟁	○	○	○		○
한국전쟁	○	○	○	○	

시민교육과의 관계를 염두에 두지 않더라도 역사학습의 내용 요소에 포함된다. 다만 기존과 달리 시민적 가치에 입각해서 역사를 해석하고 역사학습을 하는 것이다. 역사적 사실을 해석할 때 모든 시민적 가치를 준거로 삼을 필요도 없다. 〈표 2〉에서 제시한 인권, 다원적 시각, 평화, 공공선, 합리적 의사결정 등이 모든 전쟁에 적용되는 것은 아니다. 이 중 일부 요소만을 적용하여 전쟁을 해석할 수도 있다. 따라서 관련 기록이나 전쟁의 성격 등에 비추어, 준거가 될 시민적 가치를 설정하면 될 것이다. 예컨대 〈표 2〉에서 고구려와 수·당전쟁의 경우, 전쟁을 결정하거나 전술 선택의 과정을 추론할 만한 자료가 별로 없다. 그렇다면 구태여 합리적 의사결정을 준거로 해석할 필요가 없다. 〈표 2〉에서 제시한 시민적 관점은 하나의 예시일 뿐이다. 이 밖에 다른 관점을 기준으로 역사적 사실을 해석할 수도 있으며, 여기에 제시한 관점 중 일부를 제외할 수도 있다. 역사적 사실을 해석하는 데 적용할 수 있는 시민적 관점이 무엇인지는 앞으로 더 많은 연구와 논의가 필요하다.

시민적 관점의 역사교육은 시민교육이라기보다는 역사적 사실의 이해와 해석에 초점을 맞춘다는 점에서 기본적으로 역사교육이다. 그런 의미에서 시민적 관점의 역사교육을 실천하는 데는 다음과 같은 점들에 유의

해야 한다.

첫째, 시민적 관점의 역사교육에서 학습내용은 기존 한국사 연구나 교육에서 다루는 중요한 역사적 사실이다. 역사학습의 내용 요소를 선정하거나 성취기준을 설정하는 것은 민주시민성이 아닌 별도의 한국사 내용 체계다. 학습내용의 선정에서는 역사교육의 내용 선정기준이 적용된다. 따라서 시민적 가치 외에 역사교육 내용 선정기준을 별도로 논의해야 한다. 역사교육 내용 선정기준이 아직까지 체계적이면서 구체적이지 못하기 때문에, 이 과정에서 무엇을 가르칠 것인가 하는 문제가 제기될 수 있다. 역사교육의 내용을 선정하는 기준이 무엇인지에 대한 논의를 일일이 반복할 필요는 없지만,[23] 자주 언급되는 것은 핵심 개념을 기준으로 내용을 선정하는 방안이다.

미국의 사회과 교육학자 힐다 타바(Hilda Taba)는 핵심 개념에서 시작하여 주요 아이디어를 거쳐 구체적 사실을 선정하는 절차를 제시했다. 핵심 개념이 내용 선정의 기준이 되며, 나아가 내용을 조직하는 조직 개념의 성격을 가진다고 할 수 있다. 이 절차를 준용한다면 역사의 핵심 개념을 시민교육의 관점에서 분석하고, 이에 해당하는 사실을 가르치는 방식이 될 수 있다. 그렇지만 역사의 핵심 개념이 무엇인가 하는 문제가 다시 제기된다. 미국의 역사학자 피터 스턴스(Peter N. Stearns)는 '역사가처럼 생각하기'로 큰 그림(big picture) 그리기, 사료를 활용하고 해석하기, 일반화와 유추, 변화와 지속성, 비교하는 능력, 지역과 세계, 분석과 균형 감각을 제시한다.[24] 미국의 사회과 교육학자인 뱅크스 부부는 변화,

---

23_ 역사교육 내용 선정기준에 대한 근래의 연구로는 다음 논문을 참고할 수 있다. 이미미, 〈중요한 역사 내용이란: 내용 선정기준 연구 분석 및 시사점〉, 《역사교육》 135, 2015.
24_ 피터 N. 스턴스, 최재인 옮김, 《세계사 공부의 기초: 역사가처럼 생각하기》, 삼천리, 2015, 85~123쪽.

리더십, 갈등, 협력, 탐험, 역사적 편견을 들고 있다. 이 개념들은 인간의 행동에 대한 자료를 학습함으로써 역사적 통찰력과 이해력을 기르는 데 도움이 된다.[25]

둘째, 기존 역사 교수요목의 구성이나 수업방법에 대한 비판적 검토가 전제되어야 한다. 이제까지 역사교육과정도 역사적 사실의 이해와 해석을 바탕으로 역사의 본질을 파악하는 방향으로 구성했음을 표방했다. 역사적 사실의 이해와 해석에 초점을 맞춘다는 점에서 보면 시민적 관점의 역사교육과 기본 방향은 마찬가지다. 다만 기존 교육과정이 시민적 가치를 준거로 역사적 사실을 바라보는 데 적합한지, 역사수업이 실제로 이런 방향의 실천성을 가지고 있는지를 검토할 필요가 있다. 기존 역사교육 내용체계에서 강조되는 역사적 관점이 시민적 관점과 어떤 공통 지점과 다른 지점이 있는지 검토하고, 이를 바탕으로 시민적 관점을 존중하는 역사적 관점을 모색해야 한다.

셋째, 이 글에서는 시민적 관점을, 역사적 사실의 판단이나 평가 준거를 시민이 존중해야 할 가치에 두는 관점으로 규정했다. 앞의 논의에서 알 수 있듯이, 시민교육의 요소가 시민적 관점이 되는 경우가 생겨난다. '시민적 관점의 역사교육'에서도 시민적 가치를 기준으로 역사적 사실을 해석하다 보면 결과적으로 민주시민을 기른다는 교육적 목적에 부합하게 된다. 그래서 '민주시민을 기르는 역사교육'과 마찬가지로 민주시민이나 바람직한 시민을 육성하는 결과를 가져오게 된다. 이 때문에 역사교육에서 시민교육에 접근하는 두 가지 방향 사이에 차이가 있는지 의문

25_ J. A. Banks and C. A. M. Banks, *Teaching Strategies for the Social Studies: Decision-Making and Citizenship Action* (5th edn.), New York: Longman, 1999, 269~292쪽.

이 제기될 수도 있다. 그러나 '시민적 관점의 역사교육'에서, 민주시민의 육성은 교육의 결과이지 목적은 아니다. '시민적 관점의 역사교육'에서 시민적 관점은 역사적 사실을 해석하기 위한 관점이며 시민적 가치는 판단이나 평가의 준거이지, 이를 기르는 것이 역사학습의 주안점은 아니다.

V. 역사교육의 본질은 시민교육인가?

시민 역사교육은 '민주시민을 기르는 역사교육'과 '시민적 관점의 역사교육'의 두 측면을 가진다. 그렇다면 역사교육은 민주시민을 기르는 교육인가? 민주시민 교육은 역사교육의 본질인가? 역사가 사회적 의미를 가진 과거 인간의 행동을 대상으로 한다면, 역사교육은 본질적으로 시민교육의 성격을 띤다. 역사교육의 대상이 인간일 뿐 아니라, 역사교육의 내용도 인간의 행동이라는 점에서 다른 과목보다 시민교육에 가깝다.

그렇지만 시민교육이 곧 역사교육이라는 의미는 아니다. 시민교육이 역사교육의 한 영역인지 아니면 총체인지는 역사교육의 본질과 목적, 내용에 비추어 앞으로 더 논의해야 할 문제다. 반대로 역사교육이 시민교육을 위한 한 영역인지, 아니면 시민교육의 주된 수단인지도 논의해야 한다. 그래서 역사교육과 시민교육의 공동 영역과 다른 영역, 공유하는 지점과 차이가 나는 지점을 밝혀야 한다. 현대 사회에서 살아가는 사람들을 대상으로 현재의 쟁점들을 논의하는 시민교육의 성격을 과거에 일어났던 일을 다루는 역사교육에 어떻게 연결 지을 수 있을지는 여전히 커다란 과제다. 당연히 근현대사 교육보다 전근대사 교육은 시민교육에 적용하기가 더욱 어렵다. 이 문제는 자연히 역사교육만의 시민교육 성격이나 접근방법이 가능한가 하는 의문을 갖게 한다. 그렇지 않을 경우 역사교육이 시민교육의 중심 과목이 될 수 있음을 강조한다고 하더라도, 결과적으로 역사교육이 시민교육의 도구과목으로 전락하지 않을까 하는 우려를 극복하기는 어렵다. 실제로 학교 교육에서 '역사'라는 과목의 입지를 약화시킬 가능성도 있다. 시민 역사교육의 개념과 역사교육에서 시민교육의 접근방법을 '민주시민을 기르는 역사교육'과 '시민적 관점의 역사교육'으로 구분한 것도 이런 고민을 해소하기 위한 것이다. '시민적 관점의 역사교육'에서 그 단서를 찾아볼 수 있지 않을까 하는 기대감 때문이다. 시민교육보다 역사교육에 초점을 맞춘다면, '시민을 기르는 역사교육'보다 '시민적 관점의 역사교육'이 그 성격에 부합한다고 할 수 있다. 그렇지만 모든 역사적 사실을 시민적 관점으로 바라보고, 시민적 가치를 준거로 판단하거나 평가할 수 없다는 것을 생각한다면, '시민적 관점의 역사교육'이 역사교육과 시민교육을 연결하는 유일한 접근법이라고 할 수는 없다. 이 문제는 역사교육에서 시민교육에 접근하는 방안을 체계화하기 위해서 앞으로 많은 논의와 연구가 이루어져야 할 과제다.

참고문헌

김윤희, 〈근대국가 구성원으로서의 인민 개념 형성(1876~1894)〉, 《역사문제연구》 21, 2009.

김한종, 《민주사회와 시민을 위한 역사교육》, 서울대학교출판문화원, 2017.

문교부, 《한국 민주주의: 각급 학교 교육 지침》, 문교부, 1972.

박명규, 《국민·인민·시민: 개념사로 본 한국의 정치주체》, 소화, 2014.

방지원, 〈역사수업 원리로서 '감정이입적 역사이해'의 재개념화 필요성과 방향의 모색〉, 《역사교육연구》 20, 2014.

_____, 〈'국민적 정체성' 형성을 위한 교육과정에서 '주체적 민주시민'을 기르는 교육 과정으로〉, 《역사교육연구》 22, 2015.

_____, 〈공감과 연대의 역사교육과 '과거사' 문제〉, 《역사교육연구》 24, 2017.

심성보, 《인간과 사회의 진보를 위한 민주시민 교육》, 살림터, 2011.

양호환, 《역사교육의 입론과 구상》, 책과함께, 2012.

영국시민교육자문위원회, 《학교 시민교육과 민주주의》, 민주화운동기념사업회, 2008.

윤세병, 〈세계사교육의 내용 선정기준으로서 민주주의〉, 《역사교육연구》 20, 2014.

이미미, 〈중요한 역사 내용이란: 내용 선정기준 연구 분석 및 시사점〉, 《역사교육》 135, 2015.

이해영, 〈민주주의 관점으로 구성한 역사수업 탐색〉, 《역사교육연구》 21, 2015.

차하순, 《역사의 본질과 인식》, 학연사, 1988.

키쓰 바튼·린다 렙스틱, 김진아 옮김, 《역사는 왜 가르쳐야 하는가》, 역사비평사, 2017.

피터 N. 스턴스, 최재인 옮김, 《세계사 공부의 기초: 역사가처럼 생각하기》, 삼천리, 2015.

황현정, 〈민주주의 요소로 본 역사교육 내용 선정 원리〉, 《역사교육연구》 20, 2014.

Banks, J. A. and C. A. M. Banks, *Teaching Strategies for the Social Studies: Decision-Making and Citizenship Action* (5th edn.), New York: Longman, 1999.

Banks, James A. et. al., *Democracy and Concepts for Educating Citizens in a Global Age*, Seattle : Center for Multicultural Education, College of Education University of Washington, 2002.

Ochoa-Becker, Anna S., *Democratic Education for Social Studies : An Issue-Centered Decision Making Curriculum*, Greenwich, Connecticut : Information Age Publishing, 2007.

2장

'애국주의'를 넘어서 '세계시민주의'를 지향하는 역사교육

구경남

I. 들어가는 말

모든 사람(all human beings)은 날 때부터 자유로운 존재로 태어났고, 한 사람 한 사람의 존엄과 권리는 똑같다. 사람은 이성과 양심을 가지고 있으므로 서로 상대방을 형제애(brotherhood)의 정신으로 대해야 할 것이다.[1]

1948년 12월 10일 유엔총회에서 채택된 〈세계인권선언〉 제1조다. 〈세계인권선언〉은 인간다움을 지키자는 최소한의 합의를 담은 것[2]임과 동시에 인권 이념이 전 세계에서 타당함을 사실적·경험적으로 확인시켜주었다.[3] 두 차례의 세계대전을 거치면서 인권은 인류가 도달해야 할 목표로서 지구공동체 구성원 모두에게 실효성이 가장 큰 보편적 가치로 자

---

1 _ 미셸린 이샤이, 조효제 옮김, 《세계인권사상사》, 길, 2005, 684~694쪽.
2 _ 류은숙, 《인권을 외치다》, 푸른숲, 2009, 21~25쪽.
3 _ 장은주, 《시민교육이 희망이다》, 피어나, 2017.

리매김했다. 한 인간으로서의 존엄과 세계시민으로서의 상호 존중의 태도가 극단의 시대를 끝낼 수 있기를 모두가 기대했다. 하지만 70여 년이 지난 지금 인류는 과연 자유롭고 상호 동등한 존재로서 공존공영할 수 있는 연대의식을 성취했는가? 만약 성취하지 못했다면 그 까닭은 무엇인가?

근대 국민국가는 역사교육을 통해 '국민'을 만들고, 국민 상호 간 공동체의식을 갖도록 하기 위해 애국심 교육을 중요시했다. 근대국가가 기르고자 했던 시민은 국가정체성을 가진 '국민'이었다. 역사는 '국민'을 만드는 데 이용된 대표적 과목 중 하나였다.[4]

해방 직후 한국 사회에서도 힘을 얻은 개념은 시민이 아니라 민족과 국민이었다. 당시 정치 환경에서 시민 개념은 우파에게나 좌파에게나 그다지 환영받지 못했다.[5] 박정희 정부 때 학교 교육은 시민교육을 내세우기는 했지만, 그것은 반공적 신념으로 민주주의를 지키는 인물을 키우는 것[6]으로 왜곡되었다. 이른바 민족정체성 함양이라는 이름으로 국가주의적 애국심 교육이 강제되었으며, 역사교육에서 인권, 민주주의, 평화 같은 보편적 가치가 들어설 자리는 거의 없었다.[7] 이처럼 한국 사회는 식민 지배와 분단으로 인한 민족주의 과잉과 반공주의, 그리고 시장제일주의라는 역사적 현실 속에서 인권과 같은 보편적 이념보다는 애국심이 대중에게 더 큰 호소력을 가졌다. 한국 사회와 학교 교육의 이러한 상황은 애

4_ 김한종, 《민주사회와 시민을 위한 역사교육》, 서울대학교출판문화원, 2017, 25·55쪽.
5_ 박명규, 《국민·인민·시민: 개념사로 본 한국의 정치주체》, 소화, 2009, 231~233쪽.
6_ 중앙교육연구소 엮음, 《민주시민의 교육: 해인사 여름 세미나를 중심으로 한 연구보고서》, 중앙교육연구소, 1962, 1~20쪽(위의 책, 235쪽 재인용).
7_ 구경남, 〈1970년대 국정 〈국사〉 교과서에 나타난 애국심 교육과 국가주의〉, 《역사교육연구》 19, 2014.

국심 교육을 무조건 배척하기보다는 새로운 관점에서 접근할 필요가 있음을 보여준다.

'한국종합사회조사(KGSS) 2013' 설문자료를 이용한 근래 연구에 따르면 한국인의 애국심, 예컨대 한국을 자랑스럽게 여기는 경우가 88.8퍼센트로 상당히 높은 편이며, 애국심에 대한 인식 분석 결과 민주주의 작동방식과 경제적 성취에 대한 인식이 상대적으로 중요한 역할을 하고 있다고 한다.[8] 또한 학생들의 17.1퍼센트가 역사를 배우는 이유를 대한민국 사람이라는 자부심을 느끼기 때문이라고 답했다.[9] 이러한 설문결과는 애국심 교육에 대한 적극적인 관심과 교육적 논의가 필요하다는 점을 분명하게 보여주는 것이다.

근래 역사교육에서는 국가정체성을 강제하는 애국심 교육을 넘어서 인권, 평화, 민주주의 같은 보편적 가치를 지향하는 역사교육을 모색하는 노력이 이어지고 있다. 과거부터 현재에 이르는 애국심 교육에 대한 비판적인 검토를 통해 인권 이념을 비롯한 보편적 가치를 함양할 수 있는 대안적 역사교육론을 탐색하는 흐름이 그것이다.

또한 애국심 교육에 대한 비판적 성찰과는 별개로 보편주의적 입장에서 애국심을 바라보려는 경향이 활발해지고 있는 현상도 주목된다. 한국을 비롯한 미국 등 세계 각국에서 애국심 교육을 둘러싼 논쟁이 활발하다. 애국심을 국가로부터 해방시켜야 한다는 주장이 적극적으로 제기되고 있다. 이러한 논의들을 검토함으로써 애국심 교육의 한계와 그 의미, 나아가 학교 역사교육의 지향점이 분명하게 드러날 것이다.

8_ 서운석, 〈애국심 수준과 인식에 대한 실증적 분석〉, 《공공사회연구》 5-4, 2015, 21쪽.
9_ 이해영, 〈2014년 제3기 중등 역사의식 조사 결과로 본 학생들의 역사이해〉, 《역사와 교육》 11, 2015, 65쪽.

애국심 교육의 한계를 넘어서 새로운 역사교육으로 나아갈 때 지향해야 할 목표는 분명하다. 인권과 평화, 민주주의 같은 보편적 가치가 학교 역사교육을 통해 교육적 실천으로 구현될 수 있는 기초를 쌓는 것이다. 누스바움(Martha C. Nussbaum)[10]의 세계시민주의는 그동안 역사교육의 관점에서 본격적으로 논의된 적이 거의 없지만 '국민'을 넘어 '세계시민'을 지향하는 새로운 역사교육을 탐색하는 데 시사점을 줄 것으로 생각된다. 누스바움의 세계시민주의는 인간의 심리적 기저, 즉 감정(emotion)에 대한 폭넓은 관심과 연구 속에서 탄생했으며, 한 나라의 헌법이나 자유민주주의의 틀을 뛰어넘은 세계사적 사건들에 대한 민주주의 관점의 해석과 상상력에 대한 제약[11]을 불식시키는 데도 기여할 것이다.

10_ 마사 누스바움은 1947년 미국 뉴욕에서 태어났다. 세계적으로 저명한 법철학자, 정치철학자, 윤리학자, 고전학자, 여성학자로서 뉴욕대학에서 연극학과 서양고전학으로 학사학위를, 하버드대학에서 고전철학으로 석사학위와 박사학위를 받았다. 하버드대학과 브라운대학의 석좌교수를 거쳐, 현재 시카고대학 철학과, 로스쿨, 신학과에서 법학·윤리학 석좌교수로 활발히 강의하고 있다. 노벨경제학상 수상자인 아마르티아 센과 함께 GDP가 아닌 인간의 행복에 주목하는 '역량이론'을 창시했다. 진정한 의미에서의 발전과 사회정의란 사람들이 자신의 역량을 발휘할 자유를 부여하는 데 있다고 설명하는 이 이론은 유엔이 매년 발표하는 인간개발지수(HDI)의 바탕이 되었다.
학문적 탁월성을 인정받아 미국철학회장을 역임했으며, 1988년에 미국학술원 회원으로, 2008년에 영국학술원 외국회원으로 선출되었다. 노엄 촘스키, 움베르토 에코 등과 함께 미국 외교전문지 《포린폴리시》가 선정하는 세계 100대 지성에 두 차례(2005, 2008) 올랐다. 2008년 한국학술진흥재단 주최로 열린 석학과 함께하는 인문강좌를 통해 '감정과 정치문화'라는 주제로 서울대, 고려대, 계명대에서 강연을 진행하며 한국과 인연을 맺은 바 있다. 〈네이버 지식백과〉 '마사 누스바움' 항목(해외저자사전, 2014. 5. 교보문고). http://terms.naver.com/entry.nhn ?docId=2268324&cid=44546&categoryId=44546.
11_ 백은진, 〈무엇을 위한 역사교육이어야 하는가?: 국가 교육과정, 정부의 역사교육정책, '국가주의' 비판 담론에 대한 분석〉, 《역사교육연구》 22, 2015, 288쪽.

II. 애국심 교육을 둘러싼 논쟁과 대안 모색

  냉전이 해체된 이후 세계가 직면한 여러 가지 문제들 가운데 각국에서 벌어지고 있는 민주주의의 후퇴는 예사롭지 않다. 특히 세계 각국의 역사 갈등으로 드러난 자국사 교육의 문제, 즉 애국심 교육은 민주주의를 위협하고 있다. 최근 한국 사회에서 나타난 이른바 '태극기 집회'로 상징되는 우파의 애국심은 국가에 대한 맹목적인 신뢰를 기반으로 한 국가주의의 산물이라는 점에서 민주주의의 후퇴임이 분명하다. 하지만 근래 애국심이 맹목적 국가주의와 동일하지 않다는 인식이 생겨나면서 애국심 자체에 대한 기대와 우려가 공존하는 것 또한 사실이다. 한국 사회에서 애국심에 대한 관심의 증대는 공공성에 대한 사회적 요구가 커지고 있는 최근의 현실을 반영한 것이다. 다양성이 자기파괴적인 경쟁과 갈등으로 귀결되지 않고, 다른 사람에 대한 관심으로 이어지는 최소한의 시민적 신뢰를 애국심이 제공해줄 수 있다고 보기 때문이다.[12]

  리처드 로티(Richard Rorty)는 오늘날 미국인들이 베트남전쟁을 계기로 잃어버렸던 국가적인 자부심, 즉 애국심을 되찾기 위한 노력을 경주해야 할 때라고 하면서,[13] 우파만이 애국심을 독점해서는 안 된다고 주장한다. '민주적 애국주의'를 통해 민족주의와 국가주의를 넘어서야 한다는 주장[14]이나 국가주의적 애국심에서 벗어나 민주적 애국심[15]으로 변화

12_ 조계원, 〈한국 사회와 애국심: 공화주의적 애국심의 검토〉, 《시민과 세계》 16, 2009, 217쪽.

13_ 리처드 로티, 임옥희 옮김, 《20세기 미국에서의 좌파 사상: 미국 만들기》, 동문선, 2003.

14_ 장은주, 〈대한민국을 사랑한다는 것: '민주적 애국주의'의 가능성과 필요〉, 《시민과 세계》 15, 2009, 262쪽.

15_ 장은주, 앞의 책, 147쪽.

해야 한다는 주장이 나오는 것도 동일한 맥락이다. 로티는 이제는 좌파 대 자유주의라는 구분을 포기해야 한다고 거침없이 선언한다.[16] "베트남 전쟁에서 대단히 수치스러워해야 할 미국의 잔학행위가 있다고 해서 냉전을 치르지 말았어야 했다는 의미인가?"라고 반문하면서 자신과 같이 투쟁적인 반공주의자였던 사람들은 스탈린에 대항했던 전쟁이 히틀러에 대항한 전쟁만큼이나 필요하고 정당했다고 믿는다고 서슴없이 말한다. 자신의 아버지는 존 듀이와 노먼 토머스와 마찬가지로 2차 세계대전 때 미국의 참전을 반대했지만, 우리가 히틀러와의 전쟁에서 싸워 이겼다는 사실에 환호했다는 것이다. 그는 오늘날 미국 대학의 주류가 된 포스트모던적인 신좌파는 국민국가(민족국가)가 쓸모없는 것이며, 국가 정책을 소생시키려는 시도가 아무런 소용이 없다고 확신하는 우를 범하고 있다고 비판한다.[17] 그 결과 애국심을 우파의 전유물로 만들어버리는 동시에 국가의 역할을 왜소화하는 위험이 있다고 보았다.

하지만 로티가 주장하는 세계시민주의는 자문화를 중심으로 타문화를 변화시켜 달성하는 것으로 그가 말하는 애국심은 개방적이지 않을 뿐만 아니라 누스바움의 표현에 따르면 매우 위험하기까지 하다.[18] 로티는 타자의 존재를 인정하는 것이 아니라 상대를 포섭하는 입장이기 때문이다. 이는 참된 상호 인정이라 할 수 없다는 점에서 진정한 세계시민주의가 아니다. 세계시민주의가 하나의 실천적 이념으로서 민족국가의 경계에 머물지 않고 그 너머를 상상하도록 구성원들을 자극하고 격려할 때, 애국심은 호전적으로 변하지 않을 것이다. 로티의 미국적 애국심의 부정

16_ 리처드 로티, 앞의 책, 57쪽.

17_ 위의 책, 72~73·76·118쪽.

18_ 김정현, 〈리처드 로티의 미국적 애국심에 대한 검토: 세계시민주의에 대한 함축을 고려하며〉, 《코기토》 74, 2013, 9·22쪽.

성을 지양하기 위해서는 세계시민주의, 그러나 로티가 제안하는 것과는 다른 세계시민주의가 필요하다.[19]

한국에서도 뉴라이트의 대한민국주의가 갖는 부정적 영향력에 맞서 새로운 민주적 애국주의를 추구해야 할 필요성이 주창되었다.[20] 주대환 은 강준만의 말을 빌려 "대한민국에 대한 자부심을 보수에 넘겨준 것 은 진보의 실수"라고 일갈한다.[21] 하지만 민주공화국의 가치를 지향해 야 한다는 점도 놓치지 말아야 한다.[22] 로티가 주장한 대로 국가적 자부 심은 우리 개개인들이 자존감 없이는 제대로 된 삶을 살아갈 수 없는 것 과 마찬가지로 한 국가 전체가 계속 발전하기 위한 필수전제이기 때문이 다.[23] 장은주는 민주공화국 대한민국에 대한 사랑, 그것이 제대로 된 진 보적–민주적 애국주의의 핵심이라고 본다. 내가 태어난 나라이기 때문 에 애국해야 한다는 종족주의적 애국주의가 아니라 민주적 헌정질서의 가치와 원리 및 제도에 대한 사랑과 충성에서 성립하는 애국주의, 즉 하 버마스의 표현을 빌리면 헌법애국주의인 셈이다.

이러한 애국주의는 '민주적 애국주의'로 대한민국을 무조건 긍정하자는 것이 아니라 민주공화국의 이상을 실현해온 민주적 전통과 그것이 성취한 가치를 존중하고 이를 위해 헌신하는 것이다. 예컨대 4·19혁명, 5·18민 주화운동, 6월 민주항쟁 같은 민주적 전통과 그것이 이뤄낸 성취에 대한 자부심을 갖는 것이다. 요컨대 민주적 애국주의는 종족주의적 민족 실체

19_ 위의 글, 38쪽.
20_ 장은주, 앞의 글.
21_ 주대환, 〈나라를 우습게 아는 지식인, 대중이 우습게 본다〉, 《시민과 세계》 15, 2009, 256 쪽.
22_ 장석준, 〈진보 좌파에게 대한민국은 무엇인가〉, 《시민과 세계》 14, 2008.
23_ 장은주, 앞의 글, 269쪽.

성이나 반공이나 경제성장 같은 것이 아니라 민주주의, 인권 그리고 사회정의 및 인간의 존엄성 같은 가치를 추구해온 우리 현대사의 유구한 전통과 성취에 대한 헌신의 필요와 계승에 대한 다짐의 표현이다. 따라서 애국심은 원칙적으로 모든 시민의 것이며, 애국심에 대한 우파적 도구화를 제대로 경계하고 저지해야 한다. 왜냐하면 누스바움의 표현대로라면 우파의 애국심은 민주주의를 훼손하기 때문이다.[24] 이러한 관점에서 보면 애국심과 민주주의가 결합된 민주시민 교육을 통해 인권과 평화 등 민주주의 가치의 소중함을 인식할 수도 있다.[25]

여기에서 한 걸음 더 나아가 애국주의가 세계시민과 만날 수 있다는 점에 주목하기도 한다. 이런 입장에서는 헌법애국주의가 다음과 같은 세 가지 점에서 세계시민주의와 친화력이 있다고 본다.[26] 폭력과 인종주의라는 잘못된 과거를 극복하려 한다는 점, 군사적 집단화를 경계하면서 평화주의를 달성하려 한다는 점, 그 애정의 근거가 이성적인 판단으로 타자를 배제하는 것보다 포용을 목적으로 한다는 점이다.

하지만 애국주의에 대한 기대 못지않게 우려도 크다. 보편주의와 애국주의가 결합된 대한민국 긍정론은 매우 본질주의적이며 또한 거기에서 공화국–국가를 추상적으로 보편화하려는 반계급적 암시를 읽을 수 있기 때문이다. 특히 누구든 대한민국이 유일한 공동의 대지며 그것을 사랑해야 한다는 주장은 점점 더 확산되는 다문화주의와 이주노동자가 늘

24_ 장은주, 〈민주적 애국주의와 민주적 공화주의: 비판과 문제제기에 대한 응답〉, 《시민과 세계》 17, 2010, 209·278·288쪽.

25_ 심성보, 〈애국심과 민주주의가 결합된 민주시민 교육: 애국주의 논쟁을 중심으로〉, 《초등도덕교육》 34, 2010.

26_ 김만권, 〈헌법애국주의, 자신이 구성하는 정치공동체에 애정을 갖는다는 것〉, 《시민과 세계》 16, 2009, 193쪽.

어가는 한국의 현실과 맞지 않고, 전 지구적 이동과 소통의 확장이라는 현실과도 모순된다. "집이 없는 세계시민"은 우주의 떠돌이다. 국민국가 내에서 형성된 연대의식, 이른바 애국심은 배타적인 속성을 가지고 있으며 민주주의에 의해 제어되기 어려운 집단적 심리다. 게다가 현재의 애국적 정체성은 '대한민국주의'이기 때문에 민주적 애국주의는 실패할 가능성이 높다.[27] 또한 국가를 보편성에 자리매김하는 것 자체가 문제라는 시각도 있다. 이것은 자본주의를 비판할 수 있는 가능성 자체를 제거하는 것이기 때문이다.[28]

이상과 같은 애국심 교육에 대한 우려에도 불구하고 애국심을 보편화하려는 시도가 적극적으로 나타나는 배경에는 냉전 해체 이후라는 시대적 특수성이 있다. 다만 진정한 애국심 교육은 국민 모두가 국가 구성원으로서 누릴 수 있는 권리와 국가가 지향하는 가치를 인식하고, 국민적 결속감과 동일한 비중과 무게로 국가 구성원 내부의 다양성과 국민과 시민의 내적 차이를 인정하는 것[29]이라는 점을 분명히 해둘 필요가 있다. 나아가 시민교육을 위한 역사교육은 국가주의적 애국심 교육을 극복함과 동시에 세계시민주의를 지향함으로써 '국민'과 '세계시민'의 공존을 통해 민주주의를 회복하는 데 일차적인 목표를 두어야 한다.

27_ 권혁범, 〈'민주적 애국주의'에 대해서〉, 《시민과 세계》16, 2009, 229·232·235쪽.

28_ 서동진, 〈과연 공화국만으로 충분한가: 애국주의 논쟁을 되짚어보아야 할 이유〉, 《시민과 세계》17, 2010.

29_ 광주광역시교육청, 〈미래를 여는 역사교육의 방향과 과제〉(초·중·고 역사교육 방향 연구 최종보고서), 2016, 92쪽.

III. 세계시민주의를 통한 '국민'과 '세계시민'의 공존

세계시민주의라는 개념은 기원전 4세기 헬레니즘 세계의 각지를 돌아다니며 세계시민을 자칭했던 디오게네스에게서 시작되었으며, 키니코스학파(Cynics) 또는 견유학파에 의해 '세계시민(kosmou polites)'이라는 표현이 처음 사용되었다. 이후 기원전 3세기 초 디오게네스를 계승한 스토아학파[30]에 의해 수용되고 발전되었다.[31] 이들은 국적이나 계급, 민족적 소속감이나 심지어 성별 차이가 우리와 우리의 동료들 사이에 경계선을 세우도록 허용해서는 안 된다고 주장했다. 지금으로부터 2000여 년 전의 인류가 품었던 전망이 〈세계인권선언〉의 내용과 다르지 않다는 점에서 세계시민주의는 인류의 오래된 이상임에 틀림없다.

누스바움은 스토아학파의 세계시민주의 관념을 토대로 민주적 시민권이나 국가적 시민권보다는 세계시민권을 시민교육의 중심으로 만들어야 한다고 주장한다.[32] 누스바움이 세계시민주의를 적극적으로 주장하게 된 것은 다음과 같은 이유에서다. 먼저 그녀는 타고르의 소설을 통해 국가주의와 자민족 중심주의의 위력 앞에 합리적이고 원칙적인 세계시민주의가 패배하는 비극적인 이야기, 그리고 자신이 경험한 유엔과 연결

30_ 스토아학파는 사람들에게 설혹 싸우다가 자신이 멸망하는 한이 있더라도 이 세계의 악과 용감히 싸울 것을 권장했다. 스토아 철학자들은 입버릇처럼 "하늘이 무너져도 그대의 의무를 다하여라"라고 역설했다. 그들은 개인적 목적을 희생시킴으로써 아무리 큰 손실을 입는다고 하더라도, 의무에 대하여 변함없이 충실할 수 있다는 것이 인간의 높은 특권이라고 보았다. 스털링 P. 램프레히트, 김태길·윤명로·최명관 옮김,《서양철학사》, 을유문화사, 1992, 131쪽.

31_ 콰메 앤터니 애피아, 실천철학연구회 옮김,《세계시민주의》, 바이북스, 2008, 19~20쪽.

32_ 마사 너스봄 외, 오인영 옮김,《나라를 사랑한다는 것: 애국주의와 세계시민주의의 논쟁》, 삼인, 2003. 이 책은 미국의 애국주의 과잉을 극복하기 위한 대안으로 너스봄(누스바움)이 제안한 세계시민주의에 대한 비판과 비판적 지지 그리고 애국주의와 세계시민주의 가운데 양자택일이 불가능하다는 세 가지 차원의 논쟁을 조수아 코언이 편집한 것이다.

된 경제발전 기구에서 국제적인 삶의 질 문제에 대한 연구를 통해 세계시민주의에 주목했다. 특히 미국 좌파들에게 애국주의를 경멸하지 말고 "국가적 자부심의 정서"와 "국가적 정체성에 대한 공유 정서"를 중요하게 고려할 것을 요구하는 로티에 맞서서 적극적으로 세계시민주의를 주장했다. 나아가 그녀는 다음과 같은 네 가지 세계시민주의 교육 방안을 제시했다.[33]

첫째, 세계시민주의 교육을 통해서 우리는 자신에 관해 더 많은 것을 배울 수 있다. 타자의 렌즈를 통해 우리 자신을 바라볼 때, 우리의 실천에서 지엽적인 것과 비본질적인 것을, 그리고 한결 더 넓게 혹은 깊게 공유하고 있는 바를 깨달을 수 있기 때문이다. 둘째, 우리는 국제적 협력이 필요한 문제들을 해결해나가야 한다. 세계시민주의 교육이 이러한 방식의 사고에 필수적인 기초 지식을 제공할 것이다. 셋째, 우리는 현실적으로 존재하기 때문에 우리가 인지하고 있는 세계의 다른 지역에 대한 도덕적 의무를 깨달아야 한다. 모든 인간이 태어날 때부터 동등하고 양도할 수 없는 권리를 부여받았음을 믿는다면, 이 개념이 우리에게 요구하는 대로, 다른 세계와 더불어 또 그 세계를 위해서 무엇을 할 것인가를 심사숙고하는 것이 도덕적으로 필요하기 때문이다. 넷째, 우리가 옹호할 태세를 갖춘 차이에 기초해 수미일관된 논지를 펴야 한다. 로티의 애국주의는 모든 미국인을 통합할 수 있는 한 방법일지 모르지만 호전적 대외 강경주의와 너무도 유사하다. 미국인만이 특별히 존중받을 만하다는 생각은 재고되어야 한다.

위와 같은 누스바움의 주장은 미국 내에서 격렬한 논쟁을 불러일으켰

33_ 위의 책, 34~39쪽.

다. 논쟁에 참여한 사람들은 몇 가지 입장으로 갈라졌다. 우선 애국주의를 지지하고 세계시민주의를 비판하는 입장이다(Gertrude Himmelfarb, Benjamin R. Barber, Michael W. MaConnel). 이들은 애국주의의 가치를 적극적으로 역설하면서 세계시민주의는 실체 없는 주장이거나, 환상이라고 보았다. 그리고 미국의 애국주의는 정의와 공정이라는 보편적 이상을 현실적으로 법제화하는 데 결정적인 역할을 했다고 주장했다. 다만 글레이저(Nathan Glazer)나 벅(Sissela Bok) 등은 애국주의를 소극적으로 용인하면서 세계시민주의의 이상은 국민국가를 매개로 할 수밖에 없으며, 애국주의는 세계시민주의의 이상을 구현하기 위한 출발점으로 그 존재 가치가 분명하다고 주장했다.

다음으로 세계시민주의를 비판하거나 제한적으로 지지한 경우다(Kwame Anthony Appiiah, Richard Falk). 인류의 사회적·문화적 생활방식의 다양성과 그 가치의 동등함을 존중한다는 점에서 세계시민주의의 이상에는 공감하지만, 누스바움이 주장하듯 국가를 도덕적으로 임의적인 실체로 보기는 어렵고 세계시민주의가 자칫 문화의 획일적인 세계화로 이어질 수 있다는 이유로 세계시민주의의 잠재적 위험성을 우려했다.

마지막으로 애국주의 대 세계시민주의의 문제, 둘 중 하나를 지지하거나 반대하는 양자택일의 문제로 보지 않는 입장이다. 세계에 현존하는 불평등을 타파하고 민주적이고 평등한 세계를 창조할 수 있는 세력을 지원하는 것이 실제로 중요하다고 보거나(Immanuel Wallerstein), 일차적인 충성의 대상은 민족공동체나 국가 혹은 인류공동체 같은 어떤 공동체가 아니라 올바른 일을 행하는 것, 즉 정의여야 한다는 주장(Amy Gutmann), 또는 보편성을 전제하지 않는 자국중심주의나 구체적인 충성 대상을 무시하는 세계시민주의는 똑같이 비도덕적 행위를 유발할 수 있기 때문에 두 용어의 대체를 주장하거나(Michael Walzer), 문화의 특수성과 보편성이라는 틀에서 애국주의와 세계시민주의의 문제를 원리적으로 신중하게 접근할 것을 제안했다(Judith Butler). 이러한 격렬한 찬반 논의 속에서도 분명하게 견지되고 있는 것은 논자들 모두 세계시민주의가 지향하는 민주주의를 보편적 가치로 소중하게 여기고 있다는 점이다.

이처럼 누스바움의 세계시민 교육에 대한 관심이 활발하게 논의되고 있는 것은 오늘날 세계 각국이 당면한 민주주의의 위기를 교육의 관점에서 해결하고자 하는 문제 인식과 관계가 깊다. 누스바움은 《학교는 시장이 아니다》[34]라는 책에서 동서양 양쪽의 철학과 교육이론의 핵심적 가치를 제시하면서 인도의 타고르, 미국의 듀이, 프랑스의 루소의 교육사상에 근거하여 '인간계발'의 교육 모델을 만들어냄과 동시에 이 모델이 민주주의에, 그리고 국제적 감각을 갖춘 세계시민을 기르는 데 필수라고 강조했다.[35] 예컨대 예술과 문학을 배우는 학생들은 또한 타인의 상황을 상상하는 법을 배우는데, 그 상상력은 민주주의의 성공에 근본적으로 필요한 능력이며, 이 상상력 훈련은 우리 내면의 시선을 기르는 데 필요한 과정이다. 이를 통해 민주주의와 세계시민 정신에 필요한 상호의존성을 이해할 수 있게 된다. 반면 공감능력이 부족한 시민들로 가득 찬 사회는 민주주의 체제의 위기를 초래할 수 있다. 누스바움은 민주주의의 위기를 교육현장에서 찾았으며, 이런 상황에서 경제성장 본위의 모델에 대한 대안으로 '인간계발 패러다임' 모델을 제안했다.

누스바움은 인간계발 교육 모델을 위한 인문학 교육의 모범으로서 소

34_ 마사 누스바움, 우석영 옮김, 《학교는 시장이 아니다》, 궁리, 2016.

35_ 신응철, 〈누스바움의 민주주의를 위한 시민교육: '이익 창출'에서 '인간계발'로〉, 《철학논집》 34, 2013.

크라테스식 교육법을 제시하면서 스스로 생각하고 논쟁할 수 있도록 학생들을 자극하는 것이 중요하다고 보았다. 예컨대 소크라테스식 사색이 학교 교육과정의 일부로 채택되거나 배운 내용을 논쟁과 작문을 통해 수업 속에서 실천해봄으로써 탐구와 적극적인 사색을 자극할 수 있다.[36] 또한 페스탈로치는 소크라테스식 교육을 통해 아이 스스로 비판 능력을 계발하여 적극적이고 탐구적인 인간으로 성장할 수 있다고 보았다. 어린이들이 활동적이고 탐구적이 되도록 질문을 부추긴다는 점에서 프리드리히 프뢰벨 역시 소크라테스적이다.[37] 또한 누스바움은 듀이가 소크라테스식 교육의 미국인 실천가라고 평가하면서 인문학적 정신을 통해 비판적으로 사고하는 능력, 지역적 차원의 열정을 뛰어넘어 '세계시민'으로서 세계의 문제에 접근하는 능력, 다른 사람의 곤경에 공감하는 태도로 상상하는 능력이 구현될 수 있다고 보았다.[38] 이 같은 소크라테스식 교수법을 적용한 경우, 교사의 가르침은 언제나 주장이 아니라 질문의 형태를 띠게 된다.

한편 누스바움의 세계시민주의는 인간의 심리적 기저, 즉 감정(emotion)에 대한 그녀의 폭넓은 연구에 기인한다.[39] 누스바움은 감정을 단지 지성의 버팀목이나 지주보다는 인간 지성의 본질적 요소로 생각하고, 인지적 가늠 또는 가치 평가라고 보았다.[40] 감정을 가치 평가적 사유 형태로 보면 훌륭한 인간적 삶에서 감정이 어떤 역할을 하는가에 대한 질문은 훌륭한 인간적 삶에 대한 일반적 탐구의 핵심적 부분임을 보여

36_ 마사 누스바움, 앞의 책, 102~103쪽.
37_ 위의 책, 107~111쪽.
38_ 신응철, 앞의 글, 288·291·304쪽.
39_ 누스바움의 감정은 감정(emotion)이면서 동시에 사유(thought)다.
40_ 마사 누스바움, 조형준 옮김, 《감정의 격동: 1. 인정과 욕망》, 새물결, 2015, 29~30쪽.

준다고 했다. 인간 상호 존중과 호혜성의 여지, 사람을 수단보다는 목표로, 수혜의 수동적 수용자보다는 행위주체로 바라보아야 한다고 주장했다.[41] 이처럼 누스바움은 감정의 특징을 이루는 지향적 지각과 믿음은 가치와 관련이 있다고 본다. 따라서 세계와 대면하는 우리 각자가 정체성을 형성하고 자신과 세계를 이해하는 과정에서는 감정이 중요한 역할을 한다.[42] 이때 누스바움은 중요한 감정으로 연민(compassion)에 주목했는데 상상을 통해 타자를 연민의 대상으로 느낀다고 보았다.[43]

그렇다면 누스바움이 말하는 타자를 연민의 대상으로 느끼는 시민이란 누구인가?[44] 연민의 최초의 인지적 필요조건[45]은 고통이 사소하기보다는 심각한 것이라는 믿음 또는 평가이고, 두 번째 필요조건은 연민의 대상이 되는 사람이 고통을 당해서는 안 된다는 믿음이며, 세 번째 필요조건은 이 감정을 느끼는 사람의 가능성이 고통을 겪는 사람의 가능성과 흡사하다는 믿음이다. 이러한 연민을 가진 개인은 자신이 상상하는 것을 구현하는 법과 제도를 만드는 데 적극적이라는 점에서 민주적이고 자유주의적인 국가의 정치구조와 맺는 연관성이 깊다.[46] 따라서 연민을 표현할 수 있는 시민적 덕성을 위한 교육은 다문화적 교육이어야 한다. 학생들은 인간 존재가 훌륭한 삶을 위해 투쟁하는 상황의 다양성을 제대로 평가할 수 있는 방법을 배워야 한다. 이는 단지 계급, 인종, 국적, 자신과

41_ 위의 책, 43~44쪽.
42_ 박민수, 〈감성과 인문교육 그리고 세계시민주의: 마사 누스바움에 대하여〉, 《해항도시문화교섭학》 14, 2016, 80쪽.
43_ 마사 누스바움, 앞의 책(2015), 136쪽.
44_ 마사 누스바움, 조형준 옮김, 《감정의 격동: 2. 연민》, 새물결, 2015, 778쪽.
45_ 누스바움은 '연민'과 구분되는 방식으로 감정이입(empathy)을 사용하면서 감정이입은 단지 다른 사람의 경험에 대한 상상적 재구성에 불과한 것으로 보았다(위의 책, 552쪽).
46_ 위의 책, 725~731쪽.

다른 성적 지향에 대한 사실을 배워야 한다는 것만 의미하는 것이 아니라 상상을 통해 이 삶 속으로 끌려 들어가야 하며 그러한 투쟁에 참여할 수 있어야 함을 의미한다. 이 교육의 구성요소 중의 하나는 분명히 정치사, 경제사, 사회사가 될 것이다.[47]

이처럼 누스바움은 시민들이 사실적 지식과 논리적 지식만으로는 주위의 복잡한 세계와 자신을 제대로 연결시킬 수 없다고 보았으며, 이를 보완하기 위해 서사적 상상력(narrative imagination)이 요청된다고 주장한다. 서사적 상상력이란 "자기 자신이 다른 이의 입장에 있다면 사태가 어떨지 생각할 줄 아는 능력, 그 사람의 이야기를 지적으로 읽을 수 있는 능력, 그러한 위치에 처한 이라면 가질지 모르는 감정·소망·욕구를 이해하는 능력"이다. 연민의 윤리가 합리적 체계를 보완하며 바람직한 공동체를 형성해나가기 위해서는 서사적 상상력을 육성하고 계발하는 교육이 지속되어야만 한다.[48] 누스바움이 문학작품을 통해 서사적 상상력을 육성하고 계발하도록 하는 부분은 역사교육적 차원에서도 적용해볼 수 있다는 점에서 시사점이 크다. 누스바움은 연민의 감정 능력과 서사적 상상력이 전 세계로 그 범위가 확산될 때 시민의 행복을 위한 민주주의를 회복할 수 있다고 본다. 이러한 점에서 누스바움의 세계시민주의는 국가 및 민족을 경계 짓는 장벽을 허무는 데 일조할 수 있을 것이다. 또한 '국민'과 '세계시민'의 공존을 위한 가능성을 제고한다는 점에서 애국주의를 극복하기 위한 대안적 역사교육으로서도 그 의의가 있다.

47_ 위의 책, 776~779쪽.

48_ 박민수, 앞의 글, 86쪽.

IV. '애국주의'를 넘어서 '세계시민주의'를 지향하는 역사교육

근래 세계 각국에서는 국가주의적 역사교육과정과 세계주의적 역사교육과정 중 어느 것을 가르칠 것인가 하는 문제로 논쟁 중이다. 미국의 국가주의는 유럽과 다른 경로를 밟은 미국식 국가 형성의 산물이며, 미국이 발전한다는 국민의식은 외부의 적으로부터 큰 도전을 받지 않았다. 반면 서유럽에서는 세계대전 이후 국가주의가 위축되고, 1989년 이후 세계주의적 경향이 대두되었다.[49] 이러한 상반된 과정 속에서 공통적으로 나타난 현상은 각국 정부가 역사교육과정에 적극적으로 개입하면서 '민주주의'가 후퇴한 점이다.

미국에서는 국가주의가 지속되어왔으며, 1990년대 중반에 일어난 국가 역사표준(National History Standards) 논쟁의 핵심은 학교에서 가르치는 역사과목에서 애국적 가치가 차지하는 위상에 대한 것이었다. 주 단위의 역사교육도 마찬가지다. 예컨대 플로리다주의 역사표준은 암묵적으로 학생들과 교사들에게 토론의 가능성을 완전히 배제한 채, 하나의 아주 특수한 해석만을 강요했다.[50] 남북전쟁에 관한 사실 및 신화에 대한 재해석을 두고 플로리다주에서 치러진 올러스티 전투(Battle of Olustee) 당시 일어났던 학살 사건의 폭력성이 진실로 드러나는 상황 속에서도 하나의 서사만이 강요된 것이다.[51] 애국심, 그리고 시민 규범의 배양은 플

49_ 린다 심콕스·애리 윌셔트 엮음, 이길상·최정희 옮김, 《세계의 역사교육 논쟁》, 푸른역사, 2015, 64~65쪽.

50_ 위의 책, 78쪽.

51_ 플로리다주 도서관 및 문서보관소(https://www.floridamemory.com/onlineclassroom/ cuban-revolution/lessonplans/lesson1a.php). 올러스티 전투는 미국 남북전쟁 중 1864년 2월 20일 플로리다의 베이커카운티에서 일어났다. 남북전쟁 당시 플로리다주에서 일어난 유일한 전투로, '대양 못의 전투(Battle of Ocean Pond)'라고도 불린다. 이 전투에서 북부연방

로리다주의 새로운 교육과정의 핵심인데, 역사과 교육과정에서 국가의 발전과정에 대한 이의가 허용되지 않을 뿐만 아니라 무비판적인 애국심을 정당화하기 위해 역사표준이 이용되어온 것[52]이 문제가 되었다.

이러한 국가주의적 역사교육과정을 극복하기 위해 누스바움은 사회정의를 중심에 놓는 21세기형 세계시민주의적 교육과정의 기초를 제안했다. 첫째, 학생들은 자신과 연결된 여러 공동체의 시민이며, 자기가 태어난 나라의 시민만이 아니라는 것을 배워야 한다. 둘째, 교육과정은 자기가 속한 지역 및 유산과 함께 국적을 넘어 인간에 대한 상호 존중과 관심에 기초한 세계주의를 거시적·인지적으로 이해하는 능력을 길러주어야 한다. 특히 그녀는 우리의 마음과 상상 속에서 국가의 경계를 넘어서도록 아이들을 가르치지 않는다면 우리가 인권에 관해 그들에게 가르치고 있다고 말할 수 없다고 역설했다. 이처럼 누스바움의 세계시민주의는 한 가지 보편적인 세계질서를 강대국이 중심이 되어 일방적으로 부과하는 세계화, 세계주의와는 지향하는 바가 다르며, 그녀의 세계시민주의 교육은 모든 인간과 공동체들의 상호의존성을 상기시켜주는 것으로 국가적 시민권보다는 세계시민권을 시민교육의 중심으로 삼는다. 다만 이러한 세계시민주의적 교육과정은 각국의 민주주의가 각각 국민국가의 경계 안에서 작동할 수밖에 없다는 점에서 한계가 있다는 비판을 받았다.[53]

은 203명 사망, 1152명 부상, 506명 실종 등 총 1861명의 사상자를 냈으며, 남부연합은 93명 사망, 847명 부상, 6명 실종으로 총 946명의 인명 피해를 냈다. 남부연합군은 대부분 흑인으로 구성된 부상당한 북부연방군 병사들을 살해했다. 이 전투를 기념하기 위해 플로리다 주립공원 안에 올러스티 전투 역사공원이 조성되어 있으며, 컬럼비아카운티 안의 레이크시티에서 매년 전투를 기념하는 행사가 열린다.

52_ 린다 심콕스·애리 윌셔트, 앞의 책, 436쪽.

53_ 위의 책, 87·89쪽. 린다 심콕스는 누스바움과 데이비스·헬드의 저술로부터 세계시민주의를 바탕으로 세계주의적 역사교육과정을 설계하기 위한 일곱 가지 원칙을 제시했다(91~92쪽).

그렇지만 세계시민주의 역사학습은 학생들에게 지금 우리가 살고 있는 초국가적이고 경제적으로 통합된 세계가 어떻게 등장했는지를 이해하도록 지리적, 현세적, 생태적, 정치적, 경제적 그리고 역사적 틀을 제공함으로써 지구적 혹은 세계주의적 시민성의 개념을 준비시킬 수 있다는 장점이 있다. 또한 국가주의적 교육과정이 가지고 있는 지적 부적합성, 세계적 차원의 사회정의의 부인, 그 안에 내포된 정치적 위험성, 그리고 탈국가적·상호의존적 세계에서의 부적합성을 고려할 때, 이 같은 세계시민주의적 사고를 역사교육과정의 중심에 위치시키는 것은 매우 중요하다.[54]

또한 누스바움은 감성과 공감에 기초한 '능력설'을 중심으로 공통의 인간성을 상정함으로써 사회적 약자를 평등하게 대하는 배려와 휴머니티의 실현을 주장했다. 특히 감성과 공감을 법의 공적 영역에 포함시켜 '정의'의 한 요소로 파악함으로써 분배와 평등이라는 자유민주주의가 해결해야 할 주요 과제에 시사점을 주었다. 즉 세계시민은 다른 사람의 생각이나 행동을 이해하고 공감할 수 있어야 한다.[55] 그래서 누스바움은 자기가 속한 집단의 순수성을 고집하거나 믿는 그릇된 생각은 "이방인을 향한 적개심을, 그리고 내국민을 향한 적개심에 대한 무감각만을 양산할 뿐"이라고 단언한다.[56] 따라서 누스바움이 중요하게 생각하는 능력은 다른 사람의 삶을 이해하는 서사적 상상력이다.[57]

54_ 위의 책, 90쪽.

55_ 마사 누스바움, 황은덕 옮김, 〈민주시민과 서사적 상상력〉, 《오늘의 문예비평》, 2010, 41쪽.

56_ 최성환, 〈다문화 시민교육의 이념: M. 왈쩌의 관용론과 M. 누스바움의 시민교육론을 중심으로〉, 《다문화콘텐츠연구》 18, 2015, 115쪽.

57_ 이계수, 〈법적 상상력과 공상의 사용법에 대하여: 마사 누스바움의 〈시적 정의〉의 경우〉, 《민주법학》 61, 2016, 145쪽.

그런데 이러한 누스바움식의 접근은 개별적인 것에 지나치게 신경을 쓰며 계급과 같은 더 큰 사회적 단위에 관심을 갖지 않는다는 비판을 받기도 한다. 누스바움은 공감과 연민, 그리고 인간다운 삶을 누리며 자신의 역량을 발휘할 수 있는 개인의 자유에 집중하기 때문이다.[58] 또한 누스바움은 문학적 이해가 사회 평등으로 이끄는 마음의 습관을 고쳐시켜 집단 증오를 지탱하던 고정관념을 해체하는 데 기여할 것이라고 보면서 그것이 민주적 평등의 지름길이 될 것이라고도 주장하지만, 이러한 주장은 오늘의 현실에서 낭만적이고 이상적인 낙관론으로 비칠 가능성이 크다.[59] 하지만 이러한 비판에도 불구하고 누스바움의 서사적 상상력은 애국주의를 넘어서 세계시민주의를 지향하는 역사교육을 상상하고 실천하는 데 커다란 동력을 제공할 수 있다는 점 또한 간과해서는 안 된다.

오늘날 한국 사회에서도 교육을 통해 민주주의의 위기를 극복해야 한다[60]는 목소리가 커지고 있다. 현재 대한민국은 민주주의가 국가와 정부의 조직 형태를 넘어 사회조직과 삶의 양식으로 뿌리내리지 못했는데, 그 까닭은 시민들이 충분히 민주적 자기 지배를 위한 역량과 자질을 갖추도록 교육받지 못했기 때문이라는 진단이다. 정치적 목적이 우선시되면서 학생 중심의 교육 목적에 충실하지 못했던 탓도 있다. 이러한 문제점을 극복하기 위해 다음과 같은 세 가지 원칙이 필요하다. 우선 민주시민 교육이 견지해야 할 기본 원칙으로 헌법애국주의라는 관점에서 대한민국의 정체인 민주공화국의 이념에 충실해야 한다. 둘째, 학문과 사회에서 논쟁적인 것은 교실에서도 논쟁적으로 드러내야 한다는 '논쟁성의

58_ 위의 글, 156·158쪽.
59_ 신철규, 〈법과 정의 사이에 놓인 징검다리로서의 문학: 마사 누스바움, 《시적 정의: 문학적 상상력과 공적인 삶》, 궁리, 2013〉, 《실천문학》 113, 2014.
60_ 장은주, 앞의 책.

원칙'이다. 셋째, 학생들이 민주주의를 직접 체험하고 살아내는 경험을 할 수 있도록 '실천성의 원칙'이 필요하다. 이를 통해 민주시민 교육이 '교육정의'를 추구하는 민주주의 패러다임으로 새롭게 출발해야 한다.

민주주의 패러다임은 모든 학생 개개인의 인격적 불가침성을 존중하고 그들이 다양한 방향으로 성장할 수 있음을 인정하는 데서 출발하는 것으로 개개인의 독립성과 다양한 고유성을 존중하고 그 잠재력을 계발하는 데 초점을 둔다. 모든 학생이 어떤 차별도 없이 중요한 인간적 삶의 모든 차원에 참여하는 데 필요한 기본적인 역량을 획득할 수 있도록 도와야 한다.[61] 이러한 목적을 좇는 교육 패러다임을 누스바움과 센(Amartya Kumar Sen)의 표현을 빌리면 '인간계발 패러다임(human development paradigm)'이라고도 규정할 수 있다. 한국 교육에서 새롭게 제안되고 있는 민주주의 패러다임은 누스바움의 논의와 매우 닮은 측면이 있다. 이러한 논의가 역사교육의 목적, 내용, 방법을 모색하는 데 주는 시사점은 무엇일까. 과연 애국주의와 세계시민주의가 공존하는 역사교육 방안을 마련할 수 있을까.

학교는 바로 그런 민주적 삶의 양식의 가장 기본적인 단위의 하나로 무엇보다도 그 민주적 삶의 양식의 훈련과 습성화를 위한 민주시민 교육의 장이어야 한다. 학교를 민주적인 탐구의 공동체, 배움의 공동체로 이해하는 것이 중요하다. 국제학업성취도평가(PISA)에 기초한 OECD(경제협력개발기구)의 핵심역량 정의 및 선정(DeSeCo) 프로젝트에 따르면 '핵심역량'의 중심에는 개인이 성찰적으로 생각하고 행동해야 할 필요성, 곧 성찰성(reflexiveness)이 놓여 있는데, 이러한 역량들 역시 기본적으로

61_ 위의 책, 106쪽.

민주적 학교와 교육을 통해서만 제대로 길러진다.

또한 시민적 역량과 민주적인 가치(관) 및 태도에 대한 교육도 매우 중요하다. 시민은 '공중(the public)', 즉 기본적으로 민주적 공론장에서 자신의 삶에 영향을 미치는 사회적 행위의 결과를 성찰하며 공론을 형성하고 토론하는 주체다. 이 접근법은 한국의 민주주의가 발전해온 특별한 맥락을 성찰하고 공허한 자유주의적 시민 이해와 지나치게 정치화된 공화주의적 시민 이해를 모두 넘어서고자 하는 시도라고 생각된다. 이른바 민주공화국의 구성원이자 모든 권력의 주권자로서 민주적 애국시민을 의미하는 것이다. 민주시민 교육을 통해 학생들은 민주주의의 개념, 원리, 역사 등에 관한 기본적인 지식을 갖추는 것 외에도 민주시민으로서의 판단능력, 민주시민으로서의 행동능력, 방법론적 활용능력을 함양하는 것이 필요하다.[62]

이상과 같은 점에서 국가 전체의 공공선을 지향하는 민주적 애국심이 세계시민주의와 가까워질 수 있다. 다만 이를 '주입'하는 일방적인 교화가 아니고 시민들 스스로 자기형성을 위해 보조적 매개가 되어야 하며, 궁극적으로 비판적인 시민적 주체가 되도록 하는 것이 중요하다. 또한 민주시민 교육에 대한 주지주의적 접근에서 벗어나야 하며, 민주적 상호 인정의 경험을 통해 획득된 시민적 자존감은 타인에 대한 깊은 공감과 소통의 능력을 갖추는 것을 중요하게 여길 수 있도록 한다.[63]

이와 같은 민주시민 교육을 통해 민주주의가 학생들의 민주적 실천역량과 가치관의 함양을 통해 존립 작동할 수 있도록, 즉 듀이식으로 말하면 학교를 민주적 공동체로 만드는 데 노력을 기울여야 할 것이다. '세계

62_ 위의 책, 127·145쪽.
63_ 위의 책, 159쪽.

시민주의'나 '애국주의(민주적 애국심)' 모두 사회정의를 중요하게 생각하며, 또 교육을 통해 민주주의의 위기를 극복할 수 있다고 본다. 하지만 애국주의에 대한 태도의 측면에서 민주적 애국주의는 국가를 경계로 한 공동체의식을 긍정적으로 받아들인 반면, 누스바움의 세계시민주의는 국민으로서의 시민보다는 세계시민의 형성을 적극적으로 추구하는 점이 다르다.

한편 최근 유엔은 교육 목표로 '세계시민 의식의 함양'을 강조한다. 이를 위한 세계시민 교육에 대한 방안 탐색이 국제사회에서 중요한 교육의제로 급부상했기 때문이다. 교육의 역할과 목적이 더 정의롭고, 더 평화로우며, 더 관용적이고 포용적인 국제사회를 건설하는 쪽으로 무게중심이 옮겨가고 있다. 세계화는 기존의 정치질서에 변화를 초래했고, 시민사회 인식의 패러다임에도 변화를 가져왔다. 세계화 이후 국민국가라는 울타리 안에서 단일한 지위와 동일한 권리 및 의무를 부여받는 것을 중시하는 기존의 국가적 시민성의 한계를 뛰어넘을 수 있는 새로운 대안적 시민성의 개념이 요구되고 있는 것이다. 세계시민성은 다양한 가치가 공존하는 사회에서 서로를 인정하고 존중하며, 지역, 국가, 세계 차원의 각종 분쟁을 대화 또는 타협과 같은 민주적 절차로 해결하려는 시민적 속성을 강조한다.

유네스코 보고서에 따르면 세계시민 교육의 목적은 "학습자가 지역 및 글로벌 차원에서 능동적 역할을 스스로 떠맡으며 세계의 어려운 문제들에 맞서 해결하고, 궁극적으로는 더 정의롭고, 평화로우며, 관용적이고, 포용적이며, 안전하고, 지속가능한 세상을 만드는 데 앞장설 수 있도록 그들의 역량을 키우는 것이다."[64] 우리나라 초·중·고 교육과정의 목표에서도 세계시민으로서의 자질을 함양하는 데 중점을 두고 있다. 이에 따라 역사교육의 목표 역시 '우리나라와 세계의 구성원으로서 다양한 문화를 인정하고 민주적이며 평화적인 가치를 존중하는 자세를 갖춘 민주시민을 기르는' 것이다.

이렇듯 21세기 변화된 세계 속에서 미래 세대가 역사교육을 통해 실천적 세계시민으로 성장하려면 지금까지와는 다른 새로운 역사교육이 요청된다. 근대국가가 기르고자 했던 시민은 국가정체성을 가진 '국민'이었지만 하나의 목적, 하나의 사고방식으로 강조되는 국가정체성은 시민적 정체성의 다양성을 저해한다. 실천적 세계시민을 기르기 위해서는 학교 역사교육에서 민주주의 발전을 다른 주제보다 더 비중 있게 가르칠 필요가 있다. 내용 선정의 원리로 중요성을 내세울 때 민주주의와 같은 주요 이념들을 다른 주제들보다 본질적으로 중요하게 여기는 것은 한국 현대사에서 민주화가 핵심 주제이기 때문이다.[65]

그렇다면 '애국주의'를 넘어서 '세계시민주의'를 지향하는 역사교육은 무엇이고, 어떻게 체계화할 것인가? 역사교육에서 민주주의는 한국 사회나 세계의 민주주의 발전과정에서 매우 중요한 내용 요소다. 시민의 권리가 확대되거나 인권과 평등, 공공선 같은 요소들이 자리를 잡아가는 과정 자체 그리고 민주주의를 확대하기 위한 노력과 투쟁, 반대로 이를 통제하고 억압하려는 시도 모두 중요하다. 특히 민주화운동과 이에 대한 탄압은 민주주의 역사의 주된 교육 내용 요소라고 할 수 있다. 시민을 위한 역사교육이 민주주의를 목적으로 했을 때, 최우선적으로 고려되어야 할 내용 요소는 이를 보여줄 수 있는 역사적 사실이다. 그래야 4·19혁

64_ 유네스코 아시아태평양국제이해교육원, 《SDGs 시대의 세계시민 교육 추진 방안》, 2015, 38쪽.
65_ 김한종, 앞의 책, 25~29쪽.

명, 5·18민주화운동, 6월 민주항쟁 등 민주주의의 역사를 교과서에 적극적으로 서술하고 가르칠 수 있다. 본래 역사교과서는 사회구성원들에게 애국주의를 심어줄 수 있는 내러티브를 강조하는 '공식적' 스토리를 제시하고 자랑스러운 국가의 기원과 발전의 역사를 통해, 국가에 대한 충성심을 가진 '국민'을 양성하려는 성격이 매우 강하다.[66]

그러나 오늘날 한국 사회의 성격과 형성과정을 이해하는 데 중요한 내용 요소는 민주주의의 역사를 통해 사회구성원 개개인이 국가권력으로부터 자유를 획득했음을 가르치는 것이다. 이 때문에 역사교과서 내용을 둘러싼 갈등과 충돌이 일어나고, 교과서 서술은 정부의 영향력에서 여전히 벗어나지 못하는 측면도 있다.[67]

하지만 역사교과서가 가치중립을 위해 기계적인 중립을 지키는 서술을 견지하려는 태도는 바람직한 민주주의 교육과는 거리가 멀다. 오히려 기계적인 중립보다는 민주적 당파성을 띠어야 하는 것은 아닐까? 여기에서 민주적 당파성이라 함은 민주시민의 자질 함양이라는 교육기본법에 충실한 역사교육을 더 분명하게 드러내는 것을 의미한다. 기존 교과서 서술처럼 민주화운동이 맥락 부재와 주변화된 종속변수로 다루어지는 것[68]을 넘어서는 것을 의미한다. 이 점에서 무엇보다도 교육적인 목적을 최우선으로 하는 것이 중요하다. 민주주의의 본질에 적합한 역사수업에서는 5·18민주화운동이나 6월 민주항쟁을 가르칠 때 당시 사람들이나 교사의 시각이 아닌 학생의 관점에서 민주주의의 역사를 바라보고 그 의미를 부여하도록 전환되는 것이 필요하다. 또한 시민 역사교육은 사회

66_ 위의 책, 49·80쪽.

67_ 위의 책, 74·83~85쪽.

68_ 민주화운동기념사업회, 《민주화운동 관련 역사교과서 분석 및 서술방향 연구보고서》, 2017, 181쪽.

구성원으로서 시민이 알아야 할 역사적 지식의 습득에 그치는 것이 아니라 역사변화의 동인과 사회구성의 원리를 깨닫고 이를 사회문제에 적용하여 실천할 수 있게 하는 데 주안점을 두어야 한다.[69]

또한 근래 대두된 역량접근법은 전 세계에서 활용되는 발전경제학의 지배적인 이론적 접근법(GDP)이 오히려 인류의 불평등을 정당화해왔으며, 이 과정에서 사람들의 삶의 질이 급속도로 양극화되었다고 비판하면서, 이를 극복하기 위해 새로운 발전정책의 대안으로 제시된 것이다. 역량접근법은 기본적 사회정의를 세우고, 사람을 목적으로 한 잘 살기를 도모하며, 개인의 선택과 자유를 중요하게 생각하고, 사람마다 역량이 다르다는 가치 다원적 입장을 취하며, 정부와 공공정책의 시급한 과제로서 사회적 부정의와 불평등에 관심을 기울여야 한다고 본다. 특히 각 국가의 헌법체계가 핵심역량을 구체화하는 데 기본이 되고, 이때 교육은 수많은 인간역량을 계발하는 데 중추적 역할을 하기 때문에 매우 중요하다.[70] 이러한 역량접근법은 인권의 범위를 확장시키는 데 기여했다는 점에서 의의가 크다고 평가받았다.[71] 민주주의 패러다임이 역사교육 차원으로 승화되기 위해서는 이러한 역량접근법 역시 필요한 접근법이라고 할 수 있다.

그렇다면 민주주의를 위한 역사교육(목적), 민주주의에 대한 역사교육(내용), 민주주의에 의한 역사교육(방법)은 무엇일까? 역사교육의 목적이 민주주의를 실천하는 시민을 기르는 데 있다는 것을 분명히 하기 위해 민주주의 발전과정의 역사를 배우고 시민의 삶에서 실천될 수 있어야 한

69_ 김한종, 앞의 책, 75·79·88쪽.
70_ 마사 누스바움, 한상연 옮김, 《역량의 창조》, 돌베개, 2015, 32~35·57·181~186쪽.
71_ 허성범, 〈역량과 인권: 센과 누스바움〉, 《시민인문학》 25, 2013, 158쪽.

다는 김한종의 '참여하는 시민을 위한 역사교육'이 대안을 마련하는 데 도움을 줄 수도 있을 것이다. 또한 역사교육적 차원에서 어떤 교수학습 전략을 취할 것인가. 지금까지와 달리 학생의 관점을 고려한 교수학습으로의 전환이 필요하다는 지적에도 귀 기울여야 한다. 역사교육이 다양한 해석의 허용이라고 한다면 특히 학생을 위해 이를 허용할 수 있는 교과서, 내용 구성, 수업방법에 대한 체계적인 준비가 필요하다.

애국주의를 넘어서 세계시민주의를 지향하는 민주주의적 역사교육을 체계화하는 데 고민해야 할 점은 우선 현재 역사교육의 문제를 해결하기 위한 방법으로 갈등 관계에 있는 주체 간에 지켜야 할 원칙을 분명하게 정하는 일이다. 최근 한 시도교육청이 간행한 미래 역사교육의 방향을 모색한 연구보고서[72]에서는 외국의 정치교육이나 유엔 권고안 등을 참고하여 견지해야 할 세 가지 원칙을 제시했다. 첫째 '합의'의 원칙, 둘째 '다원적 관점과 학생 중심'의 원칙, 셋째 '민주시민 교육으로서 역사교육'의 원칙이다. 합의의 원칙은 1976년 독일의 보이텔스바흐 합의 (Beutelsbacher Konsens: 강압성 금지, 논쟁 재현, 학습자 이익 상관성)나, 2013년 유엔의 '문화적 권리 분야에 대한 특별보고관 보고서' 등을 통해 국가권력의 역사교육 개입 금지가 중요하다는 점을 다시 한 번 확인할 수 있게 해주는 원칙이다. 다원적 관점과 학생 중심 원칙은 민주사회가 가치와 지향의 다원성과 이익과 입장의 다양성을 전제한다는 점에서 논쟁 재현 원칙을 수용함으로써 실현 가능할 것이다. 민주시민 교육으로서의 역사교육은 그동안 한국의 역사교육이 민족·국민정체성을 함양함으로써 애국적 국민을 만든다는 가치에 집중했던 과거의 역사교육에 대한 비판

72_ 광주광역시교육청, 앞의 글.

적 검토를 통해 실제 민주시민의 자질 함양이라는 교육기본법의 이상을 실현하는 데 더 적극적인 자세로 임해야 한다는 점을 강조한 것이다.

영국시민교육자문위원회가 작성한 크릭 보고서에 따르면 역사는 다양한 해석의 가능성을 열어두고 비판적으로 텍스트에 접근하는 능력을 키우기에 적절하며, 제시된 증거를 과학적으로 분석하고 새로운 증거를 찾아내는 능력과 밀접한 과목이다. 영국에서 역사과목은 사회의 발전과 정치적·경제적·사회적 제도의 변천을 중심으로 내용이 구성된다. 영국의 민주주의와 다원적 사회체제가 어떻게 발전해왔는지를 배우면서, 시민교육의 학습목표 달성에 필요한 필수개념과 기본제도를 습득하게 한다. 가령 영국사의 핵심이라고 할 수 있는 의회의 역사를 배우면서, 학생들은 자연스럽게 현행 선거제도를 생각해보거나 영국과 유럽 및 세계 여러 나라의 역사를 배우면서 인권 문제와 지속가능한 발전을 고민해볼 것이다. 역사 시간에 과학적 탐구 및 입증의 중요성을 배운 아이들은 시민교육의 핵심이라고 할 수 있는 바탕, 즉 시사문제나 기타 현안을 다룰 때 합리적인 판단을 강조하고, 지식으로 무장한 행동에 대해 자신감을 키우게 될 것이다.[73] 이처럼 역사과목은 민주주의에 대한 내용과 방법을 통해 민주주의를 배움으로써 민주시민의 자질을 함양하는 데 중요한 역할을 담당할 수 있다.

다음으로 중요한 것은 구체적인 방안으로 역사교과의 재구성에 주목하는 것이다. 국사와 세계사의 이원적 분리를 넘어서는 것, 민족·국가 단위의 정치적 사건, 그 주역들의 이야기를 넘어서는 것, 근현대사 비중을 늘리고 현대사 교육의 내실을 기함으로써[74] 민주주의적 역사교육의

73_ 영국시민교육자문위원회, 민주화운동기념사업회 옮김, 크릭 보고서(Crick's Report) 〈학교 시민교육과 민주주의〉, 2008, 117~118쪽.

내용 체계를 재고하는 것이다.

최근 경기도교육청과 서울특별시교육청의 보고서는 시민교육의 중요한 원칙으로 헌법적 가치에 주목하고, 국민정체성이나 애국심 교육의 중요성을 인정하되 그것을 인권과 민주적 헌정질서에 대한 존중 차원에서 이해하고 국가주의적·민족주의적 애국심과 구별하도록 했다. '민주주의적 역사교육'에서 마지막으로 주목해야 할 지점이다. 종래 국가나 민족주의적 역사교육이 훼손했던 민주주의적 가치를 헌법을 통해 복원하고, 이를 바탕으로 '민주주의적 역사교육'의 방향을 재정립하는 것이다. 이런 점에서 '애국주의'를 넘어서 '세계시민주의'를 지향하는 새로운 역사교육의 준거는 일차적으로 민주공화국 대한민국에서 찾는 것으로부터 출발하는 것이 바람직하다고 생각한다.

대한민국은 민주공화국이다.

모든 국민은 인간으로서의 존엄과 가치를 가지며, 행복을 추구할 권리를 가진다. 국가는 개인이 가지는 불가침의 기본적 인권을 확인하고 이를 보장할 의무를 진다.

대한민국 헌법 제1조와 제10조다. 〈세계인권선언〉의 인권 이념이 대한민국 헌법에 고스란히 담겨 있다. 헌법적 가치가 '민주주의적 역사교육' 속에 그대로 적용·실현되도록 하는 것이 역사교육이 나아가야 할 방향이다.

74_ 광주광역시교육청, 앞의 글, 99쪽.

참고문헌————————————————————————————

광주광역시교육청, 〈미래를 여는 역사교육의 방향과 과제〉(초·중·고 역사교육 방향
연구 최종보고서), 2016.

구경남, 〈1970년대 국정 〈국사〉 교과서에 나타난 애국심 교육과 국가주의〉, 《역사교육
연구》 19, 2014.

권혁범, 〈'민주적 애국주의'에 대해서〉, 《시민과 세계》 16, 2009.

김만권, 〈헌법애국주의, 자신이 구성하는 정치공동체에 애정을 갖는다는 것〉, 《시민과
세계》 16, 2009.

김정현, 〈리처드 로티의 미국적 애국심에 대한 검토: 세계시민주의에 대한 함축을 고
려하며〉, 《코기토》 74, 2013.

김한종, 《민주사회와 시민을 위한 역사교육》, 서울대학교출판문화원, 2017.

류은숙, 《인권을 외치다》, 푸른숲, 2009.

리처드 로티, 임옥희 옮김, 《20세기 미국에서의 좌파 사상: 미국 만들기》, 동문선,
2003.

린다 심콕스·애리 윌셔트 엮음, 이길상·최정희 옮김, 《세계의 역사교육 논쟁》, 푸른역
사, 2015.

마사 너스봄 외, 오인영 옮김, 《나라를 사랑한다는 것: 애국주의와 세계시민주의의 논
쟁》, 삼인, 2003.

마사 누스바움, 황은덕 옮김, 〈민주시민과 서사적 상상력〉, 《오늘의 문예비평》, 2010.

_____, 조형준 옮김, 《감정의 격동: 1. 인정과 욕망》, 새물결, 2015.

_____, 조형준 옮김, 《감정의 격동: 2. 연민》, 새물결, 2015.

_____, 한상연 옮김, 《역량의 창조》, 돌베개, 2015.

미셸린 이샤이, 조효제 옮김, 《세계인권사상사》, 길, 2005.

박명규, 《국민·인민·시민: 개념사로 본 한국의 정치주체》, 소화, 2009.

박민수, 〈감성과 인문교육 그리고 세계시민주의: 마사 누스바움에 대하여〉, 《해항도시
문화교섭학》 14, 2016.

백은진, 〈무엇을 위한 역사교육이어야 하는가?: 국가 교육과정, 정부의 역사교육정책,
'국가주의' 비판 담론에 대한 분석〉, 《역사교육연구》 22, 2015.

서동진, 〈과연 공화국만으로 충분한가: 애국주의 논쟁을 되짚어보아야 할 이유〉, 《시민과 세계》 17, 2010.

서운석, 〈애국심 수준과 인식에 대한 실증적 분석〉, 《공공사회연구》 5-4, 2015.

신응철, 〈누스바움의 민주주의를 위한 시민교육: '이익 창출'에서 '인간계발'로〉, 《철학논집》 34, 2013.

신철규, 〈법과 정의 사이에 놓인 징검다리로서의 문학: 마사 누스바움, 《시적 정의: 문학적 상상력과 공적인 삶》, 궁리, 2013〉, 《실천문학》 113, 2014.

심성보, 〈애국심과 민주주의가 결합된 민주시민 교육: 애국주의 논쟁을 중심으로〉, 《초등도덕교육》 34, 2010.

영국시민교육자문위원회, 민주화운동기념사업회 옮김, 크릭 보고서(Crick's Report) 〈학교 시민교육과 민주주의〉, 2008.

유네스코 아시아태평양국제이해교육원, 《SDGs 시대의 세계시민 교육 추진 방안》, 2015.

이계수, 〈법적 상상력과 공상의 사용법에 대하여: 마사 누스바움의 〈시적 정의〉의 경우〉, 《민주법학》 61, 2016.

이해영, 〈2014년 제3기 중등 역사의식 조사 결과로 본 학생들의 역사이해〉, 《역사와 교육》 11, 2015.

장석준, 〈진보 좌파에게 대한민국은 무엇인가〉, 《시민과 세계》 14, 2008.

장은주, 〈대한민국을 사랑한다는 것: '민주적 애국주의'의 가능성과 필요〉, 《시민과 세계》 15, 2009.

_____, 〈민주적 애국주의와 민주적 공화주의: 비판과 문제제기에 대한 응답〉, 《시민과 세계》 17, 2010.

_____, 《시민교육이 희망이다》, 피어나, 2017.

조계원, 〈한국 사회와 애국심: 공화주의적 애국심의 검토〉, 《시민과 세계》 16, 2009.

주대환, 〈나라를 우습게 아는 지식인, 대중이 우습게 본다〉, 《시민과 세계》 15, 2009.

최성환, 〈다문화 시민교육의 이념: M. 왈쩌의 관용론과 M. 누스바움의 시민교육론을 중심으로〉, 《다문화콘텐츠연구》 18, 2015.

콰메 앤터니 애피아, 실천철학연구회 옮김, 《세계시민주의》, 바이북스, 2008.

허성범, 〈역량과 인권: 센과 누스바움〉, 《시민인문학》 25, 2013.

3장

교사의 민주주의 인식과 역사교육 내용 구성

이해영

I. 역사교사의 인식 조사의 필요성

교과내용을 수업 내용으로 변형할 때, 교사를 능동적인 생산자로 보려는 움직임이 강화되고 있다. 교사의 전문성을 요구하는 사회적 목소리가 커지고 수업을 운영하는 교사의 자율성과 재량 범위도 넓어졌다.[1] 교사는 교과서 내용을 전달하는 역할에서 벗어나 새로운 해석과 비판적 의식을 창출할 수 있는 생산적 창조자가 되어야 한다.[2] 가르칠 내용을 재구성할 때 교사의 관점과 해석, 문제 인식을 학생들에게 적극적으로 드러낼 필요가 있으며,[3] 학생들이 역사를 바라보는 눈을 가질 수 있게 해야 한다.[4] 학생들이 어떤 역사인식을 가졌으면 하는지에 대한 교사의 생각이

1_ 이혁규, 《수업, 비평의 눈으로 읽다》, 우리교육, 2008, 45쪽.

2_ 이영효, 《역사교육탐구》, 전남대학교출판부, 2012, 108~137쪽.

3_ 양호환, 《역사교육의 입론과 구상》, 책과함께, 2012.

4_ 김한종, 《민주사회와 시민을 위한 역사교육》, 서울대학교출판문화원, 2017.

수업의 전체적인 틀을 결정하는 요인이 된다.[5] 역사 내용을 수업 내용으로 바꾸는 과정에서 작용하는 교사의 역사인식에는 개별 사실의 이해뿐 아니라 역사를 왜 가르쳐야 하는가에 대한 교사의 신념이나 관점과 같은 철학적 기반이 작동한다. 역사가 시간의 흐름에 따른 인간의 행위를 대상으로 하는 학문이기에 이를 다루는 인간의 가치판단을 배제할 수 없기 때문이다. 흔히 역사교육관으로 표현되는 교사의 신념은 수업에서 무엇을 중요하게 다룰 것인지를 판단하는 데도 영향을 준다.[6] 국가수준 교육과정에 명시된 내용을 가르치더라도 교사의 역사교육관에 따라 수업 내용은 달라진다. 역사적 사실의 중요도가 바뀌기도 하며 이를 학생들에게 설명하는 방식도 달라진다. 역사교사의 지식에 대한 기존 연구는 교과 내용을 수업 내용으로 변형하는 과정에서 교사가 내용지식, 교육과정에 대한 지식, 학생이나 그 밖의 수업 상황에 대한 이해, 교사의 역사교육관 등이 작용한다는 점에 초점을 두었으나,[7] 요즘은 왜 역사를 가르치는가와 같은 교사의 역사교육관을 집중적으로 살펴보는 연구들이 등장하고 있다. 역사교사의 역사인식이 수업목표와 내용, 방법 등 수업에 반영된 사례들을 찾고 교사의 수업 신념에 따라 새로운 역사체계를 형성할 수

5_ 김한종, 《역사수업의 원리》, 책과함께, 2007.

6_ 이미미, 〈교사가 파악하는 역사적 중요성과 교수·학습적 중요성〉, 《역사교육》 139, 2016.

7_ 김한종은 역사교과에 대한 지식, 역사교육관, 학생에 대한 이해를 역사교사의 인지적 특성을 구성하는 요소로, 민윤은 수업기술에 대한 이해, 역사 내용에 대한 이해, 학습자에 대한 이해, 교사의 신념을 역사교사의 수업기술을 형성하는 요인으로 들었다. 허신혜는 역사교사의 전문성의 요소로 역사교육관, 역사적 사실에 대한 지식, 역사교육과정에 대한 지식, 역사교수법에 대한 지식을 말했고, 차경호는 역사교육관, 교과내용 지식, 교육방법 지식, 교실 상황 지식, 교수내용 지식이 역사수업에 영향을 미치는 요소라고 보았다. 김한종, 〈역사교사의 인지적 특성이 역사수업에 미치는 영향〉, 김한종 외, 《역사교육과 역사인식》, 책과함께, 2005; 민윤, 〈초등교사의 수업기술과 역사수업의 전문성〉, 《역사교육연구》 1, 2005; 허신혜, 〈역사수업에 나타난 역사교사의 전문성〉, 《역사교육연구》 1, 2005; 차경호, 〈초임 역사교사의 수업에 나타난 전문성〉, 한국교원대학교 석사학위 논문, 2006.

있음을 보여주는 연구,[8] 교사가 생각하는 역사교육의 목적이 수업실천에서 일관성 있게 구현되는지를 살펴보고, 간극이 발생했다면 그 요인이 무엇인지를 알아내는 연구,[9] 교사의 역사교육관이 학생들의 역사인식과 어떻게 연결되는지를 살펴본 연구[10] 등이 있다. 이들 연구는 교사가 동일한 내용을 다루더라도 교사 자신의 역사교육관과 같은 신념에 따라 교수행위가 달라질 수 있다는 점을 보여준다. 교사가 역사교육에서 민주주의를 어떻게 인식하는가를 알아보는 것도 이런 점에서 매우 중요하다. 역사교사의 민주주의 인식이 곧 수업의 방향을 결정하며, 학생들의 역사인식과 연결되기 때문이다.

II. 역사교육의 민주주의 논의

민주적 관점의 교육, 민주적 가치를 중시하는 교육은 근래 역사교육이 추구하는 중요한 방향 중 하나다. 평화, 인권, 민주주의를 주제로 하는 수업실천이 이러한 사례다.[11] 최근 논의는 민주주의 역사교육의 필요성을 역설한 주장[12]부터 교육과정이나 집필 기준, 내용 선정 원리,[13] 한국

8_ 김환수, 〈교사의 역사인식과 새로운 역사 체계의 생성〉, 《역사교육연구》 1, 2005.
9_ 백은진, 〈중등역사교사의 역사교육 목적에 대한 인식과 수업실천〉, 서울대학교 박사학위 논문, 2014.
10_ 조지선, 〈교실 수업에 반영된 교사의 역사교육관과 학생의 수용〉, 《역사교육연구》 27, 2017.
11_ 홍혜숙, 〈민주주의 시선으로 본 시민혁명 수업 사례〉, 《역사교육》 100, 2013; 박재홍, 〈건국 후 최초 학생민주운동 '대구 2·28민주운동'〉, 《역사교육》 100, 2013; 고진아, 〈2013 세계 역사 NGO포럼 수업 사례: 일본군 '위안부' 문제의 평화적 해결 방안을 찾는다〉, 《역사교육》 102, 2013 등에서 교사의 수업 사례를 종종 찾아볼 수 있다.
12_ 김육훈, 〈민주공화국의 시민을 기르는 역사교육 시론〉, 《역사교육연구》 18, 2013; 김한종,

사 교과서 서술 분석,[14] 교수학습 방법[15]에 이르기까지 역사교육 전반에 걸쳐 이루어지고 있다. 역사교사나 역사교육 연구자들이 시론적 차원에서 개별적으로 민주주의 교육의 가능성을 모색했지만 역사학에서도 민주주의 문제를 시대적 과제로 인식하고 있다.[16] 전국역사학대회에서도 '역사 속의 민주주의', '역사 속의 소수자', '국가권력과 역사서술' 등의 주제로 이런 흐름을 담았다.[17] 지난 5년간 실시된 역사이해 조사에서 학생들도 민주주의가 전제되어야 행복한 나라가 될 수 있다고 생각하고 학년이 올라갈수록 민주주의에 대한 가치를 높게 평가했으며, 특히 분배나 공정의 문제에 관심을 보였다.[18]

한국현대사에서는 4·19혁명, 5·18민주화운동, 6월 민주항쟁이 중요한 역사적 사건으로 꼽히며 민주화운동의 서사가 현대사의 한 축을 이루고 있다. 그러나 근대사에서는 민주주의가 어떻게 시작되고 발달했는지 고민 없이 민족주의 서사로 이어지다가 현대사에서 민주화운동이 나오고 있다. 현장 교사들이 말하는 민주주의 수업 사례는 이런 내용구조와 맞물려 있는 경우가 대다수다.

앞의 책(2017); 백은진, 〈무엇을 위한 역사교육이어야 하는가?: 국가 교육과정, 정부의 역사교육정책, '국가주의' 비판 담론에 대한 분석〉, 《역사교육연구》 22, 2015.

13_ 방지원, 〈'국민적 정체성' 형성을 위한 교육과정에서 '주체적 민주시민'을 기르는 교육과정으로〉, 《역사교육연구》 22, 2015; 최병택, 〈국정 '국사' 교과서 서술 방향의 문제점과 '민주주의' 교육 원칙의 왜곡〉, 《역사교육논집》 61, 2016.

14_ 구경남, 앞의 글; 최현우, 〈시민교육의 관점에서 본 한국사 교과서의 사회구성원 지칭 방식과 한국사 교육의 방향〉, 《역사교육논집》 61, 2016.

15_ 김민수, 〈《동아시아사》 관점에서 구성한 민주주의 수업〉, 《역사교육연구》 19, 2014; 이동욱·이해영, 〈민주주의 관점으로 구성한 역사수업 탐색〉, 《역사와 교육》 11, 2015.

16_ 김무진 외, 《한국 전통사회의 의사소통체계와 마을문화》, 계명대학교출판부, 2006; 김정인, 《민주주의를 향한 역사》, 책과함께, 2015.

17_ 방지원, 앞의 글.

18_ 이해영, 〈역사의식 조사로 본 학생들의 역사이해 양상과 특징〉, 《역사와 교육》 15, 2017.

역사교육을 민주시민 교육으로 접근할 때, 민주주의 관점을 전근대사에 적용할 수 있을지에 대한 논의도 필요하다. 민주주의 관점에 맞는 역사교육의 필요성은 주로 국가·민족 중심 역사교육에 대한 비판에서 비롯되었고, 전근대사 교육은 대부분 이런 방향이었기 때문이다. 실제로 어떤 교사는 민주주의 관점으로 전 시대를 토론수업으로 다루기도 했다. 수업을 재구성하여 토론식으로 민주적 가치를 가르쳤지만, 교사가 의도한 대로 학생들이 역사 내용과 관련하여 이런 가치를 실제로 내면화하는 데는 한계가 있었다. 토론 절차를 통해 대화, 타협, 참여 등을 알게 되었다고 말한 학생들도 역사 해석이나 역사적 사실의 평가에는 민주적 가치가 아니라 국가·민족의 관점을 적용했다.[19]

민주주의로 역사 내용을 구성할 수 있는가에 대한 연구도 진행 중이다. 대다수 연구들은 전근대에서 주로 민(民)의 성장이 어떻게 이루어져 왔는가로 민주주의를 다루어야 한다고 지적한다. 예를 들어 민의 저항이 꾸준히 이어졌으며, 이는 민중의식의 성장에 따른 것임을 이해하도록 내용을 구성한다.[20] 사회에서 차별받는 사람들이 구성원으로서의 지위와 권리를 획득하고 이를 요구하는 투쟁 과정, 사회공동체에 참여하여 협동을 통해 문제를 해결하는 과정, 다양한 경로로 자신의 의사를 정치에 반영하는 과정 등을 찾아볼 수 있다고 말하기도 한다.[21] 또 민주주의를 실현하려는 사람들과 반대하는 사람들 사이에서 오랜 갈등과 타협을 거쳐 형성되고 발전한 민주화의 과정으로 보기도 한다. 이런 흐름 속에서 민중의 진출이라는 요소를 중요하게 다루어야 한다고 보았다.[22] 이 외에도

19_ 이동욱·이해영, 앞의 글, 251~255쪽.

20_ 김육훈, 앞의 글; 최현우, 앞의 글.

21_ 최현우, 위의 글.

22_ 윤세병, 앞의 글.

국가나 정부의 정책, 사회구성원들 사이에 많은 논란이 있었던 역사적 쟁점, 개인적 판단과 선택이 들어간 역사적 사실 등으로 역사교육 내용을 구성함으로써 전근대사에서도 참여민주주의를 가르칠 수 있다고 보기도 하고, 전근대 사회개혁이나 민중운동은 근대 민주주의나 민주화운동과 그 지향점이나 성격은 다르긴 하지만 역사적 사례를 통해 학생들에게 참여의식과 실천이 사회 변화를 가져온다는 사실을 인식시키고 사회문제의 해결을 위한 행동방식을 생각하게 하기도 했다.[23]

또 다른 연구에서는 전근대사에 적용될 수 있는 민주주의 교육 내용으로 공동체 전통과 집단적 의사소통 및 협의문화의 형성, 민본사상, 자율적 인격주체로서 민의 성장을 들면서 이 기준에 맞는 항목과 역사적 사실을 제시했다.[24] 한편 역사교육의 목표에 민주화와 평화를 지향하는 가치를 기준으로 기존의 내용을 적극 평가하는 방식으로 역사교육 내용을 구현하자는 주장도 있다. 이 연구는 민주주의 가치를 담을 새로운 내용보다 기존 교과서의 사건과 내용 요소를 민주주의 가치로 적극 평가하는 서술방식을 고민해야 한다고 본 것이다.[25]

III. 연구방법 및 조사 대상

이 연구에서는 역사교사가 생각하는 민주주의는 무엇이고, 역사에서 구현할 수 있는지를 조사했다. 설문지는 2015개정 역사교육과정을 바탕

23_ 김한종, 앞의 책(2017).
24_ 황현정, 앞의 글.
25_ 최병택, 〈중·고등학교 역사 교육과정 한국근현대사 내용 요소 선정의 적합성 검토〉, 《역사 연구》 33, 2017.

으로 하여 서술형으로 제작되었다. 2015 중학교 〈역사〉, 고등학교 〈한국사〉 교육과정이 폐기되었지만, 설문에 응한 역사교사들이 2015개정 역사교육과정에 제시된 주요 학습요소를 성취기준과 함께 보면 교과서를 보지 않더라도 가르치고 있는 내용을 기억하기 용이할 것이라고 생각했다. 또 민주주의라는 용어가 주는 추상성이나 정치·도덕교과 중심으로 사고하는 것에서 벗어나 역사와 관련지을 수 있는 단서 역할을 할 것이라고 여겼다. 더불어 역사교사들이 이 관점에 동의한다면, 교과서와 교육과정을 민주주의 관점으로 변환한 역사 내용으로 응답해줄 수 있지 않을까 하는 생각도 했다.

〈조선의 성립과 발전〉에 해당하는 성취기준마다 민주주의 관점으로 구성하는 것이 가능할지, 만약 그렇다면 어떤 내용을 추가하거나 삭제해야 할지를 묻고, 교수·학습방법과 평가 영역도 민주주의로 구성하려면 어떤 점이 달라져야 하는지 질문했다. 그리고 설문의 마지막에 본인이 생각하는 민주주의가 무엇인지 작성해줄 것을 요청했다. 즉 교사들에게 역사교육에서 민주주의가 무엇이어야 하는지를 고민할 기회를 주고자 교육과정 문서에 나온 순서대로 내용 영역, 교수학습 영역, 평가 영역에 대해 질문했다.

먼저 설문내용을 구체화하기 위한 예비조사로 2명의 역사교사에게 설문지를 작성하도록 요청했다.

연번	이름	교직 경력(년)	성별
1	A 교사	16	여
2	B 교사	9	남

2명의 교사는 설문지를 작성하면서 전근대사를 민주주의로 구성하는 게 가능한지 의문스럽다는 반응을 지속적으로 보였다. 민주주의를 역사 내용과 연관 짓는 일이 낯설다고 생각하는 듯하여 직접 면담을 통해 낯설게 느껴지는 점이 무엇인지를 확인한 후 설문지를 완성하고자 했다. 이에 6명의 역사교사와 면담을 했다.

연번	이름	교직 경력(년)	성별
1	가 교사	20	남
2	나 교사	17	남
3	다 교사	15	여
4	라 교사	10	여
5	마 교사	11	여
6	바 교사	10	남

6명의 교사에게 메일로 설문지를 먼저 보낸 후, 일주일 뒤에 면담을 진행했다. 주로 설문의 내용을 어떤 방식으로 작성했고, 민주주의를 어떻게 규정하고자 했는지를 물었다. 이들도 '민주주의'와 같은 오늘날의 개념이 과거에 적용 가능한가에 의문을 제기했다. 이에 민주주의로 전근대사 내용을 작성하면서 느낀 점, 특히 불편했다면 그 이유는 무엇인지를 설문지에 추가했다. 단 2015개정 교육과정과 관련한 반응들은 이 글에서 묻고자 하는 바가 아니기 때문에 분석에서 제외했다.

질문을 추가한 후 20여 명의 역사교사에게 메일로 발송했다. 서술형 설문지이기 때문에 성실하게 응해줄 의사가 있는지 미리 확인한 다음 3일 동안 작성하여 보내달라고 요청했다. 설문지를 작성해준 교사의 정보는 아래와 같다.

연번	이름	교직 경력(년)	성별
1	a 교사	중 6, 고 11	여
2	b 교사	고 20	여
3	c 교사	중 3, 고 17	여
4	d 교사	중 2, 고 19	여
5	e 교사	고 18	여
6	f 교사	고 11	여
7	g 교사	중 2, 고 20	여
8	h 교사	고 16	여
9	i 교사	고 15	여
10	j 교사	고 16	남
11	k 교사	고 11	남
12	l 교사	중 1, 고 16	여
13	m 교사	중 4, 고 5.5	여
14	n 교사	고 11	남
15	o 교사	고 10	남
16	p 교사	고 9	남
17	q 교사	고 1.5	남

IV. 역사교사의 반응 분석

1. 민주주의는 역사교육 내용 선정의 기준이 될 수 있는가?

역사교사들은 역사교육을 통해 학생들에게 민주주의를 가르치는 것을 바람직하게 여겼다. 그러나 민주주의 관점을 적용하는 것에는 그리 호의적이지 않았다. 특히 민주주의 관점으로 전근대 역사교육과정 내용을 선정·조직하거나 교과서를 서술하는 것은 어렵다고 보았다.

역사 내용 요소에서 민주주의가 무엇인지를 밝히는 것은 매우 어려운 일이다. 한 사람이 권력을 독점하지 않고 고루 여러 명에게 나누어주는 것이 민주적인지, 왕이 위민정치를 펴면 민주적이 되는 것인지, 직접 민(民)들이 정치에 참여하면 민주적인 것인지, 계급사회에서 계급보다 인간을 우선시하는 것이 민주적인지. 민주적 관점으로 내용을 구성한다는 것의 의미는 매우 포괄적이어서 어떤 기준으로 내용을 구성해야 할지는 쉽지 않을 것 같다. (f 교사, 설문지)

민주주의는 근대 개념이고 시민혁명을 거치면서 나온 근대 정치체제의 산물이다. 전근대 사람들이 인식하지 못하고 존재하지 않았던 사상이나 생각을 전근대 내용에 억지로 끼워 맞춘다는 것이 어색하고 불편하다. 역사인식에서도 현재적 관점으로 전근대사적인 내용을 재구성하는 것은 높은 단계의 역사인식으로 보지 않는다. 당시 사람들의 생각이나 인식을 바탕으로 현재적 관점에서 어떤 의미를 가지는지가 중요하다고 생각한다. (k 교사, 설문지)

교사들은 전근대 사람들에게 민주주의 개념이 없었던 데다가, 민주주의 개념 자체가 포괄적이어서 이를 기준으로 내용을 선정하기가 어렵다고 했다. 또 전근대사를 민주적 시각으로 바라볼 수 있을지 의구심을 보였다. 역사교사들은 민주주의와 같은 현재적 관점으로 과거를 바라보는 것이 괜찮은지 우려했는데, 근대적 개념인 민주주의로 당시 시대를 재단하는 것은 옳지 않다고 보았다. 과거의 맥락과 과거인의 입장을 제대로 이해하지 못하면 현재와 같은 구조와 문화 맥락에서 과거를 평가하는 현재주의에 빠지기 쉽다고 생각했다.[26] 설문에 참여한 대부분의 교사들이 이 같은 의견을 제시했다. 한상구는 한국 민주주의의 기원을 보는 관점을 서양에서 들어왔다는 이식론, 한국의 전통에서 찾는 견강부회론, 반봉건·반식민·반독재 투쟁에서 이어졌다는 운동치환론으로 나누었는데,[27] 설문에 응답한 대부분의 교사들은 분단국가 형성과정에서 도입되었다고 판단하고 있었다.

민주주의를 전근대사에 적용하기 어려운 또 다른 근거를 다음과 같이 제시했다.

세종과 세도정치기의 우열을 비교하면 안 된다. '나아졌다', '백성이 살기가 좋아졌다' 등의 맹아론은 안 된다. 민주주의의 정당성을 위해 내용을 찾아내는 것은 아닌 것 같다. 민주적 요소가 많이 들어갈수록 발전했다는 식으로 보는 것은 조심스러운 부분이다. (다 교사, 면담)

계급사회에서 계급보다 인간을 존중하는 사례를 찾아내는 것이 민주주의인가에 대한 교사의 지적은 그 시대의 상황이나 과거인의 입장을 충분히 고려하지 않은 채, 오늘날의 민주주의로 그 시대를 재단하는 것에 대한 우려와 더불어 민주주의의 내용 요소가 많은 시대는 우월하고 그렇지 않으면 미개하다는 식으로 이해할 가능성을 경계한 것이다. 민주주의 내용 요소가 많을수록 그 시대가 우월하다고 보면 지금 비판받는 민족주의적 관점처럼 획일적인 역사인식에 빠지게 될 것이며, 이 또한 발전사관으로 흐를 수 있다고 보았다.

그러나 교사들은 교육과정 안으로 민주주의가 들어오는 것은 경계했

26_ 이동욱·이해영, 앞의 글.
27_ 한상구, 〈2013 강좌 〈역사적 민주주의〉 2강: 한국 민주주의의 기원〉, 역사문제연구소 홈페이지(http://www.kistory.or.kr).

으나 수업에서는 충분히 가능하다고 보았다.

> 전근대사에서 민주적 요소를 뽑아내는 것은 어려운 일이다. 만약 민주시민
> 을 양성해야 한다면 수업에서 어떻게 구현할 것인가에 관심을 가져야 한다.
> 수업을 할 수 있도록 교육과정에서 일부 다룰 수는 있지만 조선시대에서 민
> 주적인 요소가 무엇인가를 보는 것은 글쎄다. 수업방법론으로 민주주의는
> 필요하다. (라 교사, 면담)

실제 교사들은 의도하든 안 하든 간에, 학생들의 역사 이해를 돕기 위
해 과거와 현재를 비교하는 수업을 많이 했다.[28] 이는 과거의 사건이나
사실을 토대로 현재를 바라보게 하려는 의도 때문이기도 하고 역사수업
에서 자주 활용되는 유추 기법이기도 하다. 예컨대 교사들은 조선 전기
통치체제의 정비를 가르칠 때, 사헌부를 지금의 감사원으로 설명하는 등
오늘날과의 유사점을 들어 조선시대 정치기구나 제도를 이해시킨다. 이
런 방식으로 현재의 민주주의와 과거의 모습을 비교하면서 민주주의의
요소를 가르칠 수 있다고 생각하는 듯하다. 교사들은 교육과정이나 교과
서의 내용은 역사적 사실을 토대로 구성되어야 하지만, 수업은 과거와
현재를 단순 비교하는 활동이 가능하다고 생각했다. 근대의 개념인 민주
주의로 과거를 재단하는 것을 우려하면서도 수업활동으로는 가능하다
고 여겼다.

수업에서 민주주의를 가르칠 수 있다고 생각하는 또 다른 경우는 토론
수업을 통해 대화하고 타협하는 과정과 같은 민주적 절차를 학습하게 하

28_ 이해영, 〈고등학생의 눈으로 본 역사수업〉, 《역사교육연구》 14, 2011.

는 것이다. 그러나 이런 수업은 그리 쉬워 보이지 않는다. 2015년 수원의 한 역사교사가 1년 동안 운영한 토론수업을 관찰한 결과, 학생들은 토론 절차를 통해 대화와 타협, 의사소통이 중요하다는 것을 깨닫고 이를 실천하기 위해 노력했지만 신분제의 동요를 '평등'의 관점으로 보기보다는 피지배층이 지배질서를 어지럽히고 있다는 반응을 많이 했다. 내용의 근본적인 변화 없이 역사수업에서 민주적 절차를 가르치는 방법으로는 역사에서 추구하는 민주적 가치나 요소를 학생들이 내면화하기 어려워 보인다. 요컨대 역사교과서 서술의 관점 변화가 선행되어야 한다.[29]

한 사례로 어떤 역사교사는 양반으로의 신분상승 방법인 족보 위조, 매매, 납속 등이 부정적으로 서술되어 있는데 이보다는 신분제 사슬을 벗어나려는 상민의 노력이 부각되어야 한다고 지적했다.[30] 이는 역사적 사실에 대한 해석과 평가의 차이에서 기인한 것이다.

일부 교사들은 민주주의로 전근대사의 내용을 구성하는 것이 가능하다고 여기기도 했다. 그러나 민주주의 자체로 전근대사를 보는 것이 아닌, 전근대사 영역에서 민주주의를 대체할 수 있는 개념이나 요소를 찾아보고자 했다.

우리나라 역사 전개과정에서는 민본주의 전통이 있다. 민본주의 전통을 그대로 민주주의와 연결시키기에는 다소 무리가 있다고 생각하지만 민주주의

29_ 위의 글.
30_ "신분제 동요의 경우 양반 신분의 상승 사례를 족보 위조, 매매, 납속 등으로 소개하면서 부정적 어감으로 서술하고 있어 신분제의 사슬에서 벗어나려는 상민의 노력(인간 스스로 고귀함을 찾으려는 투쟁)이 가치 훼손당한다는 느낌이다. 부정을 저질러 양반으로의 신분상승을 위해 노력했다는 식의 논리로 교과서가 서술되었다. 인간 스스로 고귀함을 찾으려는 노력을 너무 부정적으로 가르치려고 한다." (가 교사, 설문지)

의 해석을 좀 더 넓혀 참여민주주의, 자유민주주의라는 개념으로까지 확대 적용한다면 전근대에도 어느 정도 민주주의로 내용을 구성하는 것은 가능하다고 생각한다. '국민을 위하여 정치를 하는 것'이라는 부분에 주목하여 우리의 민본주의 전통과 연결시켜보는 것은 어떨까? (j 교사, 설문지)

역사과에서 민주주의는 인본주의의 개념으로 이해는 가능하다. 인본주의는 인간의 고통을 최소화하고 복지를 증진시키려는 모든 도덕적·사회적 운동을 통칭하는 개념이다. 이를 토대로 부정·부패, 권력독점, 하층민 핍박, 외세 침탈에 대한 순응 등 누적된 여러 가지 사회 모순을 타파하려는 인간의 저항과 투쟁 및 제도 개선에 초점을 맞춘 설명이 가능하다고 본다. (가 교사, 면담)

민주주의 개념을 그대로 적용하기보다 역사 속에 나타난 민본주의 전통을 '국민을 위해 정치를 하는 것'으로 눈여겨보자는 의견을 내기도 했고, 인간의 고통을 최소화하고 복지를 증진시키는 운동으로서 인본주의 개념으로 대신하자고 제안하기도 했다. 황현정도 민본주의를 민주주의로 보기에는 한계가 있다고 하면서도 이를 민주적 내용기준으로 선정하기도 했다.[31] 이처럼 민주주의를 대체할 만한 개념을 제시한 이도 있고, 좀 더 구체적으로 보완해야 할 내용 요소를 제시한 이도 있다.

민주주의는 고대 그리스의 작은 사회나 현대 사회의 발명품이므로 신분제를 전제하는 전근대 사회에 적용하기는 분명 어려울 것이나 역사발전 과정

31_ 황현정, 앞의 글, 13쪽.

에서 주요한 가치로 인식할 필요가 있으므로 민중의 역사발전에서 내용을 보강하고 학습내용을 재구성할 필요는 있다고 본다. (a 교사 외 5명, 설문지)

a 교사 등은 민주주의로 전근대사를 다룰 때 민중의 역사발전 과정을 보강할 필요가 있다고 보았다. 피지배층, 민, 민중, 백성, 시민, 국민 등의 용어로 드러나는 이들의 활동상과 생각이 교육과정에 널리 담겨야 한다고 생각하는 것은 많은 이들의 공통된 생각이었다.[32]

한편 민주주의의 가치나 요소가 비슷한 사건에 동일하게 반복될 가능성이 높다는 지적도 있었다.

전근대사를 민주주의 관점으로 재구성하는 것은 충분히 가능하다. 그러나 현재 민주주의 가치를 투영하여 전근대를 바라보고 분석하다 보니 그것이 어느 시대이건 동일한 문제의식에서 출발하고 각 시대별로 비슷한 양상의 수업이 진행될 수 있다는 한계가 있다. 몽골전쟁, 왜란과 호란, 한국전쟁 등 전쟁을 다루면서 던지는 화두가 중복될 수밖에 없다. (e 교사, 설문지)

전근대사를 민주주의 관점으로 구성하는 것은 충분히 가능하나, 고려와 몽골 간의 전쟁, 왜란과 호란, 한국전쟁 등 전쟁을 가르칠 때마다 평화의 가치를 반복하게 되지는 않을까 하는 문제를 제기했다.

전반적으로 역사교사들은 전근대사를 민주주의로 구성하는 데는 어려움이 따른다고 여겼다. 근현대 개념인 민주주의로 과연 전근대를 바라볼 수 있는가에 대한 본질적인 의구심을 가졌고, 민주주의 요소로 전근대사

32_ 윤세병, 앞의 글; 최현우, 앞의 글; 위의 글.

를 바라볼 경우 과거와 현재의 우열 비교, 민주주의 요소나 가치가 많이 드러날수록 발전한 시대로 볼 가능성에 대한 우려를 표명했다. 전쟁을 다룰 때마다 평화의 가치를 강조하는 등 같은 종류의 사건이라고 해서 동일한 관점으로 평가할 수 있다는 문제점도 예상했다. 그러나 일부 교사들은 민주주의 용어의 대체 개념을 찾아 가능성을 타진하고자 했는데, 민본주의, 인본주의, 민(民) 중심의 역사발전이 그것이다. 한편 일부 교사는 교육 내용으로 구성하기는 어렵지만 수업활동으로는 민주주의 역사교육이 가능하다고 보았다. 과거 사건과 현재를 비교하는 설명 방식이나 모둠활동, 토론식 수업 등을 통한 대화, 타협의 과정을 경험해보는 방식으로 민주주의 수업을 지향할 수 있다는 것이다.

2. 역사에서 민주주의는 무엇이어야 하는가?

대체로 민주주의를 전근대사에 적용하는 것을 경계하면서도, 설문의 내용 때문에 대다수 교사들은 2015개정 교육과정의 성취기준과 그 내용 요소를 참고하여 전근대사에 담을 수 있는 민주주의 내용 요소, 가치 등을 제시했다. 교사들의 반응은 세 가지로 분류되었다.

먼저, 많은 교사들은 민주주의 개념을 각자 나름대로 규정하고 그 개념에 맞는 내용 요소를 선정한 후 역사 사례를 제시했다.

모든 인간이 존엄성을 인정받고 존중받도록 사회구성원이 스스로 주인이 되어 만들어가는 시스템이 민주주의다. 민주주의 역사는 인간의 존엄성에 대한 자각에서 출발한 것이다. 민주주의는 철학이고 사상이며 인간다운 세상을 만드는 원리이자 시스템이다. 역사교육은 변화에 초점을 맞추어 민주

적인 사고와 인식이 어떤 과정을 거쳐 형성되고 정착되어왔는지 살펴볼 필요가 있다. (n 교사, 설문지)

"국민의, 국민에 의한, 국민을 위한"에서처럼 민주주의에 대한 개념은 주권을 가진 국민이 적극적으로 참여하고 소통하는 측면으로 바라볼 수도 있고 국민을 위해 정부가 추진한 여러 일련의 개혁들 모두를 포함할 수도 있을 것이다. 그런 관점에서 보면 참여, 소통, 자유, 평등, 언론·출판·집회·결사의 자유 보장, 사유재산 보호, 인권, 복지, 정의, 다양성 인정을 역사에서 민주주의 요소로 뽑을 수 있으리라 생각한다. (j 교사, 설문지)

교사들이 말하는 민주주의 요소는 참여민주주의나 절차적 민주주의와 관련이 있었다. 절차적 민주주의는 공정하고 주기적인 선거, 평등한 투표권을 수단으로 하는 정치 참여의 권리, 선출된 대표에 의해 통치되는 정부, 신체의 자유, 표현·양심·집회·결사·언론의 자유를 골자로 한다.[33] 참여민주주의로는 인간의 존엄성, 국민을 위한 정치(국민주권), 참여/정치 참여의 확대, 소통, 자유, 평등/신분 타파, 언론·출판·결사·집회의 자유, 사유재산 보호, 인권, 복지, 정의, 다양성, 입헌주의, 권력분립, 지방자치, 정당정치, 정당성, 공공성(사회공동체 문제 해결), 평화, 합의와 토론 등을 제시했다. 언급한 민주주의 요소나 가치 중 눈여겨볼 점은 동일한 요소를 기준으로 하면서도 그 의미는 차이가 있으며, 제시하는 역사적 사례가 다르다는 것이다. 예컨대 정치 참여 계층 확대를 '민'의 정치 참여로 말하기도 하고 그전 왕조에 비해 지배층의 세력이 확장

33_ 최갑수, 〈서양의 민주주의: 이념과 변용〉, 《역사 속 민주주의》(제55회 전국역사학대회 발표 자료집), 2012, 32쪽.

된 것으로 보기도 했다.

교사들이 민주주의 요소나 개념에 따라 추출한 역사 사례에는 차이가 있다. "조선 초 통치체제의 정비와 대외정책을 이해하고, 사림의 성장과 붕당의 출현과정을 파악한다"라는 성취기준에 의해 교사들이 추출한 조선 전기 역사의 사례를 살펴보자. 조사의 편의상 이 단원을 조선의 건국(위화도 회군, 과전법), 통치체제 정비(훈민정음, 의정부 서사제, 육조 직계제, 경국대전, 삼사, 팔도, 향리), 사림세력 등장과 붕당(훈구, 사림, 서원과 향약, 동서분당), 초기 대외관계(사대교린, 사군육진)로 구분했다.[34]

먼저 '조선의 건국'에서 교사들이 뽑은 사례는 다음과 같다.

소단원(학습 요소)	교사들이 민주주의 요소로 뽑은 역사 사례(반응 수)
조선의 건국 (위화도 회군, 과전법)	조선 건국의 정당성(3명), 정도전과 이방원(1명), 이성계의 4대 불가론과 최영의 요동정벌론(1명), 과전법(1명)

과전법을 제외하면 제시방법은 차이가 있지만 조선 건국이 정당한가를 알아보는 것을 민주주의 내용이라고 생각했다. 구체적인 내용을 다음과 같이 작성했다.

- 왕조개창이 정당한 것인가, 일반백성을 위한 것인가?
- 고려 말 권문세족의 비리와 횡포로 백성들이 어려웠을 때, 이성계가 민본사상을 통해 역성혁명을 했다는 내용을 강조할 필요가 있음.
- 새 왕조의 건국 절차가 정당한가?

34_ 소단원 구분은 미래엔의 고등학교 《한국사》 교과서를 따랐으며, ( ) 안의 학습 요소는 2015개정 교육과정에서 교사들에게 제시된 것임을 밝힌다.

피지배층, 일반백성, 민본사상 등을 근거로 제시했는데, 이는 교사들이 '피지배층(백성)을 위한 정치'를 민주적인 내용으로 이해하고 있다는 것을 보여준다. 또 이성계의 4대 불가론과 최영의 요동정벌론 사료를 통해 왕조의 건국과정이 절차적으로 정당한가를 보여주는 것도 민주적인 내용이라고 말하기도 했다.

'통치체제 정비'에서는 더 많은 사례가 나왔다. 이 중 육조 직계제와 의정부 서사제를 민주주의를 잘 보여주는 사례로 가장 많이 들었으며, 대간을 포함한 삼사도 7명이 선정했고, 그다음으로 《경국대전》을 많이 꼽았다. 구체적으로 보면 다음과 같다.

소단원(학습 요소)	교사들이 민주주의 요소로 뽑은 역사 사례(반응 수)
통치체제 정비(훈민정음, 의정부 서사제, 육조 직계제, 경국대전, 삼사, 팔도, 향리)	통치체제 정비 과정 전체(4명), 육조 직계제와 의정부 서사제(8명), 세종의 위민정책(1명), 훈민정음(2명), 공법(5명), 경국대전(6명), 대간(1명), 삼사(7명), 경연(4명), 신문고(4명), 과거제(1명), 상피제(2명), 유향소와 수령(2명), 수령의 재판(1명), 애민정신을 추진한 왕과 폭군의 비교(1명), 조세·공납·역의 의무(1명)

- **육조 직계제와 의정부 서사제** 견제와 균형의 원리, 왕권과 신권의 조화, 민주적 제도의 등장, 의정부 서사제는 대화와 토론으로 정치문제 해결
- **삼사, 대간** 권력비판과 견제기구, 권력독점과 부정방지, 견제와 균형의 원리, 군주의 독단을 방지하는 안전장치, 왕권과 신권의 조화, 권력 견제, 민주적 제도의 등장
- **경국대전** 통치체제 정비와 법령정비, 법치주의 강조, 유교적 법치주의 실현, 인치에서 법치로 가기 위한 장기간의 노력, 입헌주의 원리
- **신문고** 언로 개방, 민심 반영장치, 국왕의 애민정신
- **공법** 정책과정과 절차의 민주성, 민심을 반영한 조선 여론조사, 민

본이념

• 상소 언로의 개방, 의견수렴, 좋은 의견을 정부에 반영

'사림세력의 등장과 붕당' 단원에서는 붕당정치도 견제와 균형의 원리를 설명할 수 있는 사례로 선정했다.

소단원(학습 요소)	교사들이 민주주의 요소로 뽑은 역사 사례(반응 수)
사림세력 등장과 붕당(훈구, 사림, 서원과 향약, 동서분당)	붕당정치(4명)

• 붕당정치는 긍정적인가 부정적인가를 통해 견제와 균형의 원리를 가르칠 수 있음.
• 집권붕당과 견제붕당의 긍정적 측면과, 공익을 도외시하여 정치세력으로 변질되어가는 과정을 설명할 수 있음.

붕당정치를 견제와 다양성의 관점으로 보기도 하고, 공론 형성의 역할로 보기도 했다. 또 긍정적인 측면과 부정적인 측면을 통해 민주적 내용을 가르칠 수 있다고 했다. 한편 붕당정치를 같은 정책을 공유한 정치집단의 정책 실현을 위한 제도로 생각하여 오늘날의 정당정치나 대의민주정치와 비교하여 가르친다고 한 교사도 있다.

마지막 단원인 대외관계에서 민주적 내용 요소나 기준을 제시한 교사는 한 명도 없었다. 조선의 건국과 통치체제 정비에서 교사들이 민주주의 요소로 뽑은 역사 사례의 특징을 정리해보자.

첫째, 교사들은 견제와 균형을 이루는 통치제도의 마련에 많은 의미를 두었다. 육조 직계제와 의정부 서사제, 삼사는 권력의 독점을 막아 부정

을 방지 또는 견제한다고 보았고, 《경국대전》은 법치주의의 마련이라고
여겼다. 또 신문고와 공법, 상소를 민의 의견을 수렴하여 국정을 운영한
사례로 뽑았다. 즉 권력독점, 부정방지를 막는 정치 시스템의 마련과 민
심을 반영하는 제도를 민주적 요소라고 생각했다.

둘째, 일부 교사는 민주주의의 요소나 개념을 전근대에 그대로 적용할
수는 없지만 이와 유사한 가치를 찾아 적용하려고 했다.

근대 서양에 정착되었던 민주주의 개념을 일방적으로 역사과목에 구현하기
보다 역사과목에서 구현할 수 있는 민주주의 개념에 대한 정립부터 이루어
져야 한다고 생각한다. 보는 관점에 따라 달라지겠지만, 왕도정치, 민본사
상, 법치주의, 공론, 신분제 동요, 농민봉기 등 다양한 내용 요소에 민주주
의 관점이 반영될 수 있다고 생각한다. (나 교사, 설문지)

전근대사를 전적으로 민주주의로 보기는 어려우나 이와 유사한 내용
들인 민의 성장이나 백성을 위한 정치로 민주주의를 규정한다면 내용 구
성이 충분히 가능하다고 보았다. 민주적 절차에 따른 의견 수렴 과정, 민
주적 절차를 뒷받침하는 정치제도나 기구의 운영, 평등의식을 확산시키
는 사상이나 종교, 민의가 통치자에게 적절하게 전달될 수 있는 시스템,
민본주의, 신분제 동요, 농민봉기, 법치주의, 왕도정치에서 민주적 관점
을 찾을 수도 있다고 보았다. 또 민주주의를 인본주의로 대체할 때, 사
회 모순을 타파하려는 인간의 저항과 투쟁, 제도 개선에 초점을 맞춘 설
명이 가능하다고 보기도 했다. 백성을 위한 정치로 민주주의를 규정하면
먹고사는 문제, 정치 참여 계층 확대, 사회적 지위 향상, 문화와 교육 혜
택 증진 등으로 내용을 구성할 수 있다고 했다. 민주주의와 유사한 역사

속 사례를 제시한 교사들은 일반백성이 주체가 되어야 한다고 보았다.

마지막으로 역사 내용의 선정과 조직은 민주주의로 구성하기 어렵지만 수업을 통해 과거의 사실과 현재를 연결시켜 바라보게 함으로써 역사적 사고능력과 비판능력 등을 키울 수 있다고 생각했다.

개인이 주체적으로 사고하는 과정을 통해 자기주장을 할 수 있는 능력과, 타인과 일정한 논쟁을 거쳐 합의를 이끌어내고 그것을 수용해내는 역량, 그런 합의의 과정을 두려워하지 않는 것, 이보다 더 훌륭한 민주주의적 시민 양성의 훈련과정이 어디 있을까? 수업을 통해 방대한 역사적 자료를 선별하고 해석하고 의미를 부여하고 결론을 도출하는 과정, 이런 역사학습의 모든 과정이 민주적 소양을 갖춘 시민의 양성으로 귀결된다고 생각한다. (라교사, 면담)

민주주의를 협력과 토론의 과정이라고 본 교사는 이를 장려하고자 했다. 자기주장을 할 수 있는 능력과 타인과 일정한 논쟁을 거쳐 합의를 이끌어내는 능력을 키우는 과정을 민주주의 과정이라고 본 것이다. 토론, 역할극 등으로 의사결정 과정을 공론화한다면 살아 있는 역사수업이 된다는 의견을 낸 교사들은 민주주의 역사 내용의 선정보다 비판적 사고능력을 익히는 것이 중요하다고 여겼다.

V. 역사교육 내용 선정기준으로 민주주의 적용의 가능성

역사교육의 목표가 민주시민의 자질 육성이 되어야 한다는 것과 근현대 영역이 민주주의 내용으로 조직되는 것에 대부분의 교사들이 동의했다. 그러나 전근대사에 민주주의 관점이 들어갈 수 있는가와 어떻게 들어가야 하는가에 대해서는 의견이 갈렸다.

전근대사에 민주주의 관점을 담는 것에 대해 교사들은 민주주의 요소와 개념을 찾아 전근대사의 역사 사례를 제시하는 방식을 가장 많이 채택했다. 이런 방식은 민주주의 개념과 요소를 기준으로 한 사례를 많이 찾을 수 있는 시대와 그렇지 못한 시대를 단순 비교하게 함으로써 민주주의 요소가 많이 나타난 시대는 우월하고 그렇지 않은 시대는 열등하다는 인식을 심어줄 수 있다. 또 동일한 민주주의 요소나 개념으로 선정한 역사 사례가 서로 다르다는 점도 문제가 된다. 이는 역사적 사건이나 사실이 하나의 원인이나 배경에 의해 나타난 것이 아니기 때문이다. 향약의 경우 상부상조의 전통을 보여주는 사례로 제시할 수도 있지만 유교윤리에 따른 향촌사회의 운영과 사족의 향촌 지배기구라는 성격도 가지고 있다.[35] 또 설문조사에 의하면 교사들은 상소를 언로의 개방으로만 보았지만, 상소를 공동체 발현의 정신으로 본 연구도 있다. 왕에게 올리는 진언의 역할을 하는 상소문을 어떤 이는 다양한 의견을 수렴하고 올곧은 의견을 정치에 반영하는 공론정치로 보았고, 어떤 이는 공동체 정신의 소중한 자산으로 간주했다. 또 역사교사들은 대간이나 삼사를 주로 견제와 균형의 정부 시스템의 관점으로 보았지만, 언론정신을 강조한 것이라고 본 연구도 있다.[36] 이와 같이 민주주의 관점을 전근대사 영역에 수용할 경우 민주적 요소나 개념으로 제시한 역사 사례에 대한 합의의 문제

35_ 김한종, 앞의 책(2017), 215쪽.
36_ 황인규, 〈한국사 연구와 역사교육에서 정체성과 역동성, 공동체 정신〉, 《역사교육》 138, 2016, 183~184쪽.

가 생긴다.

실제 민주주의 관점으로 수업을 한다고 말한 교사도 자신이 민주주의라고 생각하는 개념[37]을 먼저 선정한 후에 이에 해당하는 역사 사례를 뽑아 학생들에게 토론을 유도하고 있었다. 그리고 드러난 문제점을 다음과 같이 말했다.

> 왕조국가의 민본과 공화국의 민주의 개념이 혼용되어 학생들에게 역사적 오류를 심어준 사례가 많았다. 근대 개념인 민주주의를 전근대에 적용할 경우 넘어야 할 산이 많다. 왕조의 입장인지 백성의 입장인지 서술하는 연습을 하고 무비판적인 발전사관을 경계하면서 성장과 발전이 누구 입장에서 표현될 수 있는 것인지 학생들에게 생각해보게 한다. (n 교사, 설문지)

이런 내용 선정은 학생들에게 민본과 민주의 개념 혼란을 불러일으켰다. 이에 교사는 무엇이 역사의 발전인지, 누구를 위한 발전인지를 구별하는 일이 선행되어야 한다고 했다. 과거와 현재의 무조건적 비교보다 과거에 대한 정확한 이해를 바탕으로 해야 한다는 점도 강조했다. 민주주의 관점으로 수업을 하고 있다는 또 다른 교사도 비슷한 설명을 했다.

> 조선의 정치에 대한 깊이 있는 이해를 바탕으로 조선의 정치와 현대 민주주의를 비교하는 것은 현 사회를 성찰하도록 할 수 있다. 이를 위해 성리학적 민본주의를 핵심요소로 다루어야 한다. 성리학적 민본주의는 위와 아래의

37_ 이 교사가 생각하는 민주주의 요소는 기존 국가와 민족에 대한 비판적 인식, 성장과 발전 위주의 역사 지양, 지배자 관점의 역사서술 지양, 국가·지배층에 종속되지 않는 민(民)을 중심으로 보았다. 역사 속에서 이런 사례를 찾아 인간의 존엄성을 존중받도록 사회구성원이 스스로 주인이 되어 만들어가는 시스템을 민주주의라고 말했다. 이동욱·이해영, 앞의 글.

철저한 구분과 양반 계층의 도덕적 의무를 강조하는 양면성이 있다. 민본주의 이념과 실제 조선의 정치현실을 비교하는 과정에서 인권 존중, 사회 약자에 대한 배려 등 인류 보편적 가치를 다룰 수 있지만, 소수의 지배가 사회에 미친 영향을 비판적으로 바라볼 수 있게 사농공상의 차별이나 신분질서의 내용도 포함되는 것이 바람직하다. (o 교사, 설문지)

민주주의의 대체 개념으로 성리학적 민본주의를 들었던 교사는, 이 개념이 철저한 신분 개념임을 감안하여 해당 시대가 신분제 사회였다는 역사 사례도 함께 제공해야 하는 점을 분명히 했다.

이처럼 민주주의 요소를 추출한 후 역사적 사례를 제시한 경우, 많은 교사들은 그 시대를 제대로 조명할 수 없고 현재의 기준을 가지고 과거를 비역사적으로 구성할 가능성이 높다고 비판했다. 이 같은 방식으로 전근대 영역을 민주주의 관점으로 구성하는 것은 어려워 보인다.

다음으로, 민주주의 관점으로 전근대사를 구성할 수 있는가에 대해 역사교사들이 제시한 안을 보면 정확한 시대상을 먼저 제시한 후 추후 평가하는 방안을 모색할 수 있다. 신분제 사회였던 조선시대를 '평등'과 같은 민주적 요소로 서술하면 당시 사회의 모습이 잘 드러나지 않을 수 있다. 이런 제안을 한 교사들은 과거 사회는 당대의 질서로 보는 것이 타당하다고 말했다.

민주시민 자질은 비판적 사고력과 그 비판적 사고력 위에서 나타날 수 있는 관용이라고 생각한다. (……) 과거의 질서를 통해 현재를 봄으로써 현재의 질서를 낯설게 하여 비판적 시각으로 바라볼 수 있도록 하는 것이 역사가 다른 교과와 차별되는 학습 효과를 거둘 수 있을 것이라고 생각한다. 당

대의 역사는 당대의 질서로 보는 것이 맞다. (다 교사, 면담)

당시 사회가 어떤 모습이었는가를 그 시대 질서에 맞게 서술한 후 오늘날과 어떤 차이가 있는지를 민주주의를 기준으로 평가할 수 있다고 보았다. 당대의 질서로 보는 것이 중요하다고 말한 교사는 과거의 질서와 오늘날의 질서가 다르다는 점을 인식하게 하는 것이 비판적 사고력이라고 재차 강조했다. 이미 교과서에서는 가치판단적 문장 서술이나 가치가 개입된 용어를 사용한다. 교과서는 기본적으로 사실을 전달하는 것이지 거기에 주관적 가치를 부여해서는 안 된다는 비판도 있지만 가치판단적 서술은 학생들의 정서를 자극하고 역사에 대한 생동감을 주며 흥미를 불러일으키는 것도 사실이다.[38]

예컨대 신분제 사회로서 조선시대를 서술할 때, 교육과정이나 교과서에 신분제 사회가 무엇이며 그 시대에서 신분제 사회의 특징이 어떻게 나타났는지, 그리고 오늘날의 관점인 '평등'의 요소로 이에 대한 한계가 무엇인지를 담을 수 있다. 역사학이 과거를 복원하는 데 초점을 맞춘다면 역사교육은 현재와 미래를 지향하는 학문으로서, 과거의 가치를 복원하지만 현재의 가치를 다루는 것도 중요하다. '평등'을 기준으로 과거의 신분제 사회는 '이렇게 좋지 않았다'가 아니라, 당시 사회의 모습은 '이러하였다'로 서술한 다음 오늘날과 어떻게 다른지를 비교해볼 수 있다. 대부분의 교사들이 수업에서는 민주주의를 가르치는 것이 가능하다고 말한 것은, 그 시대의 전체상을 오늘날의 잣대로 재단해서는 안 되지만 오늘날과 비교하여 설명하거나 이해할 수 있다는 의미였다. 역사수업이

38_ 김한종,《역사교육과정과 교과서 연구》, 선인, 2006.

역사적 사실에서 출발하지만 과거를 지식으로 아는 것은 역사교육의 필요조건일 뿐이라는 것이다. 역사적 사실은 그 자체로 반복되거나 모방할 수 있는 것이 아니기 때문에 그에 대한 지식이 독자적으로 현재와 연관성을 갖기는 어렵다. 중요한 것은 과거의 사람들이 남긴 역사의 변화에 담긴 '왜'와 '어떻게'의 논리를 우리가 활용할 수 있는 현재적 의미로 이해하고 인식하는 것이다. 역사의 현재적 효용성을 강조하는 경우 역사적 사실의 선택과 해석이 실용주의적 오류에 빠지거나, 역사가에게 과거는 역사적 과거가 아니라 실용적 과거가 된다는 우려가 있지만 이것은 과거 사실에 접근하여 객관적 역사를 생산해야 하는 역사학에 관련된 것으로, 이미 생산된 역사 사실과 지식의 현재적 의미를 통해 역사교육의 현재성을 구현하려는 것과는 다른 맥락이다.[39] 다만 현재적 가치로서 민주주의를 지향하는 것이 현재 사회의 가치관이나 교사의 관점을 일방적으로 전달하는 것이 되지 않도록 주의해야 한다. 민주주의 가치를 정치적으로 이용하지 않고 사실 왜곡을 배제하며 개인적인 감정보다 보편적으로 합의된 내용들을 가르쳐 학생들이 건전한 토대 위에서 가치판단을 내리고 평가할 수 있도록 해야 한다.[40]

마지막으로, 민주주의로 전근대사 영역을 재구성할 경우 '우리 민족'과 같이 민족주의 담론에서 벗어난 서술 주체를 다양하게 드러낼 필요가 있다. 임진왜란을 침략과 저항의 이분법적 구조로 제시한다거나 '우리 민족'이라는 하나의 주체를 내세우기보다는 다양한 사람들의 시각을 담아야 한다고 보았다. 여러 주체들이 동일한 사건을 어떻게 바라보았는가를 통해 다원적 관점을 기르는 것이 민주주의라고 했다.

39_ 하경수, 〈역사교육의 현재적 의미와 현실 역사교육〉, 《사회과교육연구》 20-1, 2013.
40_ 이해영, 〈역사의식 조사로 본 학생들의 가치판단 탐색〉, 《역사교육》 131, 2014.

농민봉기를 다루면서 시대적 배경 속에서만 서술하다 보니, 농민이 주체로 일어서는 부분은 언급되지 않는다. 시대 배경과 구조가 행위자를 상황 속에 몰아넣더라도 인간은 매 순간 고민하며 갈등한다는 점에 주목할 필요가 있다. 같은 상황에 놓인 모든 행위자가 동일한 선택을 하는 것은 아니기 때문이다. 아울러 학생들도 매 순간 선택의 문제에 직면한다. 어떤 것이 합리적인 선택이 될지, 어떤 것이 사익이 아니라 공동체를 위한 선택인지를 역사 행위자들의 선택을 통해 반추해보면서 현대 민주시민으로서 가져야 할 소양을 자연스럽게 익히게 했으면 한다. (e 교사, 설문지)

농민을 주체로 한 농민봉기를 서술하지 못한 것이 현재 교과서의 문제라고 지적한 교사는 역사 속 행위자가 매 순간 선택을 해야 하는 상황에 놓이게 된다는 점을 감안하여 그 선택이 공동체를 위한 것이었는지, 개인의 이익을 위한 것이었는지를 생각해보게 하는 것도 민주주의로 역사 내용을 구성할 수 있는 방안이라고 지적했다. 비슷한 문제의식을 가지더라도 다른 선택을 하는 인물들, 예컨대 신라 말 육두품이었던 최치원, 최승위, 최언위의 선택을 생각해보는 것[41]은 이런 방식에 해당한다. 다양한 역사서술의 주체가 교과서에 드러나기 위해서는 다원적 관점이 필요하다. 나의 관점이 아닌 타자의 관점에서 역사적 사실이나 사건을 살펴보고 역사적 사실을 하나의 고정된 기준이 아니라 다양한 관점에서 바라보아야 한다는 점에서 다원적 관점이 요구된다.[42] 역사서술 주체가 다양하기 위해서는 동일한 사건이라도 지배자의 입장뿐 아니라, 백성의 입장등 여러 계층이나 집단의 관점에서 보아야 한다. 나아가 이런 다양한 주

41_ 김한종, 앞의 책(2017), 390쪽.
42_ 위의 책, 105~108쪽.

체들을 통해 당시의 시대적 맥락에서 사건과 사람들을 이해할 때 그 시대의 전체상을 그려낼 수 있을 것이다.

역사교육에서 다원적 관점은 세 가지 차원에서 구분할 수 있다. 첫째, 사료와 유물 속에 포함되어 있는, 생각하고 행동하며 그리고 고통당하며 얽혀 있는 과거의 인간들의 다원적 관점이다.[43] 이는 다양한 과거 행위자들을 교과서에 서술하는 것으로 가능하다. 예를 들어 현재 교과서 서술은 고구려와 수·당 간의 전쟁을 고구려와 수·당 양측의 관점에서만 생각하게끔 한다. 전쟁에 참여한 모든 고구려인, 모든 수·당인들이 동일한 관점을 가진다는 전제를 하고 있다. 여기에서 고구려인은 사회적 지위나 계층의 구분 없이 '하나'로 인식된다. 그러나 이 전쟁을 주도한 안시성과 같은 지방세력, 중앙세력, 농민, 강제이주당한 사람들의 관점에서 전쟁의 의미를 생각해보게끔 할 필요가 있다. 이를 위해 과거 여러 행위자들이 어떤 생각을 가지고 행동했는지를 살펴보는 내용의 구성이 요구된다.[44]

둘째, 역사적 사실에 대한 후대 역사가들의 다원적 관점도 교육과정과 교과서에 담을 수 있다.[45] 교과서 집필자는 해당 시대의 논쟁점을 교과서에 담을 수 있다. 앞에서 언급한 대로 당시 시대 질서에 맞춰 교과서를 서술한 후 이에 대한 평가적 서술을 할 수도 있고, 어떤 논쟁이 있는지를 소개할 수도 있다. 이미 오래전부터 국사교과서도 본문은 아니지만 도움말 등에 역사적 사실을 둘러싼 논쟁을 제시하고 있다.

43_ 이병련, 〈독일 역사수업의 다원적 관점〉, 《독일연구》 32, 2016, 77쪽.
44_ 김한종, 〈비판적 사고를 위한 역사인식과 학습방법〉, 《역사와 담론》 80, 2016, 416쪽.
45_ 이병련, 앞의 글, 77쪽.

유럽에서는 구석기 시대에서 신석기 시대로 넘어가는 과도기적인 단계를 중석기 시대로 부르고 있다. 그러나 우리나라에서 중석기 시대를 설정하는 것은 아직 문제로 남아 있다. 북한에서는 웅기 부포리와 평양 만달리 유적을 중석기 것으로 보고 있으며 남한에서는 통영 상노대도 조개더미의 최하층 거창 임불리와 홍천 하계리의 유적 등을 중석기 시대의 유적으로 보는 사람도 있다. (제7차 교육과정 국사교과서)

이는 학생들에게 하나의 사실에도 여러 학설이 존재한다는 것을 보여주는 것으로, 역사교과서는 오래전부터 메타담론을 통해 이런 서술방식을 취하고 있다.[46] 따라서 이런 서술을 통해 역사가들의 다원적 관점도 충분히 교과서 안으로 가지고 올 수 있다.

셋째, 학생들이 다원적 관점이 얽혀 있는 증거들과 논쟁적인 역사적 서술을 마주함으로써 하나의 역사적 사실에 대해 각자의 의견과 판단을 형성할 수 있다는 점에서 다원적 관점, 즉 복수의 의견들 차원이다.[47] 이는 민주주의 역사수업 사례를 제시하는 교사들의 수업활동에서 자주 접할 수 있다.[48] 교사들은 토론 등을 통해 학생들에게 의사결정 과정과 숙의의 경험을 제공하고자 했다. 학생들은 다양한 해석이 담긴 자료들을 읽으면서 다양한 역사적 관점을 수용하여 사회적 소통 능력과 현재 사회에 필요한 타자에 대한 이해를 넓힐 수 있다. 토론을 진행할 때는 역사적 사실이 대립되는 두 관점만을 가지는 것은 아니라는 점을 주지시킬 필요

46_ 이해영, 《역사교과서 서술의 원리》, 책과함께, 2014.

47_ 이병련, 앞의 글, 99~100쪽.

48_ 황현정, 〈민주주의 가치의 역사수업〉, 《역사와 교육》 12, 2015; 강화정, 〈'논쟁 재연' 방식의 토론식 역사수업 사례 연구〉, 《역사와 교육》 15, 2017; 이동욱, 〈'논쟁성'에 기초한 근현대사 수업 사례: 고등학교 〈한국사〉 토론수업을 중심으로〉, 《역사교육》 141, 2017.

가 있다. 모든 역사적 사실의 갈등관계가 그리 단순하지 않기 때문에 다양한 인물의 관점에서 역사적 사실을 해석하도록 해야 한다.[49]

민주주의로 역사교육을 한다는 의미가 무엇인지는 연구자마다 다르다. 민주주의 요소나 가치에 대한 생각도 다르고, 절차적 민주주의를 가르칠 것인지 참여민주주의를 가르칠 것인지에 대한 합의도 부족하며, 인권·다문화·평화 등을 민주주의와 동등하게 볼 것인지 하위요소로 간주할 것인지도 명확하지 않다. 이처럼 민주주의 개념과 요소 등이 연구자마다 다른 상황에서 민주주의 역사교육이 가야 할 길은 그리 쉬워 보이지 않는다. 민주주의의 개념과 범위, 층위가 넓고 다양하지만 많은 학생들은 민주주의가 자신들의 행복의 전제조건임을 잘 알고 있었다. 따라서 민주주의 역사교육을 낯선 것이 아닌 보편적인 것으로 인식할 수 있게끔 하는 연구의 진전이 필요해 보인다.

49_ 김한종, 앞의 책(2017), 345~348쪽.

참고문헌

김육훈, 〈민주공화국의 시민을 기르는 역사교육 시론〉, 《역사교육연구》 18, 2013.

김한종, 《역사교육과정과 교과서 연구》, 선인, 2006.

_____, 《역사수업의 원리》, 책과함께, 2007.

_____, 〈비판적 사고를 위한 역사인식과 학습방법〉, 《역사와 담론》 80, 2016.

_____, 《민주사회와 시민을 위한 역사교육》, 서울대학교출판문화원, 2017.

백은진, 〈무엇을 위한 역사교육이어야 하는가?: 국가 교육과정, 정부의 역사교육 정책, '국가주의' 비판 담론에 대한 분석〉, 《역사교육연구》 22, 2015.

양호환, 《역사교육의 입론과 구상》, 책과함께, 2012.

이동욱·이해영, 〈민주주의 관점으로 구성한 역사수업 탐색〉, 《역사와 교육》 11, 2015.

이미미, 〈교사가 파악하는 역사적 중요성과 교수·학습적 중요성〉, 《역사교육》 139, 2016.

이병련, 〈독일 역사수업의 다원적 관점〉, 《독일연구》 32, 2016.

이영효, 《역사교육탐구》, 전남대학교출판부, 2012.

이해영, 〈고등학생의 눈으로 본 역사수업〉, 《역사교육연구》 14, 2011.

_____, 《역사교과서 서술의 원리》, 책과함께, 2014.

_____, 〈역사의식 조사로 본 학생들의 가치판단 탐색〉, 《역사교육》 131, 2014.

_____, 〈역사의식 조사로 본 학생들의 역사이해 양상과 특징〉, 《역사와 교육》 15, 2017.

이혁규, 《수업, 비평의 눈으로 읽다》, 우리교육, 2008.

최갑수, 〈서양의 민주주의: 이념과 변용〉, 《역사 속 민주주의》(제55회 전국역사학대회 발표 자료집), 2012.

최병택, 〈중·고등학교 역사교육과정 한국근현대사 내용 요소 선정의 적합성 검토〉, 《역사연구》 33, 2017.

하경수, 〈역사교육의 현재적 의미와 현실 역사교육〉, 《사회과교육연구》 20-1, 2013.

황인규, 〈한국사 연구와 역사교육에서 정체성과 역동성, 공동체 정신〉, 《역사교육》 138, 2016.

2부

시민적 가치를 살리는
역사교육

1장

탐구에서 만남으로: 역사수업의 학생 활동 양상과 민주시민 교육

방지원

I. 역사수업의 학생 활동을 왜 논의해야 할까?

학생들이 학습의 주체가 되어 다양한 활동을 전개하는 역사수업, 그러한 수업을 디자인하고 활동을 돕는 교사의 모습은 오래전부터 많은 역사교사들이 상상했던 역사교육의 '바람직한 미래'였다. 지금까지 많은 교사들이 '미래'를 현실로 만들기 위한 노력을 아끼지 않았다. 그 결과 중·고등학교 현장에서는 의미 있는 변화들이 있었으며, 지금도 새로운 시도들이 진행 중이다.

1980년대 후반~1990년대에 걸쳐 많은 역사교사들은 학생 활동을 역사수업의 중심에 둠으로써 획일적인 역사수업, 학생을 소외시키는 지식 전달 위주의 주입식 역사교육을 넘어서고자 했다. 역사수업의 이론적 연구도 진척되었다. 역사가의 연구 과정에 기초한 역사적 사고와 이와 연관된 학생 탐구활동과 사료 활용 방안이 연구되었으며, 영역고유인지이론의 관점에서 감정이입적 역사이해의 원리를 탐색하거나 역사수업의 학생 활동을 개념화했다.[1] 역사적 탐구력과 역사적 판단력 등은 2000년대 이후 구성주의 교수학습론이 확산되는 가운데 '스스로 역사지식을 생산하는 학생 활동'의 원리로 자리 잡아갔다. 이와 함께 비판적 사고에 기반을 둔 읽기와 쓰기 활동도 중시되었다.

2000년대 중반 이후로는 교실 수업 개선을 통해 학교 교육 혁신을 추구하는 움직임이 일어나 학생들의 상호 간 협력적 활동을 통한 학습, 배움을 강조하는 경향이 뚜렷해졌다. 여러 교과에서 플립드 러닝(flipped learning, 거꾸로 수업), 하브루타(havruta)와 같은 활동 전략을 교실 수업에 적용하는 교사들이 늘어나고, 교수학습의 본질에 대한 철학적 변화까지 포함하는 '배움의 공동체'가 혁신학교를 거점으로 삼아 영향력을 키워가고 있다. 역사수업도 변화의 물결 속에 있음은 물론이다.

근래에는 시민교육의 문제가 역사교육에서도 중요한 관심의 대상이 되었다. 민주시민을 기르는 역사교육, 민주공화국의 시민을 위한 역사교육이 되어야 한다는 논의가 광범위하게 나오고 있다. '밖으로부터 온 역사교육의 위기'를 계기로 역사교육을 보는 관점이나 학교 역사교육의 방향을 둘러싼 논의가 본격화되고 있는 것이다. 2002년부터 촉발된《한국 근·현대사》교과서 논쟁과 2014년 교학사《한국사》교과서 사태 등 역사교과서 내용과 보급의 정부 개입, 2009개정 역사교육과정과 2015개정 역사교육과정에서 불거진 '민주주의'와 '자유민주주의' 논쟁, 그리고 역사교과서 국정화 사태는 학교 역사교육이 정치권력에서 자유롭지 못함을 다시금 보여주었다. 그러나 '밖으로부터 온 역사교육의 위기'는 국가주의 역사교육의 유산에서 벗어나려는 민주주의 역사교육의 연구와

---

1 이에 대해서는 다음을 참고할 수 있다. 양호환 편저, 〈역사수업에 대한 연구 동향〉,《한국 역사교육의 연구 동향》, 책과함께, 2011.

실천을 불러오는 계기가 되었다. 역사학과 역사교육에서 국가나 민족을 비판적으로 상대화하면서 민주주의 관점에서 역사 연구와 역사교육을 재구성하려는 움직임이 강화되었다.

민주시민 양성, 민주주의 발전에 기여하는 역사교육 논의는 애국심과 정체성을 중심으로 한 역사교육의 목적을 비판적으로 되돌아보는 것에서 인권과 평화, 공존, 생태 등의 민주적 가치를 고려한 교육 내용 구성 방안으로 이어졌다. 교사가 수업을 계획하면서 이러한 관점을 적용하여 학습내용 재구성을 시도한 사례들도 소개되면서 현장의 관심 또한 조금씩 높아졌다.[2] 민주시민을 기르는 역사교육의 필요성에 공감하는 교사들은 교수학습 방법으로 관심을 확장해가고 있다. 기왕의 역사수업에서 자리 잡아온 학생 활동의 가치와 의미를 '민주시민의 덕성을 기르는 데 유의미한 경험'의 관점에서 재조명하거나, '배움의 공동체'와 같은 새로운 시도 속에서 민주시민을 기르는 역사교육을 실현하고자 노력하기도 한다. 교육계 전반에서 일고 있는 협력 중심 학생 활동의 흐름과 역사교육계의 민주시민을 기르는 역사교육이 일선 학교 교실에서 만나고 있는 것이다.

역사교육의 이런 상황은 교실 역사수업의 학생 활동을 검토할 필요성이 있음을 말해준다. 특히 시민교육으로서 역사교육을 위한 학생 활동이 교실 역사수업에 어떻게 반영되고 있는지 살펴볼 필요가 있다. 이 글에서는 토론학습과 배움의 공동체를 중심으로 역사수업을 살펴보고자 한다. 시민교육으로서 역사교육에서 자주 언급되는 것이 비판적 사고다.

2_ 홍혜숙, 〈'세계사' 교육과정과 교과서 속의 민주주의: 시민혁명을 중심으로〉, 《역사와 교육》 8, 2013; 윤세병, 〈세계사 교육의 내용 선정기준으로서의 민주주의〉, 《역사와 교육》 10, 2014; 황현정, 〈민주주의 요소로 본 역사교육 내용 선정 원리〉, 《역사교육연구》 20, 2014; 이해영·이동욱, 〈민주주의 관점으로 구성한 역사수업〉, 《역사와 교육》 11, 2015.

비판적 사고는 시민교육의 목적 중 하나인 참여민주주의의 원리가 구현되는 사회의 유지, 발전에 필요한 시민적 능력이나 덕성으로 주목을 받고 있다. 이런 점을 고려하여 이 글에서는 역사교육에서 비판적 사고를 둘러싼 논의를 살펴보고, 비판적 사고가 어떻게 학생 활동의 원리가 될 수 있는지 탐색하고자 한다. 특히 개인의 지적 탐구와 역사의식 형성에 중점을 둔다는 의미의 '탐구'에서, 여러 주체 간의 협력을 통한 공동의 지적 과정을 강조한다는 의미의 '만남'으로, 최근 역사과 학생 활동이 변화하는 양상에 주목하고자 한다.

II. 역사수업의 학생 활동: 왜? 어떻게?

1. 학생을 수업의 주체로 세우기: 교육운동으로서의 학생 활동

역사수업에서 학생 활동과 역사적 사고는 불가분의 관계에 있다. 학생들이 역사적으로 사고하게 가르쳐야 한다는 주장은 이미 1960년대에 교사의 일방적인 지식 주입과 학생의 무비판적인 지식 암기라는 역사수업의 관행을 비판하면서 제기되었다. 1980년대에는 국정 역사교과서 체제에서 역사교육이 정치적 이데올로기 '주입'의 장이 되었던 현실을 비판하면서 역사적 사고력을 강조했다. 1980년대 말 이후 사회과 통합 담론이 거세지면서 역사적 사고력은 역사의 '특수성'을 확인하고 역사과 존립을 정당화하는 근거가 되었다.[3]

3_ 강선주,《소통으로 만드는 역사교육》, 서울대학교출판문화원, 2017, 103쪽.

학생 활동의 현장 확산이라는 점에서 볼 때, 학생 활동을 중시하는 역사수업의 필요성 인식과 실천 노력은 1980년대 후반부터 1990년대 중반을 거치며 '국가권력이 강요하는 획일적 역사인식에 맞서 학생들을 역사교육의 중심이자 주체로 세우려는' 교사 운동, 교육 운동의 차원에서 본격화되었다. 1989년 '역사교육을 위한 교사모임(전국역사교사모임)' 소속의 한 교사는 역사수업에서 토론활동을 비롯한 학생 활동의 필요성을 강하게 주장하면서 다음과 같이 썼다.

역사교육의 목표를 역사의식을 함양하는 것이라 할진대, 역사교육도 학생들이 남의 역사의식을 암기하는 것이 아니라 자신의 역사의식을 창출하고 점차 과학적으로 세련시킬 수 있도록 변화되어야 할 것이다. (……) 학생들은 입시가 주는 억압과 수업현장에서 주변에 위치 지워짐으로써 절망적인 침묵에 빠져 있는 상황이다. 침묵은 세계를 부정하고 그곳으로부터 도피하는 행각인 것이다. (……) 수업의 주인임에도 어쩔 수 없이 침묵 속에 도피하고 있는 학생들을 현실로 끌어내어 자신의 일로 만들어 책임과 의무를 지워줘야 한다. 수업 부담을 교사만이 맡는 것이 아니라 학생들에게 책임과 의무를 상당 부분 돌려줘야 한다. 학생들로 하여금 수업에서 주체적으로 행동할 수 있게 조건 지우는 방법으로 토론식 수업을 생각할 수 있다.[4]

이 글에서는 역사수업을 삶의 과정으로, 학생을 수업에 참여하여 스스로 배우고 성장하는 주체로 보았다. 역사수업에서 학생과 교사는 동등한 권리와 의무의 주체이며, 학생 활동의 가치는 학생 자신을 주체로 세우

---

4 신병철, 〈토론수업의 모형과 실제〉, 역사교육을 위한 교사모임, 《살아있는 삶을 위한 역사교육》, 푸른나무, 1989, 153쪽.

는 데 있다는 것이다. 개인의 다양하고 자율적인 사유와 성장을 중시한다는 점에서 민주적이며, 학생의 현실적 삶을 중시하고, 권력과 지식에 의한 억압과 소외로부터 해방된 주체를 강조한다는 점에서 비판적 교육학의 영향을 엿볼 수 있다.

2000년대에 이르러 이런 문제의식이 유지되는 가운데, 역사수업의 학생 활동은 현장에 기반을 둔 역사교육론의 중심으로 자리 잡았으며, 토론학습, 글쓰기, 극화 등 몇 가지 유형이 널리 보급되었다. 역사수업의 방법은 학습내용과 분리될 수 없으며, 교사는 자신의 교육적 양심과 전문성에 의해 역사교육 목표를 세우고, 이에 따라 학습내용과 학습방법이 학생의 '학습경험'으로 종합되도록 함으로써 학생 각자의 역사의식 형성을 돕는 존재로 그려졌다.

역사는 과거인들의 삶을 오늘의 이야기로 풀어보는 재미있는 과목도, 자신들의 삶을 역사의 일부로 파악하게 하는 진지한 성찰의 과목도 될 수 없었다. 그저 외울 것 많고, 공부하기 힘든 '암기과목'에 지나지 않았다. (……) 수업방법은 교과의 본질을 고민하면서 교육 목표를 명확히 하고, 그에 걸맞게 교육과정을 재편성해서 가르칠 내용을 엄선하고 그 내용을 풀어갈 수 있는 적절한 수업자료를 찾아, 가장 알맞은 방법으로 학생들과 의사소통하고 대화하는 방법을 찾아보는 과정의 일부일 뿐이다.[5] (……) 수업은 단순히 기술적인 방법의 문제가 아니라 역사교육이란 무엇인가에 대한 총체적인 답을 모색하는 과정이다. 결국 교사들은 자기 나름대로의 역사교육 목표와 교육과정을 가지고 자기 학생들의 수준과 특성에 맞는 최선의 수업방법을 스

---

5   전국역사교사모임, 《우리 아이들에게 역사를 어떻게 가르칠 것인가》, 휴머니스트, 2002, 258~259쪽.

스로 만들어내야만 한다.[6]

교사들은 수업에서 교과서에 얽매이지 말고 학생들 스스로 사고하도록 이끄는 데 힘썼다. 학습내용을 재구성한 학습지를 만들어 활용하고, 과거인의 고민을 그들의 입장이 되어 글과 만화, 신문 등의 다양한 방법으로 표현해보는 글쓰기 활동을 도입했다. 나아가 학생 자신의 입장에서 과거를 비판적으로 바라보고 상대방과 의견을 나누면서 좀 더 깊이 있는 역사이해에 다가가는 토론학습, 자신의 역사이해를 바탕으로 역사를 재현하는 극화학습 등이 관심을 끌었다. 이런 학생 활동은 학생들 스스로 역사를 직접 생산하는 과정이었다. 글쓰기, 극화, 토론, 역사신문 제작 등 학생 활동을 기반으로 한 이런 역사수업은 하나로 묶여서 실천 지향의 역사수업 이론으로 정리되기도 했다.

1990년대 후반부터 학교 교육에 본격적으로 소개된 구성주의 인식론은 역사수업에서 학생 활동을 더욱 촉진했다. 구성주의 인식론은 교사가 어떻게 가르치는가에 못지않게 학생이 이를 어떻게 이해하는가에 관심을 가지게 했다. 역사교육 연구에서도 교사 지식과 함께 학생의 역사인식이 중요한 주제가 되었으며, 교실 역사수업 자체를 관찰하고 해석하는 연구들이 많아졌다.

학교 교육의 개혁 움직임도 역사수업에 적잖은 영향을 미쳤다. 2010년 무렵부터 혁신학교 운동이 활성화되고, 배움의 공동체의 철학, 프로젝트 기반 협력 학습, 거꾸로 수업, 하브루타 등 학생 활동을 중시하는 관점과 수업기법 들이 역사수업에 도입되어 영향을 미치고 있다. 학생

6_ 위의 책, 260~261쪽.

활동을 중시하는 역사수업에서 역사교사들이 실제로 추구했던 것이 무엇인지는 역사에 대한 흥미의 진작과 주체적인 역사의식의 형성이라는 측면에서 좀 더 깊이 있게 살펴볼 수 있다.

2. 학생 활동을 통한 역사수업의 흥미 진작

학생 스스로 흥미를 가질 수 있는 역사 내용이나 수업 주제는 역사교육의 성과를 기대할 수 있는 출발점이다. 그러나 학교 역사교육은 오랫동안 학생들의 관심사나 생활 경험 속으로 들어가지 못했다. 학생이건 성인이건 간에 자기 삶에 비추어 과거에 관심을 가지며, 대중문화의 형태로 제공되는 역사를 필요와 취향에 따라 선택적으로 소비한다. 그런데 학교 교육과정의 역사과목으로 들어오는 순간, '미리 선택되어 알아야 할 대상으로 정해진 지식'이 된다. '주어진 지식'으로서 역사는 학생들의 편에서 보면, '먼 데(서 일어난) 일', '(나랑 상관없는) 남의 일', '(이해하기 어려운) 어른들의 일'이므로 흥미를 느끼기 어렵다. 역사는 단지 지나간 과거의 일이 아니라, 오늘날 우리의 삶을 이해하고 문제를 해결하는 데 꼭 필요한 학문이요 과목이라고 교사가 아무리 열정적으로 설득하려 해도, 학생들이 자신과 우리의 문제로 받아들이기가 쉽지 않다.

그래서 역사교사들은 학생들의 흥미와 역사를 어떻게든 묶어내기 위해 수업의 핵심 내용을 학생 활동으로 풀어내는 데 힘썼다. 반드시 알아야 할 역사지식을 습득하는 수업이든, 역사의 현재적 의미를 탐색하는 수업이든 간에 이런 노력은 마찬가지였다. 같은 역사지식과 개념을 습득하더라도 교사가 설명할 때보다 스스로 읽고 말하고 쓰면서 알아갈 때 더 재미있고 덜 지루하며, 오래 기억에 남을 것이라 보았기 때문이다.

그러나 모든 학생들이 역사수업 중의 활동을 재미있어하거나 적극적으로 임하는 것이 아니라는 점은 교사들이 넘어야 할 큰 장벽이다. 학생들은 오히려 활동 자체를 선호하지 않는 경향을 보이기도 한다. 많은 경우 학생 활동의 실제 모습은 교사가 개인이나 모둠에게 부과한 과제를 해결하는 것으로 나타난다. 교사의 의도에 따라 '강제된' 활동에 학생들은 불만을 표하거나 귀찮아하거나 비효율적이라 생각해서 거부반응을 보이기도 한다. 그런가 하면 각자의 주장과 개성이 존중받아야 한다고 생각하면서도, 자기주장을 여러 사람 앞에서 드러내는 데 소극적이고 조리 있게 표현하기 어려워한다.

디지털 생활문화 속에서 성장한 학생들의 지적 감수성과 학교 역사를 소통시켜야 한다는 점도 한편으로 학생 활동의 요구를 높이지만 다른 한편으로는 학생 활동을 어렵게 만든다. 역사교사들은 흥미로운 학생 활동을 위해 활동 자료의 구성 방식을 빠르게 업데이트하고, 학생들에게 친숙한 방법으로 '말문 열기'를 시도하기도 한다. 학생들이 세상과 소통하는 방식, 특유의 정서, 감수성, 문화 트렌드를 세심하게 짚어내 역사수업에 대한 흥미에 불을 붙이려는 것이다. 카카오톡으로 역사적 사실을 전달하고 토론하며, 페이스북이나 블로그에 글을 쓰는 형식으로 수업에서도 글쓰기를 한다. 교사는 이모티콘을 이용해 지식과 정보를 감각적·직관적으로 이해하도록 돕고자 한다. 또한 학생들의 역사이해나 인식을 웹툰 형식으로 표현하거나 랩으로 만들어 부르는 활동을 하기도 한다.[7] 간단한 동영상을 제작하거나, 교실을 전시공간으로 활용한 행사를 기획하거나, 역사적 사건을 기념하는 이벤트를 열기도 한다. 역사지식의 습득

---

[7] 윤종배, 《나의 역사수업》, 휴머니스트, 2007; 열 사람의 한 걸음, 《역사수업을 부탁해》, 살림터, 2017.

과 학생 활동 모두에서 그들 세대의 놀이 감각을 활용하기 위해 보드게임 방식이나 규칙을 원용하면서 역사이해와 놀이의 경계를 오가는 부담을 감수하기도 한다.

3. 역사 탐구활동을 통한 역사의식의 형성

역사수업에서 학생 활동을 중시해온 데는 모 학문인 역사(학)의 특성을 교육적으로 활용하여 학생들의 성장을 전반적·총체적으로 돕는다는 아이디어와, 그러한 아이디어가 제대로 살아나려면 수업의 과정에 학생이 삶의 주체로 참여해야 한다는 아이디어가 결합되어 있었다. 교육적으로 살려내야 할 역사(학)의 특성은 '역사는 해석의 학문'이라는 데서 출발했다. 과거에 대한 지식과 의미체계로서 역사는, 과거를 이해하려는 사람의 관점에 따라 지속적으로 재구성된다. 이를 학습경험으로 전환하는 것이 학생 활동을 계획하는 교사에게 주어진 과제였다. 교사들은 학생들이 여러 활동을 통해 교과서를 비롯한 여러 경로로 우리가 접하는 역사지식이 왜 해석의 산물인지를 이해하고, 역사지식을 생산해봄으로써 역사와 자신의 삶을 연결 짓는 경험을 제공하고자 했다.

활동과 결합된 학생의 학습경험은 역사수업의 이론에서 '역사 탐구'로 개념화되었다. 역사 탐구는 역사적 사실에 의문을 느끼는 문제 제기에서 질문과 가설의 형성, 자료를 근거로 한 가설의 검증이나 문제의 해결, 그 결과의 잠정성 인식의 단계를 거친다. 그렇다면 학생들이 의문을 느끼고 질문을 제기하는 역사적 대상은 무엇일까? 기존의 역사지식이나 해석, 인과적 설명, 이야기식 설명, 논증이나 비교, 행위 설명과 같은 역사적 설명이나 이해, 역사적 사실이 그 시대에 가지는 의미, 역사적 사실의 중요성이나 영향, 역사적 사실의 가치나 후대의 평가 등이 그 대상에 포함된다. 어떤 역사적 사실에 대한 사회의 인식이나 의미 부여, 미디어나 여론의 접근방식에도 의문을 가질 수 있다.

역사지식의 개념을 어떻게 정의하느냐에 따라 달라질 수 있겠지만, 역사적 사실이나 기존의 역사인식에 대한 다양한 의문에서 출발하여 문제의식과 자료 검토를 거쳐 학생 스스로 내린 잠정적 결론을 학생이 생산한 역사지식이라고 칭할 수 있을 것이다.[8] 교과서의 권위에 눌려 그 내용을 객관적 지식으로 소비하는 수동적 학습자에 머물지 않고, 역사적 사실에 대한 기존의 설명이나 평가를 비판적으로 읽고 의문을 제기하며, 다듬어지지 않은 소박한 수준에서라도 다른 자료를 검토하여 자기 나름의 해석을 해보는 것이 역사지식을 생산하는 학습경험이 된다는 것이다.

예를 들어 임진왜란과 임진전쟁이라는 역사적 사건의 명칭 차이가 어디에서 비롯된 것인지 살펴보고, 스스로 대안적 명칭을 찾아보되 타당한 근거를 갖추어 주장하는 학습활동을 계획해볼 수 있다. 산업혁명이 영국에서 먼저 일어난 이유에 대해 교과서의 서술을 읽은 다음, 교과서 서술과 다른 관점으로 서술된 자료 읽기 활동을 도약대 삼아 학생 나름의 가설을 세우고, 다양한 자료들을 검토하면서 산업혁명이 영국에서 먼저 일어난 이유에 대한 설명을 재구성해볼 수도 있다. 산업혁명의 전개와 확산 과정 및 그로 인한 사회 변화 등에 대해 다각도로 학습한 다음, '산업혁명은 결과적으로 긍정적/부정적인 영향을 주었다'는 입장 중 하나를 택하여 그것을 뒷받침할 만한 근거를 논리적으로 구성하여 글쓰기를 할

8_ 김한종·이영효, 〈비판적 역사 읽기와 역사 쓰기〉, 김한종 외, 《역사인식과 역사교육》, 책과함께, 2005; 송상헌, 《역사인식의 논리와 역사교육》, 서울대학교출판부, 2017, 3장, 9장; 윤종배, 《역사수업의 길을 묻다》, 휴머니스트, 2018, 2장, 3장.

수도 있다.

그렇다면 역사교육 연구나 교실 수업에서 역사 탐구를 통해 학생들이 궁극적으로 도달했으면 하는 지점은 무엇일까? 학생들이 역사학습의 주체가 되고, 역사지식을 생산하며, 적극적인 역사적 존재로서 자아의식을 지닌 사회적 존재로 성장했으면 하는 기대였다. 이러한 맥락에서 역사교육이 추구할 궁극적인 목적으로 '역사의식의 형성'이 강조되었다. 사회 구성원을 길러내는 데 역사교육이 기여할 바를 '역사의식'이라는 개념이 압축적·상징적으로 대변해온 것이라 하겠다. 이때 역사의식은 학생 개인을 단위로 하는 역사적 자기 존재감이다. 역사지식의 생산자로서 역사탐구를 경험하며 성장한 학생 개인은 역사의 주체로서 자신과 사회에 대한 책임감과 역사의식을 가지게 될 것으로 기대되었다. 개별 주체로서 학생의 역사의식 형성을 시민교육으로서 역사교육이 사회와 구성원에게 기여할 수 있는 가장 중요한 역할로 상정해온 것이다.

III. 민주적 공동체 속의 역사수업, 학생 활동을 향하여

1. 민주주의 역사교육론으로의 전환과 역사수업

교육은 언제나 특정한 사회를 상정하고 이루어진다. 모든 교육은 교육이 행해지는 맥락인 사회와의 관련 속에서 정당성을 부여받는다. 플라톤의 교육관은 항시적인 전쟁 상태에서 전사를 길러내야 했던 그리스 도시국가를 염두에 둔 것이었고, 중세의 교육은 성속을 구분하는 기독교적 세계관에 기초했다.[9] 최근 민주시민을 기르는 역사교육의 제안이 활발한 것도 우리가 살아가는 사회가 민주사회이고 민주공화국의 이상을 추구하기 때문이다. 민주시민을 기르는 교육의 목적은 현존하는 불완전한 민주사회에 순응하는 인력을 기르는 데 제한되지 않는다. 민주시민을 기르는 역사교육은 더 나은 민주주의라는 이상을 지향하며, 이를 통해 우리 사회의 민주주의가 더 나은 단계로 나아갈 수 있다는 믿음을 공유하고자 한다. 민주주의를 정치제도의 차원이 아닌 공동체 구성원인 시민들이 서로 관계를 맺고 연대하여 살아가는 방식으로 보고, 교실과 학교를 생활 속 민주주의 훈련의 장으로 삼고자 하는 것이다.[10]

민주주의 발전에 기여하는 역사교육으로의 전환 논의는 몇 갈래로 정리할 수 있다. 첫째, 역사교육 목적론의 차원에서 민주주의 역사교육론 정립의 필요성을 강조하거나 시민적 애국심과 정체성 교육의 가능성을 모색한다. 둘째, 기왕의 역사교육 내용을 비판적으로 검토하고 대안적 내용 구성 방안을 모색한다. 셋째, 역사수업 방법과 시민적 성장의 경험을 연계하는 방안을 모색한다.

30년차 역사교사로 역사수업을 바라보는 자신의 관점을 담은 책을 펴낸 한 역사교사는 최근의 민주주의 역사교육론을 네 갈래로 파악했다. 역사교육을 통해 대한민국의 헌법적 가치를 지키는 민주공화국의 시민을 양성하자는 차원, 비판적 사고를 기름으로써 우리 사회에 참여민주주의가 확대될 토양을 마련하자는 차원, 수업 내용을 민주주의란 관점에서 재구성하자는 차원, 수업방식의 민주화 차원이다.[11] 특히 수업방식의 민주화는 민주주의를 가르치면서 교사가 발언을 독점하거나 더불어 사는

9_ 이혁규, 《한국의 교육생태계》, 교육공동체벗, 2015, 26쪽.

10_ 장은주, 《시민교육이 희망이다》, 피어나, 2017, 77~103쪽.

11_ 윤종배, 앞의 책(2018), 86~92쪽.

삶을 강조하면서 모둠 활동이나 협력 학습을 시도하지 않는 우리 교실 풍경을 비판하는 데서 출발한다고 말했다. 그는 또 민주주의 수업현장에 서마저 생활 속 민주주의를 체현할 기회가 없다면 학생들에게는 비판과 참여, 공존과 연대조차 학습의 대상일 뿐[12]이라고 덧붙였다. 역사수업에서 학생의 위상을 강조하는 맥락은 이전과 다르지 않지만, '협력', '모둠', '공존과 연대' 개념이 결합하면서 학생 활동의 강조점이 이전과 미묘하게 달라졌음을 짐작하게 한다.

그렇다면 민주주의 역사교육론은 어떤 시민상을 염두에 두고 있을까? 민주주의에 관한 정치이론의 스펙트럼이 매우 다양한 것을 감안하면, 역사교육이 민주시민을 길러야 한다거나 민주주의 발전에 기여해야 한다는 데 원칙적으로 동의한다고 해도, 민주시민에게 요구되는 능력이 무엇인지, 민주주의 발전이란 무엇인지에 대한 입장 차이에 따라, 상이한 교수학습론이 전개될 수 있다. 예를 들어 독일의 정치교육학 논의에서 정치교육의 목표로 상정된 가상 '시민상'은 다음과 같다.[13]

- **성찰적 관찰자** 정치에 대해 정기적으로 정보를 얻고 합리적인 근거를 들어 선거에서 결정을 내리는 시민
- **참여능력 보유 시민** 위의 경우에서 더 나아가 때에 따라서는, 특히 자신의 이익과 관련된 일이 발생할 때는 항상 정치 참여에 나서는 시민
- **능동 시민** 지속적으로 정치에 참여하며 정치가 삶의 근간이 된 시민

12_ 위의 책, 86~92쪽.
13_ 케르스틴 폴, 〈독일의 보이텔스바흐 합의, 등장과 수용 그리고 논쟁〉, 심성보 외, 《보이텔스바흐 합의와 민주시민 교육》, 북멘토, 2018, 110쪽.

각각의 시민상은 각기 다른 정치적 역량을 요구한다. 성찰적 관찰자는 무엇보다도 정치 내용에 대한 지식을 필요로 한다. 그들은 정치제도의 구조와 정치적 의사결정이 어떤 과정을 거치는지 알아야 한다. 참여 능력을 보유한 시민이 되려면 이상의 지식 외에도 정치에 참여할 수 있는 장소와 수단을 알아야 한다. 의사소통과 정치 참여 전략도 필요하다. 능동 시민은 정치 지식과 정치 능력 외에 무엇보다도 정치 참여에 많은 시간과 에너지를 계속 쓸 수 있는 동기를 부여받아야 한다.[14] 역사교육의 경우도 이와 유사한 접근이 필요할 것이다. 하지만 아직까지는 원론적인 문제의식을 반영한 교수학습 방법, 학생 활동의 가능성을 찾는 단계로서, 어떤 민주주의, 어떤 시민이 되어야 하는지에 대한 관점의 차이를 반영한 논의가 본격화되지는 않았다.

민주시민을 위한 역사 교수학습론은 지금까지 수십 년간 축적해온 연구와 실천의 토대에서 출발한다. 역사교육의 전망과 지향에 따라 기왕의 성과를 비판적으로 계승하고 오랫동안 유지되어온 문제의식을 현재 상황에 비추어 재해석하는 가운데 새로운 교육기법이나 전략을 수용해야 한다. 이러한 점에서 최근 역사수업의 학생 활동 양상은 세 가지 흐름으로 살펴볼 수 있다.

첫째, 최근 몇 년간 학교 역사교육의 현장에서는 토론활동, 토론식 수업의 재발견이라 할 만한 움직임이 있었다는 것이다. 둘째, 학생들로 하여금 학습의 주체로 자리매김하게 해야 한다는 문제의식과 스스로 역사지식을 구성하는 학생 활동을 실천하려 했던 경험 위에 '배움의 공동체'라는 철학을 접목하려는 노력이다. 셋째, 참여민주주의 발전을 위해 기

14_ 위의 책, 110쪽.

왕에 강조되어오던 역사교육의 비판적 사고가 민주시민 양성을 위한 교수학습 활동, 학생 활동의 원리가 될 가능성을 찾아야 한다는 제안이다. 이런 움직임들은 역사 탐구를 통한 '주체적 역사의식의 형성'이라는 관점을 계승하는 가운데, 각 주체들 간의 동등한 소통과 공존, 연대, 공동체의 집단지성에 기초한 문제 해결, 문제 해결 과정 및 그 결과에 대한 공유와 성찰 등 민주적 가치와 행위의 윤리를 강조한다.

2. 민주적 가치를 경험하는 토론활동

근래 사회나 교육계 전반에서 토론활동의 교육적 가치에 다시금 주목하고 있다. 이런 경향은 21세기 지식 기반 사회에 대비한 창의성 교육 담론과 역량 중심 교육 담론 등의 영향이 적지 않을 것이다. 교과 간 경계를 넘나드는 융합적이고 창의적인 사고, 그에 기반한 문제 해결 능력의 배양, 협력과 소통능력 등의 역량을 기르는 데 토론활동이 지닌 잠재적 가치를 적극적으로 발굴하려는 것이다. 토론은 논리적 사고와 자료 처리 능력을 향상시키고, 대중 앞에서 자기 의견을 밝히는 데 필요한 표현력이나 소통능력을 기르는 데 유용하다는 점 때문에, 교과 내외에서 널리 활용되어온 '내력 있는' 활동 방식이다. 특히 역사과에서는 논쟁적이고 해석적인 교과의 본질에 충실한 수업방법으로 인식되어, 글쓰기나 발표 수업, 교사 중심의 강의식 수업에서도 토론활동을 결합시키는 경우가 많았다.

역사교과서를 둘러싼 일련의 파동을 거치면서, 역사교육에서도 토론활동의 가치가 재조명되었다.[15] 국가권력의 의지에 따라 '오직 하나의 역사만을 주입하려는 교화적 역사교육'에 맞설 수 있는 방법으로 다양한 해석을 기반으로 하는 역사학의 논쟁적 특성을 최대한 살려낸 토론에 주목했던 것이다. 보이텔스바흐 합의나 외국의 시민교육 지침서들이 제안하는 미래 역사교육의 비전들도 토론활동이 역사교육을 정치도구화하려는 권력에 맞설 수 있는 수단임을 확인시켜주었다. 보이텔스바흐 합의는 정치적 관점의 차이에서 비롯된 사회 갈등을 완화하기 위해 좌·우와 중도파의 최소 합의의 산물로 토론활동의 가치를 재확인해주었다.

보이텔스바흐 합의의 핵심인 세 가지 원칙, 즉 강압(교화) 금지의 원칙, 논쟁성의 원칙, 학습자 이익 상관성의 원칙 중에서도, 강압 금지 원칙은 교수학습 방법의 문제였다. 이 원칙은 비판이론에 의거하여 해방을 지향하는 교육뿐만 아니라 체제 수호를 주장하는 보수적 교육에도 적용되는 것으로, 학생들의 자립적인 판단능력을 방해하지 않아야 하며, 학생과 시민들을 주체적 인지와 사유능력을 갖춘 존재로 봐야 함을 확인한 것이다.[16] 논쟁성의 원칙은 교수학습 방법과 내용에 모두 적용할 수 있는 원칙이다. 학문이나 정치에서 다루는 쟁점들은 학교 수업에서도 학습주제나 내용으로 선정될 수 있으며 논쟁적으로 재현되어야 한다는 것이다. 학습자의 선택과 대안적 사유 가능성을 강조[17]한다는 점이 무엇보다 중요하다. 강압(교화) 금지의 원칙이 지켜지려면, 논쟁성을 보장해야 한다는 점에서 두 가지 원칙은 서로 연결되어 있다.

토론활동 사례들을 살펴보면, 역사이해와 인식의 문제가 현재적 삶 속

15_ 김육훈, 〈국정화 논란을 넘어 대화와 토론이 있는 수업으로〉, 《역사와 교육》 14, 2016: 김육훈, 〈'국정교과서 논란' 이후 역사교육 논의의 방향〉, 《역사와 교육》 15, 2017 (광주시교육청 주관 정책 연구 〈초·중·고 역사교육 방향 연구〉의 일환이었던 4차 토론회 발표문을 수정 보완한 글).
16_ 심성보, 〈보이텔스바흐 합의 정신 풍부화를 위한 보완적 논의〉, 심성보 외, 앞의 책, 146쪽.
17_ 이동기, 〈보이텔스바흐로 가는 길 '최소합의'로 갈등 극복하기〉, 심성보 외, 앞의 책, 65쪽.

의 민주적 가치 문제와 맞물리는 양상을 자주 발견할 수 있다. 토론을 통한 역사이해를 목표로 삼은 경우도 적지 않지만, 역사 주제를 민주적 가치의 탐색과 연관 짓고 다양성을 이해하고 인정하기 위한 수업의 한 단계로 토론을 포함시킴으로써 공동의 문제 해결을 위한 실천방안을 모색하는 활동으로까지 이어지기도 한다.[18] 다문화 가정의 학생들을 한국 문화에 동화시키는 접근이 아닌, 상호 간 역사와 문화를 이해하도록 이끄는 수업구성이나, 다원적 가치와 공존의 시선으로 만보산 사건 이후 중국인 학살을 다룬 수업이 그 예가 될 수 있다.[19] 화해의 관점에서 동아시아의 평화를 모색하는 역사수업 중 역사에서 출발하여 학생들의 가치 탐색과 신념의 성찰, 실천의 문제까지 이어지도록 구성한 사례에 주목해볼 수 있다. 이 수업은 2015년 아시아·태평양전쟁 종전 70주년을 맞은 아베 신조 일본 총리의 담화에 대해 한국과 중국, 일본의 입장은 크게 달랐다는 점에 주목하고, 학교와 학생 수준에서 이 문제를 화해와 협력 차원에서 접근하려는 노력이 필요하다는 문제의식에서 출발했다. 수업의 핵심은 아베 담화의 과거사 인식과 그 의미를 살펴보고 학생들이 스스로 문제점과 대안을 고민하여 고등학생 차원의 담화를 쓰는 것이다. 특히 담화에 꼭 들어가야 할 내용과 한·일 양국 정부와 시민이 해야 할 역할은 무엇인지에 대해 고민하고 토론하고 정리하는 단계를 거쳤다.[20]

토론활동이 전면에 드러나지는 않지만 '반전과 평화 모색'을 위한 역

18_ 김한종, 《민주사회와 시민을 위한 역사교육》, 서울대학교출판문화원, 2017, 88~93쪽.

19_ 정연두, 〈우리 안의 차별 깨기: 관동대지진과 만보산사건 이후의 학살〉, 《역사교육》 112, 2016, 196~218쪽.

20_ 고진아, 〈동아시아 평화를 모색하는 수업실천: '우리들의 전후 70년 담화' 수업을 중심으로〉, 《역사교육》 112, 2016, 227~236쪽. 2015년 11월 일본 오키나와에서 열린 제14회 역사인식과 동아시아 평화 포럼에서 발표한 내용을 토대로 한 것이다.

사수업의 맥락에서 태평양전쟁 당시 한국과 일본의 민간인 피해를 다룬 수업 사례도 있다. 태평양전쟁으로 민중이 당한 고통을 간접적으로 체험함으로써, 일본의 보통 사람들 역시 전쟁의 피해자라는 점을 느끼고 평화를 위해 양국의 민중이 연대할 수 있는 실마리를 찾아보려는 수업이었다. 학생들은 역사적 사실에 대한 충분한 학습과 자료 읽기를 바탕으로 모둠과 개인 활동을 통해 일본군 '위안부', 보통 일본 사람, 윤동주(장준하), 황민화정책 시기 보통 한국인 넷 중 하나를 골라 상상적 체험담을 썼다. 자료 읽기와 탐구, 글쓰기를 통한 역사적 사유와 종합, 토론과 발표를 통한 공유가 이뤄지는 수업이었다.[21]

토론이나 논쟁은 기본적으로 합리적이고 근거에 기반한 논리적 활동이다. 때문에 가치 문제가 복잡하게 얽혀 있는 현실 쟁점으로 연결할 경우 합리성에 치우친 기계적 결론을 도출할 위험도 배제할 수 없다. 그런데 위의 수업 사례들에서는 삶의 맥락에 대한 공감과 이해, 연대가 함께 함으로써 한층 입체적인 학생 활동으로 전개되는 모습을 찾아볼 수 있다.

나아가 최근 토론수업에서 주목할 것은 토론이라는 형식에 치중하지 않는다는 사실이다. 역사의 논쟁성 자체를 살리는 수업방법을 적극적으로 찾음으로써, 민주주의의 기본 가치인 다원성에 대한 감수성을 높이고, 근거에 기초한 합리적 의사소통을 통해 한층 진전된 결론을 도출해내는 경험의 가능성에 주목하는 것이다.[22] 어떤 형식의 토론이든 역사학

21_ 이성훈, 〈전쟁터로 내몰린 한국과 일본의 민중들〉, 《역사교육》 99, 2012, 115~125쪽.
22_ 김육훈은 기왕의 역사수업 실천 속에서 논쟁성을 살릴 수 있는 토론 주제의 유형을 네 가지로 정리한 바 있다. 과거의 사건에 대한 현재 해석의 다양성을 끌어들이는 것, 과거 당대의 논쟁을 교실에서 재현하는 것, 역사 내러티브의 다양성을 체험해보는 것, 역사 내러티브의 본질을 직접 다루는 것이다. 김육훈, 〈국정화 논란을 넘어 대화와 토론이 있는 수업으로〉, 《역사와교육》 14, 2016, 56~58쪽.

의 해석적 성격을 교육의 현장에서 활용하도록 하면서도, 동시에 민주시민으로서의 덕성을 학생 스스로 형성해나가는 데 유용하다는 것이다. 서로의 차이를 동등하게 인정하는 공존의 자세, 상대방의 견해나 발언을 자신의 입맛대로 해석하기보다 상대의 관점에서 해석함으로써 공평한 상호성을 보장하려는 자세, 무엇보다 합리적인 근거로 자신의 세계관을 구축함으로써, 특정한 정치적 선동에 휘둘리지 않고 민주주의 사회의 다원성을 지켜나가는 지성을 갖출 수 있도록 한다. 따라서 역사수업에서 토론활동이나 토론을 위한 합리적 사고와 태도는 역사이해나 역사의식의 형성을 위한 학습경험의 주요 축인 동시에 내면화해야 할 민주적 삶의 방식이라 하겠다. 이러한 점에서 재발견된 학생 활동으로서의 토론은 역사이해를 위한 탐구의 속성을 유지하면서도, 다양한 견해와 논쟁 속에 내재된 인간 존재를 만나는 기회가 되기도 한다.

3. 민주적 수업문화를 지향하는 배움의 공동체 수업

민주시민 의식 고양을 위한 새로운 교육방법은 주입, 강제, 통제, 지도와 같은 권위주의적이고 일방적인 방식에서 탈피하여 자율, 참여, 대화, 토론의 가치를 존중하는 민주적 교육원리를 구현하는 데서 찾을 수 있다.[23] 독일의 교육학자 힐베르트 마이어(Hilbert Meyer)는 좋은 수업을 규정하는 핵심 아이디어로 민주적인 수업문화, 학습동맹, 의미의 생성, 능력의 지속적 발전 등을 들었다.

23_ 손승남,《학습자 중심의 대안적 교수법》, 내일을여는책, 2004, 200쪽.

좋은 수업은 민주적인 수업문화의 틀 아래서 교육 본연의 과제에 기초하여 그리고 성공적인 학습동맹이라는 목표를 가지고 의미의 생성을 지향하면서 모든 학생의 능력의 지속적인 발전에 기여하는 수업이다.[24]

수업문화의 민주화, 민주적인 수업문화에 최근 배움의 공동체 수업이 미친 영향은 주목할 만하다. 우리나라에서 어떤 수업활동의 모델이 학교 현장에서부터 뿌리를 내려가는 경우는 흔치 않은데, '배움의 공동체'[25]는 일부 교육청이 정책적으로 장려하는 가운데 영향력을 키워갔다. 배움의 공동체는 협력 학습의 철학을 기반으로 한다. 배움의 공동체라는 아이디어와 기왕의 역사수업에서 추구해온 극화 학습, 토의나 논쟁 학습, 역사신문을 비롯한 각종 제작 학습 등의 학습활동을 접목할 수 있다.

역사교사들이 학생 활동과 배움의 공동체를 접목하려는 목적은 다양하다. 중학교 역사수업에서 배움의 공동체를 적용했던 한 사례에서 교사가 밝힌 동기는 일차적으로 수업에 대한 학생들의 관심을 환기시키는 데 있었다.[26] "아무것도 하지 않으려는 아이들, 동영상에 대한 관심도 점점 멀어져가는 아이들, 하루 종일 잠만 자는 아이들, 심지어 수업 시작종이 울리면 수업을 준비하는 것이 아니라 그때서야 쉬는 시간에 해야 할 일들을 하는 학생들이 너무나도 많았다"는 것이었다.

24_ 힐베르트 마이어, 손승남·정창호 옮김, 《좋은 수업이란 무엇인가》, 삼우반, 2011, 8쪽.

25_ '배움의 공동체'의 창시자라 할 사토 마나부(佐藤學)는 "공부의 시대는 가고 배움의 시대가 왔다"라고 말한다. 한국에서 배움의 공동체 운동은 교실과 학교의 변화를 추구하는 많은 학교에서 소개되어 중요한 영향력을 발휘하고 있다. 경기도의 도시형 대안학교인 이우학교에서 중등교육 개혁에 중요한 모델로 배움의 공동체를 선택하여 성과를 내자, 경기도교육청은 이우학교의 사례를 혁신학교 운동과 결합시켜 공식적으로 확산시켰다(이혁규, 앞의 책, 148·249~250쪽).

26_ 조현옥, 〈배움의 공동체를 활용한 1년 동안 수업 돌아보기〉, 《역사교육》 107, 2014, 109~116쪽.

또 다른 교사는 배움의 공동체에서 아이디어를 가져와 학교 도서관 책 읽기와 역사수업을 긴밀하게 연결하면서 참여를 유도했다. "생각하는 역사, 비판하는 역사, 느끼는 역사, 참여하는 역사"를 수업의 지향점으로 삼고, 학습지나 활동책 안에 기본적인 자료와 생각할 문제, 읽을거리, 활동 등을 종합하여 넣고, 개인이 스스로, 또는 친구나 모둠과 협력하여 공부해나가도록 했다.[27] 배움의 공동체에 기반을 둔 한 모둠 프로젝트 학습 사례에서는 역사 탐구로 시작해서 현실 문제에 대한 참여까지 이어졌다. 담당 교사가 생각한 프로젝트 학습은 하나의 토픽이나 주제에 대해 학습자가 스스로 학습내용을 계획하고 정보를 수집하고 과제를 수행하면서 배우는 것이었다. 마지막 단계에서는 배운 것을 자기 삶에 녹여내는 모습을 강조했다. 일본군 '위안부' 문제의 해결을 위한 캠페인 활동 참여는 그런 사례이며, 역사수업은 아니지만 밀양 송전탑 문제를 교내에 알리는 활동 사례도 이와 성격을 같이한다. 학생들이 스스로 학습내용을 선정하고 조사하여 다른 아이들에게 가르쳐주고, 실천 과제를 부여하여 현재의 삶과 연결시키는 참여 활동을 전개하는 과정에는 모둠 탐구와 글쓰기, 발표가 포함되었다.[28] 친구와 함께 활동함으로써 재미를 느끼게 하고 모둠과 협력함으로써 '일과 사람'을 만나 활동적으로 배울 뿐만 아니라, 나아가 역사 탐구부터 현실 참여로 이어지는 학습을 계획하게 하는 것이다.

학생 활동을 통해 역사수업에 대한 흥미와 역사의식의 형성을 추구했던 문제의식이 배움의 공동체 수업에서도 유지되고 있음을 볼 수 있다. 학생들을 가르치거나 깨우쳐야 할 계몽의 대상으로 보기보다는 자신의

27_ 홍성진, 〈지혜의 나눔: 책과 함께 하는 역사수업〉, 《역사교육》 107, 2014, 109~116쪽.
28_ 오도화, 〈서로 배우고 함께 나누는 프로젝트 수업〉, 《역사교육》 109, 2015, 129~137쪽.

생각과 판단으로 인생을 설계하고, 스스로 배우며 성장하는 삶의 주체로 본다는 점에서도 그렇다. 차이가 있다면, 배움의 공동체는 그러한 주체들 간의 만남을 통한 배움, 공동의 과제 해결 경험을 통한 집단적 지성의 성장을 한층 더 강조한다는 점이다.

여러 해 동안 역사수업에서 배움의 공동체가 성공할 수 있는 조건을 고민해온 한 교사는 배움의 공동체의 핵심은 '학생의 시선으로 수업을 궁리하는 것'임을 확인했다. 역사를 이해하는 것과 학생 활동 사이의 긴장 관계에서 오는 어려움을 말하면서도 학생들이 공동체 안에서 역사와 만나고, 동료와 함께하는 활동이 민주시민을 기르는 역사교육의 문제의식과도 맞닿아 있다고 한 점에 주목할 필요가 있다.

최근 4년간 '학생들의 배움을 촉진하기 위해 교사는 최소한으로 가르치라'는 명제와 '학생들이 뭘 좀 알아야 배움이 생길 것 아닌가'라는 현실 사이에서 갈등하며 지냈다. 수업방식 자체에서 민주주의를 체득하게 하고, 학생 한 명 한 명의 표현을 존중하기 위해서는 제한된 수업시간 동안 교사가 말을 많이 하면 안 된다. (……) 어떻게 수업방식에서도 민주주의를 체현할 수 있을까? (……) 역사는 해석의 학문이므로 학생들이 저마다의 생각을 갖고 판단할 수 있게 도와야 한다. 다양한 생각을 길어 올릴수록 역사수업은 풍성해지고 역동적이 될 것이다. 아울러 함께 생각을 나누고 키우는 협력 학습도 중요하다. 4명이 한 모둠을 이루어 과제를 풀다 보면, 서로의 생각이 모여서 큰 생각으로 발전하기도 하고, 혼자서는 안 떠오르던 괜찮은 아이디어가 불쑥 솟아나기도 한다. (……) 한 단원에 한두 번쯤은 모둠을 이루어 토론과 발표, 역할극 등을 시도하면서 집단지성으로 배움과 점프의 질적인 도약을 노려볼 수 있다. (……) 그리고 한 단원이 끝날 즈음 수행평가나 단원정리의 일환으로 모의재판이나 역사신문, 통합수업 등을 꾀하여 학생들의 사고를 넓히고 키우는 작업을 배치하면 어떨까 싶다.[29]

배움의 공동체에서 강조하는 배움이란 사물이나 사람을 매개로 한 활동을 통해서 의미와 관계를 구성하는 것이다. '사물이나 사람이나 일'과의 만남, 대화를 통한 활동적인 배움, 협동적인 배움을 교실에서 실현하는 일, 즉 타자를 필요로 하지 않는 개인주의적 공부 대신에 개인과 개인이 서로 부딪치며 만나는 협동적 배움을 강조한다. 또한 지식이나 기능을 공유하며 음미하는 배움[30]을 중시한다. 따라서 학생들 간의 연대와 협력, 존중의 문화, 동등한 권리와 의무, 교사의 '가르침'이 아닌 학생들의 '배움'의 과정을 중심에 둔다는 점에서 교사 중심의 교실 내 권력관계를 인정하지 않고 민주적인 교실문화 자체를 배움의 과정으로 본다. 배움의 공동체와 역사수업의 학생 활동을 결합하려는 시도, 토론활동을 통해 다원적 민주적 가치의 탐색과 공공활동의 참여로 이끄는 수업 사례는 기본적으로 지식이 사람들 사이의 상호 교섭을 통해 구성되는 것이라고 보는 사회적 구성주의나 상황 인지 이론과 맥락을 같이한다.

배움의 공동체 역사수업을 통해서도 학생들의 흥미와 역사의식의 진작을 추구할 수 있다. 유의할 점은 그러한 성장이 이뤄지는 과정에서 각 주체 간의 소통과 만남이 핵심이 된다는 것이다. 즉 민주시민으로서의 성장을 개인적 과업을 넘어 공동체의 집단적 지성으로 달성되는 과업으로 생각하며, 역사이해를 개인의 지적 과정을 넘어 학습 주체 간에 공유된 지적 과정, 즉 공동의 숙의과정으로 접근한다.

29_ 위의 글, 157~160쪽.
30_ 사토 마나부, 손우정 옮김, 《배움으로부터 도주하는 아이들》, 북코리아, 2003, 66~68쪽.

4. 참여민주주의를 위한 비판적 사고와 숙의

재발견된 토론활동 및 배움의 공동체와 접목된 역사수업의 학생 활동이 학교 현장의 실천적 접근을 통한 민주시민을 기르는 교수학습론을 추구하는 것이라면 민주주의 이론과 역사적 사고의 성격을 연계하여 학생활동의 원리를 모색하려는 연구도 제출된 바 있다.

김한종은 역사교육이 다원적 관점과 평화·인권·통일 등의 사회문제에 적극적으로 관심을 가져야 하며, 시민적 관점에서 역사적 사실을 해석해야 한다고 하면서, 그러기 위해서는 역사교육이 비판적 사고의 경험을 제공하는 방향으로 바뀌어야 한다고 주장했다.[31] 우리 사회의 민주주의가 처한 과제를 참여민주주의로 보고, 역사수업의 비판적 사고를 참여적 민주시민을 양성하는 원리로 제안했다. 비판적 사고의 육성이 참여민주주의를 위한 역사교육의 중요한 과제라는 것이다.[32]

참여민주주의란 시민이 정치과정에 직접 참여하여 정부의 정책 결정 과정에 영향을 미치고 그 집행까지 감시하는 민주주의다. 역사교육의 가치는 인간에게 비판적 사고의 기회를 제공하는 데 있으며 역사학습이 지향해야 할 핵심적 사고는 '비판'이라고 하면서, 우리 사회가 현실적으로 추구하고 발전시켜야 할 참여민주주의에 필요한 사고방식도 비판적 사고라고 말한다.[33] 그에 따르면 참여민주주의에서 '비판'은 사고방식에 머물지 않고, 시민의 행동을 추동하는 사회변혁의 수단이 된다. 참여민주주의 발전을 위한 시민의 역량과 덕성에는 사회 현실에 대한 비판적인

31_ 김한종, 앞의 책, 361쪽.

32_ 위의 책, 380~391쪽.

33_ 위의 책, 381쪽.

사고와 인식을 넘어 참여하고 행동하려는 경향과 실천까지 포함된 것으로 볼 수 있다.

그런데 비판적 사고는 특정 영역이 아닌 인문학이나 사회과학의 여러 학문 영역에서 연구나 교육의 원리로 거론되면서도 명확한 개념 규정 없이 사용되는 경우가 많아서 단일하게 정의할 수 없다. 《교육심리학 용어사전》은 비판적 사고를 다음과 같이 광범하게 정의한다.

> 비판적 사고 기능으로는 사실과 의견 구별하기, 타당하고 충분한 근거를 들어 의견을 주장하거나 평가하기, 다양한 정보원의 신뢰성을 비교, 분석하고 보다 신뢰로운 정보를 선택하기, 한 문제를 다양한 관점으로 조망하기, 주장이나 진술에 게재된 편견 탐지하기, 특정 진술에 숨겨진 의미와 가정을 확인하기, 문제의 본질에 적합한 평가의 준거 사용하기 등이 있다. 비판적 사고성향들로는 건전한 회의성, 지적 정직, 객관성, 체계성, 철저성과 같은 것들이 있다.[34]

역사학자에 따라서는 위의 일반적 정의를 받아들이고, 역사교육이 그러한 비판적 사고의 고양에 기여할 수 있다고 보기도 하지만, "역사지식을 만들어내는 역사학자들의 태도를 체험한다"라는 의미로도 사용한다. 보통 사람들이 일상 속에서 행하는 비판적 사고와 구분하여 사료를 다루고 탐구하는 역사 연구의 전문적 사고로 보는 것이다. 그렇다고 해서 두 가지가 서로 대립하는 것은 아니며 비판적 사고의 개념을 폭넓게 사용한다고 해서 역사 연구 과정, 특히 사료 인식 과정에 비판적 사고가 필요함

34_ 한국교육학회, 《교육심리학 용어사전》, 학지사, 2000.

을 부정하는 것도 아니다. 이에 두 가지 입장을 종합하여 역사에 대한 비판적 사고를 "사료를 편견이나 감정에 사로잡히지 않고 분석·평가·분류하는 사고 과정으로서 증거에 비추어 사태를 비교·검토하고 인과관계를 명백히 하여 여기서 얻어진 판단에 따라 역사를 쓰는 과정"[35]이라고 정의하기도 한다.

김한종은 학생들이 역사학습에서 역사적 사건을 구성하는 역사적 행위에 대한 비판적 인식과 사료를 비롯한 텍스트를 비판적으로 인식함으로써 비판적 사고를 내면화하게 된다고 말한다. 그럼으로써 학생들은 민주사회에 효과적으로 참여할 수 있는 준비를 하게 된다는 것이다.[36] 이러한 비판적 인식과 사고는 역사적 사고의 본질과 달라 보이지 않는다. 일반적으로 역사적 사고는 "역사적 질문을 던지고, 그러한 질문에 대답하기 위해 가설을 세우고 여러 종류와 층위의 자료를 찾아 읽으면서, 자료들 사이의 관계를 비교·분석하고 가설을 수정하거나 입증하여 역사적 사실을 정립하는 과정, 또는 이미 정립된 역사적 사실을 검토하는 과정, 그리고 그러한 사실들을 엮어 역사적 맥락이나 역사적 패턴을 구성하는 역사의 총체적인 과정"[37]이라 할 수 있다.

참여민주주의와 비판적 사고의 관계를 논의하는 데 주목할 점은 비판적 사고의 특성을 숙의(熟議, deliberation)로 본 것이다. 많은 역사적 사실은 역사가들의 숙의의 산물이므로 역사적 사실을 다루는 것이 학생들에게 숙의의 경험을 제공할 수 있다고 말한다.[38] 역사 탐구가 비판적 사고를 기반으로 하는 숙의라면, 역사적 사고를 내면화하는 것은 민주시민의

35_ 강선주, 앞의 책, 97~98쪽.
36_ 김한종, 앞의 책, 381쪽.
37_ 강선주, 앞의 책, 107쪽.
38_ 김한종, 앞의 책, 382쪽.

자질을 갖추는 것이라고 할 수 있다. 여기서 숙의는 역사수업의 학생 활동에서 개인의 비판적 사고와 주체들이 공유하는 지적 과정을 연결하는 고리가 될 수 있다. 숙의는 학생 개인이 스스로 깊이 생각한다는 의미와 공동의 논의 과정에서 다른 사람을 동등하게 존중하고 자신과 다른 견해를 개방적으로 검토한다는 의미를 함께 가지고 있다. 역사 연구가 숙의 과정을 거치는 것이라면, 역사수업에서 숙의는 역사 연구를 경험하는 것이다. 학생들은 활용 가능한 역사지식과 정보를 꼼꼼히 검토하면서 친구들과 머리를 맞대고 과제를 탐구한다. 그 결과 나온 결론을 공유하고 자기 나름으로 정리함으로써 더 나은 역사인식의 단계로 나아가게 된다.

이는 배움의 공동체에서 추구하는 '타자와의 만남을 통한 배움'과 일맥상통한다. 상호 존중의 분위기 속에서 전개되는 학생들 간의 소통과 대화가 역사수업의 중심이자 주요 학습의 과정이 된다. 무엇보다도 자기 생각을 당당히 표현하고, 서로의 말과 주장에 귀를 기울이고, 차이를 존중하는 가운데 해결 방안을 찾아 숙의하고 타협하는 경험을 통해 민주시민의 덕성과 역량을 갖추게 된다고 기대할 수 있다.[39] 이 과정에서 학생들은 역사해석의 쟁점을 깊이 있고 체계적으로 검토하는 경험을 하게 된다.

IV. 민주적 가치를 살리는 역사교육을 기대하며

역사교육의 지향을 민주주의 발전, 민주시민의 양성에 두려는 최근의

39_ 키쓰 바튼·린다 렙스틱, 김진아 옮김, 《역사는 왜 가르쳐야 하는가》, 역사비평사, 2017.

움직임은 학생 활동을 중심으로 한 기존의 역사과 교수학습론의 전환을 예고한다. 학생의 흥미를 진작하고 주체적인 역사의식 형성을 추구하는 데서 나아가 공감과 연대, 다원성 등의 민주적 가치를 다루려는 시도가 이루어지고 있다. 다른 사람과의 소통과 만남을 통한 공동의 지적 탐구와 비판적 사고를 경험할 수 있는 역사수업도 활발하게 모색되고 있다. 역사교육의 이러한 움직임은 학생을 삶의 주체이자 역사지식 생산을 위한 탐구의 주체로 파악하며 개인의 역사의식 형성에 주목하던 기존의 역사교육론에 민주적 공동체 속의 역사수업과 학생 활동이라는 개념을 더해갈 것으로 생각된다.

민주시민을 기르는 교육은 고도의 윤리성을 의식하면서 보편적 가치 문제를 제대로 다뤄야 한다. 동시에 교복 입은 시민인 학생들이 제각각, 그리고 민주적 공동체 안에서 자신의 삶을 정의와 윤리의 관점에서 성찰할 수 있도록 도와야 한다.

역사교육이 우리 사회의 민주주의를 발전시키는 데 실질적으로 기여하고자 한다면, 인권이나 평화, 공존과 배려, 환경과 생태 등 민주적 보편 가치를 학습내용 구성의 주요 준거로 삼을 수 있어야 하고, 그런 가치가 살아 있는 역사수업 문화를 조성해나가야 한다. 그러는 가운데 학생 활동 중심의 역사수업은 민주적인 교실 문화 속에서 빛을 발하는 동시에 그러한 문화를 더욱 성숙시키는 데 기여할 수 있으리라 기대한다.

참고문헌

강영희, 〈역사수업에서 거꾸로 교실: 거꾸로 교실 특집 인터뷰〉, 《역사교육》 109, 2015.

고진아, 〈동아시아 평화를 모색하는 수업실천: '우리들의 전후 70년 담화' 수업을 중심으로〉, 《역사교육》 112, 2016.

교육부·서울특별시교육청, 《더불어 배우고 함께 가르치는 역사수업》(역사교육 우수 수업사례발표회자료집), 2016.

김민수, 〈토론수업을 통해 열어가는 새로운 역사교육〉, 전국역사교사모임·역사교육연구소·한국역사교육학회, 《국정교과서를 넘어 미래의 역사교육을 말하다》(공동학술대회자료집), 2017.

김육훈, 〈국정화 논란을 넘어 대화와 토론이 있는 수업으로〉, 《역사와 교육》 14, 2016.

김한종, 《민주사회와 시민을 위한 역사교육》, 서울대학교출판문화원, 2017.

마사 누스바움, 우석영 옮김, 《공부를 넘어 교육으로》, 궁리, 2011.

박순화, 〈역사와 거꾸로 수업의 만남 1: 시작의 계기, 운영 방안, 남는 고민들〉, 《역사교육》 116, 2017.

사토 마나부, 손우정 옮김, 《배움으로부터 도주하는 아이들》, 북코리아, 2003.

서울특별시교육연구정보원, 《보이텔스바흐 합의를 통한 민주시민 교육정책방안 연구》(위탁연구과제 최종보고서), 2016.

손승남, 《학습자 중심의 대안적 교수법》, 내일을여는책, 2004.

심성보 외, 《보이텔스바흐 합의와 민주시민 교육》, 북멘토, 2018.

오도화, 〈서로 배우고 함께 나누는 프로젝트 수업〉, 《역사교육》 109, 2015.

우치다 타츠루, 김경옥 옮김, 《하류지향: 배움을 혐정하는 아이들 일에서 도피하는 청년들 성장거부 세대에 대한 사회학적 통찰》, 민들레, 2011.

윤종배, 〈학생의 시선으로 수업 궁리하기〉, 《역사교육》 106, 2014.

이근화, 〈나의 수업과 수행평가 이야기 그리고 교과문집 2〉, 《역사교육》 116, 2016.

이동욱·이해영, 〈민주주의 관점으로 구성한 역사수업〉, 《역사와 교육》 11, 2015.

이민경, 《거꾸로 교실, 잠자는 아이들을 깨우는 수업의 비밀》, 살림터, 2015.

이성훈, 〈전쟁터로 내몰린 한국과 일본의 민중들〉, 《역사교육》 99, 2012.

이해영, 〈역사수업에 대한 학생들의 흥미연구〉, 《역사교육》 127, 2013.

이혁규, 《수업》, 교육공동체벗, 2013.

_____, 《한국의 교육생태계》, 교육공동체벗, 2015.

장은주, 《시민교육이 희망이다》, 피어나, 2017.

전국역사교사모임, 《우리 아이들에게 역사를 어떻게 가르칠 것인가》, 휴머니스트, 2002.

정연두, 〈우리 안의 차별 깨기: 관동대지진과 만보산사건 이후의 학살〉, 《역사교육》 112, 2016.

정태윤, 〈역사를 별로 좋아하지 않는 학생들과 토론수업을 할 수 있을까?〉, 《역사교육》 116, 2017.

조나단 버그만·아론 샘즈, 정찬필·임성희 옮김, 《거꾸로 교실: 진짜 배움으로 가는 길》, 에듀니티, 2015.

한국교육학회, 《교육심리학 용어사전》, 학지사, 2000.

홍성진, 〈지혜의 나눔: 책과 함께 하는 역사수업〉, 《역사교육》 107, 2014.

힐베르트 마이어, 손승남·정창호 옮김, 《좋은 수업이란 무엇인가》, 삼우반, 2011.

2장

인권의 관점으로 접근하는
초등학교 3·1운동 수업

나미란

I. 인권 관점의 3·1운동 학습 가능성

　근래 세계화·다문화사회로의 흐름에서 지구적 시민성이 강조되고 있다. 이런 지구적 시민성을 형성하는 데 구심점이 되는 공공선 중 하나가 인권이다. 인권의 주요 내용은 인간의 존엄성에 기초한 자유와 평등이며, 오늘날 사회에서 지속적으로 다루어야 할 소수자 인권. 차별 철폐와 같은 사회문제와 연결되는 주제이기 때문에 학교 교육에서 인권을 다루어야 한다는 목소리가 커지고 있다. 이에 역사교육에서도 보편적인 인류애를 이해시키고 자신과 타인의 권리와 이익을 보호하고 사회적 약자를 배려하는 시민을 육성하는 데 기여할 인권교육을 실현하고자 하는 시도들이 있었다. 초등학교 사회과 교육과정에서도 인권의 중요성을 인식하고 주요 학습주제로 선정해왔으며, 2015개정 교육과정에서는 인권 신장을 위해 노력했던 옛사람들의 활동을 탐구하는 것을 추가했다.[1] 국가 교육과정의 이런 내용 요소는 현재주의적 입장에서 인권과 역사적 사실을 이해하게 할 우려도 있지만 학생들에게 한국사에서 인권 친화적 모습을 발견하게 하려는 의도로 설정된 주제다.

오랫동안 3·1운동은 일본제국주의의 식민지배에 저항하는 당위성에서 성립한 지배-저항의 틀과 민족주의 관점으로 다루어져 왔다. 학교 역사교육, 특히 초등학교 수업에서 3·1운동은 민족운동에 한정되었으며 학생들의 인식도 거기에 머물러 있다. 학생들이 3·1운동을 민족운동으로만 볼 경우 일제의 식민 통치와 그에 대한 저항에만 초점을 맞추게 된다. 근래에는 3·1운동을 다양한 관점에서 보려는 연구들이 있다.[2] 그중 하나가 인권의 관점으로 3·1운동을 다룬 것으로, 일본제국주의 이전부터 존재해왔던 자연권에 의해 인간의 존엄성을 확보하려는 움직임이다. 3·1운동을 이런 관점으로 접근하는 것은 민족운동으로 보는 것보다 더 근원적이고 본질적인 성격을 찾는 작업이라고 할 수 있다.

지금까지의 역사교육 연구에서는 인권을 강조했지만 구체적인 수업 사례를 제시하는 경우가 드물었다. 이 글은 인권 관점에서 3·1운동을 이해하는 수업 사례를 통해 역사수업에서 시민교육의 가능성을 열어보고자 한다. 3·1운동의 의미를 일본제국주의에 저항한 민족운동의 대표적 사례라는 차원을 넘어서 보편적 인권운동으로 확대하고자 하는 것이다. 또한 역사에서 인권의 개념은 변화하는 것이라는 생각을 학생들에게 가지게 하려는 것이다. 역사에서 인권의 개념과 범주는 고정적이지 않으며, 시대적·공간적·사회적 조건 속에서 역동적으로 변화되고 확장된다. 따라서 이 연구는 가변적인 인권의 관점에서 초등학생을 대상으로 3·1

---

1 교육부고시 제2015-74호 〈2015 초·중등교육과정〉 '사회과' 성취기준.
2 장인성, 〈3·1운동의 정치사상에 나타난 정의와 평화〉, 《대동문화연구》 67, 2009; 이만열, 〈3·1운동의 종교사적·정치사적 의의〉, 《기독교사상》 699, 2017.

운동 수업을 구성하고자 한다. 인권의 관점에서 3·1운동을 다루는 것은 초등학생들에게 역사적 사실을 새로운 시각에서 바라보게 할 것이다.

II. 역사교육과 인권교육의 관련성

1. 역사교육과 인권교육의 만남

오늘날 인권은 '인간다운 삶'을 영위하기 위해 반드시 보장되어야 할 보편적인 권리로 이해된다.[3] 인권 개념은 개인을 권력 남용으로부터 보호하고자 하는 생각에서 시작되었다. 모든 인간 사회에는 권력구조가 존재하기 때문에 역사적으로 권력 남용의 사례가 늘 있었다.[4] 인권 개념은 역사적 맥락을 이해할 때만이 인간의 권리와 기본적 자유를 존중하는 힘을 갖게 되고 인간으로서의 인성과 그 존엄성을 충분히 개발할 수 있다. 이런 이유로 미국이나 영국에서 역사교육은 흑인노예의 인권해방운동이나 마그나카르타로부터 시작된 인권의 역사 등을 주요한 주제로 다룬다. 우리나라에서도 역사적 맥락 속에서 인권을 가르쳐야 한다는 주장이 활발히 나오고 있다. 인권을 딱딱한 법조항의 틀에 가두지 않고 삶과 역사 속에서 성찰하고 인권 발달 과정을 이해하도록 세계사 교육에서 인권 내용 요소를 가르치자는 것이다.[5] 구체적으로 중세 농노의 삶을 소재로 한 인권 수업 사례도 있다.[6] 평화교육의 관점에서 인권은 반평화, 반인권

3_ 이봉철, 《현대인권사상》, 아카넷, 2001.

4_ 정정훈, 《인권과 인권들》, 그린비, 2014, 224쪽.

5_ 김육훈, 〈민주주의·인권 그리고 세계사 교육〉, 《역사와 교육》 6, 2012, 69~86쪽.

6_ 황현정, 〈가치를 다루는 역사수업의 실제와 가능성〉, 《역사교육연구》 24, 2016, 213~254쪽.

에 맞선다는 점에서 중요한 수업 소재로 활용되기도 한다.[7] 1970년대 여성 노동자의 삶과 노동운동을 평화의 관점에서 접근하면서 인권 문제를 주요 내용으로 다루는 현대사 수업 사례가 이에 해당한다.[8]

이처럼 역사교육과 인권교육의 만남은 역사적 맥락에서 인권교육에 접근한다는 점에서 학생들에게 인권 개념을 내면화할 수 있고, 인권의 역사적 의미도 살펴보게 한다. 인권의 개념이 확립되고 사회에서 인권이 보장되는 과정의 역사적 배경을 이해하면 인권에 대한 지식과 인권 범주의 변화를 알 수 있다. 또 인권의 관점에서 역사적 사실을 바라보면 역사적 주체들의 입장과 목소리에 귀 기울이게 된다. 인권과 함께한 과거 사람들의 이야기에서 학생들은 인간의 기본적 권리인 인권에 대한 보편적인 열망을 인식하게 된다. 또 당시 사람들의 개인적이고 일상적인 경험에 관심을 가지고 과거 사람의 방식대로 사고하고 새로운 관점에서 역사 해석을 경험할 수도 있다.

2. 역사교육과 인권교육의 연계 방식

역사교육을 통한 시민교육을 모색할 때 문제가 되는 것은 현재의 관점에서 역사적 사실을 바라봄으로써 그 본질을 왜곡하거나 역사교육을 시민교육의 도구로 전락시킬 수 있다는 우려다. 인권 관점에 의한 역사수업도 인권 개념이 서구에서 유래했으며 한국에서는 1960년대 이후에 대중의 인식 속에 자리를 잡았다고 보기 때문에 그런 비판에서 자유롭

7_ 김남철, 〈역사교육에서의 평화교육의 모색〉, 《역사교육연구》 2, 2005, 139~176쪽.
8_ 김효진, 〈'적극적 평화'의 관점에서 본 1970년대 여성노동자 생활사 학습〉, 한국교원대학교 석사학위 논문, 2010.

지 못하다. 이러한 문제의 해결 실마리를 영국의 사례에서 찾아보고자
한다.

영국에서는 시민교육이 필요하다는 목소리가 높아지면서 각 교과에
시민교육 내용을 넣으려는 움직임이 커졌다. 이는 시민교육과 각 교과들
간의 갈등을 불러일으켰다. 이에 일부 역사교육학자들은 '역사'과목과
'시민성(citizenship)' 과목의 관계를 세 가지 유형으로 설정하여 갈등을
해결하고자 했다. 역사적 사실의 특성을 기반으로 하여 역사과목의 본질
적 성격을 유지하면서 시민교육을 해야 한다고 생각한 이들의 주장은 민
주시민을 기르는 역사교육에 시사점을 제공해준다. '역사'와 '시민성' 과
목의 관계를 바라보는 세 가지 유형을 정리하면 〈표 1〉과 같다.

〈표 1〉 '역사'와 '시민성' 과목의 관계

유형	특징	장점	단점
역사를 시민성의 보고로 보는 유형	• 역사를 인간 경험의 총체로 다루기 때문에 시민성과 관련이 있다고 봄. • 역사교육의 내용이나 목적에 상충되지 않을 때 이 유형은 타당함.	이미 잘하고 있기 때문에 보통 때처럼 하던 대로 하면 됨.	역사를 위한 새로운 사례가 만들어지지 않음. 역사과목의 지위는 계속 쇠퇴함.
역사를 시민성의 전달자로 보는 유형	• 시민성 과목의 목표와 학습결과에 부합하도록 모든 역사수업이나 일부 역사수업과 학습단원을 설계함. • 역사학습 내용의 일부나 전체가 시민성에 대한 문제나 가르칠 지점을 제기하거나 사례를 제공해줄 수 있을 때 선정됨.	시민성 과목의 교수방식보다는 아마도 효과적일 것임.	적어도 당분간은 역사가 모든 것을 모아놓은 과목으로 전락해 보일 수 있음.
역사가 시민성을 보완한다고 보는 유형	• 역사교육은 인간생활에서 어떤 일들이 왜, 어떻게 일어났는지에 대한 이해를 증진시켜 그 결과 하향식 접근으로 시민성을 널리 받아들이게 함. 예컨대 시민성 교수요목과 국가 교육과정 성취목표가 유의미하고 관련성을 가지도록 하는 개념적 맥락을 수립함.	전통적 가치에서나 최근의 관점에서나 모두 좋음.	시민성의 육성을 보완하는 데 적합하도록 역사교육 목표를 설정하는 것이 어려움.

역사를 시민성의 보고(寶庫)로 보는 유형은 역사적 사실이 인간 경험의 총체이므로 역사교육은 시민성 교육의 풍부한 소재를 제공해준다는 관점을 가지고 있다. 따라서 내용이 역사적 사실에 맞지 않거나 목적이 상충되지 않는다면, 역사교육에서 시민성 교육이 가능하다고 생각한다. 이런 관점에서 평소대로 역사수업을 하더라도 시민교육이 가능하기 때문에, 역사교육의 본질을 훼손할 위험이 거의 없다. 그러나 영국의 경우 역사과목의 지위, 역사교사의 배정 수, 시간 배당의 축소가 진행 중이기 때문에 역사과목이 쇠퇴하는 상황을 수용하는 것과 같다.

역사를 시민성의 전달자로 보는 유형은 시민성 과목의 목표와 학습결과에 부합하도록 모든 역사수업이나 일부 역사수업과 학습단원을 설계한다. 역사학습 내용의 일부나 전체가 시민성에 대한 문제를 제기하거나 사례를 제공한다. 예를 들어 불평등과 차별, 사회정의, 인권과 같은 시민적 가치를 가르치기 위해 역사수업에서 아프리카-아메리칸 민권운동을 사례로 제시하는 것이다. 이 유형은 역사교육의 본질을 훼손할 수 있다. 교사가 시민적 가치와 역사수업의 목적을 동시에 달성하려고 노력하더라도 어떤 학생들은 시민적 가치가 특정한 시간과 공간에서만 적용된다고 생각할 수 있기 때문이다. 또 학생들이 현재의 관점에서 과거를 이해하게 하고, 다양한 관점과 아이디어, 신념과 정체성을 모두 허용하게 함으로써 공동체의 결속력을 위협할 수 있다.

역사가 시민성을 보완한다고 보는 유형은 역사교육이 인간생활에서 어떤 일들이 어떻게, 왜 일어났는지에 대한 이해를 증진시켜 그 결과 하향식 접근방식(일반적인 것에서 구체적인 것으로 가는 접근방식)으로 시민성을 널리 받아들이게 한다고 본다. 역사의 성격 때문에 역사적 사실을 그대로 가르치면 시민성을 보완할 수 있다는 생각이다. 이런 관점에서는 역사적 사실에 대한 합리적·비판적 사고를 통해 학생들의 역사의식을 길러줄 수 있다고 생각한다. 과거와 현재는 서로 관련되어 있고 현재가 과거의 한 단면임을 이해하고 아직 결정된 것은 아니지만 미래의 가능성도 예측할 수 있다. 이 유형은 민주사회로 이행하는 과정이 곧 시민성 교육의 내용이라고 생각한다. 시민적 가치가 고정되지 않고 시대에 따라 변화하며 때로는 민주적 제도가 약점을 지닐 수 있다고 이해한다. 따라서 역사적 사건이 왜, 어떻게 일어났으며, 이 사건으로 인해 시민성은 어떻게 변화했는지 검토할 수 있다. 그리고 학생들은 안전한 국가, 의료보험, 복지 등이 항상 제공되어온 것이 아니라 능동적 시민들의 참여로 획득된 것임을 이해하게 된다.[9]

인권은 시민적 가치의 하나이므로, 역사교육과 시민교육을 연결시키는 위와 같은 유형의 방식들은 역사교육에서 인권 문제에 접근할 때도 적용할 수 있다. 따라서 위의 논의를 바탕으로 이 연구에서도 역사가 시민성 과목을 보완한다고 보는 세 번째 유형을 토대로 역사교육에서 인권교육의 접근방법을 모색하고자 한다. 인권과 같은 시민적 가치를 가르치는 역사수업에서도 적절한 역사적 증거를 토대로 역사적 사실을 합리적으로 추론하고 비판적으로 탐구하는 과정을 거쳐야 한다. 그런 다음 탐구한 내용에 역사적 의미를 부여하는 해석을 한다. 이렇게 밝힌 역사적 사실을 시민적 가치관으로 판단하고 평가하는 것이다.

이 접근방식은 역사적 사례를 시민적 가치를 가르치기 위해 필요로 하는 "역사와 시민성 과목 관계"의 두 번째 유형과는 다르다. 시민적 가치를 가르치기 위한 사례가 아닌, 새로운 역사적 의미를 창조하는 것이

9_ P. Lee and D. Shemilt, "New alchemy or fatal attraction? History and Citizenship", *Teaching History*, vol. 129, 2007, 14~19쪽.

다. 그동안 역사수업에서 다루어지지 않았던 시민적 가치관을 인식의 틀로 세우고 수업에서 놓치고 있던 새로운 역사 내용을 찾아 새롭게 의미를 부여하기 때문이다. 학생들은 시민적 관점으로 세상을 바라볼 수 있다. 즉 현재 자신의 삶이 과거의 사건들과 연관되어 있으며, 현재와 유사한 과거의 경험을 통해 현재를 판단하고 미래를 전망할 수 있다. 이때 시민적 가치는 역사적 맥락 속에서 고려되어야 한다. 과거에 통용되는 가치에 입각한 해석과 현재 민주사회의 가치에 따른 해석을 비교함으로써 현재주의적 시각에서 벗어날 수 있으며, 가치를 상대화하는 것도 경계할 수 있다. 또 역사가 변화와 지속성을 다루는 것처럼 시민적 가치도 시간과 상황에 따라 변화하기 때문에 시민성을 시민들의 문제 해결 과정이나 역사적 발달 과정으로 접근할 수 있다. 시민적 가치의 맥락성과 가변성을 고려하면 '역사와 시민성 관계'의 두 번째 유형과 같이 역사의 본질을 훼손할 위험에서 벗어날 수 있다. 이처럼 역사수업에서 역사적 사실을 인권의 관점에서 다룰 때도 인권 개념의 변화에 맞춰 역사를 해석함으로써 역사적 행위의 원인과 결과를 비판적으로 평가할 수 있다. 과거 사람들이 문제해결에 자발적으로 참여하고 노력하여 인권을 획득했음을 이해함으로써 역사를 현재 문제와 연결하여 사회 참여의지를 높일 수 있다. 그러기 위해서는 문제 상황을 극복하기 위해 사람들이 어떤 선택을 하고 행동했는지를 탐구하도록 할 필요가 있다.

한편 인권은 본질적으로 권력의 문제다. 역사적으로 볼 때 인권투쟁은 그 시대의 지배권력에 맞선 저항 담론으로 출현했다. 그런데 대항권력도 일종의 권력이므로 기존 권력에 도전하면서도 다른 한편으로 기존 권력을 유지시키는 속성이 있다. 따라서 인권 문제는 특정 이념이나 체제가 아닌 모든 형태의 권력이라는 렌즈를 통해서 볼 때 일관되게 해석할 수 있는 시각을 갖게 된다.[10] 그리고 인권교육을 위해서는 인권 개념과 함께 인간의 역사 속에서 사회적 약자들의 권리를 찾는 과정과 약자를 억압하는 권력의 문제를 함께 다루어야 한다. 역사수업에서도 인권 개념을 정의하거나 인권의 속성을 강조하는 방식보다는 권력을 둘러싼 갈등과 갈등을 해결하는 과정에서 인권이 어떻게 형성되고 변화했는지 학습하는 편이 적절하다. 이렇게 할 때 역사교육은 시민성 교육을 적절히 보완할수 있다. 또한 역사교육에서 과거 사람들의 인권의식이 어떻게 자리 잡아갔는지 알기 위해서는 인권운동이라는 프레임을 적극 사용할 수 있다. 한국사에서 인권운동은 1960년대 독재정권의 인권탄압에 대항하는 시민사회의 관점으로 다루어졌다.[11] 일제 식민지 경험 이후 일본의 법체계를 수용하는 과정에서 인권 개념이 등장했다고 보고 이 시기 인권을 어떻게 다루었는지 주목해야 한다는 입장도 있다.[12]

한편 인권운동은 구조적 차원뿐 아니라 개별적 차원에서도 문제 해결을 추구할 수 있다. 인권운동의 관점으로 3·1운동을 구성하는 것은 식민지 시대의 인권 문제를 확인하는 것뿐만 아니라 누가 어떤 방식과 방법으로 3·1운동 과정의 인권 문제를 해결하고자 했는가를 살펴본다는 점에서 의미가 있다.

3. 인권운동으로서 3·1운동

3·1운동을 인권의 관점에서 규명할 때 인권 개념의 다차원성을 고려

10_ 조효제, 《인권의 문법》, 후마니타스, 2007, 35~36쪽.
11_ 한국사회학회 엮음, 《세계화시대의 인권과 사회운동》, 나남출판, 1998.
12_ 이정은, 〈한국에서의 인권 개념 형성과정〉, 서울대학교 석사학위 논문, 2004, 122쪽.

할 필요가 있다. 인권은 고정되고 정체된 관념이 아니라 시대와 사회에 따라 달리 적용되고 실행되는 개념이며, 사회 변화와 더불어 내용과 인식의 지평이 바뀌어가는 실체다.[13] 이런 이유로 인권운동은 명확한 개념 정리가 되지 않은 채, 인권을 보호하려는 노력에 집중되고 있다.

학계의 논의는 인권의 개념 및 인권의 보편성과 특수성 등 인권의 특성을 다루는 것이 다수이지만, 인권운동 진영에서는 실질적인 운동주체와 활동 내용에 관심을 쏟는다. 이정은은 운동주체에 따라서 인권운동을 두 가지로 분류했다. 하나는 사회에서 소외된 약자를 중심으로 개개인의 권리뿐 아니라 집단의 권리를 주장하는 입장이고, 다른 하나는 시민이 주체가 되어 개인의 권리 향상에 주목하는 입장이다. 전자를 '민중론적 인권운동'으로, 후자를 '시민사회적 인권운동'으로 규정했다.[14] 인권운동을 각종 침해로부터 보호하려는 활동으로 규정하고, 한국의 민주화 과정과 연계하여 시간 순서에 따라 잠재적 단계, 소극적 단계, 적극적 참여단계로 구분한 연구도 있다.[15] 한상진은 5·18민주화운동을 분석하면서 인권운동을 소극적 방식과 적극적 방식으로 구분했다. 소극적 방식은 권력에 의한 인권침해 양상 자체에 초점을 맞추는 것이고, 적극적 방식은 인권이 어떻게 강압적으로 침탈되었는지 밝히는 데 중점을 둔다.[16] 유신체

13_ 김중섭, 〈후기 산업사회에서의 인권 실행과 새로운 사회운동〉, 《현상과 인식》 23-3, 1999, 94쪽.

14_ 이정은, 앞의 글, 11~15쪽.

15_ 1948년 8월 15일 이후부터 제2공화국까지를 인권에 대한 자각과 의식이 잠재적 단계에 있다고 보았으며, 5·6쿠데타 이후 제5공화국 시기부터 1987년 6·29선언에 이르는 기간을 인권운동이 구체적으로 표출되는 계기를 마련한 소극적 단계로 보았다. 그리고 1987년 6·29선언 이후 1997년 말 외환위기에 이르는 기간을 시민단체를 중심으로 보다 적극적으로 인권운동이 표출되는 적극적 참여 단계로 보았다. 자세한 내용은 다음의 글 참고. 장동진, 〈한국의 인권단체와 운동〉, 《21세기 정치학회보》 10-2, 2000, 47~48쪽.

16_ 한상진, 〈광주민주화운동에서 본 국민주권과 승인투쟁〉, 《세계화시대의 인권과 사회운

제하의 인권운동을 분석한 연구에서는 인권 관련 제도를 적극적으로 활용하면서 사회적 약자들이 겪었던 억울한 일을 다룬 민간의 인권담론과 개인적 인권보다는 집합적 민권에 가까운 지식인 계층의 인권담론으로 구분하기도 한다.[17]

인권운동을 절대적 권리로서 인권을 향해 무한히 접근해가는 멈출 수 없는 운동으로 이해하기도 한다. 인권이 현실 속에서 구체적인 법률적 형태와 제도적 형태를 취하게 된다고 하더라도 인권에 대한 요구는 끊임없이 이어져야 한다고 본 것이다.[18] 인권운동이 다른 사회운동과 구분되는 특징으로는 인간의 존엄성과 기본적인 권리의 향상을 목적으로 하며, 피해자 중심의 운동이 많고, 장기적인 집회와 시위로 이루어지는 점을 들 수 있다. 또한 국가권력으로부터 상대적으로 자유로운 위치에 있는 종교단체의 참여가 많다.[19]

위의 사례들에서 보듯이 인권과 인권운동의 개념은 한 마디로 정의하기 어려우며, 그 범위가 매우 포괄적이다. 국제 인권기구들조차도 보편적인 인권 기준이 여러 문화적 맥락에서 다양하게 해석되어야 한다고 여긴다.[20] 이처럼 인권 개념의 포괄적 성격 때문에, 인권운동을 변화하는 과정으로 설명하는 것이 오히려 더 적절할 수 있다. 그런 변화의 과정 속에서 인권운동의 복합적이고 총체적인 의미를 발견할 수 있을지도 모르기 때문이다. 인권운동을 주제로 하는 연구들은 공통적으로 인권의식,

---

동〉, 나남출판, 1998.

17_ 손승호, 〈유신체제하 한국기독교 교회협의회의 인권운동에 대한 연구〉, 연세대학교 박사학위 논문, 2014.

18_ 정정훈, 앞의 글, 278쪽.

19_ 이정은, 앞의 글, 41~43쪽.

20_ 크리스토프 맹케·아른트 폴만, 정미라·주정립 옮김, 《인권철학입문》, 21세기북스, 2012, 145쪽.

인권침해 상황, 자발적 참여, 그리고 운동의 영향을 총체적으로 탐색한다. 인권운동은 기본적으로 인권의식을 바탕으로 하고 인권을 되찾으려는 운동이므로 기본적 인권의식이 있었는가, 그리고 인권운동을 기점으로 인권의식이 변화했는가를 검토해야 한다. 또한 인권침해 상황은 겉으로 드러난 문제를 극복해야 하는 문제 상황이다. 인권운동을 평가하는 데는 참여자가 누구이며 어떤 의도로 참여했는지가 중요한 기준이 된다. 인권의 개념과 범주를 고정적으로 보지 않기 때문에 인권운동 이후의 영향까지 살펴볼 필요가 있다.

인권운동으로서 3·1운동 역시 '인권의식, 인권침해 상황, 자발적 참여 그리고 영향'이라는 네 가지 차원에서 의미를 가진다.

첫째, 3·1운동은 보편적 가치인 자유, 인류 평등과 평화의 차원에서 제기된 인권운동이었다. 민족대표 33인이 작성한 〈기미독립선언서〉에는 제국주의라는 부당한 권력의 행사에 맞서 인류평등의 대의로써 독립을 선언하고 있음이 나타나 있다. 〈2·8독립선언서〉에는 "참정권, 집회·결사의 자유, 언론·출판의 자유를 불허하며 심지어 신교의 자유, 기업의 자유까지도 구속하며 행정, 사법경찰 등 제 기관이 조선 민족의 인권을 침해"한 것을 비판한다. 운동의 주도자들은 윌슨 미국 대통령이 주장하는 '민족자결원칙'에 고무되어 있었다. 정통 국제법적 관점에 따르면 자기결정권(right to self determination)은 유럽 제국주의의 통치를 받지 않고, 인종주의적 지배나 외세의 점령을 당하지 않을 권리이며 3세대 인권인 연대권에 속한다.[21] 제국주의 국가들은 현실적으로 민족자결권을 전승국 식민지에 적용하려 하지 않았다. 하지만 3·1운동은 제국주의의 속

21_ 위의 책, 169~171쪽.

성을 가진 전승국의 의도에 개의치 않고 반전을 기하려고 한 것이다. 민족자결원칙의 전제는 어떤 나라나 민족이건 간에 다른 나라나 민족을 지배하는 것은 부당하다는 것이었기 때문에, 일본의 조선 통치가 부당하다는 것을 제국주의자들의 논리로써 폭로한 셈이다.[22] 3·1운동 민족 지도자들은 서구에서 보편적 가치로 인정받던 자유, 평등, 정의, 합리주의, 인도주의, 비폭력 등이 20세기 초 국제사회에서도 주요한 시대정신이 될 것을 기대하면서 평화적으로 독립만세를 선언했다.[23] 이는 일본제국주의에 맞서는 새로운 인권의식의 발아를 의미한다.

둘째, 1910년대는 인간 존엄성이 상실되는 시기였고, 3·1운동은 인권침해 상황을 회복하기 위한 운동이었다. 인간 존엄성의 가장 기본적인 욕구는 생존권의 보장이다. 1910년대 조선 농촌은 일제의 식민통치에 필요한 조세의 징수원이었으며, 일본의 안정적인 식량 공급처였다. 조선 농민은 일제의 식민통치와 근대적 지주—소작관계에 의해 경제적 곤궁에 시달릴 수밖에 없었다. 농업에 필요한 수리시설과 임업 개량을 위한 시설비용까지 부담해야 했으므로, 조선 농민은 더욱 빈곤해졌다.[24] 이런 상황은 공업 분야도 마찬가지였다. 조선인 민족자본은 일본인 자본에 비해 규모가 훨씬 작았으며, 조선인 기업은 경제력이나 기술에서 일본인 기업에 뒤떨어지고 운영 방식도 대부분 전근대적 형태를 벗어나지 못했다. 조선인 노동자들은 노동 착취와 차별을 감당해야 했다.

그동안 초등 역사교육에서는 3·1운동을 수탈과 저항이라는 관점에서 접근해 생존권을 위협받은 조선 민중이 반일감정을 폭발시키면서 적적

22_ 이만열, 〈3·1운동의 종교사적·정치사적 의의〉, 《기독교사상》 699, 2017, 9~10쪽.
23_ 김용직, 〈3·1운동의 정치사상〉, 《동양정치사상사》 4-1, 2005, 53쪽.
24_ 최병택, 〈강제병합 전후 일제의 '농업개량' 방침〉, 《역사와 현실》 78, 2010, 386~415쪽.

극 운동에 참여했음을 강조했다. 하지만 인간은 생존권 보장 이외의 또 다른 차원인 사회적 관계에서 존중을 받기 원한다. 식민지 조선인은 동등한 사회적 존재로 인정받지 못하고 있었다. 일제는 제국주의 침략을 합리화하기 위해 서구 국가들이 만들어낸 문명화 사명론[25]을 차용했다. 일본은 아직까지 전근대 상태인 조선을 도와서 올바른 방향으로 이끌어주거나 교화하고 덕으로 감화시켰으며, 조선은 이를 따랐다는 것이다.[26] 이처럼 미개한 인간으로 취급당한 것은 악셀 호네트(Axel Honneth)[27]가 말한 사회적 존재로서의 기본적 자아정체성을 훼손당한 것이라 볼 수 있다. 특히 1910년대 법이나 제도에서는 '조선인'이라고 차별받고 언어·생각·생활양식에서는 일본인이 되라고 강요받음으로써[28] 식민지 조선인들은 '일본인'도 아니고 '조선인'도 아닌 자기부정과 무시의 경험을 집단화하게 되었다.

　개인의 긍정적 자아실현을 위해서는 개인의 기본적인 요구들, 법적 권

25_ 문명화 사명론은 서구 제국주의 국가들의 침략을 받은 아시아·아프리카 국가들을 야만 또는 비문명으로 규정짓고, 자신들의 침략과 식민지 지배를 '문명화'로 미화하는 것이었다.

26_ 권태억, 〈1910년대 조선총독부의 조선 인식과 통치방식〉, 허동현 외, 《근대 한·일 간의 상호 인식》, 동북아역사재단, 2009, 86쪽.

27_ 악셀 호네트는 상호 인정이라는 상호 주관적 관계에 의해 사회적 투쟁이 발생한다고 보았다. 주체들이 사회에 대해 기대하는 것은 무엇보다 그들의 정체성에 대한 인정이라고 보았다. 주체들은 긍정적인 자아실현을 위해 타자로부터의 다차원적인 인정을 필요로 한다. 하지만 1910년대의 조선인은 사회·정치적 차원에서 자유로운 정서적 욕구의 분출과 법적 권리의 유보와 배제를 경험했고, 이것이 사회적 투쟁을 추진하는 동기가 되었다. 사회적 무시나 모욕은 각 개인의 정서적 욕구나 도덕적 판단능력, 고유한 개성에 대한 부정이기 때문에 당사자는 자신과 긍정적인 관계를 갖기가 어려우며, 자기정체성을 형성하는 데 심각한 장애에 부딪힌다. 호네트는 이러한 인간의 삶의 실현 훼손 행위를 극복하려는 사회적 투쟁을 정당한 것으로 보았으며, 이를 인정투쟁이라 불렀다. 그런 점에서 흑인인권운동을 사회적 배제에 대한 인정투쟁이라고 보았다. 자세한 내용은 다음의 논저를 참고하라. 악셀 호네트, 이현재·문성훈 옮김, 《인정투쟁》, 베스툰코리아, 2011, 16~17쪽.

28_ 김신재, 〈일제강점기 조선총독부의 지배정책과 동화정책〉, 《동국사학》 60, 2016, 205쪽.

리, 공동체에 대한 기여가 사회적으로 정당하게 평가받고 인정받을 필요가 있지만 사회적 존재로서 식민지 조선인들은 많은 제약에 부딪혔다.[29] 조선인에게 일제는 자신들을 억압하는 부당한 권력이었다. 그리고 그 권력을 무너뜨리고 권리와 사회적 가치를 되찾기 위해 능동적으로 참여한 것이 3·1운동이었다. 생존권을 보장받지 못한 민중이나 사회적 존재로서 인정받지 못한 이들은 모두 피해 당사자다. 피해 당사자들이 자신의 인권을 회복하기 위해 3·1운동에 참여한 것이라고 볼 수 있다.

셋째, 3·1운동은 대중이 자발적으로 참여하여 사회 변화를 이끈 인권운동이다. 전통적 조선 사회에서 대중의 정치 참여는 거의 이루어지지 않았다. 식민통치 초기 10년에도 일제의 군사적 지배는 대중의 정치 참여를 완전히 배제했다. 정치 참여권을 박탈당한 상황에서 조선인들은 자신의 문제를 해결하는 데 스스로 뛰어들어야 했다. 투쟁을 주도할 지도부가 존재하기 어려운 상황이었음에도 시위가 전국화·일상화될 수 있었던 것은 누구든 시위를 조직하고 참여하고자 했던 대중의 자발성 덕분이었다.[30] 남녀노소, 빈부귀천, 종교와 직업을 초월한 서로 다른 계층의 사람들은 저마다의 의도와 목적에 따라 스스로 거리에 나올 수 있었다.

운동을 처음 기획한 종교계의 민족대표들은 자유주의 사상을 토대로 독립을 청원하고자 했다. 그렇지만 시위에서 민족대표 대신 선도적 역할을 한 것은 도시민이나 농민 같은 대중이었다. 먼저 근대교육의 혜택을 받은 학생들이 시위 주동세력으로 부상했다. 학생들은 시위를 모의하는 한편, 등교를 거부하는 집단행동, 즉 동맹휴학을 결의했다.[31] 경성으

29_ 김용직, 〈사회운동으로 본 3·1운동〉, 《한국정치학회보》 28-1, 1994, 51~79쪽.
30_ 한국역사연구회 엮음, 《한국근대사 2》, 푸른역사, 2016, 99쪽.

로 유학 오거나 지방 도시에 사는 학생들은 각종 선언서와 유인물, 그리고 시위 경험을 전국적으로 전파하는데 기여했다. 조선총독부는 3·1운동이 확산된 원인을 학생들의 선동 때문이라고 진단했다.[32]

여성들은 남성에 종속된 위치가 아니라 스스로 주체가 되어 만세운동과 독립운동을 전개했다. 이런 사실은 3·1운동의 전개과정에서 생겨난 비밀결사의 활동을 통해서도 살펴볼 수 있다. 1919년 한 해 동안 대한민국애국부인회와 대한애국부인회 등을 비롯하여, 부인관찰단, 결백단 등의 여성단체가 결성되었다. 이는 3·1운동을 거치면서 여성의 사회적 역할과 위치가 향상되었으며, 아울러 자유주의 이념이 확산·정착되어갔던 사실을 잘 보여준다. 이제 여성들은 더 이상 가정에만 머무르는 존재가 아니라, 당당하게 사회구성원으로 성장했다.[33] 이들에게 독립은 자유로운 개인의 탄생을 의미하는 것이었다.

농민들은 일제에 의한 생존권 위협으로부터 스스로를 지키기 위해 운동에 참여했다. 경제적 착취는 지방행정의 문제로 농·어·산촌에서 더욱 심했는데, 이는 농민들이 3·1운동에 적극 참여하게 된 직접적인 원인이었다.[34] 지방행정기구의 갖가지 횡포는 일제에 대한 반항적 기풍을 고조시키는 일상적 원인이 되었다. 일제는 이런 반일감정을 헌병경찰의 폭정으로 억압하고 탄압했다.[35] 대중시위가 격렬한 양상을 띠게 된 것은 군중이 대개 헌병 주재소로 몰려가 충돌하게 되고 결국 헌병이 발포하는 수순

31_ 김정인,《민주주의를 향한 역사》, 책과함께, 2015, 269~270쪽.

32_ 김정인,《독립을 꿈꾸는 민주주의》, 책과함께, 2017, 72~73쪽.

33_ 장석흥,〈한국독립운동의 표상, 3·1운동〉,《연세의사학》12-1, 2009, 13쪽.

34_ 조동걸,《한국독립운동의 역사 01: 한국독립운동의 이념과 방략》, 독립기념관 한국독립운동사연구소, 2007, 125쪽.

35_ 위의 책, 128쪽.

을 밟는 경우가 많았기 때문이다. 대중의 분노의 최종적 분출 지점이 헌병이었다는 사실은 그만큼 헌병경찰 통치에 대한 반감이 극에 달했다는 것을 의미한다.[36] 이렇듯 각기 다른 계층이 서로 다른 목적과 동기를 가지고 자발적으로 3·1운동에 참여했고, 각자가 원하는 모습으로 사회를 변화시키고자 했다.

넷째, 3·1운동은 인권의식의 성장을 가져왔다. 시민적 가치는 고정된 것이 아니며, 인권 역시 시대에 따라 계속 변화해왔다. 3·1운동에 참가한 대중이 모두 근대적 인권의 개념에서 인권을 생각한 것은 아니었기 때문에 이들의 인권의식을 일률적으로 규정하기는 어렵다. 하지만 포괄적이면서 유동적인 인권 개념에 비추어볼 때 대중의 인권의식의 변화상을 살펴볼 수 있다.

우선 일제 무단통치 시기의 사회적 약자였던 민중은 인권의 기본 이념인 자유와 평등, 연대의 가치를 피상적으로만 이해하고 있었다. 민족대표들이 내건 민족자결주의가 일반 민중에게까지 완전히 스며들었다고 보기는 어렵다. 이들은 당장 자신들이 겪는 경제적·사회적 불이익을 해소하기 위해 참여한 경우가 많았다. 이는 피해자 중심의 인권운동이라고 볼 수 있다. 민간영역의 인권운동은 사회적 약자들이 개인의 권익을 보호하기 위해 노력하면서 권리 주체로서의 개인으로 발전해나가는 것이기 때문이다. 대중이 3·1운동에 참여하게 된 동기는 인권침해 상황을 극복하기 위한 것이었지만 3·1운동 과정에서 그들은 나라의 독립을 외치며 자유권과 민족자결권에 대해서 체감할 수 있었다.

3·1운동 이전의 독립운동은 일정 부분 복벽운동의 성격을 띠고 있었다.

36_ 김정인·이정은, 《한국독립운동의 역사 19: 국내 3·1운동》, 독립기념관 한국독립운동사연구소, 2009, 337쪽.

대한제국 시기 국권침탈의 위기 속에서 근대국가로의 전환을 모색하던 개화지식인들은 인권보다는 민권을 강조했다. 인민을 권리의 주체가 아닌 의무를 다하도록 교육을 해야 하는 대상으로만 보았다.[37] 참정권으로 대표되는 민권 역시 인권의 한 요소로 보아야 하지만, 나라의 위기 속에서 민권의 근본 주체인 개인에 대한 이해로까지 연결하기 어려웠던 것이다.

하지만 3·1운동은 양반 지배자 중심의 왕조적 질서를 걷어내는 계기가 되었다. 1917년 상하이를 중심으로 한 독립운동 세력이 마련한 〈대동단결선언〉은 기본적으로 해외 각지의 독립운동 세력의 대동단결을 호소하는 내용인데, 이 선언의 목적은 '주권 상속의 대의'를 천명하는 것과 '대동단결의 원칙'을 제의하는 것이었다.[38] 〈대동단결선언〉은 1910년 융희 황제(순종)가 포기한 주권이 국민에게 상속되었다고 주장했다. 이러한 사상이 만개하여 나라의 주인이 더 이상 황제가 아니라 국민임을 행동으로 보여준 것이 3·1운동이다.

3·1운동을 통해 대한제국은 복구될 수 없으며, 새로 쟁취하는 나라는 임금 없는 국민정부에 의해 통치된다는 인식을 가지게 됐다.[39] 3·1운동은 국민주권을 확인하는 과정이었고, 대한민국임시정부 수립은 그 결과물이었다. 1919년 나라를 세우면서 선택한 국호는 대한제국이 아닌 대한민국이었다. 한민족사에서 최초로 민주공화정부가 수립된 것이다.

또한 3·1운동은 학생, 농민, 노동자 등 전 민족적으로 일반 대중이 역사의 주체로 당당히 섰음을 보여준다. 차별받기 싫어서, 또는 자신의 문

37_ 전상숙, 〈한말 '민권'의식을 통해 본 한국 사회의 '개인'과 '사회' 인식에 대한 원형적 고찰〉, 《한국정치외교사논총》 33-2, 2012, 5~33쪽.
38_ 박찬승, 〈공화, 신국가 건설의 등불〉, 《한국의 근현대, 개념으로 읽다》, 푸른역사, 2016, 141~142쪽.
39_ 조동걸, 앞의 글, 144쪽.

제를 해결하거나 정의롭지 못한 사회를 바꾸고 싶어서 운동에 참여한 사람들은 3·1운동 이후에도 농민운동, 노동운동을 하며 자신의 목소리를 냈다. 이는 인권의식의 성장이라고 볼 수 있다. 3·1운동 이후에 일어난 이러한 일들을 고려한다면 민족자결주의는 일시적인 것이 아니라 지속적으로 조선 민중에게 퍼져나갔다고 볼 수 있다. 뿐만 아니라 민중과 지식인 모두에게 3·1운동은 독립에 대한 확신과 자신감을 심어주었다. 식민주의는 식민지 민족으로 하여금 자신감을 상실케 했으나 3·1운동은 일제의 무단통치로 인해 자칫 좌절되어 불가능할 것 같던 민족독립운동을 가능의 세계로 바꾸었다.[40]

III. 3·1운동 수업구성

1. 3·1운동 수업의 내용 및 학습방법

인권 관점의 3·1운동 수업이란 시민적 가치인 인권과 역사 내용인 3·1운동을 통합적으로 구성하는 것이다. 인권의 관점에서 역사적 사실을 해석하는 것을 학습목표로 삼더라도 기본 형식은 '변화와 지속성'과 같은 역사적 개념을 훼손하지 않는 역사수업으로 구성했다. 3·1운동의 배경부터 영향까지 모두 다루되, 민족운동 이외의 다른 관점에서 3·1운동을 어떻게 이해할 수 있는지 알아보고, 3·1운동 기간 동안 다양한 계층의 구체적인 생활모습과 생각까지 인권이라는 렌즈를 통해서 살펴보

40_ 박걸순, 〈3·1운동과 국내 독립운동〉, 《동양학》 47, 단국대학교동양학연구소, 2010, 263쪽.

〈표 2〉인권 관점의 3·1운동 수업의 내용과 방법

목표	내용	방법
인권의 관점에서 역사해석하기	• 인권과 인권운동 • 1910년대 사람들의 인권의식의 변화 • 인권의 관점에서 일본 식민통치 평가(해석) • 과거에 통용되는 인권의 관점에서 3·1운동 평가와 현재 인권의 관점에서 3·1운동 평가를 비교하기	• 브레인스토밍 • 인권의식 수직선에 나타내기 • 감정이입적 역사이해 • 역사 글쓰기
문제해결의 과정으로서 인권운동인 3·1운동 이해하기	• 인권침해 상황(무시의 경험) • 지식인의 경험/ 농민의 경험/ 노동자의 경험/ 여성의 경험 • 인권침해의 원인 • 각 계층의 문제 해결 방안 • 여러 가지 시위 방법	• 감정이입적 역사이해 • 역할극 • '나는' 시 쓰기 • 문제 해결 학습(사회적 갈등의 해결 방법으로 배우기)

고자 했다.

인권이라는 가치의 내면화와 문제 해결 과정으로서 인권운동을 살펴보며, 학생들이 3·1운동을 비판적으로 해석하는 것을 수업의 방향으로 설정했다. 이 목표에 따른 3·1운동 수업의 내용과 방법은 〈표 2〉와 같다.

인권 관점의 3·1운동 수업의 첫 번째 목표는 3·1운동을 인권의 관점에서 해석하는 것이다. 인권이라는 가치는 현재 학생들의 삶과 관련 있는 역사적 사건에 대해 학생들이 스스로 판단하는 준거가 될 수 있다. 인권 문제는 권력 행사와 밀접한 관련이 있으므로 인권의 관점으로 역사적 사실을 판단하는 것은 권력의 부당한 폭력을 이해하는 것이다. 권력에 대한 이해는 인권침해의 구조적 원인까지 생각할 기회를 제공한다. 또한 과거 사람들의 행위의 원인을 이해하는 것뿐만 아니라 행위의 결과와 영향을 함께 분석함으로써 학생들은 현재의 삶과 연관된 일들에 대한 판단 준거로서 인권을 고려할 수 있다.

역사수업은 기본적으로 변화를 다룬다. 인권도 시간의 흐름에 따라 변화해왔다. 하지만 학생들은 과거 사람들의 관점이 자신들과 다르다는 것을 인식하지 못하고 단지 '어리석다'는 말로 이를 설명하는 경향이 있다.[41] 학생들이 과거 사람들의 행위의 이유를 알기 위해서는 당시 사람들의 사고, 태도, 가치관, 신념 등에 대한 검토가 필요하다. 현재의 인권 개념을 기준으로 식민지 조선인들의 사고체계를 보게 되면 이해되지 않는 부분이 많다. 하지만 역사적 사건과 관련된 사람들의 인권의식의 변화를 함께 고려하고, 이를 인권의식 수직선[42]에 표시함으로써 인권을 맥락적으로 이해하게 할 수 있다. 또한 학생들에게 과거의 인권의식에 바탕을 둔 판단과 현재의 인권의식에 바탕을 둔 판단을 비교하고, 이런 차이가 생기는 이유를 제시하고 해석하게 한다.

초등학생에게는 낯선 개념인 인권으로 역사적 사건을 보기 위해서는 우선 인권과 인권운동의 개념을 이해해야 한다. 인권학습에서는 개념 분석을 통해서 인권의 의미를 깨닫고 자신과 타인의 권리가 무엇인지를 알게 한다. 또한 자신과 타인의 권리를 존중·보호·증진하고, 인권을 침해하는 다양한 형태의 억압과 착취에 저항하는 힘을 기르도록 하고 있다.[43] 인권 관점의 역사수업에서는 배경지식으로서 인권의 개념을 도입한다. 이를 위해 인권운동과 관련된 사진을 제시하고 인권에 관한 브레인스토밍을 통해 개념을 정리한다.

수업의 두 번째 목표인 문제해결 과정으로서 인권운동인 3·1운동을 이해하는 것은 학생들에게 3·1운동에 참가한 사람들의 입장에서 자신들의 권리를 찾을 방안을 생각해보게 하는 것이다. 학생들은 불공평한 대우를 받았던 개인적 경험이나 차별 사례를 떠올림으로써 인권침해 상

41_ 린다 렙스틱·키쓰 바튼, 배한극 외 옮김, 《초·중학교에서 학생들과 조사 연구하는 역사하기》, 아카데미프레스, 2007, 210쪽.
42_ 학생들이 3·1운동을 전후한 사람들의 인권의식을 추론하여 수직선상에 숫자로 표시하고 그 이유를 쓰도록 하는 도해 조직자다.

황을 이해할 수 있다. 1910년대 사회의 모습을 인권침해 상황으로 설정함으로써 당시 사람들의 생활을 면밀히 살펴볼 수 있다. 동시대인이라 할지라도 민족대표와 학생, 농민, 노동자와 여성이 무시를 당한 경험은 달랐을 것이다. 사회적 존재인 인간으로서 사회에서 무시나 모욕을 당하는 경험과 기본적 권리를 박탈당하는 상황 등을 제시하고 해결 방안을 모색하게 한다. 계층이나 집단에 따라 사람들이 상황을 극복하기 위해 고안해냈던 방법도 다룰 것이다.

교과서 서술처럼 3·1운동이 '대립 없는' 하나의 이야기가 아니며, 여

43_ 개념 분석 단계에 따른 인권학습의 절차

개념 분석 단계	인권학습 절차	학습지표(인권교육 내용)
• 분석할 개념 확인하기 • 개념의 전형적 사태와 반대 사태 확인하기	1. 자신의 권리 인식하기	• 인권의 정의를 공식화하라. • 인권과 인간의 존엄성을 연관지어보라. • 인권의 중요성을 제시하라. • 인간의 존엄성을 보호하고 인간의 잠재력을 발휘시킬 수 있는가를 지적하라. • 자신의 인권에는 어떤 것이 있는지 예를 들어보라. • 인권의 내용이 담긴 기본 원리를 지적하라. • 다른 사람의 존엄성에 대한 존중을 표명하라.
• 분석할 개념 확인하기 • 개념의 전형적 사태와 반대 사태 확인하기 • 가상 사태를 상상하기	2. 인권을 맥락 속에서 파악하기	• 인권침해의 양상을 상세히 보여주라. • 인권을 침해하는 사람과 상황을 지적하라. • 자신의 인권침해 경험을 공유하라. • 개인적 경험과 인권을 침해하는 여러 세력을 연결하라. • 인권침해가 일어날 수 있는 사회적 제도와 조직을 지적하라. • 인권을 침해받은 사람들에게 감정이입하라. • 역사 속에서 인권침해의 형태를 지적하라.
• 분석 결과 체계적으로 정리하기	3. 인권을 존중, 보호, 증진하기	• 인권을 존중, 보호, 증진할 책임이 있는 개인, 조직을 조사하라. • 개인적·집단적·제도적 수준에서 인권을 증진할 수 있는 수단과 전략을 제시하라. • 인권침해 방지를 위한 행동계획을 구상하라.
	4. 국제적으로 유대하기	• 국제질서에서 인권침해를 일으키는 세력을 지적하라. • 국내 인권침해와 다른 국민의 인권 경험을 연결해보라. • 국제 공동체에서의 세력이 우리나라에 어떻게 영향을 미치는가를 설명하라.

자세한 내용은 다음의 논저를 참고하라. 노희정, 《인권·환경·평화를 위한 도덕교육》, 서광사, 2013, 32~33쪽.

러 배경을 가진 사람들이 자기 나름의 목적과 동기를 가지고 참여했음을 학생들에게 이해시킬 필요가 있다. 감정이입적 이해는 그 방법 중 하나다. 학생들이 증거에 기초한 상상을 할 수 있도록 다양한 계층의 사람들의 모습을 보여주는 1차 사료나 문학작품을 제시하여 1910년대의 구체적인 생활모습을 살펴보게 한다. 학생은 문학작품을 통해 다양한 문화집단의 관점에서 문제, 주제, 관심 그리고 개념을 파악할 수 있으며, 인간의 공통 특성과 이야기 속에 뿌리박힌 상호 관련성의 의미를 이해할 수 있다. 감정이입적 이해를 돕는 도구로 '나는'이라는 시를 사용할 수 있다. '나는' 시는 바튼과 렙스틱이 관찰한, 노예를 다루는 미국 5학년 역사 수업에서 나오는 활동으로, 학생들이 과거 사람들이 듣고, 보고, 느끼고, 생각하는 것을 표현하도록 도와준다.[44] 이 활동을 통해 3·1운동에 참여

'나는' 시의 개요	'나는' 시의 작성 예시(노예의 입장)
나는 _____.	나는 아프리카인이다.
나는 _____ 궁금하다.	나는 무슨 일이 일어날지 궁금하다.
나는 _____ 듣는다.	나는 채찍질 소리를 듣는다.
나는 _____ 본다.	나는 백인들을 본다.
나는 _____ 원한다.	나는 집에 가길 원한다.
나는 _____.	나는 매우 슬프다.
나는 _____ 요구한다.	나는 가족과 함께 있는 것을 요구한다.
나는 _____ 느낀다.	나는 매우 걱정스럽고 당황스럽다.
나는 _____ 만진다.	나는 수갑을 만진다.
나는 _____ 걱정한다.	나는 나의 가족을 걱정한다.
나는 _____ 운다.	나는 슬퍼서 운다.
나는 _____.	나는 불행하다.
나는 _____ 이해한다.	나는 아무것도 모른다.
나는 _____ 말한다.	나는 '이것이 일어났습니까?'라고 말한다.
나는 _____ 꿈꾼다.	나는 아프리카에 있는 나의 집을 꿈꾼다.
	안젤라

했던 다양한 사람들의 관점이나 생각을 추론하는 경험을 할 수 있다.

학생들은 3·1운동 당시의 인권피해 당사자가 되어 이 문제를 해결하기 위한 방법을 탐색한다. 이때 학생들의 의사결정 과정을 개인 의사결정과 집단 의사결정 과정으로 나눈다. 학생들은 과거 사람들의 의사결정과 행동을 추체험함으로써 미래의 사회 참여를 위한 준비를 할 수 있다. 이런 과정을 통해 학생들로 하여금 사회적 갈등을 해결하는 방법을 익히게 한다. 다른 사람이 인권침해를 당하고 있는 모습을 보고 동정과 공감을 느끼고 문제 해결을 위해 노력함으로써 타인의 인권에 관심을 가지게 될 것이다. 인권이란 기본적으로 집단보다는 개개인의 인권을 의미하는 개념이지만, 인권을 옹호하는 사람들은 대체로 인권을 관계 속에서 파악한다.[45]

2. 수업설계

인권 관점의 3·1운동 수업은 4차시로 진행된다. 1차시에서는 먼저 배경지식으로서 인권의 의미를 탐색하고, 1910년대 조선의 상황을 탐색한다. 먼저 사진자료로 인권운동의 모습을 제시하고 브레인스토밍을 통해 인권 개념을 정리한 후 오늘날 인권이라는 가치가 존중받게 된 배경을 설명한다. 그런 다음 인간을 소중히 여기는 마음으로 3·1운동의 배경을 살펴본다. 1910년 식민지 조선의 상황을 구체적인 사람들의 생활모습으로 제시한다. 《쟁점 한국사》에서 제시된 3·1운동에 참가한 세 사람의 하루, 염상섭의 《만세전》 등 문학작품을 활용하여 학생들이 감

44_ 린다 렙스틱·키쓰 바튼, 앞의 책, 236~237쪽.
45_ 노희정, 앞의 책, 51쪽.

〈표 3〉 인권 관점에서 본 3·1운동 교수학습 과정안

차시	학습내용	교수 · 학습활동	비고
1	인권과 인권운동	▣ 인권의 의미 ▫ 인권과 인권운동 O 우리나라와 다른 나라의 인권운동 사진 제시(마틴 루서 킹) 　－ 사진 속 사람들은 무슨 일을 하고 있고, 왜 하고 있을까요? O 브레인스토밍을 통해 인권에 접근하기 　－ 인권이란 무엇이라고 생각하나요? 　－ 왜 사람들은 인권을 소중하게 생각하게 되었을까요? 　－ 인권은 어떻게 확장되어왔을까요?	인권 관점에서 역사해석
	인권 침해 상황과 원인	▣ 3·1운동의 배경(국내 상황) ▫ 1910년대 일제강점기 모습 O 문학작품과 여러 자료를 통해 다양한 계층의 사람들의 생활모습 제시 　－ 지식인들의 입장/ 소작농의 입장/ 노동자의 입장/ 여성의 입장 　－ '나는' 시 쓰기 활동(만일 나라면 어땠을까?) O 인권침해 상황 찾기 　－ 무시받거나 차별받은 경험으로 어떤 것이 있을까요? 　－ 식민지 조선인들은 인권침해를 받았던 근본 원인을 무엇이라 생각했을까요?	
2	문제 해결 방안 인권 운동 방법 3·1운동 참여	▣ 인권운동으로서 3·1운동 ▫ 문제 해결 방안 탐색 O 인권침해 상황을 극복하기 위한 방법 찾기 　－ 각 계층의 사람들은 어떻게 해결하려고 했을까요? 　－ 대안 탐색 및 대안 평가 ▫ (오늘날) 인권운동의 방법 탐색 　－ 피켓시위, 운동포스터 등등 ▫ 3·1운동 역할극 준비하기(당시 사람의 눈으로 문제 해결 과정 참여) O 선언문 읽기, 지인에게 편지 쓰기, 홍보물 만들기 　－ 동시대 청중의 관점에서 만들어진 언론. 대중의 의견이 나온 자료 　－ 당시 모습을 알 수 있는 사진자료 제시	문제 해결 과정으로서 인권운동
3~4	인권 관점에서 역사 해석	▫ 3·1운동 역할극 발표하기 　－ 3·1운동에 참여한 사람들은 어떤 심정이었을까? 왜 자발적으로 참여했을까? ▫ 3·1운동의 영향 O 사람들의 인권의식 변화를 인권의식 수직선에 표시하기 O 3·1운동 이후 독립운동	문제 해결 과정으로서 인권운동
		▣ 3·1운동 역사 글쓰기 ▫ 인권의 관점에서 역사해석하기 O 인권의 관점에서 일본의 식민통치 평가하기 O 과거에 통용되는 인권의 관점에서 3·1운동 평가와 현재의 인권의 관점에서 3·1운동 평가를 비교하기	인권 관점에서 역사해석

정이입할 수 있도록 한다. 이어 학생들이 이야기 속의 인물이 되어 '나는' 시 쓰기 활동을 한다. 학생들이 쓴 시를 발표한 후 당시 조선인들이 겪은 인권침해 요소를 찾게 한다. 또한 당시 그들의 입장에서 그처럼 인권을 침해받게 된 원인을 생각해보게 한다.

2차시에서는 인권 문제의 해결 방안을 찾는다. 다양한 계층의 입장 차이를 확인하고 문제 해결 방법을 고민하게 한다. 모둠에서 찾은 방법은 대안평가(장점, 단점, 실현 가능성)를 통해서 결정한다. 이어서 교사는 현재의 인권 문제를 해결하기 위한 인권운동의 사례와 방법을 소개한다.

3~4차시에는 3·1운동에 참여한 사람들이나 실제 일어난 시위 사례를 소개한 다음에 직접 3·1운동을 소개하는 글을 쓰거나 읽게 한다. 선언문 읽기, 지인에게 편지 쓰기 등의 활동을 거친 다음에 직접 실연해본다. 역할극 이후 느낀 점을 공유하고 3·1운동의 결과가 어떻게 인권의식의 변화로 이어졌는지 이야기를 나누며 1910~1929년 인권의식의 변화를 인권의식 수직선에 표시하도록 한다. 이어서 학생들에게 당시 인권의 관점에서 3·1운동을 평가하고, 오늘날 인권의식에 비추어 해석하게 한다. 이상의 논의를 바탕으로 설계한 교수학습 과정안은 〈표 3〉과 같다.

IV. 수업실천 및 성찰

1. 수업실천과 학생 반응

'인권 관점에서 본 3·1운동' 수업은 2017년 9월 6일과 7일 대전 유성구 소재 A초등학교 5학년 2반 20명을 대상으로 4차시로 진행되었다. 학생들은 2학기가 시작되면서 한국사 수업 4시간 외에는 역사수업을 경험하지 못했고, 소수의 학생을 제외하고는 3·1운동에 대한 사전지식도 거의 없는 상태였다.[46] 다만 5학년 도덕교과 수업을 통해 '인권'의 기본적인 개념을 이해하고 있었다. 학습주제로 인권 개념이 처음 다뤄지는 시기가 초등학교 5~6학년이고, 역사수업도 5학년 2학기부터 시작되기 때문에 인권 관점에 의한 역사수업을 진행하기에 적절하다. 공식적 역사를 처음 접하는 시기이므로 학생들은 기존의 관점이 아닌 인권의 관점에서 역사적 사건을 편견 없이 이해할 수 있을 것이며, 도덕교과에서 당위론적 개념으로 접근하는 인권 문제를 역사적 맥락에서 과거 사람들의 삶을 통해 살펴볼 수 있을 것이다.

1차시 학습내용은 인권의 관점에서 3·1운동 이전 상황을 인권침해로 이해하는 것이다. 인권과 인권운동의 개념을 설명하기 위해 학생들에게 도덕교과에서 학습한 적이 있는 로자 파크스(Rosa Parks)와 마틴 루서 킹(Martin Luther King)의 사진을 제시하고 사진 속 인물이 누구인지, 무슨일을 했는지 질문했다. 이어서 학생들에게 친숙한 '수요집회' 사진과 '노동운동' 사진[47]을 제시한 뒤 누가, 어떤 목적으로 시위에 참가하고 있는지 질문했다. 그런 다음 수업의 주제인 인권과 인권운동에 대한 학생들의 자유로운 생각을 브레인스토밍을 통해 정리하게 했다. 학생들은 "인간의 권리", "세계인권선언", "존중", "자유와 평등", "사람", "차별에 대한 반대", "생각", "정의", "위안부 할머니", "용기가 필요함"을 떠올렸

46_ 수업에 앞서 학생들에게 3·1운동이라는 역사적 사건을 얼마나 알고 있는지 질문했다. 3명이 손을 들었고, 만세시위, 독립운동이라는 대답이 나왔다.

47_ 학생들은 5학년 1학기 현장학습으로 대전시청 옆 '평화의 소녀상'을 방문한 경험과, 5학년 1학기 사회교과서에 나오는 '경제활동의 주체'인 노동자에 대해 배우며 역할극으로 '노동운동과 노사협정문 쓰기'를 직접 꾸며본 경험이 있기 때문에 인권운동을 쉽게 이해할 수 있었다.

다. 인간답게 살 수 있는 최소한의 권리로 인권을 정의한 다음, 인권운동 하면 무엇이 떠오르는지 물었다. 학생들은 "압제에 대한 항거", "촛불집회", "용기", "피해받는 사람들", "희생", "힘에 대한 욕심", "민주화운동" 등으로 반응했다. 피해 입은 사람들을 위해 용기를 가지고 참여하는 것을 인권운동이라고 생각하는 경향이 많았지만, 최근의 정치적 상황을 이해하고 시민들이 자발적으로 거리에 나온 촛불집회를 인권을 지키기 위한 운동으로 보기도 했다. 학생들에게 인권 개념이 시간과 장소에 따라 달라질 수 있으며, 인권을 내세우더라도 그 목적에는 차이가 있을 수 있다는 설명을 했다. 촛불집회도 광의의 인권 개념에 따라 시민들이 자신과 다른 사람들의 인권을 지키려는 목적에서 정치세력을 바꾸기 위해 목소리를 낸 인권운동이라고 볼 수 있다고 했다.

그런 다음에 3·1운동을 인권의 시선으로 살펴보자는 수업 목표를 학생들에게 안내했다. 학생들에게 "인권의 안경으로 보면 3·1운동이 왜 일어났을까?"라는 질문을 하며 인권이라는 안경 쓰기를 주문했다. 그리고 1910년대 일제강점기의 모습을 보여주는 자료를 제시했다. 3·1운동이 실려 있는 6학년 1학기 사회교과서는 사용하지 않았다. 대신 교과서에 실린 '칼을 차고 있는 교사의 사진'과 '태형 사진'을 제시하고, EBS 역사채널의 〈보이지 않는 시선〉과 〈조선인이여, 마음껏 놀아라〉 편을 일부 보여주었다. 사진과 동영상 자료는 일제에 의해 야만인으로 취급당하는 조선인들의 모습과 일제의 언론·출판·결사의 자유 금지에 대한 내용이다.

문서 자료는 학생들이 이해와 감정이입하기 쉬운 일제강점기를 배경으로 한 동화책 《마사코의 질문》[48]에 실린 〈꽃잎으로 쓴 글자〉의 일부를 발췌한 것으로, 일본인 교사가 조선말을 하는 학생들을 윽박지르며 혼을 내는 부분이다. 두 번째 자료로는 쌀값 폭등으로 서민들의 힘든 생활을 《고양독립운동사》를 참고하여 학생들에게 제시했다. 세 번째 자료는 3·1운동을 조사했던 조선헌병사령부가 작성한 〈조선인들의 불만사항〉[49]이다. 네 번째 자료는 염상섭의 소설 《만세전》에서 조선 농촌의 노동자들이 일본인의 꼬임에 빠져 일본으로 팔려가는 부분이다. 두 번째, 세 번째, 네 번째 자료는 일제강점기 농민이나 노동자들의 생활모습을 살펴보기에 적절하다고 판단했다. 다섯 번째 자료는 일본이 한국인들의 정치집회를 금지한 내용이고, 여섯 번째는 《쟁점한국사: 근대》에서 도쿄 유학생 양주흡의 일기를 발췌한 것이다. 다섯 번째와 여섯 번째 자료는 지식인의 입장에서 생각해보게 하기 위해 선정했다.

학생들과 함께 자료를 읽은 다음, 1910년대 사람이 되어 시를 쓰기로 했다. '나는' 시 쓰기 활동은 학생들이 당시 사람들의 입장에서 보고 듣고 느끼는 것을 추론하게 함으로써 당시 상황을 이해할 수 있게 하려는 것이다.[50]

대다수 학생들이 선택한 인물은 조선인 학생이었다. 시간적 차이에도 불구하고 학생들은 같은 나이대 학생의 입장을 가장 익숙하게 여겼다. 교실이라는 공간에서 교사와 마주해야 하는 자신들의 처지를 짐작하여 조선인 학생에 감정이입한 것이다. 혜진은 3·1운동에 참가한 학생의 모습을 상상하여 조선인 학생들이 슬프고 비참했을 것이라고 보았다. 특히 학생들은 이러한 인권침해 상황에서 벗어나기 위해 독립운동이 필요하다고 느끼고 있음을 표현했다. 또 학생들은 노동자나 농민의 입장이 되어보기도 했다. 학생들은 자신과 이야기 속 인물을 동일시하여 시를 구

48_ 손연자, 《마사코의 질문》, 푸른책들, 2001.
49_ 이정은, 《고양독립운동사》, 광복회 고양시지회, 2013, 103쪽.

성해나갔다. 학생들의 시에서 나타난 공통점은 인권침해의 원인을 자유가 없기 때문이라고 인식한 것이다.

학생들은 '나는' 시 쓰기 활동을 발표하고 생각을 공유했다. 시를 듣고 난 후의 느낌, 시 속의 인물이 처한 상황을 발표하면서 당시 상황이 인권침해 상황이라는 것을 이해하게 되었다.

2차시 수업은 "식민지 조선인들은 이러한 인권침해를 받았던 근본적인 원인이 무엇이라고 생각했을까?"라는 질문으로 시작했다. 인권침해 상황을 극복하기 위한 방법으로 인권운동의 의미를 탐색하는 것이 2차시의 목표다. 인권침해의 원인을 보는 관점을, 이를 해결하기 위한 방법의 모색으로 연결시키고자 한 것이었다. 처음 이러한 인권침해 상황을 해결하기 위해 어떻게 하겠냐고 질문했을 때, 학생들은 자신의 현재 입장에서 대답을 했다.

연구자 여러분이 차별받는 입장이었다면 어떻게 해결하고 싶나요? 어떤

50_ 학생들의 시(2017년 9월 6일 수업 중에서)

나는 학생이다.
나는 선생님이 왜 칼을 차고 있는지 궁금하다.
나는 회초리 소리를 듣는다.
나는 우는 모습을 본다.
나는 독립운동을 하고 싶다.
나는 내가 비참하게 느껴진다.

나는 자유를 원한다.
나는 두려움을 느낀다.
나는 나무 패를 만진다.
나는 나라를 걱정한다.
나는 맞아서 운다.
나는 힘들다.
나는 사랑과 자유를 꿈꾼다.

－혜진

나는 노동자다.
나는 이 일이 언제 끝날지 궁금하다.
나는 채찍질 소리를 듣는다.
나는 일본인들을 본다.
나는 집에 가고 싶다.
나는 매우 힘들다.

나는 밥을 먹고 싶다.
나는 일을 그만두고 싶다.
나는 흙을 만진다.
나는 집에 있는 가족들을 걱정한다.
나는 무서워서 운다.
나는 돈도 받지 못한다.
나는 일본이 없는 세상을 꿈꾼다.

－현수

방법이 있을까요?

호준 같은 생각을 가진 조선인을 찾아서 모임을 만들어 해결하려고 할 것입니다.

연구자 비슷한 생각을 가진 사람들끼리 모이면 생각의 힘이 더 커지겠죠? 좋은 방법이네요.

윤경 의논하는 거요. 학급회의 할 때처럼 모여서 의논해요.

현수 영화 같은 데 할머니들을 출연시켜서 이야기하고. 그 영화를 보여주고……

연구자 영상을 찍은 다음 그 영상으로 다른 사람들을 공감하게 해서 사람들을 모으는 것도 좋은 방법이에요.

준상 영상을 찍어서 알리는 건 당시 상황에는 맞지 않는 것 같아요.

(2017년 9월 6일 수업 중에서)

학생들이 현재주의적 입장을 보인 것은 자신들의 생활경험을 반영한 결과다. 윤경의 경우는 학급 문제를 해결할 때 학급회의를 한 경험을 떠올렸고, 현수는 일본군 '위안부' 관련 동영상을 본 경험을 떠올렸다. 그리고 학생들은 문제 해결을 위해 서로 협력해야 한다고 답했다. 학생들은 학급생활에서 모둠의 문제는 모둠회의, 학급의 문제는 학급 전체회의에서 자유발언을 하고, 스스로 문제 해결 방법을 찾는 연습을 했다. 이후 학생들은 문제가 생기면 회의를 희망했다.

평소 책을 많이 읽어서 역사지식이 풍부한 준상은 현수의 방법(영상을 찍어 사람들에게 알리는 것)이 일제강점기에는 불가능한 일이라고 지적했다. 연구자는 준상의 의견을 수용하면서 오늘날의 기준에서 문제 해결 방법을 찾도록 요청했다. 현재 사회의 문제의 원인을 과거로부터 발견하며, 현재 사회 문제를 해결하는 과정과 방법을 학습하도록 하기 위해 수업을 구성한 것이므로 현재 사회의 문제 해결 방법 또한 다루어졌다. 학생들에게 과거 일제강점기와 구분해서 "현대(요즘) 할 수 있는 (인권 문제해결) 방법은 어떤 것이 있을까?"라고 질문을 던졌다. 그러자 학생들은 구체적인 사례를 들었다. "시청이나 관공서 앞에서 시위를 해요", "신고해요", "다른 사람들에게 도움을 요청해요" 같은 반응이었다. 교사는 학생들의 다양한 답변을 수용하면서 인권운동에서 사용할 수 있는 방법인 '대중집회에 참석해서 연설하기, 사람 모으기, 포스터 만들기, 보이콧, 피켓시위, 파업' 등을 알려주었다. 이러한 사례는 참여민주주의를 위해 학생들이 할 수 있는 사회 참여 방식이다. 학생들은 이런 체험을 직접 함으로써 참여의식을 기를 수 있다.[51] 하지만 역사수업에서 현재의 문제 해결 방법을 무리하게 적용하는 것은 역사수업의 목표와 학생 수준을 고려할 때 적절하지 않다. 따라서 인권 관점의 역사수업이라는 틀 안에서 역사적 맥락을 고려하여 문제 해결 방법을 찾고자 했다.

역사적 사건은 사람들의 의지나 목적 외에도 다양한 원인들이 상호작용한 결과다. 인권의 관점, 사람들의 입장이 중요하다고 하더라도 사람들의 의사결정에 영향을 미친 다양한 요소들을 고려해야 하는 것이다. 따라서 3·1운동이 일어나기 직전의 국제적 상황을 학생들에게 설명할 필요가 있었다. 러시아의 사회주의 혁명과 1차 세계대전 종결 이후 윌슨 미국 대통령의 민족자결주의를 소개하고 지식인들의 분위기도 설명했다. 국제사회에 독립을 청원하기로 한 사실을 알려주면서 학생들이 도움을 요청한다고 한 부분과 유사하다는 것을 지적했다. 그리고 당시 상황을

51　캐서린 아이작, 조희연 옮김, 《우리는 참여와 행동을 통해 민주주의로 간다》, 아르케, 2002, 294~311쪽.

보여주는 자료로 다양한 독립선언서를 제시했다. 〈기미독립선언서〉 외에도 지방의 3·1운동 모습을 알 수 있는 통영지역의 독립선언서인 〈동포에 격하노라〉와 여성의 독립운동을 살펴볼 수 있는 〈대한여자독립선언서〉도 함께 제공하여 당시 분위기를 느끼도록 했다.

학생들에게 3·1운동을 재현할 것을 제안하고, 모둠별로 독립선언서 쓰기나 지인에게 편지 쓰기, 혹은 전단지 꾸미기를 해보게 했다. 3~4차시에서는 학생들이 준비한 역할극을 실연하고 느낀 점을 발표하는 시간을 가졌다. 처음 계획은 3·1운동의 분위기를 느낄 수 있게 학급 전체가 참여하는 만세운동을 해보는 것이었으나 모둠별로 다른 이야기를 만들고 싶어 하는 학생들의 희망에 따라 모둠이나 분단별로 역할극을 했다.[52] 1910년대 일제의 식민통치로 조선인들이 입은 피해 상황을 보여주고, 이것이 3·1운동으로 어떻게 이어졌는지 이야기로 꾸민 모둠이 있었다. 또 다른 분단에서는 학생 한 명이 〈독립선언서〉를 낭독하고 이어서 만세를 부르는 모습을 재현했으며, 여학생들은 따로 〈대한여자독립선언서〉를 낭독하고 재현했다.

역할극이 끝난 후 소감을 말하고 글쓰기를 하며 수업을 마무리했다. 글쓰기는 당시 사람들의 관점과 인권 관점에서 각각 3·1운동의 의미를 작성해보게 하는 것이었다. 학생들은 "빼앗긴 나라를 되찾기 위한 운동이었다", "우리나라 사람들이 잘못하지 않았는데 한 명 한 명 피해를 입으니까 나도 무서워서 3·1운동을 했을 것 같다"라고 작성했다. 학생들은 대개 인권의 관점에서 3·1운동이 인권을 찾기 위한 운동이었다고 해

52_ 최초의 수업계획은 3차시에 역할극과 소감 나누기로 끝내는 것이었으나, 학생들은 역할극을 자세히 꾸미고자 했다. 이에 따라 3차시까지 역할극 준비와 연습을 마치고 4차시에 역할극을 했다.

석했으나, 한 학생은 현재 우리가 누리고 있는 인권과 역사적 사건을 연관 지어 판단했다. 이 학생은 인권 관점에 따른 3·1운동 평가에서 "인권이 현재 우리에게 있으며, 우리가 우리말을 할 수 있는 이유는 독립을 했기 때문이다. 이런 점에서 3·1운동은 의미가 있다"라고 작성했다.

2. 수업성찰 및 함의

'인권 관점에서 본 3·1운동' 수업은 인권의 관점으로 일제강점기에 살았던 다양한 사람들의 경험과 마주함으로써 인권 감수성을 가지고 그 당시가 인권침해 상황임을 인식하게 하려는 것이었다. 이 수업에서도 학생들은 일반적인 일제의 식민통치나 3·1운동 수업 때와 비슷한 반응을 보였다. 일제강점기 조선인들의 비참한 삶을 살펴본 학생들은 선/악의 도덕적 판단으로 일본을 바라보고, 수업이 끝날 때쯤에는 일본을 악과 동일시했다. 대다수 학생들은 '일본이 나쁘고 비겁하다'는 반응을 보였다. 일본인은 선량한 조선인들을 무력으로 억압하고 차별 대우를 하고 인간다운 존중을 하지 않았다고 생각했기 때문이다. 일부 학생들은 3·1운동이 평화시위라는 사실을 높게 평가하면서도 일본에 대해서는 적개심을 감추지 않았다. 이는 평화와 인권을 주제로 한 독립운동사 수업의 어려움을 보여준다.

이러한 반응을 보인 까닭은 수업에서 활용된 텍스트가 기존 역사수업에서도 활용되는 민족주의적 성향을 띤 자료였기 때문이다. 이를 보완하기 위해서는 외부자의 시각에서 본 3·1운동 또는 조선인이 인권침해를 가하는 것을 보여주는 자료를 제시하는 것이 좋을 것이다. 또한 다양한 사람들의 사례가 소개되었지만, 학생들은 문화적 영향과 제도적 차원,

식민통치 방식보다는 일본인 개인의 잘못된 행위에 집중했기 때문에 그러한 반응을 보였다. 이는 어린 학생들이 역사적 맥락보다는 개인의 행위에 초점을 맞추고 역사를 해석한다는 연구결과와 일치[53]한다. 이를 보완하려면 역사적 맥락을 설명할 필요가 있다.

그러나 일부 학생들은 조선인들의 감정에 영향을 미친 당시의 사상적 조류와 의미에 흥미를 보였다. 〈기미독립선언서〉를 직접 쓰고 역할극에서 진지하게 읽어 내려갔던 준상은 독립선언서에 '인류평등', '자유', '평화'와 인권적 요소가 있음을 새롭게 알게 되어 좋다고 했다. 그리고 지방의 시위가 평화적이지 않았다는 점을 아쉬워했다.

연구자는 학생들이 쓴 글에서 인권의 관점에서 의미 있는 해석이 나오길 기대했지만, 역사 글쓰기 훈련이 안 된 대다수 학생들은 한두 문장의 설명만으로 글쓰기를 마무리했다. "일본에게 우리의 인권을 침해하지 말라고 (요구)하는 것과 같으므로, 3·1운동은 인권침해를 막기 위해 일으킨 것이다"라는 반응이 가장 많았다. 학생들은 인권과 연관지어 3·1운동에 의미를 부여했지만 학생들이 만든 내러티브는 '일본의 점령 → 일본의 조선인 탄압(인권침해 상황) → 조선인 저항'이라는 단순한 구조였다. 학생들은 역사적 사건과 인물을 선택하여 각각의 요소를 원인과 결과의 인과관계로 단순화한 뒤 내러티브로 구성한 것이다.[54] 학생들의 단순한 내러티브는 그들에게 익숙하고 편한 도구를 사용한 까닭도 있지만, 연구자에 의해 선별된 텍스트가 독립운동과 조선인의 관점을 담고 있었기 때문일 것

53_ L. Jacott, A. Lopez-Manjon and M. Carretero, "Generating explanations in history", J. F. Voss and M. Carretero (eds.), *International Review of History Education*, vol. 2, London: Routledge Palmer. 2001, 294~306쪽.

54_ 키쓰 바튼·린다 렙스틱, 김진아 옮김, 《역사는 왜 가르쳐야 하는가》, 역사비평사, 2017, 244쪽.

이다. 또한 '인권 관점에서 본 3·1운동' 수업이 일회성이었기 때문에 제국주의, 식민주의를 다룰 시간이 충분하지 않은 것도 한 이유일 것이다. 3·1운동의 배경을 구체적으로 이해하는 것이 필요해 보인다.

그렇지만 수업 중 학생들의 반응에서 의미 있는 세 가지 사실을 발견할 수 있었다. 첫째, 학생들은 역사적 사건을 인권의 관점에서 살펴봄으로써 과거 사람들의 다양한 경험에 공감할 수 있었다. 학생들에게 인권의 안경을 쓰자 어떤 장면이 보이냐고 질문했을 때, 학생들은 '식민지 조선인이 일본 사람보다 일을 더 많이 하는데 돈은 덜 받는 장면', '침략주의에 물든 일본인이 조선인들을 때리는 모습, 소작농이 혹사당하는 모습, 신작로가 생기면서 땅을 빼앗긴 빈농', '칼을 차고 교실에 온 선생님', '조선 농부들이 세금을 많이 낸다고 한숨 쉬는 장면, 감옥에서 우는 조선 사람들', '고통 받고 울고 있는 사람들'이라고 대답했다. 학생들은 인권이 인간답게 살기 위한 최소한의 권리라는 사실을 알고 있었고, 일제강점기 조선인들의 삶은 그런 조건에 부합하지 않았다는 사실을 발견했다. 당시 사람들이 어떤 고통을 받았고, 무슨 생각을 했을지 고민해보는 기회를 학생들은 가질 수 있었다. 또한 과거 사람들의 선택 과정과 행위를 비판적으로 평가함으로써 자신의 역사해석을 만들었다. 학생들은 민족대표에 대해 긍정적 혹은 부정적 평가를 했고, 지방에서 일어난 폭력적 시위에 대해서도 자기 나름의 평가를 내렸다. 물론 역사적 맥락을 고려하지 못한 경우도 있었지만, 인권이라는 새로운 관점으로 역사적 사건을 판단함으로써 역사지식의 구성에 참여했으며, 현재와 관련성을 가지는 과거 사건의 새로운 대안을 모색할 수 있었다.

둘째, 학생들은 3·1운동을 전후하여 사람들의 인권의식의 변화를 인식하고 인권 개념을 내면화할 수 있었다. 연구자는 의도적으로 3·1운동

이전과 이후 사람들의 생각을 구분하여 질문했고, 이를 인권의식 수직선이라는 도해조직자에 표시하도록 했다. 은서는 "처음에는 생각을 안 하고 있다가 너무 억울해서 생각이 바뀌었다. '우리가 아무 말도 못하고 일본 사람에게 피해만 당하고 있었는데 우리가 불만이 있다고 말을 하면 일본이 물러날 수도 있겠구나'라고 생각하게 되었다"라고 응답했고, 호준은 "3·1운동 이전에는 사람들이 억울한 일을 당하고도 참았는데, 3·1운동 이후에는 불공평한 일이 있으면 시위를 해서 공평하게 만들어야겠다는 생각으로 바뀌었다"라고 말했다. 3·1운동 이후 "교육이나 외교, 무장 등 다양한 방법을 찾게 되었다"라는 교과서 내용지식을 그대로 표현한 경우도 있었지만, 대다수 학생들은 당시 사람들이 스스로 인권을 찾기 위해 시위라는 수단을 사용하게 된 점을 인권에 대한 생각이 바뀐 것으로 보았다.

가톨릭과 프로테스탄트 사이의 갈등의 역사를 배운 북아일랜드 학생들이 집단행동을 통해 사회제도를 변화시킬 수 있음을 인식한 것처럼[55] 인권운동으로 3·1운동을 배운 학생들은 불공평한 상황을 바꾸기 위해 거리로 나온 사람들의 행동에 내포된 의미와 그 가치를 이해하게 되었다. 3·1운동 이후 사람들의 인권의식이 변한 것처럼 교실에서 3·1운동을 배운 학생들의 인권의식도 변화한 것이다. 물론 오늘날의 인권 개념을 그 시대에 그대로 적용하기는 어려울 것이다. 하지만 '인간의 존엄성'이라는 기본 전제를 고려한다면, 당시 사람들이 '나'를 존중해야 함을 인식하게 되었고, 참여를 통해 획득될 수 있다는 것을 깨달았음을 이해하는 과정 역시 인권의식의 성장이라고 볼 수 있다.

55_ 위의 책, 284~285쪽.

셋째, 3·1운동을 문제 해결 과정으로 인식하고 참여 의지를 보이게 되었다. 학생들은 식민지 상황에 쉽게 공감했고, 문제 해결 방법을 찾는 과정에 몰입했다. 그 과정에서 현재주의적 관점에서 '영상 자료 이용하기'를 떠올리기도 했지만, 문제 상황을 자기 문제로 인식하고 해결하려 했다. '인권 관점에서 본 3·1운동' 수업을 통해 새롭게 알게 된 점으로 학생들은 "평화적 시위에 감동을 받았고, 그런 일이 있으면 나도 참여할 것이다", "3·1운동이 우리나라 사람들의 희망이었다는 것을 알게 되었고, 나도 참여하고 싶다", "3·1운동은 존중받지 못하는 한국인들이 인권을 찾기 위한 시위인데 사람들이 힘을 모아서 참여한 것이 인상적이다", "3·1운동은 나라를 위해 적극적으로 참여한 사람들이 많았기 때문에 가능했다. 일본인들의 생각이 바뀌게 된 중요한 시위다"라고 대답했다. 학생들은 전국적으로 많은 사람들이 참여했다는 사실에 고무되었고, 촛불집회에 비유하기도 했다. 학생들은 시위를 통해서 권력의 부당함에 항거할 수 있다는 것을 최근 경험했고, 3·1운동이 그러한 희망의 시위, 부당한 일본의 권력에 맞서 나라를 되찾겠다는 시위였다는 것을 인식했다.

이 연구는 소수의 참여자들을 대상으로 일회성의 연구수업으로 진행되었다. 또한 수업 중에 나타난 학생들의 반응과 역사 글쓰기를 분석했기 때문에 수업의 결과를 일반화하는 것은 무리가 있다. 하지만 짧은 수업을 통해서도 학생들은 인권을 중심으로 역사적 사건을 이해했으며, 맥락을 고려하여 과거 사람들의 선택과 결정을 검토하는 모습을 보였다. 수업 후 인권을 위한 노력에 참여하겠다는 의지를 보이는 학생들도 많았다. 이러한 연구결과는 이후 역사교육에서 시민교육에 어떻게 접근할 것인지 연구하는 데 밑거름이 될 것이다.

참고문헌 ─────────────────────────────

권태억, 〈1910년대 조선총독부의 조선 인식과 통치방식〉, 허동현 외, 《근대 한·일 간의 상호 인식》, 동북아역사재단, 2009

김남철, 〈역사교육에서의 평화교육의 모색〉, 《역사교육연구》2, 2005.

김신재, 〈일제강점기 조선총독부의 지배정책과 동화정책〉, 《동국사학》60, 2016.

김용직, 〈3·1운동의 정치사상〉, 《동양정치사상사》4-1, 2005.

김육훈, 〈민주주의·인권 그리고 세계사 교육〉, 《역사와 교육》6, 2012.

김정인, 《민주주의를 향한 역사》, 책과함께, 2015.

_____, 《독립을 꿈꾸는 민주주의》, 책과함께, 2017.

김정인·이정은, 《한국독립운동의 역사 19: 국내 3·1운동》, 독립기념관 한국독립운동사연구소, 2009.

김중섭, 〈후기 산업사회에서의 인권 실행과 새로운 사회운동〉, 《현상과 인식》23-3, 1999.

김한종, 《민주사회와 시민을 위한 역사교육》, 서울대학교출판문화원, 2017.

김효진, 〈'적극적 평화'의 관점에서 본 1970년대 여성노동자 생활사 학습〉, 한국교원대학교 석사학위 논문, 2010.

린다 렙스틱·키쓰 바튼, 배한극 외 옮김, 《초·중학교에서 학생들과 조사 연구하는 역사하기》, 아카데미프레스, 2007.

박걸순, 〈3·1운동과 국내 독립운동〉, 《동양학》47, 단국대학교동양학연구소, 2010.

손승호, 〈유신체제하 한국기독교 교회협의회의 인권운동에 대한 연구〉, 연세대학교 박사학위 논문, 2014.

악셀 호네트, 이현재·문성훈 옮김, 《인정투쟁》, 베스툰코리아, 2011.

이경구 외, 《한국의 근현대, 개념으로 읽다》, 푸른역사, 2016.

이만열, 〈3·1운동의 종교사적·정치사적 의의〉, 《기독교사상》699, 2017.

이봉철, 《현대인권사상》, 아카넷, 2001.

이정은, 《고양독립운동사》, 광복회 고양시지회, 2013.

이정은, 〈한국에서의 인권 개념 형성과정〉, 서울대학교 석사학위 논문, 2004.

장석흥, 〈한국독립운동의 표상, 3·1운동〉, 《연세의사학》12-1, 2009.

장인성, 〈3·1운동의 정치사상에 나타난 정의와 평화〉, 《대동문화연구》 67, 2009.

전상숙, 〈한말 '민권'의식을 통해 본 한국사회의 '개인'과 '사회'인식에 대한 원형적 고찰〉, 《한국정치외교사논총》 33-2, 2012.

정정훈, 《인권과 인권들》, 그린비, 2014.

조동걸, 《한국독립운동의 역사 01: 한국독립운동의 이념과 방략》, 독립기념관 한국독립운동사연구소, 2007.

조효제, 《인권의 문법》, 후마니타스, 2007.

캐서린 아이작, 조희연 옮김, 《우리는 참여와 행동을 통해 민주주의로 간다》, 아르케, 2002.

크리스토프 멩케·아른트 폴만, 정미라·주정립 옮김, 《인권철학입문》, 21세기북스, 2012.

키쓰 바튼·린다 렙스틱, 김진아 옮김, 《역사는 왜 가르쳐야 하는가》, 역사비평사, 2017.

한국사회학회 엮음, 《세계화시대의 인권과 사회운동》, 나남출판, 1998.

한국역사연구회 엮음, 《한국근대사 2》, 푸른역사, 2016.

황현정, 〈가치를 다루는 역사수업의 실제와 가능성〉, 《역사교육연구》 24, 2016.

Lee, P. and D. Shemilt, "New alchemy or fatal attraction? History and Citizenship", *Teaching History*, vol. 129, 2007.

Voss, J. F. and M. Carretero (eds.), *International Review of History Education*, vol. 2, London: Routledge Palmer, 2001.

3장

남북통합을 위한
초등 역사교육 방향

김주택

I. 새로운 패러다임의 남북한 역사교육 통합 필요성

2000년 김대중 대통령과 김정일 국방위원장이 처음 남북정상회담을 가졌다. 이후 남북정상회담을 비롯한 남북대화가 이루어질 때마다 한국 사회는 평화와 통일에 대한 기대로 고무되었다. 그러나 사회 한편에서는 그동안 계속되어온 남북대결을 떠올리며, 급격한 남북대화나 교류에 우려와 의혹의 시선을 보내기도 한다. 기대와 우려가 공존하는 이 시기는 우리에게 새로운 통찰력을 요구한다. 통일시대를 대비하여 남북한 역사교육의 이질화를 완화하고, 새로운 역사교육 내용을 마련할 것을 주문하고 있는 것이다.

그동안 역사교육계에서는 분단으로 인한 이질화를 우려하며, 통일을 대비하자는 주장이 지속적으로 제기되었다. 독일의 통일과정과 역사교육 사례를 통해 그 적용 가능성을 엿보려는 연구들은 이런 목적을 가진 것이었다. 또한 남북한 역사인식의 상이함에 대한 위기감을 역사교육의 관점에서 해결하려는 시도들도 있었다. 남북한 역사교육의 실체를 밝히기 위해 역사교육 변천과정, 구체적인 교육 내용을 비교 고찰하는 연구도 꾸준히 진행되었다. 이러한 연구성과는 통일을 지향하며 대비하는 측면에서 성과와 의의를 지니지만, 한편에서는 통일대비 역사교육이 새로운 차원을 지향해야 함을 보여주기도 한다.

2000년대 이후 통일교육에서는 민주주의, 북한 이해, 평화 등을 강조하는 새로운 패러다임이 주목받으면서 남북한의 정치적·제도적 '통일'과 함께 사회적·문화적 '통합'도 더욱 강조되기 시작했다. 새로운 패러다임에서 '통일'은 정치적인 면에서 '하나 됨'을 추구하는 성격이 강한 것으로, '통합'은 통일과 밀접한 관련을 맺고 있는 민주주의, 상호 이해, 평화 등의 가치를 구현하여 '내면적 하나 됨'을 추구하는 것으로 인식되었다.[1]

통일교육의 새로운 패러다임, 그리고 남북한 통합에 대한 관심 증대는 역사교육이 나아갈 방향을 시사한다. 바로 통일에 대한 기계적인 접근방식을 지양하고, 남북통합의 가치를 구현하는 통합 역사교육의 내용 등에 대한 구체적인 방향 모색을 서둘러야 한다는 것이다. 게다가 남한 초등학교와 달리 북한 소학교에서는 역사과목이 없는 현실을 감안하면 더욱 그러하다. 남한에서는 초등학교 〈사회〉에서 한국사를 가르치는 데 비해, 현재 북한의 5년제 소학교에서는 1968년 《력사》가 사라진 이후 역사과목이 없다. 역사과목을 대신해 정치사상과목이 있지만 김일성 가계와 그들의 활동으로 구성되어 있어 역사과목의 범주에 포함시키기에는 적합하지 않다.

1_ 조정아, 〈통일교육의 쟁점과 과제〉, 《통일정책연구》 16-2, 2007, 289쪽.

남한과 북한 간에 초등학교 역사교육의 편성이나 내용 수준이 크게 불균형한 현시점에서 이를 통합할 수 있는 방안을 마련하기는 쉽지 않다. 한국교육과정평가원에서는 2015년 초등학교 국어과목과 사회과목의 남북통합 교육과정안을 개발했다.[2] 여기에는 역사영역의 통합 교육과정도 포함되어 있다. 이 연구는 남북한 교육과정 전반을 비교·분석하고, 통합 교육과정 수립을 위한 각계의 의견을 수렴했으며, 통일 후 학제와 편제 등에 대한 폭넓은 고찰의 산물이었다. 그러나 통합 교육과정을 통일 후 시기별로 달리 적용하는 데 집중한 나머지 통일, 통합이라는 시대정신에 부합하는 주제가 통합 역사교육에 두드러지게 나타나지 않았다. 또한 통합 교육과정 개발주체가 남한이라는 현실적인 제약을 감안하더라도 통합 역사교육 내용으로 현재 남한 교육과정을 일부 수정하여 적용하는 남한 위주의 방식은 수정 보완되어야 할 부분이다. 통합 교육 내용 방향으로 제시된 문화사, 생활사 중심의 내용은 기존의 남한 초등 역사 학습내용을 반복한다는 인상을 준다. 근대 이전 인물 및 문화재 내용이 남북한 한쪽에 치우치지 않도록 지역별 안배를 강조한 점에서는 내용 배치를 위한 기계적 노력이 엿보이지만, 특정 시대와 사건에 대한 역사해석의 차이에서 일어날 수 있는 문제를 해결하려는 노력은 결여되어 있다.

이 글에서는 2000년대 이후 통일교육 연구자들 사이에서 제기된 통일교육의 새로운 패러다임에 주목하고자 한다. 통일교육의 새로운 패러다임에서 강조되는 사항들이 남북통합 역사교육 내용 구성의 원리로도 적용될 수 있다고 판단하기 때문이다. 남한의 역대 초등 역사 교육 내용이 내포한 문제점과 그 해결책도 이와 맞닿아 있다.

2_ 한국교육과정평가원, 《통일 대비 남북한 통합 교육과정 연구(II), 총론, 국어, 사회과를 중심으로(RRC 2016-2)》, 한국교육과정평가원, 2016.

II. 초등 사회교과서 북한 관련 서술의 변화

통일교육지원법 제2조의 정의에 따르면 통일교육이란 "자유민주주의에 대한 신념과 민족공동체 의식 및 건전한 안보관을 바탕으로 통일을 이룩하는 데 필요한 가치관과 태도를 기르기 위한 교육"을 말한다.[3] 통일교육의 정의에 나타난 자유민주주의 수호, 민족공동체 의식, 건전한 안보관에 대한 바람직한 가치관과 태도를 기르는 것에는 통일 및 북한을 대하는 이중적인 태도가 담겨 있다. 즉 통일과 안보, 북한 이해와 경계심이 병존하는 것이다. 이러한 모습은 반공교육기, 통일·안보교육기, 통일교육 전·후기를 거치면서 현재에 이르는 통일교육 변천과정의 산물이라 할 수 있다.[4]

2000년 남북정상회담을 계기로 통일교육의 패러다임은 바뀌었다. 통일교육의 기본방향은 안보·통일 중심에서 화해와 협력 중심 교육으로, 통일 지향점은 정치적·제도적 통합 중심의 교육에서 사회적·문화적 통합 중심의 교육으로, 통일교육 목표는 안보·체제우위·통일 지향 중심에서 상호 이해·협력·공동체 지향 중심으로, 교육 내용은 체제이념 중심·남한의 비교우위 강조에서 남북한의 객관적 비교 이해로 바뀌었다.[5] 통일교육의 새로운 패러다임으로 등장하고 있는 화해와 협력, 사회적·문

3_ 통일부통일교육원,《2017 통일교육 기본계획》, 2017, 3쪽.
4_ 통일교육의 변천과정은 크게 반공교육기(1945~1987), 통일·안보교육기(1988~1992), 통일교육기(1993 이후)로 구분할 수 있다. 이중 통일교육기는 김영삼·김대중·노무현 정부 시기를 통일교육 전기(1993~2007)로, 국가안보를 우선시한 이명박·박근혜 정부 시기를 통일교육 후기(2008~현재)로 세분할 수 있다. 안승대,〈통일교육의 변천과정과 새로운 방향성 정립에 관한 연구〉,《민족문화논총》57, 2014, 138쪽.
5_ 송정호·조정아,〈이명박 정부의 통일교육정책과 통일교육 거버넌스의 개선방향〉,《평화학연구》10-1, 2009, 177쪽.

화적 통합, 상호 이해·협력·공동체 지향, 객관적 비교 이해는 국가 중심으로 통일을 바라보던 관점이 사람 중심으로 전환되었음을 보여준다. 통일과 밀접한 관련을 맺고 있으면서도 그동안 그다지 강조되지 않았던 민주주의, 평화, 관용, 존중, 차이 같은 가치와도 연관되어 있다. 이러한 통일교육의 새로운 방향은 남북한의 사람이 중심이 되는 민주시민 교육, 갈등 해결을 위한 평화교육, 차이를 존중하는 북한 이해 교육으로 나아가야 함을 말해준다.

역대정권의 통일정책 기조는 초등학교 〈사회〉 역사교육 내용에도 그대로 이어졌다. 초등학교 사회교과서에는 역대정부의 통일정책 및 시대분위기를 짐작할 수 있는 내용이 많다. 제1~4차 교육과정의 교과서는 북한을 원색적으로 비난하며, 분단과 전쟁 발발 책임을 북한에 전가했다. 제5차 교육과정기에 이르러 비난조의 서술은 줄어들었으나 전반적인 기조는 유지되었다. 제6차 교육과정의 교과서에서는 당시 교육과정 특성상 해방 이후 내용이 전혀 포함되지 않아 그 특징을 규정지을 수 없다. 그러나 민주정부가 들어선 이후 북한을 비판하는 내용은 점차 줄었다. 제7차 교육과정의 교과서에서는 종전과 달리 '통일을 위한 노력'이라는 주제로 통일 관련 내용이 등장했다. 하지만 북한의 역사나 사회를 사실적으로 다루는 내용은 없고, 대한민국 역대정부의 통일정책을 사진과 함께 연표 형식으로 제시하는 정도였다. 그러나 이전 사회교과서에서 북한 관련 내용이 한국전쟁을 끝으로 자취를 감춘 것에 비하면 북한이나 남북관계에 대한 서술이 훨씬 다양해졌다. 2007개정 교육과정의 교과서에 비로소 북한 내용이 처음으로 등장한다. 본문에서는 북한의 정권 수립을 짧은 문장으로 소개하고, 본문 하단에 '북한의 정치와 경제, 사회'란을 배치하여 북한의 정치·경제 체제, 경제적 어려움, 김일성에서 김정일로의 권력승계에 대해 언급하고 있다. 그 밖에 '북한 어린이들의 생활' 란에서 북한의 학제, 어린이들의 단체활동, 북한 어린이들의 여가생활 (컴퓨터게임, 만화영화, 연예인)을 소개하고 있다. 2009개정 교육과정의 교과서에서도 직전 교과서와 마찬가지로 북한 관련 내용을 서술하고 있다. 다만 남북 간의 회담과 교류를 서술하는 것과 함께, 북한의 심각한 경제난을 강조했다. 또한 북한의 핵개발, 미사일 발사, 연평도 포격 등 남북한 간의 긴장국면에 대해서도 서술하고 있다.

이상에서 살펴본 제1차 교육과정기부터 현재까지 초등 사회교과서의 통일, 북한 관련 내용은 시기에 따라 서술 내용이나 관점의 차이가 있지만, 대체로 일정한 경향성을 보인다. 교과서의 북한 관련 서술이 가지는 문제점은 다음과 같이 정리할 수 있다.

첫째, 통일의 주체를 국가와 민족으로 상정하고 있다. 역사영역에서 북한 관련 내용은 제7차 교육과정기부터 다뤄지기 시작했고, 2007개정, 2009개정 교육과정의 교과서에도 언급되고 있어 외견상 긍정적인 변화를 보이고 있다. 하지만 북한의 사실적 이해, 통일에 대한 인식과 의지는 여전히 모호한 상태다. 또한 통일정부 수립의 어려움 같은 현실을 인정하면서 이를 극복하기 위한 방안의 모색을 찾아볼 수 없다. 교과서에서 북한이나 통일에 관한 내용 변화가 감지되면서도 인식 수준에서는 뚜렷한 개선이 이뤄지지 않은 까닭은 북한에 대한 인식이나 통일에 대한 실제적인 접근방안이 빠져 있다는 데서 찾아야 한다. 이러한 원인은 통일의 주체가 시민이 아니라 여전히 국가와 민족으로 상정되어 있기 때문이다. '남북한이 평화적으로 통일을 이루는 일은 민족의 과제로 남겨졌다' 라는 식의 교과서 서술은 통일의 당위성을 강조하면서도 통일 주체를 불분명하게 한다. 교과서는 또한 통일의 시기, 방법, 강구해야 할 조치 등 현실적인 문제를 생각할 여지를 두고 있지 않다. 무엇보다 통일을 국가와 민족이 언젠가 이뤄야 할 일로 한정지어 시민의 역할과 참여를 배제한다. 이런 서술은 사회 민주화와 시민의 역할이 강조되는 사회 변화와는 동떨어진 인식이라 할 수 있다.

둘째, 북한에 관한 내용이 적거나 부정적이어서 통일 상대인 북한을 이해하기 어렵게 하고 있다. 역대 사회교과서 역사영역의 북한 관련 내용은 분단과 한국전쟁을 끝으로 사라지는 경우가 많았다. 그나마 교과서에 등장하는 북한은 '물리쳐야 할 대상', '동정의 대상', '비판의 대상' 등으로 여겨졌다. 이러한 북한상(像)은 사실여부를 떠나 북한에 대한 이해를 가로막고 있을뿐더러 북한의 정책이나 북한 사회의 문제점을 아는 것이 통일교육의 전부인 듯한 인상을 준다.

우리가 하루속히 통일을 이루어야 하겠다는 결심은, 6·25사변으로 말미암아 더욱 굳어졌고, 나쁜 공산주의를 하루속히 물리쳐야겠다는 것을 뼈저리게 느꼈다. 그러므로 우리들은 모든 힘을 모아서, 공산주의를 이 땅에서 몰아내고, 하루바삐 잃었던 북한을 찾아, 통일을 완수해야 하겠다. (물리쳐야 할 대상으로 표현한 서술. 문교부, 《사회생활 6-2》, 대한문교서적주식회사, 1956, 9쪽)

그러나, 아직도 소련의 지배를 받고 있는 북한 동포들은, 이 기쁨을 나누지 못하고 있다. 우리는 이들을 구하기 위하여 하루속히 통일을 이루어야 하겠다. (위의 책, 18쪽)

남한의 국민은 민주주의 정치 아래 자유로운 생활을 할 수 있었으나, 북한 동포들은 소련과 공산주의자들의 독재로 자유를 찾지 못한 채 강제노동으로 괴로움을 받았다. (동정의 대상으로 표현한 서술. 문교부, 《사회 6-1》, 국정교과서주식회사, 1966, 55쪽)

노동자와 농민을 위한다는 정치는 선전에 불과하다. 국민의 자유를 보장하지 않는다. 국민의 이익을 대변하는 국회가 없고, 노동당의 일당독재이다. 국민을 노예, 기계처럼 심하게 부려먹는다. 모두 서로 감시를 받아 마음 놓고 지낼 수 없다. 자국민과 외국에 거짓 선전을 일삼는다. 평화를 내세우는 것은 전쟁 준비를 위한 허위 선전이다. (북한 사회의 문제점 서술 내용. 위의 책, 80쪽)

제7차 교육과정의 교과서에 북한에 관한 내용으로 소개된 유일한 문장, "한편, 북한에는 김일성이 이끄는 공산주의 정권이 들어섰다"[6]라는 표현은 북한 이해의 폭이 얼마나 제한적이고 인색한지를 보여준다. 2007개정 교육과정의 교과서에 소개된 북한의 정치와 경제, 사회, 어린이의 생활 내용은, 남한에서는 볼 수 없는 생경한 모습을 소개하는 정도에 그치고 있다. 2009개정 교육과정 교과서의 북한 서술은 북한의 경제난에 초점을 맞추고 있는데, 남한의 경제수준을 기준으로 북한의 경제를 평가한다. 북한을 소개하는 내용은 점차 늘고 있지만 북한을 있는 그대로 이해하고자 하는 시도는 아직 부족한 실정이다.

셋째, 남북 갈등, 특히 한국전쟁에 대해 함께 책임지려는 자세가 부족하다. 제1차 교육과정기부터 현재까지 초등학교 사회교과서에 한국전쟁

6_ 교육인적자원부, 《사회 6-1》, 교육인적자원부, 2004, 122쪽.

을 다루는 내용은 대체로 다음과 같은 세 단계를 거쳤다.

① 제4차 교육과정기까지는 전쟁 발발, 전쟁으로 발생한 피해의 책임을 전적으로 북한에 돌렸다. 그리고 소련과 중국을 배후세력, 협조세력으로 지목하며 함께 비판했다. 전쟁 직후인 제1차 교육과정기 교과서의 "공산군이 200만 명에 달하는 사람을 죽이거나 상하게 하고, 66만이라는 숫자의 집을 불태웠다", "문화 시설은 거의 파괴되고, 집 잃은 동포가 수백만이나 되었다"[7] 같은 표현이 이를 단적으로 보여준다.

② 제7차 교육과정기부터는 전쟁의 전개과정을 중심으로 서술했다.[8] 북한의 남침, 국군의 후퇴, 유엔군 참전, 국군과 유엔군의 북진, 중국군 개입, 휴전 등 전쟁이 어떻게 전개되었는지 서술할 뿐, 사람들에게 전쟁이 어떤 의미가 있는지에는 관심을 갖지 않았다. 2007개정 교육과정 교과서부터는 전쟁 전개과정 설명과 함께 전쟁 상황 안내 지도가 등장했다. 2009개정 교육과정 교과서에서는 전쟁의 전개과정을 4개의 지도를 이용하여 두 쪽에 걸쳐 상세하게 다루고 있다. 전쟁의 전개과정을 이해하기 쉽게 지도를 통해 정리했지만, 전쟁 서술의 관점에서는 이전과 별 차이가 없다. 교과서에 제시된 한국전쟁의 스토리는 '북한의 불법남침 → 국제연합군(유엔군) 파병과 지원 → 인천상륙작전과 서울 수복 → 북진 → 중공군의 개입 → 1·4후퇴 → 휴전'이다. 이런 서술은 전쟁에 대한 성찰보다는 전쟁의 시작과 전개과정, 전선의 변화에 초점을 맞춘다. 그리고 '현재도 지속되고 있는 분단 상황과 불안한 정세', '이를 위해 필요

7_ 문교부, 《사회생활 6-2》, 대한문교서적주식회사, 1956, 7쪽.

8_ 제5차 교육과정기 교과서에서는 전쟁으로 국민의 자유로운 생활이 통제를 받게 되었고, 국민은 국가의 명령에 의해 동원되었으며, 국가의 운명이 걸려 있는 전쟁 동안에는 불가피한 것으로 서술되어 있다. 교육부, 《사회 6-1》, 국정교과서주식회사, 1990, 128쪽. 제6차 교육과정기 교과서는 해방 이전까지만 다루고 있다.

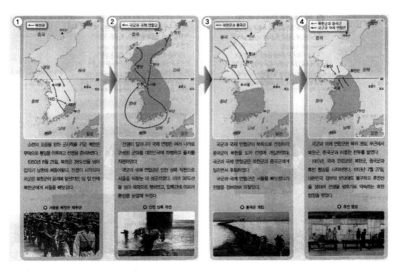

〈그림 1〉 **한국전쟁의 전개과정**[9]

한 것은 철통같은 안보태세 확립' 등의 의식을 강조하고 있다.

③ 근래에는 전쟁으로 사회와 사람들이 입은 피해도 교과서 내용에 포함하고 있다. 제7차 교육과정 교과서부터 전쟁 중 발생한 인명피해와 물적 피해를 서술했다. 그러나 민간인이 입은 피해는 전쟁 과정에서 불가피하게 일어난 피해 정도에 한정한다. 국가권력에 의한 민간인 피해 사실은 거의 등장하지 않는다. 2007개정 교육과정 교과서의 "북한군이 점령할 때에는 국군과 경찰에 협조한 사람들에게 보복이 가해졌고, 국군이 점령할 때에는 반대의 상황이 벌어졌다"[10]라는 내용이 유일하다. 2009 개정 교육과정 교과서에서는 '한국전쟁으로 인한 인명 피해' 숫자를 표로 제시하고 있다.

이상에서 살펴본 북한 및 남북관계 서술은 통일교육 내용으로는 한계

9_ 교육인적자원부, 《초등학교 사회 6-1》, 교육인적자원부, 2017, 121~122쪽.
10_ 교육과학기술부, 《사회 5-2》, 두산동아, 2011, 107쪽.

가 있다. 이런 한계를 극복하는 것이 향후 남북한 통일에 대비한 역사교육 내용을 구성하는 방향이라고 할 수 있다. 시민의 역할을 강조하는 역사교육, 북한의 변화를 사실적으로 이해하기 위한 역사교육, 한국전쟁의 유산으로 현재까지 이르는 갈등을 치유하고, 남북한의 화합을 모색하는 역사교육이다. 이러한 방향성은 2000년 이후 통일교육 연구경향과도 일치하는 면이 있다.

III. 남북한 역사교육 통합을 위한 내용 구성 논리

1. 시민적 관점을 위한 역사교육

남북한 구성원들에게 통일 못지않게 중요한 것은 이후 평화롭고 행복한 삶을 지속하는 것이다. 이를 위해서는 통일 준비 과정과 통일이 실현된 이후에 나타날 것으로 예상되는 다양한 문제들에 대비해야 한다. 남북 사이뿐 아니라 남한 내부의 구성원들 사이에도 남북관계와 통일에 대한 심각한 의견 차이와 갈등이 존재한다. 이런 갈등을 완화하기 위해서도 상대방을 인정하고 다른 견해에 귀를 기울이는 관용을 수반한 합리적 의사소통이 이루어져야 한다. 남북한 전체 구성원에게는 상대방의 이질적 특성을 이해하는 태도, 민주적 의사소통 과정을 통한 협동과 배려가 필요하다.[11]

이를 위해 요구되는 통일시대 시민의 자발적이고 능동적인 자세는 공

11_ 조정아, 《통일교육 컨텐츠 개발 IV(2)》, 통일연구원, 2014, 37~39쪽.

적 책임의식, 판단능력, 참여다. 통일시대 시민은 국가적으로 중요한 시기에 자신에게 부여된 책임을 공적 책임으로 자각해야 한다. 자신이 처한 현실문제를 올바로 이해하고 판단할 수 있어야 한다. 그리고 사회공동체 구성원들과 연대하고 실천하는 참여능력을 지녀야 한다.[12] 이를 위한 시민교육의 방식으로 '사회적 입문을 위한 교육', '사회개혁을 위한 교육', '사회적 단합을 위한 교육'이 제기되기도 한다.[13] 통일시대를 살아갈 시민을 위한 역사교육도 이런 방향을 모색할 필요가 있다.

'사회적 입문을 위한 교육'은 남북한에서 분단시대 동안 전수된 교육 내용을 가르치는 것이다. 이럴 경우 북한의 정치사상교과에서 공산혁명 및 김일성 일가 숭배를 위해 가르쳐온 내용도 유지해야 하는 문제가 생긴다. 그럴 경우 민주주의를 이념으로 삼아야 할 통일국가의 성격에도 맞지 않아 구성원들의 폭넓은 지지를 받기 어려울 것이다. '사회적 입문을 위한 교육'에서는 남북한의 과거에서 공통요소를 찾기보다는 각기 개별적인 내용을 다루고 있어 통일·통합의 정신과 거리가 있다.

'사회개혁을 위한 교육'은 통일시대에 맞춰 기존의 남북한 역사교육 내용을 비판적으로 검토하여 부적절한 내용을 폐기하거나 새로운 내용과 방식으로 전면 개편하여 일괄 통합하는 방식이다. 이러한 방식은 구성원들의 의견 수렴, 개발 준비에 소요되는 시간 부족 등 현실적인 어려움으로 인해 더 큰 혼란을 야기할 수 있으므로, 향후 통일 후 안정기에 접어들었을 때 적용하는 것이 적절해 보인다. '사회개혁을 위한 교육'은 남북한의 미래를 전망하는 혁신적인 성격이 강하지만 남북한이 공유하는 과거와 현재에 대한 기반이 취약하다는 한계가 있다.

12_ 위의 책, 34쪽.
13_ 심성보, 《민주시민을 위한 도덕교육》, 살림터, 2014, 362~365쪽.

'사회적 단합을 위한 교육'은 이 두 가지를 보완하여 구성하고자 한다. 교육 내용에 급격한 변화를 주기보다는 남북한의 단합을 꾀할 수 있는 요소를 찾아 구성하는 것이다. ① 남북한이 공유한 과거를 통해 공통된 역사인식을 추구하도록 한다. ② 현재에 이르기까지 인류의 보편적 이념으로 존중받는 민주주의 내용을 가미하도록 한다. 이는 완전한 통합 이전에 현실적으로 고려해볼 수 있는 대안이다. 남북한 역사교육 내용에는 동일한 사건과 인물에 대한 상이한 평가, 교육 내용 자체의 차이 등 다른 점이 더 많지만 유사한 면도 찾아볼 수 있다. 역사 인물 중에는 남북한에서 모두 높이 평가받는 사람들이 있고, 남북한 교과서에 나란히 등장하는 인물도 많다. 여기에 인류의 보편적 가치인 민주주의를 소개하는 내용으로 남한 현대사의 민주화운동을 그 사례로 포함시킬 수 있을 것이다.

첫째, 남북한 공통의 역사인식을 추구한다. 남북한 학계에서 모두 높이 평가받는 인물로는 정약용, 전봉준, 홍범도, 신채호 등을 꼽을 수 있다.[14] 2009개정 교육과정 초등학교 《사회》 교과서와, 같은 연령의 북한 학생들이 배우는 2013년에 간행된 북한 초급중학교 1학년용 《조선력사》에는 을지문덕, 연개소문, 양만춘 등의 역사 인물들이 나온다. 초급중학교 2, 3학년용 《조선력사》까지 범위를 확대하면 서희, 강감찬, 이순신, 곽재우, 홍경래, 전봉준, 홍범도, 안중근 같은 인물들이 추가된다. 이들은 남한과 북한에서 모두 긍정적인 평가를 받고 있다. 이 중 조선 후기부터 일제강점기까지 활약한 인물들은 시대의 제약을 뛰어넘는 선구자적

---

14 조성을, 〈남·북이 모두 높이 평가하는 인물: 정약용〉, 《역사비평》 22, 1993; 조민, 〈남·북이 모두 높이 평가하는 인물: 전봉준〉, 《역사비평》 22, 1993; 하일식, 〈남·북이 모두 높이 평가하는 인물: 신채호〉, 《역사비평》 22, 1993; 장세윤, 〈남·북이 모두 높이 평가하는 인물: 홍범도〉, 《역사비평》 22, 1993.

활동을 하거나, 사회 모순을 깨는 데 앞장서고, 지배권력의 횡포에 맞서 싸우는 삶을 살았다.

이들의 삶에서 공적 책임의식, 판단능력, 참여라는 시민적 요소를 찾아볼 수 있다. 이들은 시대의 문제를 자신의 것으로 여기는 공적 책임의식을 지녔다. 이들은 또 지배층의 부림을 받으면서도 늘 그대로 있는 항민(恒民: 늘 그대로인 백성), 윗사람의 요구에 응하면서 원망만 하는 원민(怨民: 원망을 품은 백성)과 달리, 호민(豪民: 호걸스러운 백성)과 같은 사람이었다. 허균은 호민을 '푸줏간 속에 자취를 감추고 몰래 딴마음을 품은 채 세상을 흘겨보고 있다가 행여 무슨 변고라도 일어나면 자신의 바람을 실현하고자 떨쳐 일어나는 사람'이라고 표현했다.[15] 또한 이들은 당면한 문제의 원인, 문제의 실상, 문제 해결 방안, 실행 방법 등까지 깊이 고민한 높은 이해력과 판단력의 소유자였다. 이들은 사회개혁 또는 민족해방 주장이 담긴 저술을 내놓거나 주도면밀한 계획을 수립했다. 무엇보다 이들은 사회공동체 구성원들과의 연대를 도모했다. 항민이나 원민 같은 구성원들의 참여를 유도하여 사회개혁 또는 독립운동을 함께 실행에 옮긴 실천가였다.

남북한에서 공통으로 다루는 역사적 사건이나 인물을 사례로 민주주의, 시민의 역할 등에 대해 교육할 때, 역사적 사건이나 인물에서 시민적 요소를 찾아 오늘날의 상황에 적용하는 것이 적절하지 않을 수도 있다는 점에 유의해야 한다. 예컨대 정약용이나 전봉준 등이 살던 시기의 민본의식과 오늘날의 민주주의는 동일한 개념이 아니다. 당시의 백성이나 농민, 서민과 오늘날 시민의 범주도 같지 않다. 그렇기 때문에 역사적 사

15_ 정길수 편역, 《나는 나의 법을 따르겠다》, 돌베개, 2012, 96~97쪽.

건의 의의를 현대적 의미로 단순히 적용하기에 앞서 역사적 맥락을 먼저 고려할 필요가 있다. 당시 사건이나 행위를 그 시기의 관점으로 해석하는 것과 오늘날의 관점에서 사회문제에 적용하는 것 사이에 어떤 차이가 있는지 검토할 필요가 있다. 학생들은 해석 행위를 통해서 역사적 지식을 획득하고, 자료를 비판하거나 의사결정에 참여하게 된다. 이러한 학습과정을 거치면서 학생들은 일종의 시민이 되는 과정에 참여하게 되며, 이를 통해 자신의 관점을 갖게 된다.

둘째, 남북한 민주주의의 이념을 비교하고, 그 이념이 사회구성원에게 어떤 영향을 미쳤는지 분석할 수도 있다. 민주주의는 인류의 보편적 가치로, 남북한 정부는 모두 민주주의를 내세웠다. 민주주의는 해방 후 새로 수립해야 할 국가의 정치체제로 급부상하며 남한과 북한의 정치체제로 채택되었다. 다만 민주주의의 내용이 달랐는데, 남한은 서구식의 자유민주주의를 표방한 데 비해 북한은 인민민주주의를 내세웠다. 남한에서는 민주주의를 지키기 위해 반공 이념이 가미된 방어적 민주주의가 오랫동안 유지되었다.[16] 남한의 권위주의 정부는 '민주주의=자유, 공산주의=독재'로 규정하는 선악 이분법을 적극 활용했다. 이승만, 박정희 정권을 거치면서 남한의 민주주의는 민족·국가주의적 색채가 가미되었다. 북한의 인민민주주의에서는 노동자, 농민 등 프롤레타리아를 주축으로 삼는 인민의 자유와 평등을 주장하면서, 부르주아 민주주의 혁명을 거쳐 사회주의 혁명을 통해 이것이 구현된다고 보았다. 인민민주주의 노선에서는 민족의 완전 독립과 토지 문제의 혁명적 해결 등을 주된 과업으로 여겼다.[17] 그러나 북한의 인민민주주의는 김일성 일가의 독재체제

16_ 이영록,《우리 헌법의 탄생》, 서해문집, 2006, 35~37쪽.
17_ 김정인,〈민주주의, 해방기 분열 혹은 통합의 아이콘〉,《한국의 근현대, 개념으로 읽다》,

로 굳어지는 결과를 낳았다. 남한과 북한 정부 모두 민주주의를 내세웠지만, 추구하는 바가 달랐고 이념으로 존재했으며, 구성원들의 자유와 권리를 제한하는 데 이용하기도 했다.

이런 차이를 극복하고 남북한 민주주의 이념을 통합하는 방향으로 남한의 민주화운동이 지향했던 사회를 떠올릴 수 있다. 남한 사회 내부의 운동이기는 하지만, 북한을 적이 아니라 '우리'로 받아들이고자 했으며, 남북한 모두 공유할 수 있는 가치인 평화, 인권, 통일 등을 지향했기 때문이다. 남한의 민주화운동 사례는 통일국가의 민주주의 이념에 부합하고, 남한과 북한이 그동안 표방해온 민주주의를 대체 및 보완할 수 있기에 민주시민을 위한 역사교육 내용으로 적절하다고 할 수 있다. 4·19혁명, 5·18민주화운동, 6월 민주항쟁 같은 민주화운동의 사례는 남한 학생뿐 아니라 북한 학생들에게도 국민주권의 의미, 민주주의와 인권을 쟁취하기 위한 시민 참여의 가치를 인식시키기에 적절한 사례다.

2. 북한의 생활과 북한 현대사의 이해

민족공동체 의식은 남북한이 혈연, 언어, 문화, 역사 등을 공유하는 이른바 '한민족'이라는 사실을 근거로 남북한 주민들이 하나의 민족의식을 지닐 수 있다고 가정한다. 하지만 민족공동체 의식은 다소 맹목적인 동일성을 추구하는 과거지향적인 의식에 치우쳐 있다는 비판을 받기도 한다. '과거에 같았으니까 오늘날에도 같을 수 있다'는 논리는 70여 년간의 분단으로 심화된 이질화를 극복하는 데 한계가 있기에 과연 현실적인지

푸른역사, 2016, 157~158쪽.

의문이다.[18]

이러한 한계를 극복하려면 남북한 주민들이 공유하는 객관적인 요소의 같음에 집중하는 것에서 이질적인 요소를 다름으로 인정하고 받아들이는 방식으로 변화를 꾀해야 한다는 주장이 제기되기도 한다.[19] 북한 주민들을 지배하는 의식과 가치관, 생활방식 등을 있는 그대로 바라보는 다문화적 관점으로 접근하자는 것이다.

이를 위해서는 생활문화 중심의 교수요목이 적합하다. 이념, 체제, 사상, 제도 등의 내용을 일부 포함시키되,[20] 일상생활 속에서 쉽게 접할 수 있는 어린이들이 살아가는 모습과 학교생활, 전통문화, 관습, 의식주, 가정과 가족관계, 교통과 통신수단, 생활경제 등을 위주로 한 내용으로 구성하는 것이다.[21] 이러한 내용은 북한에 대한 막연한 거부감과 지나친 경계심 대신 자연스러운 흥미와 관심을 불러일으킬 수 있다. 북한 이탈주민의 증언을 사례로 활용하면 사실적인 이해를 도울 수 있다. 예컨대 함경북도 아오지에서 태어나 고등중학교 2학년이던 열다섯 살 때 가족과 함께 두만강을 건너 중국으로 탈북했다가 4년 동안 미얀마, 태국 등에서 죽음의 고비를 넘기는 우여곡절 끝에 2001년에 한국에 온 최금희의 수기[22]는 북한 어린이의 삶과 생각을 잘 보여준다.

18_ 지수걸, 〈(기획) 통일을 위한 남북 교과서 분석: 역사교과서〉, 《역사비평》 55, 2001, 325쪽.

19_ 정희태, 〈남북 화해·협력시대 초등학교 통일교육의 개선 방향〉, 《통일전략》 4-2, 2004, 260~263쪽.

20_ 여기에는 북한(정식 국가명, 국기, 국가, 국화, 지도자 등)과 공산주의 체제에 대한 기본적인 내용이 해당될 수 있다.

21_ 한만길, 《통일교육의 이론과 실천》, 교육과학사, 2001, 45쪽; 도희윤, 《어린이 북한 바로 알기》, 청솔, 2005; 안문석, 《이제 만나러 갑니다: 청소년을 위한 살아있는 북한 이야기》, 인물과사상사, 2013.

22_ 최금희, 《금희의 여행》, 민들레, 2007.

그러나 이러한 방식에는 주의가 요구된다. 북한 이탈주민의 증언을 토대로 북한의 정치체제 및 이념의 모순점, 어려운 경제현실, 김일성·김정일·김정은 개인 우상화의 실상 등을 소개할 경우, 자칫 남한이 북한보다 우월하다는 이미지를 강하게 가지게 하기 때문이다. 어린이용 북한 이해 서적에서 북한 사람들에 대한 동정과 연민의 마음을 갖도록 하는 경우가 많다. 그러면서 북한 이해의 결론에서는 북한 사람들과 다른 삶을 살아가는 남한의 어린이들은 행복한 사람이므로 반성과 감사함을 느끼자는 제안이 제시되기도 한다.[23]

북한 이해에는 남북한을 비교하는 내용이 포함될 수 있지만 남북한 비교를 통해 남한의 우월의식, 북한 사람에 대한 연민의식 등을 가져야 하는 것으로 귀결되어서는 안 된다. 북한 사람들의 의식과 가치관 등이 남한과 다른 모습을 지니게 된 근본적인 원인을 이해하도록 해야 한다. 해방과 분단 이후 북한이 걸어온 길과 오늘날 북한 사람들의 생활모습 등을 연관 지어 이해할 필요가 있다. 그러기 위해서는 분단 이후 북한 현대사를 알아야 한다. 북한 현대사에 대한 이해를 배제한 채 시도되는 북한 이해는 표면적인 변화 등을 이해하는 정도에 그칠 수밖에 없다.

북한 이해를 위해서는 북한 현대사를 바라보는 두 가지 관점에서 탈피해야 한다. 첫째, 과도한 도덕적 판단으로 북한 현대사를 바라보는 관점을 완화시켜야 한다. 남한 사회과 교과서 등에서는 북한 현대사를 김일성, 김정일, 김정은으로 이어지는 독재정권의 역사로 등치시켰다. 그래서 북한의 역사를 한 국가의 역사라는 범주에 포함시킬 만한 것이 못 되는 불온한 사상 정도로 간주하여 이해와 학습의 대상에서 배제했다. 교

23_ 이은서, 《넌 네가 얼마나 행복한 아이인지 아니?: 북한 아이들 이야기》, 국민출판, 2014.

과서는 북한 현대사를 가치판단을 포함하면서도 최소한으로 서술했다. 한때 초등학교 사회교과서에서 '한편 북한에서도 김일성이 이끄는 공산주의 정권이 수립되었다'와 같은 문장으로 표현한 경우가 이를 잘 보여준다. 둘째, 북한 현대사 학습을 공산주의 이념 수용과 연관 짓지 않아야 한다. 공산주의 이념을 받아들이는 통로가 될 수 있다는 막연한 우려와 경계로, 북한 현대사를 학습 대상으로 받아들이는 데는 오랜 세월이 소요되었다. 남북한 또는 남한 내 이념적 대립이 여전히 지속되는 환경이 이러한 현상을 유지시켰다고 할 수 있다. 북한 현대사 학습내용에는 북한 지도자에 대한 내용이 포함될 수밖에 없는데, 김일성 등 북한 체제를 만든 사람들이 어떤 인물들인지, 그들이 추구했던 이상과 현실이 어떤 것인지 등을 사실 그대로 알려주는 방식으로 접근해야 할 것이다.

이 두 가지를 유의하면서 북한 현대사 학습은 북한 사람들에 대한 사실을 이해하는 데 초점을 맞추어야 한다. 북한 체제에서 살아온 일반 대중의 삶이 시기별로 어떠했는지 구체적인 자료를 제시하여 이해할 수 있도록 해야 한다. 이럴 경우 학생들은 북한 체제와 북한 사람들을 더 객관적으로 이해할 수 있게 될 것이다. 여기에 남북관계의 역사를 함께 다루면 남북 사이에 신뢰 회복의 길이 얼마나 어려우며, 얼마나 많은 노력을 기울여야 하는지도 이해하게 될 것이다.[24] 이는 통일과정과 그 이후에 대한 막연한 생각을 없애고, 현실적인 차원의 숙고와 실천이 이루어지는 데 기여할 수 있을 것이다.

24_ 김성보 외, 《북한 현대사》, 웅진지식하우스, 2005, 7쪽.

IV. 통합 역사교육 내용 구성 방안

1. 남북한이 긍정적으로 평가하는 인물의 다원적 관점 분석

남북통합을 위한 역사교육 내용으로 가장 먼저 떠오르는 것은 남북한에서 평가가 비슷하거나 공동의 역사인식을 가지는 역사적 사실이다. 예컨대 남북한에서 모두 긍정적으로 평가받는 역사적 인물의 행위가 여기에 해당한다. 그렇지만 시민적 관점에서 역사 인물에 접근하기 위해서는 인물 자체에 집중하기보다는 직간접으로 관련되어 있는 여러 사람의 입장에서 인물을 바라봄으로써, 그의 행위를 여러 측면에서 살펴볼 필요가 있다. 인물의 행위를 다원적 관점에서 바라보고 평가하는 것 자체가 시민교육의 한 방안이다. 민주국가에서 시민은 하나의 문제를 여러 사람들의 입장에서 바라보는 공적인 관점을 가지고 있으며, 이러한 인간을 기르는 것이 시민교육이기 때문이다.

다원적 접근은 인물의 행위에 대한 평가를 풍부하게 한다. 학생들이 기존의 평가를 손쉽게 답습한다면 인물의 영웅적인 행위가 생겨난 과정과 이후 결과 등을 알지 못한 채 그 인물의 행위를 당연한 것으로 간주할 수 있다. 하지만 다원적 관점에서 접근하면 인물의 행위는 주변 사람들의 지지와 희생 등이 동반된 결과라는 것을 알 수 있다. 이는 인물의 행위에 대한 기존 평가를 더욱 분명히 하거나 새로운 평가를 내리는 계기가 될 수 있다.

이런 내용 구성의 사례로 안중근의 활동학습 방안을 생각해보자. 안중근은 남북에서 모두 높이 평가받는 대표적인 인물이다. 그러나 안중근의 영웅적인 행위 이면에는 남은 가족이 겪은 고통과 좌절의 이야기가 전해져 다원적 관점으로 접근하기 적합하다. 남북한 교과서에서 안중근은 조선 침략의 원흉인 이토 히로부미를 처단한 항일 영웅으로 소개되어 있다. 북한의 초급중학교 3학년용 《조선력사》는 안중근 의거를 '할빈역두에서 울린 복수의 총소리'라는 제목으로 소개하고 있다. 안중근은 나라를 구하기 위해 준비된 사람이며, 희생을 각오하고 뜻을 펼친 용기 있는 인물이라고 평가하면서 의거의 전개 과정을 자세히 서술했다.[25] 남한 교과서에서도 이런 관점은 마찬가지다. 또한 투옥 당시 감옥과 재판정에서도 죽음을 두려워하지 않고 의연함과 당당함을 유지했던 모습을 소개하고 있어 학생들의 존경심을 불러일으키기에 충분하다.[26] 이처럼 안중근 의거는 나라사랑의 귀감이 되며, 학생들에게 많은 가르침을 주는 소재다.

　그렇지만 안중근 의거를 바라보는 가족의 관점이 모두 같았던 것은 아니다. 안중근이 투옥되었을 때 구차하게 살기를 바라지 말 것을 당부한 어머니 조마리아는 아들만큼 범상치 않은 인물로 교과서에 소개되기도 한다. 그러나 가족의 태도가 모두 그랬던 것은 아니다. 안중근의 부인은 아들에게 남편의 행위를 높이 평가하면서도 두 아들에게 자신만을 위한, 평범한 삶을 살 것을 권했다. 그러나 큰아들은 누군가 준 독이 든 과자를 먹고 죽었다. 둘째 아들은 극도의 생활고를 겪다가 총독부의 권유를 뿌리치지 못한 채 국내 순회강연에서 이토 히로부미의 아들에게 공개적으로 사과했다.[27] 그렇지만 이들의 삶은 학교 역사교육에서 전혀 언급되지 않는다. 학생들에게 소개하기에는 너무 세세한 이야기일 수 있지만, 학

25_ 제갈명 외, 《조선력사 3》, 교육도서출판사, 2015, 160~162쪽.
26_ 교육부, 《사회 6-1》, 교육부, 85쪽, 2017; 위의 책, 161~162쪽; 김홍식, 《안중근 재판정 참관기》, 서해문집, 2015.
27_ 김성민, 《이토 히로부미, 안중근을 쏘다》, IWELL, 2010.

생들이 안중근 집안에 실망하거나 부정적 이미지를 가지게 되지 않을까 하는 우려도 한 원인이다.

안중근의 활동을 소개하고, 안중근의 의거를 '민족의 영웅이 행한 위대한 일'로만 접근하는 것은 남북한 역사교육의 공통점이다. 그렇지만 이런 접근방식은 현재 남북한에서 이루어지고 있는 역사교육 접근법이지, 통일시대 남북통합을 위한 역사교육 방안은 아니다. 위인의 영웅적 행위에만 초점을 맞추는 역사수업에서 학생들은 역사 속 인물의 행위에 내포되어 있는 공적 책임, 판단, 실천의지와 참여에 주목하지 못할 수도 있다. 안중근의 영웅적 행위를 강조하는 것을 넘어서 사회를 위한 시민적 책임감, 사회문제에 대한 판단, 실천의지 등에 주목할 필요가 있다. 이런 관점에서 남북한이 모두 높이 평가하는 인물의 행위에 접근하는 것이 역사교육 통합의 방향이 되어야 한다. 이런 점을 감안하여 안중근의 행위를 이해하기 위한 수업안을 제시하면 〈표 1〉과 같다.

우선, 1차시에 앞서 교사는 학생들에게 안중근의 활동을 다룬 어린이용 문학작품을 읽어오도록 안내한다.[28] 안중근을 주인공으로 하는 어린이용 문학작품은 많다. 대부분의 작품들은 안중근의 주요 활동을 비슷하게 서술하고 있다. 학생들은 1차시에 문학작품에 나타난 주요 사실들을 안중근의 의거를 중심으로 정리한다. 이를 통해 학생들은 안중근의 활동을 파악하고, 안중근과 그의 행위에 대해 자기 나름의 평가를 한다.

2차시에서 교사가 안중근 사후 가족들이 겪은 일화를 정리한 읽기 자료를 학생들에게 제공한다. 자료는《이토 히로부미, 안중근을 쏘다》에서 발췌할 수 있는데, 이 책에는 안중근의 가족이 겪은 생활고와 신변위협

---

28 조정래,《안중근》, 문학동네, 2007 ; 안경순,《와이 피플 안중근》, 예림당, 2014 등을 참고할 수 있다.

〈표 1〉 안중근 학습의 흐름

차시	학습주제	학습내용	학습자료
1	안중근 의사의 의거 알기	○ 안중근 의사의 주요 활동 파악하기 　- 안중근 의사가 한 일 말하기 　- 자료에 나타난 안중근의 행위 중 기억에 남는 장면 말하기 ○ 안중근의 주요 업적 표현하기 　- 그림에 색칠하고, 안중근이 한 일 적기 　- 안중근 의사의 행동 중 하나를 선택해서 연기하기 ○ 안중근 의사에 대한 자신의 생각 말하기 　- 훌륭한 점, 본받고 싶은 점 등 말하기 　- 따라할 수 있는 일과 그렇지 못한 일 말하기	위인전 그림 (단지 동맹, 하얼빈역 거사 장면, 재판정)
2	독립운동가 가족의 삶 들여다보기	○ 안중근 의사 가족의 삶 알아보기 　- 안중근 의사의 가족 구성원 조사(어머니, 부인, 아들, 동생 등) 　- 안중근 의사 가족의 생활 조사하기 ○ 안중근 의사 가족 소개하기 　- 가족 구성원들의 사진으로 가계도 작성하기 　- 가계도의 사진 옆에 가족들의 생활을 적기	가족사진 읽기 자료
3	여러 사람의 입장에서 안중근 의거 평가하기	○ 안중근 의거에 대한 반응 　- 연해주 동포의 반응 　- 국내 대중의 반응 　- 계몽지식인의 반응 ○ 안중근 가족의 안중근 의사에 대한 생각 알아보기 　- 어머니의 안중근에 대한 태도 　- 동생의 안중근 평가 　- 부인의 안중근 의거에 대한 입장 　- 아들의 안중근 활동에 대한 대응 ○ 안중근 의사 가족의 입장이 되어 글쓰기 　- 가족 중 한 사람의 입장에서 안중근 의사에게 글쓰기 　- 친구들 앞에서 발표하기 ○ 가족의 생활을 보는 안중근의 마음 추론하기	읽기 자료 학생 글

등이 소개되어 있다. 학생들은 자료에서 안중근의 가족이 기본적인 생존 조차 위협받는 고달픈 삶을 살았다는 것을 알게 된다. 그런 다음 학생들 은 안중근의 가족과 이들의 삶을 소개하는 활동을 한다. 가계도를 작성 하고, 그들이 어떤 삶을 살았는지 적어본다.

3차시에서 교사는 학생들이 다양한 관점에서 안중근 의거를 평가해보도록 유도한다. 안중근 자신, 안중근의 거사 소식을 들은 연해주 동포, 국내에 거주하는 일반 사람들, 문화운동을 했던 계몽지식인들의 반응을 추론한다. 이들은 안중근 의거와 같은 의열투쟁에 다른 입장을 보일 수 있는 집단이다. 다음으로 안중근의 가족이 그의 행위를 어떻게 생각했을지 추론한다. 누구보다 안중근의 행위로 인해 가장 직접적인 영향을 받는 사람이 가족일 것이기 때문이다. 그 영향을 어떻게 생각하는지에 따라 안중근 의거에 대한 평가는 달라진다. 실제로 안중근의 부인과 아들은 안중근 어머니와는 다른 관점을 가지고 있었다.[29] 다음으로 독립운동을 하면서 가족을 생각하는 안중근의 마음이나 자신의 행위로 가족들이 받을 어려움에 대한 안중근의 고민을 추론한다. 학생들은 안중근이 했을 고민과 가족에 대한 걱정에 공감할 수 있다. 이 같은 다원적 관점의 역사학습은 안중근 의거를 위인의 영웅적인 행위를 조명하는 것에서 조금 비켜나 여러 관련자들의 관점에서 바라보도록 한다. 이 과정에서 미처 드러나지 않았던 역사적 사실을 새롭게 이해하고, 이 사실들은 기존의 학습내용을 새로운 차원에서 보완해줄 수 있다. 이를 통해 학생들은 독립운동에 나섰던 위인에 대한 낭만적인 생각에서 벗어나, 참여에 따른 책임과 포기 등이 있었음을 알게 될 것이다. 이러한 학습은 학생들이 장래 통일국가에서 발생할 수 있는 문제의 해결에 참여하려는 의지를 다질 때, 자신의 행동이 가져올 수 있는 여러 결과를 고려하는 책임감과 진지한 태도를 지니는 데 기여할 수 있을 것이다.

29_ 둘째 아들 안준생의 행적은 안중근의 활동과 단적으로 대비된다. 독립운동가 가족으로 고달픈 삶을 살았던 안준생이 고민 끝에 내린 선택이 지나치게 부각될 경우, 안중근의 행위를 다원적 관점에서 바라보고자 하는 의도가 퇴색되고 바람직하지 않은 학습 결과를 가져올 수 있으므로, 사례를 도입할 때 주의가 요구된다.

2. 민주주의와 민주화운동 이해

남북통합을 위한 역사학습 내용으로 민주주의와 민주화운동을 들 수 있다. 민주주의의 개념, 남북이 내세우는 민주주의 성격의 비교 등을 통해 민주주의의 가치를 인식하고, 민주사회를 이루기 위한 노력을 민주화운동을 중심으로 학습한다. 북한에서는 민주화운동이라고 할 만한 사건이 없었으므로, 남한의 민주화운동을 중심으로 내용을 구성한다. 4·19혁명, 5·18민주화운동, 6월 민주항쟁 등이 여기에 해당한다. 한 사례로 남북통합을 위한 4·19혁명 수업구성안은 〈표 2〉와 같다.

1차시에는 주권의 행사방식에 따라 국가의 형태가 구분되며, 그중 하나가 민주주의임을 확인한다. 그리고 남북한이 각각 정부를 세울 당시부터 민주주의를 내세웠으며, 이에 따라 어떤 정책을 취했는지 파악한다. 남한은 국민투표로 5·10선거, 제헌국회, 정부수립 절차를 밟았고, 북한은 인민을 위한 개혁조치를 단행했다. 그렇지만 남북한의 민주주의는 시간이 흐르면서 크게 위축되었고, 구성원의 자유와 기본권이 제한되는 문제 상황이 장기간 지속되었음을 알게 한다.

2차시에는 남한에서는 민주주의 쟁취를 위한 국민의 노력이 어떻게 전개되었는지 파악한다. 범국민적인 요구와 실천으로 정권을 퇴진시킨 4·19혁명을 통해 민주주의의 의미를 알도록 한다. 학생들에게 4·19혁명을 소개할 때는 '큰 이야기'가 아닌 '작은 이야기'로 접근하는 방식을 사용할 필요가 있다.[30] 그동안 교과서 등에서 현대사 주요 사건들을 다룰

30_ '큰 이야기'는 역사적 사건을 둘러싼 시대적 배경으로 시작하여 사건의 전개과정을 중요하게 다루면서 개별적인 사건이 드러나도록 하는 방식이다. 이에 반해 '작은 이야기'는 개별적인 사건 또는 행위자의 사례를 통해 관련된 역사적 사건의 주요 내용을 알아가는 방식이다. 국가보훈처, 《애들아, 4·19혁명 이야기를 들어볼래?》, 책과함께, 2010, 8~12쪽.

〈표 2〉 민주주의와 민주화운동 수업(안)

차시	학습주제	학습내용	학습자료
1	남북한의 민주주의의 뜻과 문제점	○ 민주주의의 개념 이해 – 민주주의 국가와 다른 형태의 국가 구분 – 민주주의의 의미와 사례 알기 ○ 남북한 정부수립 당시 민주주의 문제 – 남북한이 추구했던 민주주의의 성격 – 남한 국민의 투표를 통한 정치 참여와 대한민국 정부 수립 – 북한에서 일어난 변화와 조선민주주의인민공화국 정부 수립 ○ 남북 민주주의의 시련과 사회생활 – 남한의 독재정치와 인권유린 – 북한의 1인 독재와 주민의 고통	학습만화 총선거 사진 북한 개혁조치 사진 남북한 역대 지도자 사진
2	4 · 19 혁명으로 민주주의 성격 알기	○ 4·19혁명의 전개과정 알기 – 이승만과 자유당의 부정선거 양상 파악하기 – 학생과 시민의 시위 참여 양상 조사하기 – 4·19혁명의 결과 정리하기 ○ 학생들의 사연 알기 – 4·19혁명에 참여한 학생들의 사연 조사하기 (전한승, 진영숙, 김주열, 김치호) – 학생의 참여 평가하기 ○ 4·19혁명을 통한 민주주의 의미 정리하기 – 4·19혁명에 대해 인상 깊은 점 말하기 – 민주주의에 대한 자신의 생각을 적기	부정선거 사진 학생들 사진 읽기자료 학습지
3	민주주의 사회를 위한 실천과 적용	○ 민주주의의 의미 되새기기 – '민주주의'라는 말에서 떠오르는 일상생활의 사례 이야기하기 – 민주주의 사회의 조건을 정리하기 ○ 오늘날 사회의 민주주의를 위한 노력 알기 – 촛불집회의 원인과 양상을 민주주의와 관련 짓기 – 민주주의를 위한 사회운동의 사례 찾기 ○ 학교와 가정에 민주주의를 적용하기 – 학교와 가정에서 민주주의에 어긋나는 사례 찾기 – 민주주의에 어긋나는 일들을 바로잡기 위한 방법을 의논하고 실천계획 발표하기	 촛불집회 사진 실천계획서

때 구체적인 이야기를 생략한 채 모호하고 단순하며 추상적인 용어로 압축시킨 방식을 사용했는데, 이러한 방식은 학생들의 역사이해를 더욱 어렵게 하기 때문이다. 예컨대 '대규모 부정선거에 분노한 시민과 학생들이 시위를 벌였다'라는 식으로 가르치는 대신 학생들이 공감할 만한 인물들의 사연을 자료로 이용하는 것이다. 이를 통해 학생들은 인과관계와 역사적 맥락을 자연스럽게 알게 된다.

3차시에서는 4·19혁명에 대한 학습내용이 일상 속에서 민주주의 사회 건설을 위해 실천하거나 적용해야 할 점을 학습하도록 한다. 학생 자신에게 있는 비민주적인 요소들을 성찰하고 반성하면서 4·19혁명이 과거의 일로 묻히지 않고 현재 자신에게 새롭게 해석되어 적용되도록 해야 한다. 또한 민주주의를 위한 시민들의 노력은 현재 진행형임을 2016년 시민들의 촛불시위, 2017년 박근혜 대통령 탄핵을 통해서 알도록 한다. 이러한 사건들은 시민들의 현실정치 참여의 의미와 본질을 새롭게 보여주고, 학생들은 민주주의를 더 이상 낯설거나 먼 이야기가 아닌 실생활 속에서 구현해야 할 일로 느낄 것이다.

3. 북한 현대사 교육과 북한의 생활 이해

북한 현대사는 북한 내부의 변화뿐 아니라 남북 관계 속에서 다루어야 한다. 남북한은 분단 상황 속에서도 관계를 맺으며 공동의 역사를 써 왔고, 2000년 이후 그 관계는 더욱 긴밀해져 서로에게 일부분이 되고 있다. 지금까지의 남북관계는 크게 갈등과 긴장, 대화와 협력의 관계로 구분할 수 있다.

갈등과 긴장의 관계는 한국전쟁, 청와대 기습사건, 판문점 도끼만행사건, 아웅산 테러, 잠수함 침투, 서해교전, 핵개발과 장거리 미사일 발사, 금강산 관광객 피격, 연평도 포격 등의 사건에서 비롯되었다. 이에 반해 협력과 대화의 관계는 남북대화(정상회담, 고위급회담, 분야별 실무회담, 철도·도로 연결, 금강산·개성 관광, 개성공단 사업, 예술·학술·체육 교류 등), 이산가족 상봉, 대북지원 등을 말한다. 갈등과 긴장관계 속에서 발생한 사건들은 냉전시대, 남북대결 과정에서 발생한 것으로 북한에 대한 부정적인 인식을 초래할 수 있다. 이 중에는 진실규명이 제대로 안 된 일들도 있어 북한 이해라는 목적에 부합하지 않는 면을 지니고 있다. 대화와 협력도 분야별, 시기별로 다양하게 전개되었다. 그러나 남북한 정권의 정치적 의도가 깔린 경우가 많아서, 일시적 효과를 거두기도 했지만 남북관계가 경색되면서 지속되지 못했다. 북한 현대사 교육에서 갈등과 긴장을 가져온 사건들은 북한의 도발과 호전성에 초점을 맞추었으며, 대화와 협력관계의 사건들은 관계를 개선하려는 의지를 보이면서도 도발적 태도를 취하는 북한의 이중성에 의문을 갖게 했다. 이런 점을 감안할 때, 남북한 관계사는 북한 현대사 내용 구성의 한 방식이지만, 북한 현대사의 본질적 이해에는 이르지 못할 수도 있다.

이처럼 남북 현대사는 접점이 있지만 독자적으로 구축된 역사도 많다. 북한에서 일어난 일들을 아는 것은 그 사회를 이해할 수 있게 하며, 경우에 따라서는 우리 사회의 변화를 맥락적으로 파악하는 데도 도움이 된다. 북한이 갈등과 긴장관계를 초래하면서도 대화와 협력을 위한 노력을 기울인 의도가 무엇인지를 알기 위해서는 북한의 현대사를 이해하는 것이 필요하다. 반대로 남한에서 일어났지만 북한 현대사를 이해하는 데 필요한 사실도 많다. 언뜻 보기에는 남한 내부의 문제이지만, 북한에 직간접으로 영향을 미친 사건들이 여기에 속한다. 이런 논의를 토대로 북한 현

<표 3> 남북한 현대사 주요 사건

시기	남한 현대사 주요 사건	시기	북한 현대사 주요 사건
1945~1948	대한민국 정부가 수립되었어요 - 좌우 대립, 남북협상, 남한 단독선거	1945~1948	조선민주주의인민공화국을 세웠어요 - 돌아온 공산주의자들, 새로운 정책들
1949~1959	한국전쟁의 상처를 극복했어요 - 한국전쟁, 이승만 독재, 교육열과 학생 수 증가	1949~1956	전쟁의 피해를 복구했어요 - 전쟁 발발, 전쟁 피해, 전후 복구 정책
1960~1961	4·19혁명이 일어났어요	1956~1960	사회주의 국가를 건설했어요 - 협동농장, 천리마운동
1961~1979	경제성장을 이루었지만, 독재정치가 강화되었어요 - 박정희 독재, 경제발전의 빛과 어둠	1961~1979	주체사상으로, 북한식 사회주의 국가를 세웠어요 - 주체사상, 김일성 1인집권 체제
1979~1992	민주주의를 위해 노력했어요 - 5·18민주화운동, 6월 민주항쟁	1979~1990	우리식 사회주의를 내세웠어요 - 폐쇄정책, 조선민족제일주의
1993~2008	통일을 위해 노력했어요 - 민주정부의 탄생, 남북정상회담	1991~2010	남북정상회담을 했어요 - 김정일 시대, 선군정치, 핵개발, 남북정상회담
2008~현재	시민이 민주주의를 만들었어요 - 민주주의 후퇴, 촛불집회	2010~현재	핵개발에서 남북대화로 전환했어요 - 핵과 미사일 개발, 평창올림픽 참가, 남북정상회담

대사 교육에서 다룰 수 있는 남북한의 사건을 제시하면 〈표 3〉과 같다.

남한과 북한의 역사는 상대방의 역사를 통해서 보완될 수 있다. 정부 수립, 한국전쟁, 남북정상회담과 같이 역사의 접점으로 다룰 만한 사건도 있고, 사회주의 국가 수립, 주체사상, 우리식 사회주의와 핵개발 등 북한만이 구축한 역사나 4·19혁명, 5·18민주화운동, 6월 민주항쟁, 촛불집회와 같이 시민이 민주주의의 주체로 등장한 남한의 역사가 있다. 이들 역사는 서로 관계를 맺거나 어느 한쪽에서 일어났지만 남북 관계에 영향을 미친다. 그래서 이런 사건을 아는 것은 남북한 현대사 이해에 도움이 된다.

오랫동안 북한 현대사는 일반인들에게 잘 알려지지 않았다. 학교에서도 북한의 행위나 북한 통치자를 비판하기 위한 것이 아니라면 특별히 북한 현대사를 가르치지 않았다. 그러나 근래에는 북한 역사의 한 시기를 살았던 사람들의 증언, 수기 등을 통해 간접적으로 북한을 접하도록 할 수 있다. 한국전쟁 당시에는 인민군으로 참전했다가 전쟁포로가 되었거나, 인민군과 국군으로 번갈아 전선에 나선 사람들의 사례를 북한 내부의 사정, 의도 등을 알 수 있는 자료로 활용할 수도 있다.[31] 1990년대 후반부터 증가한 북한 이탈주민의 남한 정착 이후 이들이 제공한 정보들도 북한 현대사 학습을 위한 자료로 이용될 수 있다. 이들 중에 고령의 노인이 많지 않아 대체로 1950년대와 그 이전 시기에 대한 정보는 부족하지만 1950년 이후의 구체적인 사례가 수집되어 각 시기 북한의 실상을 알 수 있게 되었다. 그렇지만 북한 이탈주민의 속성상 이들이 전하는 북한 사회의 모습은 부정적인 내용이 대부분이다. 따라서 이런 자료를 활용할 때는 학생들로 하여금 저자나 책의 성격을 염두에 둘 필요가 있다. 또 최근에는 북한 현대사를 비교적 알기 쉽게 정리한 책들도 나오고 있으며,[32] 중·고등학교 역사교과서에도 북한 현대사 내용이 일부 수록되어 있다. 이 자료들을 초등학생 수준에 맞추어 수업에 활용할 수 있다.

특히 초등학생들이 남북 사람들의 실상을 이해할 수 있도록 구성된 책들도 있다. 북한 사회와 사람들의 생활을 소개한 책 중에는 남한과 다른 북한 사람들의 실상을 비교적 구체적으로 묘사하고 있어서 북한을 이해하는 데 도움을 주는 것들도 있다. '평양 지하철은 깊이가 세계 최고랍니

31_ 김효순, 《나는 일본군, 인민군, 국군이었다: 시베리아 억류자, 일제와 분단과 냉전에 짓밟힌 사람들》, 서해문집, 2009; 송관호, 《전쟁포로: 송관호 6·25전쟁수기》, 눈빛, 2015.
32_ 정창현, 《인물로 본 북한현대사》, 민연, 2002; 김성보·기광서·이신철, 《사진과 그림으로 보는 북한현대사》, 웅진닷컴, 2004.

다', '어린이들은 무얼 하며 놀까요?', '생일 파티도 있어요', '북한 어린이들은 이런 직업을 갖고 싶어 합니다', '인터넷을 할까요?', '방학은 이렇게 보내요', '밥공장도 있어요', '이런 차를 타고 다녀요', '북한 돈은 두가지라고요?', '교회나 절에는 다닐 수 없나요?' 등이 여기에 해당한다.[33] 그렇지만 남한 사람들에게는 생경한 북한 사람들의 현재 생활모습에 초점을 맞추고 있어서 북한 이해의 범위는 제한적이다.

이를 보완하는 방법으로 북한 사람들의 생활을 정치적 변화와 관련지을 수 있다. 예를 들어 1990년대 중반 북한 사람들의 어려운 경제생활을 당시의 정치적 상황에 비추어 이해하는 것이다. 북한은 1990년대 중반 '고난의 행군'이라고 불리는 경제적 어려움을 맞이했다. 북한 이탈주민이 쓴 책에는 당시 학생들이 겪었던 힘들고 어려운 학교와 가정생활의 모습이 나온다. 교과서를 공급받지 못한 채 공부를 했으며, 식량이 부족해서 학과 공부 외에 학교에서 곡식을 재배했다. 또한 온 가족이 굶주림을 면하기 위해 온갖 고생을 다했다.[34] 북한 사람들의 생활과 정치적 변화를 연결할 때, 국제사회의 고립과 흉년이라는 '고난의 행군'의 원인이 북한 학생의 이런 생활에 어떻게 작용했는지 생각할 수 있다.

또 다른 사례로 북한의 교육제도를 북한 정치사와 연결할 수도 있다. 학교 명칭이 인민학교에서 소학교로, 고등중학교에서 중학교로 바뀌거나, 소학교의 학업 연한이 4년에서 5년으로 늘어난 것은 정치적 변화의 시기였다. 또한 김일성에서 김정일, 그리고 김정은으로 통치자가 바뀌면서 이들의 개인적 삶과 활동을 미화한 새로운 과목이 생겨났다. 이런 지도자의 교체 시기 북한의 상황이나, 새로운 지도자가 통치를 하면서 일

33_ 도희윤, 앞의 책.
34_ 최금희, 앞의 책, 66~68·120~130쪽.

어났던 주요 사건을 소개할 수도 있다.

　이러한 현대 북한의 생활을 객관적으로 이해하기 위해서는 가급적 북한 체제나 주민 생활에 대한 비난과 동정 어린 시선을 배제한 채 역사적 사실에 집중하도록 해야 한다. 또 북한 현대사에서 나름의 의의를 지니는 사건이나 정책들은 정당한 평가를 받도록 해야 한다. 긍정적이거나 부정적인 가치판단에 앞서 북한 정부가 왜 그런 행위를 했는지 이해하거나 역사적 사실 자체를 평가할 필요가 있다.

V. 평화활동을 통한 남북한 갈등 해결

　통일은 기본적으로 전쟁으로부터 안전한 상태를 전제로 한다. 나아가 통일은 전쟁뿐만 아니라, 갈등으로 인한 차별, 편견 같은 사회구조적 문제까지도 해결된 평화로운 상태를 지향한다.[35] 전쟁과 폭력이 없는 소극적 평화는 정치적 합의 등에 의해 확보될 수 있으나, 차별과 편견을 배제하는 적극적 평화를 이루기 위해서는 별도의 노력이 지속적으로 요구된다. 남북한 사이의 문제일 경우 소극적 평화뿐만 아니라 적극적 평화정착을 위한 길은 험난한 실정이다. 남북한은 사건의 진실규명에 적극적이지 않거나 서로 엇갈린 주장으로 맞서는 경우도 많기 때문이다.

　남한의 전쟁경험 세대는 전후 세대가 한국전쟁이 언제 일어났는지조차 모르는 현실을 대하며 위기의식을 갖는다.[36] 전쟁경험 세대에게 '한국

35_ 고병헌, 《평화교육사상》, 학지사, 2006, 44쪽.
36_ 〈"6·25, 몇 년에 일어났는지 몰라요" 청소년 56.8% 1950년 발발 몰라〉, 《한국일보》, 2008년 6월 24일; 〈역사교과서가 국가정통성을 해친다면〉, 《세계일보》, 2008년 10월 8일 사설; 〈20대 이하 23% "6·25몰라"〉, 《문화일보》, 2013년 1월 8일; 〈6·25가 남침인지 북침인지 헷갈려

전쟁'은 북한이 불법으로 기습남침을 했으며 전쟁의 책임은 북한에게 있는 것으로 각인되어 있다. 그렇기에 전후 세대들이 한국전쟁이 언제 일어났는지도 모르는 현실을 우려하면서 자신들의 전쟁인식을 유산으로 물려주려 한다. 초등학교 사회교과서에서는 전쟁의 전개과정이 한국전쟁의 전부인 것처럼 소개되어 있는데, 이것은 전쟁경험 세대가 지녔던 한국전쟁에 대한 정형화된 인식이 초등학생에게 그대로 전달되고 있음을 보여준다.

남한의 전쟁경험 세대가 한국전쟁을 이처럼 강조하는 데는, 그들 중 일부가 전쟁의 직간접적인 피해자이기 때문이다. 이들은 북한에 대한 원한과 증오 등 적대적인 감정을 품은 채 살아가는 경우가 많다. 전쟁이 남긴 피해와 상처로 남한과 미군에 적대적인 감정을 지닌 채 살아가는 것은 북한 사람들도 마찬가지다. 북한 지역에서도 국군에 의한 민간인 학살이 자행되었고, 미군의 폭격으로 북한 지역은 거의 초토화되었다.

결국 남북한의 평화를 위해서는 역사교육에서 그 해결책을 찾아야 한다. 통일시대의 역사교육은 남북한 갈등의 근본적인 요인으로 지목되는 한국전쟁과 같은 사건을 다룸으로써 갈등 해결과 평화 정착에 기여할 수 있다. 한국전쟁은 남북한 사이 모든 갈등의 근원이라 할 만하지만, 갈등 해결과 평화를 가르치는 중요한 소재가 될 수 있다.

이를 위해 남북한 구성원들이 통일국가의 주체라는 점을 기본 전제로 삼아야 할 것이다. 남북한은 서로 다른 이념과 체제 아래에서 대립했지만, 사람들은 이 땅에서 함께 살아왔고 미래에도 함께 살아가야 하며, 평화를 위해서는 서로를 인정하고 받아들여야 하기 때문이다. 한국전쟁으

는 사람들〉, 《세계일보》, 2013년 5월 24일 사설: 〈교육현장의 역사왜곡 더 이상 방치하면 안 된다〉, 《한국일보》, 2013년 6월 18일 사설.

로 인한 갈등도 사람들의 다양한 경험으로 접근한다면 해법을 마련할 수 있다. 한국전쟁을 경험한 사람들에는 참전했던 국군과 인민군뿐만 아니라 학도병, 전쟁미망인, 인민군의용군, 전쟁포로, 전쟁고아, 민간인 학살 피해자 유가족, 피난민 등이 포함된다. 이들이 전쟁 중에 겪은 일은 이념과 체제를 선택한 결과로 발생한 것처럼 보이지만 그 사연을 구체적으로 들여다보면 이보다는 전쟁 속으로 내몰린 사람들의 안타까운 이야기인 경우가 많다. 이들의 사연은 한국전쟁에 대한 학생들의 인식을 바꿀 수 있다. 이를 위해서는 먼저 한국전쟁을 바라보는 관점이 국가 중심에서 사람 중심으로 바뀌어야 한다. 그래야 남북한 모든 사람들이 존엄한 존재라는 사실에 새삼 주목할 것이다.

이를 실현하기 위해 단계별 평화활동을 통해 남북한 갈등을 해결하도록 수업 내용을 구성할 수도 있다. 갈퉁(Johan Galtung)은 평화활동을 평화 유지(peace keeping), 평화 만들기(peace making), 평화 건설하기(peace building)의 세 단계로 구분했다. 이런 단계에 따라 평화활동은 소극적 평화와 적극적 평화를 추구한다. 소극적 평화는 단기적 목표인 평화 유지에 의해 시작되고, 중간 목표인 평화 만들기 그리고 장기적 목표인 평화 건설하기에 의해 적극적 평화로 성숙해나간다.[37] 평화 유지는 폭력이 발생하는 것을 막기 위해 우선 힘에 의존하는 평화의 상태이며, 평화 만들기는 갈등 해소 기술을 발휘하여 서로의 차이를 이해하고 조정하는 과정이다. 평화 건설하기는 구조적 폭력이 없어지고 평화로운 세상을 위해 헌신하게 될 때 시작되는 단계다. 평화교육은 평화와 폭력의 개념에 의해 단기적·장기적 목표를 설정하고 단계적 가능성이 실현되도록

37_ 요한 갈퉁, 강종일 외 옮김, 《평화적 수단에 의한 평화》, 들녘, 2000.

활동을 구조화해야 한다. 이 3단계는 평화교육을 실천하기 위한 방안으로 제안되었는데, 남북의 경우에도 갈등을 해결하고 평화를 모색한다는 점에서 이 단계를 적용할 수 있다. 남북한의 갈등 해결을 위한 역사교육은 평화 유지만이 아니라 평화 만들기, 평화 건설하기를 지향해야 한다.

평화 유지 단계에서 학생들은 한국전쟁 수업을 통해 전쟁이 남긴 결과들을 배운다. 전쟁의 전개과정보다는 전쟁으로 인해 남북한이 입은 피해 위주로 학습한다. 인적 피해와 물적 피해를 자료를 활용하여 학습하면서 더는 전쟁이 일어나서는 안 된다는 결론에 이르도록 한다. 전쟁을 반대하는 학생들의 인식은 전쟁을 억제하는 힘으로 성장할 수 있다. 평화 유지 단계에서 학생들의 인식은 전쟁의 피해를 알고 전쟁을 하지 말아야 한다는 입장을 확고히 하는 소극적 평화의 수준에 머무른다.

평화 만들기 단계에서는 전쟁의 발생 원인이나 전쟁 책임 등과 함께, 전쟁이 일반 대중에게 미친 영향, 인적·물적 피해뿐만 아니라 전쟁으로 인한 심리적 문제, 전쟁 이후의 사회적 통제까지 포함한다. 피해 사실에 대한 구체적인 이해가 사람들이 겪은 아픔과 상처를 공감하는 마음으로 이어지도록 해야 한다. 남북한 사람들의 피해 사실에 대해 공감하는 마음은 이념으로 서로 대립했던 사람들 간의 갈등을 해결하는 단초가 될 수 있다. 이 단계에서는 한국전쟁을 다룬 아동문학 작품, 만화 등이 유용하게 활용될 수 있다. 한국전쟁을 국가의 관점에서 접근하기보다는 전쟁 당시 피해를 입은 사람들의 삶에 초점을 맞춘 작품들이 유용하다. 이들 작품에서 피아의 구분은 큰 의미를 갖지 않는다. 다만 학생들로 하여금 사람들이 입은 상처를 알도록 하고, 거기에 공감하도록 해준다.[38]

38_ 《초가집이 있던 마을》, 《몽실언니》, 《점득이네》, 《노근리 이야기》(정은용 원작, 박건웅 만화, 2006, 새만화책) 등의 책을 활용할 수 있다.

평화 만들기는 구체성을 띠고 일상생활 속으로 확장될 필요가 있다. 학생들이 일상생활 속에서 하는 사소한 행동도 평화를 해치는 것이 될 수 있음을 알게 해야 한다. 아무런 거리낌 없이 장난감 총을 가지고 전쟁놀이를 하는 행위, 교실에서 놀잇감을 사용하는 과정에서 빈번한 다툼에 휘말리는 행위 등이 사실은 평화를 해치는 것임을 자각하게 하는 것이다. 한때 학생들이 즐겨 하던 놀이 중에 전쟁놀이가 많다는 사실을 일깨울 수도 있다. 기마전이나 땅따먹기 같은 놀이가 그런 예다. 이런 놀이들이 역사적으로 언제, 누가, 어떤 목적으로 시행되었으며, 그것들이 사람들의 삶에 어떤 영향을 미쳤는지를 파악한다. 이는 전쟁을 거부하고 평화를 만들려는 마음을 가지게 한다. 이렇게 할 때 역사학습을 통한 국가적 수준의 평화가 학생들의 일상생활 속으로 확대된다.[39]

평화 건설하기 단계에서는 전쟁이 다시 일어나지 않게 하려면 무엇을 해야 하는지 탐색한다. 이 단계에서 학생들은 통일국가 수립 이후 발생할 수 있는 갈등에 대비하는 학습을 해야 한다. 예상되는 갈등의 종류를 생각하고, 갈등에 따른 해결 방법에 대해 학습한 후 실제 생활 속에서 실천하도록 한다. 예컨대 학생들은 남북한의 한국사 인식의 차이에 따른 역사해석의 문제로 대립하는 상황에 직면할 수도 있다. 학생들은 자료 해석과 비판을 통해 남북한 역사인식의 차이를 극복하는 태도를 지니도록 해야 한다. 또한 남북한이 공동으로 안고 있는 미해결된 역사적 문제에 능동적으로 참여하도록 한다. 예컨대 일본군 위안부 문제, 독도영유권 문제 등을 남북한 전체의 문제로 인식하여 이를 해결하는 학생 수준의 방안을 찾고, 참여로 이어지도록 해야 한다. 어린이의 참여는 어른들

39_ 추병완, 〈통일 교육에서 평화교육적 접근의 타당성〉, 《통일문제연구》 15-1, 2003, 113쪽.

이 주도하는 모임과 집회에 동참하는 수준에서 점차 자발적인 참여로 이어지도록 해야 한다. 학생들은 또래 친구들과 공동의 학습주제를 선정한 후 자료 수집, 검토, 문제 해결 등을 거치는 활동을 하면서 참여의 수준과 범위를 넓혀갈 수 있다.

평화 유지하기-평화 만들기-평화 건설하기를 통해 남북 역사교육을 통합하기 위해서는 분단시대를 지배했던 냉전과 상호 비판의 논리에서 벗어나야 한다. 남북한 학생들이 통합을 위한 역사학습 내용을 배워 서로 이해하고, 물리적 통일뿐 아니라 마음의 통일을 향해 한 걸음 더 나아가야 한다.

참고문헌

고병헌, 《평화교육사상》, 학지사, 2006.

교육부, 《국민학교 교육과정》, 대한교과서주식회사, 1992.

_____, 《초등학교 교육과정》, 교육부, 1997.

교육인적자원부, 《사회 6-1》, 교육인적자원부, 2004.

_____, 《초등학교 사회 6-1》, 교육인적자원부, 2017.

국가보훈처, 《애들아, 4·19혁명 이야기를 들어볼래?》, 책과함께, 2010.

권정생, 《몽실언니》, 창작과비평사, 1984.

_____, 《초가집이 있던 마을》, 분도출판사, 1997.

_____, 《점득이네》, 창작과비평사, 2001.

김광수 외, 《조선력사》(초급중학교 제2학년용), 교육도서출판사, 2014.

김선미·김영순, 《다문화교육의 이해》, 한국문화사, 2008.

김성민, 《이토 히로부미, 안중근을 쏘다》, IWELL, 2010.

김성보, 《북한의 역사 1》, 역사비평사, 2012.

김성보·기광서·이신철, 《사진과 그림으로 보는 북한현대사》, 웅진닷컴, 2004.

김성보 외, 《북한 현대사》, 웅진지식하우스, 2005.

김정원·김지수·한승대, 〈북한 초중등 교육과정 및 교과서 정책 변화 방향〉, 《한국교육》
    42-4, 2015.

김한종, 《역사교육과정과 교과서 연구》, 선인, 2006.

_____, 《민주사회와 시민을 위한 역사교육》, 서울대학교출판문화원, 2017.

김흥식, 《안중근 재판정 참관기》, 서해문집, 2015.

남북문제연구소, 《교과서를 통해 본 북한》, 남북문제연구소, 1994.

도희윤, 《어린이 북한 바로 알기》, 청솔, 2006.

메라 세이지로, 정은지 옮김, 《평화를 지킨 사람들》, 초록개구리, 2009.

문교부, 《사회생활 6-2》, 대한문교서적주식회사, 1956.

_____, 《국민학교 교육과정》, 교육도서주식회사, 1963.

_____, 《국민학교 교육과정 해설》, 교육도서주식회사, 1963.

_____, 《사회 6-1》, 국정교과서주식회사, 1966.

_____,《국민학교 교육과정》, 교학도서주식회사, 1973.

_____,《국민학교 교육과정》, 대한교과서주식회사, 1989.

박찬석, 〈초등학교 통일교육의 발전방향에 관한 연구〉,《국민윤리연구》40, 1998.

박찬석 외,《통일교육론》, 백의, 2000.

배한동,《새로운 통일교육론》, 경북대학교출판부, 2009.

송정호·조정아, 〈이명박 정부의 통일교육정책과 통일교육 거버넌스의 개선방향〉,《평화학연구》10-1, 2009.

신기철,《국민은 적이 아니다》, 헤르츠나인, 2010.

신주백, 〈북한 역사교육의 변천〉,《우리 역사교육의 역사》, 휴머니스트, 2015.

심성보,《인간과 사회의 진보를 위한 민주시민 교육》, 살림터, 2011.

_____,《민주시민을 위한 도덕교육》, 살림터, 2014.

아닉드 지리, 김윤진 옮김,《평화를 지키는 아이들》, 파란자전거, 2017.

안경순,《와이 피플 안중근》, 예림당, 2014.

안문석,《이제 만나러 갑니다: 청소년을 위한 살아있는 북한 이야기》, 인물과사상사, 2013.

안승대, 〈통일교육의 변천과정과 새로운 방향성 정립에 관한 연구〉,《민족문화논총》57, 2014.

역사학연구소,《함께 보는 한국근현대사》, 서해문집, 2004.

오노 카즈오·나카무라 유미코, 김규태 옮김,《평화는 어디에서 올까?》, 초록개구리, 2009.

요한 갈퉁, 강종일 외 옮김,《평화적 수단에 의한 평화》, 들녘, 2000.

유네스코 아시아·태평양 국제이해교육원 엮음,《다문화 시대와 국제이해 교육》, 동녘, 2010.

이은서,《넌 네가 얼마나 행복한 아이인지 아니?: 북한 아이들 이야기》, 국민출판, 2014.

장세윤, 〈남·북이 모두 높이 평가하는 인물: 홍범도〉,《역사비평》22, 1993.

정창현,《인물로 본 북한현대사》, 민연, 2002.

정희태, 〈남북 화해·협력시대 초등학교 통일교육의 개선 방향〉,《통일전략》4-2, 2004.

제갈명 외,《조선력사》(초급중학교 제3학년용), 교육도서출판사, 2015.

조민, 〈남·북이 모두 높이 평가하는 인물: 전봉준〉,《역사비평》22, 1993.

조성을, 〈남·북이 모두 높이 평가하는 인물: 정약용〉,《역사비평》22, 1993.

조정래, 《안중근》, 문학동네, 2007.

조정아, 《통일교육 컨텐츠 개발 Ⅳ(2)》, 통일연구원, 2014.

지수걸, 〈통일을 위한 남북 교과서 분석역사 교과서〉, 《역사비평》 55, 2001.

차영남 외, 《조선력사》(초급중학교 1학년용), 교육도서출판사, 2013.

최용규, 〈북한의 역사관과 역사교육〉, 《사회과교육》 26, 1993.

추병완, 〈통일교육에서 평화교육적 접근의 타당성〉, 《통일문제연구》 15-1, 2003.

_____, 《평화지향적 통일교육의 이론과 실제》, 통일교육원, 2007.

통일교육원, 《통일교육원 40년사》, 통일교육원, 2012.

_____, 《2017 통일교육 기본계획》, 2017.

하일식, 〈남·북이 모두 높이 평가하는 인물: 신채호〉, 《역사비평》 22, 1993.

한국교육과정평가원, 《통일 대비 남북한 통합 교육과정 연구(Ⅱ), 총론, 국어, 사회과
       를 중심으로(RRC 2016-2)》, 한국교육과정평가원, 2016.

한국구술사학회 엮음, 《구술사로 읽는 한국전쟁》, 휴머니스트, 2011.

한만길, 《통일교육의 이론과 실천》, 교육과학사, 2001.

황인표, 《도덕교육과 통일교육》, 울력, 2006.

3부

민주시민의 역량을 기르는 역사교육

1장

삼별초 사례에 나타난
도덕성 양상과 역사학습

류현종

I. 들어가는 말

최근 가치 혹은 도덕 중심의 역사교육 및 역사학습에 대한 연구가 늘고 있다. 2000년대 초 일찍이 역사과를 가치 형성의 교과로 개념화하고 역사학습을 통한 가치 탐색을 모색하며 역사교육에서 가치를 적극적으로 다루어야 한다는 제안이 있었다.[1] 이런 제안은 다문화사회 관련 담론이 성행하면서 역사교육에서 다원적 관점과 가치를 추구해야 한다는 주장으로 확장되기에 이른다.[2] 역사와 사회 현상을 여러 관점에서 바라보고 다양한 기준으로 평가하는 자세는 필요하나, 보편 가치에 입각한 바람직한 가치가 형성되어야 한다고 본다. 2010년 무렵부터는 '민주주의 담론'[3]으로 일컬어지는 연구들이 진행되었다.[4] 민족정체성을 심는 역사교육에서 벗어나 평화, 인권, 다문화, 공존 등 민주주의 가치에 입각한

1_ 정춘면, 〈가치 교육의 특성〉, 《도덕교육학연구》 6, 2005, 79~101쪽.
2_ 김한종, 〈다원적 관점의 역사이해와 역사교육〉, 《역사교육연구》 8, 2008, 229~261쪽.

민주공화국 시민을 기르는 역사교육의 필요성을 언급하고, 이와 관련한 수업을 실행하여 분석하기도 했다.

여러 연구들이 역사교육 혹은 역사학습에서 윤리, 가치, 도덕의 위상을 궁리하는 데 통찰을 주었던 것은 사실이다. 하지만 이런 가치판단이나 윤리적 성찰들이 "역사 교실이란 생태 공간에서 어떤 양상으로 작동하는가에 대해서는 거의 무지하다"[5]는 점을 지적하고 싶다. 역사이해와 윤리적 성찰이 어떻게 교차하며 역사학습이 이루어지는지를 살피는 것이 중요하기 때문이다. 수업을 통해서 평화, 인권, 민주주의 등의 가치에 대한 인식을 알아보거나,[6] 민족주의와 민주주의에 대한 가치판단을 살펴보는 연구[7]들이 이 점에 초점을 맞추고 있기는 하다. 그렇더라도 특정 역사적 사건이나 인물의 행위를 어떤 도덕성을 바탕으로 이해하는지는 밝히지 않았다. 이런 맥락에서 학생들이 역사적 사건과 상황에 관해 어떤 도덕성을 기반으로 판단하는지를 살피는 작업은 필요하다. 역사교육

3_ 백은진, 〈무엇을 위한 역사교육이어야 하는가?: 국가 교육과정, 정부의 역사교육 정책, '국가주의' 비판 담론에 대한 분석〉,《역사교육연구》22, 2015, 287~324쪽. 백은진은 이 글에서 '국가주의' 역사교육 담론에 대한 대항 담론으로 '역사해석의 다양성 담론', "친일·독재미화' 비판 담론', '민주시민 교육을 위한 민주주의 담론'을 들고 있다. 본 연구자는 민주시민 교육을 위한 민주주의 담론에 주목하고 싶은데, 그동안 역사교육계에서 사회과 교육에서 표방하는 '시민교육'에 민감하게 반응했기 때문이다. 사회과와 역사과의 관련 담론 속에서도 '시민교육 담론'의 성격이 밝혀질 필요가 있다고 생각한다.

4_ 방지원, 〈'국민적 정체성' 형성을 위한 교육과정에서 '주체적 민주시민'을 기르는 교육과정으로: 향후 역사교육과정 연구의 진로 모색〉,《역사교육연구》22, 2015, 77~113쪽; 황현정, 〈가치를 다루는 역사수업의 실제와 가능성: 민주시민 교육을 위한 가치를 중심으로〉,《역사교육연구》24, 2016, 213~254쪽.

5_ 양정현, 〈삶에 대한 역사의 공과: 니체의 역사인식 지평과 역사교육적 함의〉,《역사교육연구》, 20, 2013, 395~424쪽.

6_ 황현정, 앞의 글.

7_ 이해영, 〈역사의식 조사로 본 학생들의 가치판단 탐색〉,《역사교육》131, 2014, 131~166쪽.

을 통해 다양한 가치나 도덕적 판단을 가르치기에 앞서, 학생들은 이미 특정 종류의 도덕성을 기반으로 판단하고 있으며, 이 판단이 역사적 성찰과 접속하기 때문이다.

역사이해의 기반이 되는 도덕성을 살펴보기 위해서 필자는 조너선 하이트(Jonathan Haidt)의 도덕심리학에 주목했다. 하이트는 인간의 도덕성은 진화의 영향을 받은 선천적인 구조인 '도덕적 모듈'에 기반하며, 이러한 모듈들이 문화의 영향에 따라 다른 방식으로 분화된다고 보았다.[8] 사회문화적 맥락에 따라 가치체계가 다른 이유는 인간이 동일하게 유지하고 있는 도덕성 기반에 의지하는 양상이 달라, 도덕 매트릭스가 다르게 표출되기 때문이다. 하이트는 자율 윤리(인권, 자유, 정의)가 지배적으로 나타나는 개인주의 사회, 공동체 윤리(의무, 위계질서, 공경, 명성, 애국심)가 발달한 집단주의 사회, 신성함 윤리(거룩함과 죄악, 순결과 오염, 고결과 타락)를 중시하는 사회 등 세 가지 사회에 각각 국한되었던 도덕의 범위를 확대하여 여섯 가지 도덕성 기반 이론을 제안했다.[9] 그가 제안한 도덕적 뿌리 혹은 도덕적 직관은 '배려', '공정성', '충성심', '권위', '고귀함', '자유'에 기반을 둔다.

하이트가 인류학과 진화심리학의 연관을 통해서 세상의 도덕 매트릭스를 설명하려 한다는 점에서 이 도덕성 기반 이론은 역사이해 속에 나타난 도덕성 양상을 분석하는 의미 있는 틀이 될 수 있다. 현대의 도덕 용어로 사용되지 않았지만 과거 사람들의 생활에도 동일하게 적용되었을 도덕성 기반이라는 점에서 역사를 현재주의 관점에서 볼 수 있다는

8_ 최용성, 〈제1세계의 도덕심리학과 제3세계의 도덕적 다양성에 대한 성찰〉, 《윤리교육연구》 41, 2016, 193~195쪽.

9_ 조너선 하이트, 왕수민 옮김, 《바른 마음: 나의 옳음과 그들의 옳음은 왜 다른가》, 웅진지식하우스, 2014.

비판을 어느 정도 피할 수 있다. 그는 도덕적 판단보다는 도덕적 직관이 우선하며, 선천적 직관들이 문화적 진화와 상호작용하여 각양각색의 도덕 매트릭스가 만들어진다고 본다.[10] 사회생활 속에서 오랜 시간 위협과 기회를 접하며 여기에 적응한 결과가 도덕적 미각 수용체이며, 이를 통해 사람들은 특정 종류의 사건에 관심을 갖고 직관적인 반응을 하며, 특정한 감정을 갖게 되었다는 것이다.[11] 따라서 하이트의 여섯 가지 도덕성 기반은 학생들이 역사를 이해할 때 어떤 도덕적 직관이 작동하는지를 알 수 있는 유용한 도구일 수 있다. 그러면 하이트의 도덕성 기반 이론을 자세히 살펴보자.

II. 역사이해 속 도덕성을 분석하기 위한 틀: 조너선 하이트의 도덕성 기반 이론

우리 뇌 속에 조그마한 스위치 같은 것, 즉 '모듈'이 있어서 생존에 중요한 패턴이 나타나면 이 스위치가 켜지고 모듈은 신호를 보내 행동을 변화시키는데, 이 과정에서 적응이 일어난다.[12] 모듈을 자극하는 동인은 본래적인 동인과 통용적인 동인 두 가지다.[13] 본래적 동인은 모듈이 설계될 당시의 목표물을 가리키며, 통용적 동인은 우연하게라도 모듈을 자극하는 세상의 모든 것들을 뜻한다. 어떤 모듈을 자극하는 통용적 동인은 문화에 따라 늘거나 줄기도 하는데, 도덕성이 문화에 따라 차이가 나는

10_ 위의 책, 232쪽.
11_ 위의 책, 235쪽.
12_ 위의 책, 234쪽.
13_ 위의 책, 235쪽.

것은 이 때문이다.[14]

어떤 문화에서든지 많은 도덕적 논쟁은 어떤 행동에 어떤 도덕적 모듈을 연결시키는가에 따른 갈등일 때가 많다. 예를 들어 체벌을 잔혹과 압제라고 판단하거나, 규칙을 적절히 집행한 것이라고 판단할 수 있다. 우리가 공통으로 지닌 인지 모듈의 수는 얼마 되지 않으나, 행동이 모듈에 걸리는 방식은 여러 가지다.[15] 몇 개 안 되는 인지 모듈을 토대로 상충되는 도덕 매트릭스가 만들어진다. 문화가 매트릭스를 만들어낼 때 기초로 삼는 보편적 인지 모듈이 있는데, 하이트는 이를 '도덕성 기반'이라고 불렀다. 도덕성 기반은 '배려', '공정성', '충성심', '권위', '고귀함', '자유'다. 그는 원래 '배려', '공정성', '충성심', '권위', '고귀함' 등 5개의 도덕성 기반을 주장했다. 다른 도덕성 기반들이 있을 수 있다고 생각하여, 현재 '자유' 기반을 임시로 추가하여 경험적 연구를 진행하고 있다. 그는 평등에 대한 욕구는 호혜성 및 교환의 심리보다 자유 및 압제의 심리와 더 밀접히 연관된다고 보았다.[16]

하이트는 여섯 가지 도덕성 기반을 지칭할 때, '배려/피해', '공정성/부정', '충성심/배반', '권위/전복', '고귀함/추함', '자유/압제' 등과 같이 두 쌍의 대립 개념을 배치하는 방식을 쓰기도 한다. 이 경우 앞의 단어는 기반을 확증(긍정)하는 단어이고, 뒤의 단어는 기반을 위반(부정)하는 단어다. 각 도덕성 기반별로 미덕(virtue)과 악덕(vice)으로 용어를 정리한 '도덕성 기반 사전(moral foundations dictionary)'을 활용하여 교회의 설

14_ 위의 책, 236쪽.

15_ 위의 책, 236~237쪽.

16_ 위의 책, 254·311쪽. 필자는 아이들의 도덕성 기반에서 중요한 역할을 한다는 생각으로 예비적인 기반이지만 '자유/압제' 기반도 이 글에 포함시켜 논의하고자 한다.

교 내용을 분석한 연구[17]를 보면, 두 용어를 이와 같이 구별하여 사용하는 것을 볼 수 있다. 하지만 하이트는 두 단어를 모두 쓰기보다는 앞의 확증 단어를 써서 도덕성 기반을 지칭하려는 경우가 많다고 했다.[18] 그는 도덕성 기반을 이해하는 데 두 단어를 의도적으로 구분하지 않는다. 굳이 구분한다면 도덕성 기반을 '확증·긍정' 측면이 작동시키느냐 '위반·부정' 측면이 작동시키느냐의 차이 정도로 보는 것이 좋겠다. 두 대립 용어를 사용했다고 현상을 이분법으로 바라보는 틀은 아닌 것이다. 그러면 여섯 가지 도덕성 기반의 내용을 구체적으로 살펴보자.

1) 배려와 피해(care/harm)

이 기반은 무력한 아이들을 돌보아야 하는 적응 도전 과제에 임하면서 발달하게 된 것이다. 아이의 고통, 고뇌, 필요에 더 민감한 엄마들이 이에 덜 민감한 엄마들보다 양육에서 더 좋은 성과를 거둔다. 생활 반경 내에서 아이가 울음소리 같은 고통과 필요의 신호를 보낼 때 거기에 자동적으로 반응한 이들이 선호되었을 것이다.[19] 미국을 비롯한 여타 지역에서는 보수주의자에 비해 진보주의자의 도덕 매트릭스가 배려 기반에 의지하는 경향이 훨씬 강하다. 보수주의자들의 배려 대상은 동물이나 타국의 국민보다는 집단을 위해 희생한 사람들인 경우가 많은데, 배려가 자신이 사는 지역에 더 한정되고, 충성심과도 뒤섞이는 경향이 있다.[20]

17_ J. Graham, J. Haidt and B. A. Nosek, "Liberals and Conservatives Rely on Different Sets of Moral Foundations", *Journal of Personality and Social Psychology*, vol. 96-8, 2009, 1038~1040쪽.
18_ 조너선 하이트, 앞의 책, 249쪽.
19_ 위의 책, 249쪽.
20_ 위의 책, 254쪽.

2) 공정성과 부정(fairness/cheating)

인간의 삶이란 협조를 통해 서로 이득을 얻는 기회의 연속이다. 일방적으로 뜯기는 일이 없이 서로 서로 이득을 얻는 것은 우리 조상들이 수백만 년 동안 마주했던 적응 도전 과제였다.[21] 도덕적 감정에 따라 '되갚기' 게임을 한 사람들이 이득을 많이 챙길 수 있었다. 공정성 모듈의 본래적 동인은 사람들이 우리에게 보이는 협조적 태도 혹은 이기적 태도다. 사람들이 서로 믿고 함께 무언가를 얻어보자고 신호를 보내면 거기서 기쁨, 애정, 우정을 느끼지만, 우리를 속이려 하거나 이용하려고 하면 분노, 경멸, 구토감을 느낀다.[22] 사람들이 생각하는 공정성은 크게 두 가지로 나뉜다. 좌파의 공정성은 평등과 사회정의를 함축하고, 우파의 공정성은 비례 원칙에 바탕을 둔다.[23] 우파에서는 기여한 만큼 보상을 받아야 하며, 그로 인해 불가피하게 불평등한 결과가 나와도 어쩔 수 없다고 본다.

3) 충성심과 배신(loyalty/betrayal)

우리 조상들은 수백만 년 동안 경쟁 집단의 도전과 공격을 막아내기 위해 연합하고 이를 유지해야 하는 적응 도전 과제에 임했다.[24] 우리는 부족 구성에 성공했던 조상들의 직계후손이다. 연합 구성과 단결이라는 적응 도전 과제에 임할 수 있도록 우리 안에 선천적으로 구비된 준비물은 여러 가지인데, 충성심 기반은 그중 하나에 지나지 않는다.[25] 충성심

21_ 위의 책, 256쪽.
22_ 위의 책, 257쪽.
23_ 위의 책, 258쪽.
24_ 위의 책, 261~262쪽.
25_ 위의 책, 262쪽.

기반의 본래적 동인은 누가 충성스러운 조직의 협력자이고 누가 믿지 못할 반역자인지 알려주는 모든 것이다. 스포츠 경기에서 작동하는 심리도 상당 부분 충성심 기반의 통용적 동인들이 확대된 것이다. 스포츠를 통해 서로 어울리는 즐거움과 누군가를 해치지 않고 전리품을 얻는 즐거움을 맛본다. 충성심은 남자와 여자 모두에게 중요한 덕목이다. 남자는 팀이나 연합에 충성하는 반면, 여자는 두 사람 사이의 관계에 충성하는 경향이 있다. 좌파 정치인들은 애국주의를 지양하고 세계시민주의를 지향하는 경향이 있다. 보수주의자들은 일부 과격파의 행동을 빌미로 진보주의를 충성심 기반과 좋지 않게 연결시킬 때가 많다.[26]

4) 권위와 전복(authority/subversion)

인간의 위계질서에 대한 존중 욕구는 그 뿌리가 깊다. 닭, 개, 침팬지 등 집단을 이루는 수많은 종에서 먹이 먹기와 지배 서열이 어떻게 확립되는가를 살펴보면, 권위 기반이 어떻게 발전해왔는지 그 단초를 얻을 수 있다.[27] 서열이 낮은 개체들은 보잘것없는 존재로서 고분고분한 태도를 보여야 하고 상부를 위협하는 행동을 해서는 안 된다. 서열을 무시하는 행동을 하게 되면 높은 서열 개체에게 두들겨 맞기 일쑤다. 권력과 권위를 혼동하지 않아야 한다.[28] 침팬지 세계에서 위계서열 상부에 있다는 것은 폭력을 행사하는 힘과 능력이 크다는 것을 뜻한다. 이런 침팬지들 사이에서조차 일인자 수컷은 '제어 역할'과 같은 사회적으로 유익한 기능을 맡는다. 일인자가 없어 빚어질 다툼이나 폭력사태가 일인자 수컷이

26_ 위의 책, 265쪽.
27_ 위의 책, 267쪽.
28_ 위의 책, 267쪽.

존재함으로써 일어나지 않는다. 사회 규칙을 잘 지켜야 한다는 의식이 나타나려면, 어느 정도 서열에 대한 동의와 권위에 대한 존중이 있어야 한다.

이런 '제어 역할'은 여러 인간 부족을 비롯해 초창기 문명에서도 쉽게 찾아볼 수 있다.[29] 인류 역사상 맨 처음 만들어진 법전의 첫머리에는 왕의 통치가 신성한 뜻에 따라 결정되었다는 내용이 나오고, 본론에서는 질서와 정의를 세울 정권을 왕에게 부여하는 내용을 담고 있다. 단순히 사람들을 힘으로 올러 생긴 무식한 권력을 인간적인 권위라 할 수 없다. 질서와 정의 유지라는 책임까지 짊어질 수 있어야 인간적인 권위를 갖게 되는 것이다.[30] 권위 기반은 다른 기반에 비해 복잡한 양상을 띠는데, 모듈이 작동되려면 위와 아래 두 방향 모두 신경 써야 하기 때문이다.[31] 모듈들이 양방향으로 돌아갈 때 개개인이 임하는 적응 도전 과제는 위계서열 안에서 쌍방 간 이득이 되는 관계를 만들도록 한다. 자기 지위를 계속 높이면서 동시에 윗사람에게서는 보호를 아랫사람에게서는 충성을 이끌어낼 줄 알았던 것이다.

이 모듈을 작동시키는 본래적 동인은 누가 상위 서열인지 혹은 하위 서열인지를 드러내는 외관과 행동양식이다.[32] 통용적 동인에는 정당한 권위를 가졌다고 여겨지는 사람에 대해 어떤 식으로든 복종/불복종, 존경/불신, 공손/반항을 표하는 모든 행위가 포함된다.[33] 또한 전통, 가치, 제도 등 사회를 안정시키는 요소들을 전복하려는 행위 역시 통용적 요인

29_ 위의 책, 268쪽.
30_ 위의 책, 268쪽.
31_ 위의 책, 269쪽.
32_ 위의 책, 270~271쪽.
33_ 위의 책, 271쪽.

으로 작용할 수 있다. 이 권위 기반은 정치에서 우파가 훨씬 쉽게 이용할 수 있는 도덕성 기반이다. 좌파의 경우 위계질서, 불평등, 권력에 맞서는 것을 본연의 특성으로 받아들일 때가 많다.

5) 고귀함과 추함(sanctity/degradation)

더러움, 오염, 정화의 느낌을 갖는 것은 공리주의 관점에서 비합리적인 일에 해당하지만, 신성함의 윤리에서는 지극히 합당한 일이다.[34] 새로운 음식을 찾아 늘 탐험을 하지만 그것이 안전하다고 밝혀질 때까지는 마음을 놓을 수 없는 잡식동물의 처지를 '잡식동물의 딜레마'라 부른다.[35] 잡식동물은 새로움에 대한 애호증과 혐오증 사이를 헤매게 된다. 진보주의자들은 새로움에 대한 애호증을 더 높이 평가한다. 보수주의자들은 새로움에 대한 혐오증에 더 무게를 두며 진실로 검증받은 것이면 끝까지 고수하고 경계, 영역, 전통을 지키는 일에 더 신경을 쓴다.[36]

구토감은 잡식성의 딜레마에서 최선의 반응을 내놓기 위해 발달시킨 것이다. 구토감을 적절히 느끼는 사람들이 구토감을 지나치게 느끼는 주변 친족들에 비해 더 많은 칼로리를 섭취할 수 있었다. 구토감은 '행동 면역체계'의 일부로 타인이 무엇에 감염되거나 병에 걸린 듯 보일 때 일어난다. 예부터 병원균과 기생충을 비롯한 여러 위협을 잘 피하는 것이 급선무였는데, 이 적응 과제가 원동력이 되어 고귀함 기반이 발달한 것이다.[37] 고귀함 기반의 핵심 모듈을 작동시키는 본래적 동인으로는 사물이나 사람 몸속에 위험한 병원체가 있다는 것을 알려주는 냄새, 형태 등

34_ 위의 책, 174쪽.
35_ 위의 책, 275쪽.
36_ 위의 책, 276쪽.
37_ 위의 책, 277쪽.

의 감각 패턴을 들 수 있다. 통용적 동인은 다양하게 확대될 수 있는데 다른 집단의 구성원에 대한 경계를 흔히 꼽는다.

고귀함 기반 덕분에 우리는 특정한 것들에 대한 '접촉 불가' 인식을 쉽게 가질 수 있으며, 그 방식은 부정적일 수도 있고 긍정적일 수도 있다.[38] 만일 우리에게 구토감과 같은 느낌이 없었다면 무언가를 신성시하는 느낌도 없었을 것이다. 특정 사물(국기, 십자가), 장소(메카, 국가 발상지의 역할을 한 전쟁터), 원칙(자유, 동지애, 평등) 같은 것들을 떠받드는 이유가 무엇일까? 고귀함의 심리가 어디에서 유래했든 그것은 흩어진 개인을 하나로 뭉치게 해 도덕공동체를 이루게 하는 힘이다. 우리가 사는 이 세상에는 고귀하고 순수하고 품격 높은 사물, 사람, 행위가 분명 있으며, 반대로 천하고 더러우며 격이 낮은 존재도 있다.[39] 진보와 보수는 고귀함과 순수함을 다르게 사용한다. 미국의 보수주의자들은 인간의 몸은 영혼이 거하는 신전이라고 생각하기 때문에, '생명의 고귀함'이나 '결혼의 고귀함'을 이야기할 가능성이 크다. 좌파에서는 보통 '순결'이라는 덕을 시대에 뒤떨어진 성차별주의적인 발상이라고 비판한다.

6) 자유와 압제(liberty/oppression)

우리 조상들이 명실상부한 도덕공동체를 만들어낸 것은 언어가 출현하고 나서 한참 뒤였다. 도덕공동체 속에서 사람들은 자기가 싫어하는 행동이 무엇인지 험담을 통해 확인했고, 험담으로 제어할 수 없을 때는 무기를 사용해 쓰러뜨리면 되었다.[40] 사람들이 험담과 무기를 갖추게 되

38_ 위의 책, 278쪽.
39_ 위의 책, 279쪽.
40_ 위의 책, 314쪽.

면서 '지배 서열의 전도' 현상이 나타났다. 이제 졸병들끼리 뭉쳐 일인자 수컷을 제어하고 지배할 수단이 생긴 것이다.[41] 그 결과 선천적으로는 위계질서 속에서 살아가야 하는 존재들이 서로 협동하여 이 질서를 언제든 무너뜨릴 수 있는 정치적 평등주의를 만들어낸 것이다. 기회만 있으면 남을 괴롭히고 구속하려는 개인들이 소규모 집단에 있었는데, 이들과 함께 살아가기 위한 적응 과제에 임하면서 이 기반이 발달하게 되었을 것이다.

자유 기반에는 지배를 시도하는 표시들이 본래적 동인으로 작용한다.[42] 사람들은 압제의 고통을 혼자서 받지 않는다. 누군가 군림하려는 자가 나타나면, 사람들은 압제를 받는 다른 사람들과 함께 평등한 관계로 뭉쳐 압제자에게 저항하고 그를 제어하며 극단적인 경우에는 죽이기까지 한다. 자유 기반은 권위 기반과 충돌하게 되어 있다. 어떤 상황에서는 특정 종류의 권위를 모두 다 인정하기도 하지만, 누군가 우리의 신뢰를 얻기 전에 지도자라고 자처하고 나서면 이를 경계하지 않을 수 없다.[43] 불한당과 독재자가 자유/압제 기반의 본래적 동인에 해당한다면, 부당하게 자유를 구속하는 듯 보이는 거의 모든 것이 통용적 동인에 포함된다고 할 수 있다.[44]

사회정의를 중시하는 사람들은 자유/압제 기반에 크게 의지한다.[45] 압제 혐오에 대해 보수와 진보는 차이를 보인다. 진보주의자들은 장소에 상관없이 모든 곳의 약자, 희생자, 무력한 집단을 마음속에 둔다. 진보주

41_ 위의 책, 315쪽.
42_ 위의 책, 316쪽.
43_ 위의 책, 316~317쪽.
44_ 위의 책, 318쪽.
45_ 위의 책, 320쪽.

의자들은 평등을 무엇보다 신성시하며, 시민의 권리와 인권 쟁취를 통해 평등을 실현하려 한다.[46] 보수주의자들은 지역주의에 더 가까운 속성을 보인다. 인류 전체보다 자신이 속한 집단을 더 중시한다.[47] 자유/압제 기반은 독재에 대한 증오를 이용해서 경제적 보수주의의 수많은 교조를 뒷받침한다. 미국 보수주의자들에게 신성한 가치는 평등이 아니라 자유다.

평등주의 개념은 평등 자체에 대한 사랑보다는 지배를 싫어하는 마음에 더 깊이 뿌리를 두는 듯하다.[48] 불한당에게 지배를 당하거나 억압받을 때의 느낌은 재화나 호의를 주고받는 과정에서 사기를 당했을 때의 느낌과는 사뭇 다르다. 정치적 평등을 염원하는 마음은 공정성/부정 기반보다는 자유/압제 및 배려/피해 기반에서 나온다. 공정성은 주로 비례원칙하고만 관련이 있다. 우리는 일반적으로 가장 열심히 일한 사람에게 가장 큰 성과가 돌아가기를 바란다. 거기에 들인 노력이 대체로 똑같기 때문에 결과의 평등을 원한다.

지금까지 설명한 내용에 도덕성 기반 이론 공식 홈페이지[49]의 내용을 보충하고, 조너선 하이트가 제시한 도덕성 기반 표[50]를 수정하여 〈표 1〉과 같이 정리해보았다. '적응 도전 과제'는 우리 조상들이 오랜 세월에 걸쳐 직면해왔던 도전과제를 나타내며, '본래적 동인'은 인지 모듈이 본래 파악하도록 되어 있는 사회 패턴의 종류다. '통용적 동인'의 사례로는 현대 사회를 살아가는 사람들의 관련 모듈을 현실적으로 자극할 수 있는

46_ 위의 책, 321쪽.
47_ 위의 책, 322쪽.
48_ 위의 책, 328쪽.
49_ http://www.moralfoundations.org(검색일 2018년 7월 17일).
50_ 조너선 하이트, 앞의 책, 238쪽.

〈표 1〉 조너선 하이트의 여섯 가지 도덕성 기반

구분	배려/피해	공정성/부정	충성심/배신	권위/전복	고귀함/추함	자유/억제
작용 도전 과제	무력한 어린아이들을 보호하고 보살펴야 함	쌍방향의 주고받기 관계에서 이득을 얻어야 함	경쟁집단의 도전을 막아내기 위해 단결력 있는 연합을 구성하고 유지해야 함	위계서열 내에서 생산이 모두 이득을 얻을 수 있는 관계를 유지해야 함	병원균과 기생충을 비롯한 기타 위협과 오염을 피해야 함	소규모 집단에서 기회만 있으면 남을 괴롭히고 구속하려는 개인들과 함께 살아가야 함
본래적 동인	자식이 고통스러워 하거나 무언가 필요을 나타냄	사람들이 보이는 협조적 태도 혹은 이기적 태도, 협동, 부정, 사기	누가 충성스러운 팀 플레이어이고 누가 반역자인지 알려주는 모든 것	누가 상위 서열인지 하위 서열인지를 드러내는 외관과 행동양식	사물 혹은 사람 내에 위험한 병원체가 있음을 알려주는 냄새, 형태의 감각 패턴	지배를 시도하는 표시들, 불법자, 독재자
통용적 동인	귀여운 대상, 곰주인 다른 아이, 희생자	혼해성 및 부정(不正)의 역학과 관련된 것	스포츠, 국가	정당한 권위를 지녔다고 여겨지는 사람에 대한 복종, 불복종, 존경, 불신, 또는 전통, 가치, 제도 등 사회를 안정시키는 것을 전복하려는 행위	타 집단 구성원에 대한 경계	부당하게 자유를 구속하는 듯 보이는 모든 것, 정치권력의 접적 및 남용, 부의 접적
특징적인 감정	동정심, 고통, 온화	기쁨, 애정, 우정, 감사, 분노, 경멸, 구토감, 죄책감	집단에 대한 긍지, 배신자에 대한 격분과 증오, 사랑	존경, 불신, 두려움	구토감, 혐오	사랑, 분노, 증오, 저항감
관련 덕목	배려, 친절, 희생, 중성심, 양육	공정성, 정의, 신뢰, 부정, 자율, 권리	충성심, 애국심, 자기희생	지도자와 추종자, 복종, 경의, 공손, 존중, 반항	절제, 순결, 경건, 청결	정의, 평등, 자유, 저항

· 자유/억제 기반은 예비 목록으로 제안되고 있어서 음영 처리를 하지 않음.

일들이 제시되어 있다. '특징적인 감정'은 각 기반이 강하게 활성화되었을 때 나타나는 감정들을 제시했으며, '관련 덕목'은 특정 도덕적 기반을 자극할 때 우리가 이와 관련하여 언급하는 덕목들을 단어로 제시했다.[51] 그럼 이제 구체적으로 역사이해 속에서 여섯 가지 도덕성 기반이 어떻게 작동하는지 연구 사례를 살펴보자.

III. 연구 사례: '제주 삼별초 이야기' 학습과 도덕성 양상

1. 연구의 맥락 및 분석방법

조너선 하이트의 아이디어를 활용해 학생들의 도덕성 양상을 살펴보기 위해 2015년 12월 9일과 12월 22일 J시에 있는 I초등학교 5학년 1반 교실에서 두 번에 걸쳐 이루어진 필자의 '제주 삼별초 이야기' 수업에 대한 학생들의 반응을 분석해보았다.[52] 1차 수업에서는 삼별초 항쟁의 간략한 이야기 살펴보기, 연표를 통해서 삼별초와 관련한 사건들을 생각해보기, 삼별초가 세력을 떨쳤다는 의미 살펴보기, 제주 삼별초 그림 배열하기(부록 〈그림 1〉, 〈그림 2〉, 〈그림 3〉, 〈그림 4〉), 제주 삼별초 그림에서 인상적인 장면을 베껴 그리고 그 이유를 쓰기 순으로 진행했다. 2차 수업에서는 제주 삼별초 그림에서 아이들이 주목한 그림의 유형을 살펴보고, 항파두성 축조의 특성과 노동시간과 노동력을 계산해보았으며, 사료를

51_ 위의 책, 237~239쪽.

52_ 더 자세한 연구의 맥락과 분석방법은 류현종, 〈초등학생들의 역사학습에 나타난 도덕성 양상〉, 《사회과교육연구》 24-1, III장 참고.

통해 제주민들의 삼별초에 대한 생각을 나누었다. 마지막으로 몽골군의 일본 정벌을 위해 배를 만들었던 제주민 그림(부록 〈그림 5〉)과 목호의 난과 관련한 그림(부록 〈그림 6〉)을 통해 삼별초가 진압되고 여전히 제주도와 관련된 몽골의 이야기가 남아 있다는 점을 알려주었다.

하이트는 도덕성 기반 질문지(moral foundations questionnaires)를 만들어 도덕성을 조사했지만, 필자는 두 번에 걸쳐 이루어진 〈제주 삼별초 이야기〉 수업 후 학생들이 그린 그림과 작성한 수업 소감문에 담긴 반응을 체계적으로 분석했다. 우선 1·2차 수업에서 학생들이 그린 그림과 이에 대한 설명을 대상으로 했다. 수업의 마무리 단계에서 학습에 활용되었던 네 장의 삼별초 그림(부록 〈그림 1〉, 〈그림 2〉, 〈그림 3〉, 〈그림 4〉) 속에서 한 사람을 선정하여 투명 종이에 본을 뜨고, 그 그림을 선정한 이유를 적게 했다. 이 선정 과정에서 아이들의 도덕성이 작동되리라 생각했다. 또한 수업 소감문을 덧붙여 분석했다. 소감문은 그림과 달리 학생들이 기반으로 하고 있는 도덕성을 명시적으로 파악할 수 있기 때문이다.

학생들이 산출한 두 자료의 반응에 나타난 도덕성을 분석하기 위해서 텍스트 분석을 했다. 학생들의 도덕성 기반을 살펴보기 위해서 제시 그레이엄(Jesse Graham)과 조너선 하이트가 작성한 '도덕성 기반 사전'을 참고했다.[53] 이 사전은 특정 텍스트에 나타난 도덕성 기반을 탐구하기 위해 각 기반과 관련한 확증·긍정·미덕 속성(virtue) 관련 단어들과 위반·부정·악덕 속성(vice) 관련 단어들을 정리한 것이다. 연구자는 영어로 제시된 단어들을 번역하여 간단한 한글 사전 목록을 만들었다. 이 사전은 원래 배려, 공평성, 충성심, 권위, 고귀함 등 다섯 가지 도덕성 기반과 도

53_ http://www.moralfoundations.org/othermaterials(검색일 2018년 7월 17일).

〈표 2〉 도덕성 기반 관련 단어 사례

배려/피해		공정성/부정		충성심/배신		권위/전복		고귀함/추함		자유/압제	
(+)	(−)	(+)	(−)	(+)	(−)	(+)	(−)	(+)	(−)	(+)	(−)
안전	전쟁	정당	불공정	충성	배신	지도자	전복	경건	혐오	자유	억압
평화	피해	공정	편파	단체	반역	복종	도전	순수	타락	자주	간섭
보호	고통	공평	부당	화합	적군	지위	반항	신성	부패	평등	구속
배려	학대	균형	부정직	통합	변절	전통	거부	절제	불결	자발	독재
혜택	파괴	합당	차별	헌신	기만	권력	시위	온전	사악	의지	지배

- (+)는 각 기반의 확증·긍정 측면, (−)는 각 기반의 위반·부정 측면을 나타냄.
- 음영 처리한 부분은 '도덕성 기반 사전'에 제시된 단어 중 몇 개를 뽑은 것이고, 자유 기반은 도덕성 기반의 내용을 참고하여 연구자가 제시한 것임.

덕성 일반의 정보를 제공하고 있는데, 도덕성 일반을 제외하고 자유 기반을 추가했다. 자유 기반 관련 단어들이 사전에 없기에 〈표 1〉의 도덕성 기반 내용을 참고하여 단어를 선정했다. 또한 여섯 가지 도덕성 기반에 대한 확증 반응과 위반 반응을 체크리스트를 만들어 분석했다.

그림 설명과 글에 나타난 단어들에 주목하고 〈표 2〉의 '도덕성 기반 사전'의 단어들과 견주어 보면서 어떤 도덕성 기반에 해당하는지 모두 표시하고 분석을 진행했다. 사전(辭典)에 제시된 용어들이 학생들의 반응 속에서 직접 나타나는 경우는 많지 않았다. 이런 경우 서술의 맥락을 파악하여 해당 도덕성 기반으로 표시했다. 예컨대 "가장 높은 곳에서 적을 물리치니 멋있어서"라는 서술에서 '높은 곳'은 물리적 위치를 가리킬 뿐만 아니라 높은 지위 서열을 뜻하는 것으로 볼 수 있기에 '권위' 기반을 드러낸 것으로 파악했다. 또한 "삼별초는 제주도 사람들을 부려먹었다"라는 서술은 억압적인 지배를 표현하는 것으로 '자유' 기반의 위반·부정 측면을 나타낸 것으로 볼 수 있다.

2. 학생들의 역사이해에 나타난 도덕성 양상

조너선 하이트는 5개의 도덕적 미각이 있는데, 진보주의자들은 주로 '배려/피해', '공정성/부정'의 미각만을 사용하지만 보수주의자들은 '배려/피해', '공정성/부정', '충성심/배신', '권위/전복', '고귀함/추함'의 5개 미각을 모두 사용한다고 주장했다.[54] 그렇다면 본 연구의 참여 학생들은 역사를 이해하는 데 어떤 도덕적 미각을 사용하고 있을까?

1차 수업 시 학생들의 그림 선정과 소감문 작성에 나타난 도덕성 기반을 정리하면 〈표 3〉과 같다. 1차 수업에서는 강화도 → 진도 → 제주도로 장소를 옮기면서 고려 정부와 몽골에 저항했던 삼별초의 모습을 다루었고, 이 와중에서도 삼별초가 남해안뿐만 아니라 충청도와 경기도까지 세력을 떨쳤다는 사실을 살펴보았다. 학생들은 고려 정부나 몽골보다는 삼별초의 상황에 더 공감하고 삼별초를 대단하게 생각했다. 이 집단이 저항하는 데 지도자의 힘이 크게 작용했고, 집단이 유지되기 위해서 '권위'가 무엇보다 필요하다는 점을 인식하고 있는 것으로 보인다. 또한 자기 집단을 위해 희생하면서 싸우는 사람들을 생각하는 '충성심/배신' 기반이 두 번째로 많이 나타났으며, 사람들의 고통과 죽음에 주목하는 '배려/피해' 기반이 세 번째를 차지했다. 하지만 '공정성/부정', '고귀함/추함', '자유/압제'에 기반한 판단은 나타나지 않았다.

2차 수업 시 그림 선정과 소감문 작성에 나타난 학생들의 도덕성 기반은 〈표 4〉와 같다. 2차 수업에서는 1차 수업 시 학생들이 선정한 그림들을 보여주며 어떤 그림에 주목했는지 살펴보았고, 학생들이 주목하지

54_ 조너선 하이트, 앞의 책, 291~311쪽.

〈표 3〉 1차 수업 시 학생들의 반응에 나타난 도덕성 기반의 사례 수(학생 수 30명)

분석자료 \ 도덕성 기반	배려/피해 (+)	배려/피해 (−)	공정성/부정 (+)	공정성/부정 (−)	충성심/배신 (+)	충성심/배신 (−)	권위/전복 (+)	권위/전복 (−)	고귀함/숭고 (+)	고귀함/숭고 (−)	자유/압제 (+)	자유/압제 (−)
그림	5	·	9	1	18	·	·	·	·	·	·	·
소감문	4	·	2	1	4	2	2	·	·	·	·	·
합계	9	·	11	2	22	2	2	·	·	·	·	·

· 중복 답변 포함 / (+)는 각 기반의 활동·긍정 측면, (−)는 각 기반의 위반·부정 측면.

〈표 4〉 2차 수업 시 학생들의 반응에 나타난 도덕성 기반의 사례 수(학생 수 27명)

분석자료 \ 도덕성 기반	배려/피해 (+)	배려/피해 (−)	공정성/부정 (+)	공정성/부정 (−)	충성심/배신 (+)	충성심/배신 (−)	권위/전복 (+)	권위/전복 (−)	고귀함/숭고 (+)	고귀함/숭고 (−)	자유/압제 (+)	자유/압제 (−)
그림	2	7	9	5	7	4	1	·	·	·	·	·
소감문	·	9	6	·	2	·	·	·	·	·	3	2
합계	2	16	15	5	9	4	1	·	·	·	3	2

· 중복 답변 포함 / (+)는 각 기반의 활동·긍정 측면, (−)는 각 기반의 위반·부정 측면.

않은 몇 가지 그림 속 장면을 보여주며 어떤 장면일지 생각해보았다. 그리고 과연 제주도민이 삼별초에 어떤 생각과 마음을 지녔는지 알아보았으며, 항파두성을 축조하는 법과 축조하는 데 걸린 시간을 생각해보게 했다. 수업 내용의 영향인지 학생들은 지도자보다는 일반 병사나 일반 백성에 주목하여 '집단 유지'가 중요하다는 점을 드러냈고, 사람들의 '고통'과 '피해'에 초점을 두었다. '충성심/배반' 기반이 가장 많이 나타났으며, '배려/피해' 기반이 두 번째로 많이 나타났다. 1차 수업 시 가장 많이 나타났던 지도자에 초점을 둔 '권위/전복' 기반은 세 번째였다. 1차 수업 시 나타나지 않았던 도덕성 기반도 볼 수 있었는데, '배려/피해' 기반의 확증·긍정 측면과 '고귀함/추함', '자유/압제' 기반의 몇 가지 사례도 나타났다.

학생들의 반응에 나타난 도덕성 기반 사례의 총 수를 살펴보면, '권위/전복'(37개), '충성심/배반'(33개), '배려/피해'(27개) 순으로 나타났다. 권위 기반이 많이 나타났다는 것은 지도자에 초점을 두고 삼별초를 이해하고 있다는 것을 보여준다. 지도자나 위인을 중심으로 역사적 사건이나 행위를 판단하는 것은 초등학생에게서 볼 수 있는 일반적인 경향이지만, 필자와 함께 수업했던 학생들은 평소 역사학습에서 다양한 관점을 살펴보고 일반 백성의 입장에서 역사를 생각해보는 경험을 많이 해왔었다. 그럼에도 이 경향이 두드러졌다는 점에서, 위인을 중심으로 역사를 이해하게 하는 학습환경의 영향이 여전히 크다는 것을 짐작할 수 있다. 필자의 수업이 학생들의 반응에 어느 정도 영향을 미쳤는지 단언할 수는 없다. 다만 학생들이 연표를 읽어보면서 삼별초가 여러 지역으로 진출하여 고려 정부를 괴롭혔다는 사실과 제주까지 내려와서 끝까지 저항했다는 사실을 살펴보았고, 지도자 중심으로 구도가 배치된 삼별초 그림을 가지

〈그림 1〉
"옆에서 다 이 인물만 보고 있고 위로 칼을 들고 있어서 (……) 아직도 나를 따르라는 말밖에 안 떠오른다." (부록 〈그림 1〉에서 선정)

〈그림 2〉
"항파두성 만든 사람의 지휘관인 것 같다."
(부록 〈그림 2〉에서 선정)

〈그림 3〉
"적을 재빠르게 공격해 자신의 편에 도움을 주었기 때문. 적이 바로 옆에 있어도 자기편의 이익을 위해 앞에 있는 적을 제거하는 것이 용감해서." (부록 〈그림 3〉에서 선정)

〈그림 4〉
"이 사람들은 수상해서 삼별초에 역모를 꾸미는 것 같다." (부록 〈그림 1〉에서 선정)

고 활동했기에, '삼별초의 활약'과 '삼별초의 위력'을 느끼게 했고, 그 결과 지도자의 힘이 중요하다는 점을 각인시켰을 가능성이 있다.

충성심 기반에 나타난 사례를 보면, 학생들이 일반적으로 국가에 대한 충성심에만 주목할 것이라는 생각을 재고하게 한다. 학생들은 충성의 대상을 '고려'보다는 '삼별초 집단'으로 파악하는 경우가 더 많았다. 삼별초의 행위가 국가보다는 특정 집단에 대한 충성심에서 나왔다고 보는 경향이 있다. 이는 삼별초의 행위를 평가할 때 흔히 나타나는 '구국의 충정' 대 '삼별초 권력 유지'라는 대립적 구도의 근거인 것처럼 보인다. 하지만 학생들의 생각은 이 같은 대립 구도로 재단할 수 없는 측면이 있다.

우선, 학생들은 특정 집단이 단일하게 움직이지 않았다고 판단했다. 몇 학생의 반응을 살펴보면, 삼별초 사람들의 결의를 다지는 모습보다는 소극적으로 참여하고 수상한 모습을 보이는 장군과 병사의 모습에 주목했다. 이는 '충성심/배반' 기반에 바탕을 두기는 하지만 '충성심'보다는 '배반'의 측면에 기반을 둔 것이다. 아울러 충성심의 대상이 몽골 사람으로 확대된 경우도 있다. 흔히 충성의 대상을 고려의 '국가' 집단이나 '삼별초 집단'에 국한하여 생각하기 쉽다. 몽골이라는 타자에 주목하여 충성심을 생각하는 경우는 드물다. 이런 반응을 통해 '충성'이 여러 사회관계 속에서 긍정적으로 작용할 수 있다는 점을 생각하게 한다. '맹목적인 충성' 혹은 '공동체 유지'를 강조하다 보니, 충성심은 개인의 권리나 자율성을 침해하는 덕목으로 간주되곤 한다. 하지만 타인과 관계를 맺으며 살아갈 때, 다양한 관계에서 충성이 필요하다는 점에서 '충성심' 기반은 회복해야 할 소중한 덕목일 수 있다.

'배려/피해' 기반은 일반 백성과 전장에 참여한 백성에 주목하여 나타난 경우가 많았다. 삼별초로 인해 강제로 동원된 사람들과 전쟁에서 죽은 사람들에 대한 연민과 동정이 주로 나타났다. 초등학생들이 고통, 고난, 비극, 죽음 등의 상황에 감정이입을 잘하는 경향을 이 연구에서도 엿볼 수 있지만 세 가지 생각해볼 점이 있다. 첫째, 1차 수업과 2차 수업의

'배려/피해' 기반의 사례 수 차이다. 1차 수업 시에는 9개 사례로 세 번째로 많이 나타났지만, 2차 수업 시에는 18개로 두 번째로 많이 나타났다. 1차 수업 시의 반응을 보면, 학생들은 고통스럽고 비참한 모습보다는 멋있고 화려한 모습을 선호하는 경향이 있었다. 2차 수업 시 배려 기반이 많이 나타난 이유는 수업에서 '주변의 시선'으로 그림을 살펴보았고, 사료를 통해 제주도민의 입장을 알아보았으며, 항파두성 축조 기간을 계산해보는 활동에서 고통과 죽음의 모습을 의식적으로 주목했을 수 있다. 여전히 동일한 그림을 고수하는 학생도 많았다. 한두 시간의 수업으로 고통과 죽음에 관심을 갖고 공감하는 것이 어렵다는 것을 다시금 깨닫게 한다. 가치관 형성에서 행동을 결정짓는 '동기'와 '태도' 요소를 고려한 접근이 필요하다는 주장을 되새겨볼 필요가 있겠지만, 아울러 우리의 직관이 판단에 앞서며 새로운 직관이 생겨야 마음이 바뀐다는 사회적 직관주의자의 주장[55]에도 주목해야 한다.

둘째, '배려/피해' 기반을 바탕으로 판단했을지라도 확증·긍정 측면보다는 위반·부정 측면이 더 많았다는 점이다. 온화하고 평화스러운 모습보다는 고통받고 희생당하는 모습에 주목했다. 수업에서 살펴본 그림이 전쟁, 강제노동, 혹사, 결투 등의 모습을 담고 있기에 당연한 결과로 보인다. 흔히 평화감수성을 평화로운 장면을 통해서 키우기보다는 반평화적인 장면을 통해서 키우는 관행과도 관련 있어 보인다. 이런 점에서 비록 전쟁터에 있는 사람을 주목하기는 했지만 "죽은 사람보다는 살아 있는 사람이 긍정적인 것 같아서" 살아 있는 병사를 그렸다는 학생의 사례(〈그림 6〉)는 주목해볼 만하다.

55_ 위의 책, 100~106쪽.

〈그림 5〉
"구석에 혼자 끙끙대고 아파하는 모습이 워낙 안타까워 보여서. 눈에 띄고 힘들어 보여서."
(부록 〈그림 4〉에서 선정)

〈그림 6〉
"전에는 죽은 사람을 그렸지만 이번에는 싸움을 하고 있지는 않지만 살아 있는 사람을 그렸다. 죽은 사람보다는 살아 있는 사람이 긍정적인 것 같아서."
(부록 〈그림 1〉에서 선정)

〈그림 7〉
"항파두성을 쌓는 과정에서 서로 도우면서 돌을 옮기는 모습이 따뜻하게 느껴져서."
(부록 〈그림 2〉에서 선정)

세 번째는 피 흘리는 장면을 선택했더라도 반드시 '배려/피해' 기반을 나타낸 것은 아니라는 점이다. 대부분의 학생들은 피를 흘리며 죽어가는 삼별초 병사의 모습을 보고 연민과 동정을 드러냈다. 이는 삼별초 병사의 행위를 판단하는 데 '배려/피해' 기반이 작동한 것으로 볼 수 있다. 하지만 피를 흘리면서도 전투에 참가한 병사에 주목한 학생은 '배려/피해' 기반보다는 '충성심/배반' 기반을 보인다. '피를 흘리고 죽어가는' 모습에서는 연민을 느끼지만 '피를 흘리면서 저항하는' 모습에서는 신실함을 느꼈다. 동일한 이미지를 보더라도 다른 도덕성 기반이 작동한다는 것을 알 수 있다.

지금까지 살펴본 바와 같이 학생들의 도덕성 기반은 '권위/전복', '충성심/배반', '배려/피해'에 국한되어 있다. '권위', '집단', '관계' 지향적인 판단을 보인다는 점에서 집단 중심의 한국 사회의 분위기를 반영한 듯하다. 이에 비해 '공정성/부정' 기반은 전혀 나타나지 않았고, '고귀함/추함'은 1개 사례, '자유/압제'는 5개 사례에 그쳤다. 연구 참여자의 수가 적어 세 가지 기반이 드물게 나타난 것을 일반화하기는 어렵다. 하지만 학생들에게서 집단 윤리가 두드러지게 나타났다는 점에서 개인의 자율성 윤리에 해당하는 '공정성/부정', '자유/억압' 기반이 적게 나타난 것은 자연스러운 결과다. 자율성 윤리는 개인의 욕구, 필요, 애호를 자신이 적절하다고 여기는 방식에 따라 자유롭게 충족시킬 수 있는 자율적인 개인[56]을 전제로 하기 때문이다.

'공정성/부정', '자유/억압' 기반을 활성화하려면 사람들이 평화롭게 공존하는 삶을 개인과 구조의 관계 속에서 궁리해야 한다. 제주 백성들이 겪은 노동의 고통과 삼별초 병사의 죽음을 보면서 학생들은 우선 배려 기반을 드러냈다. 이는 구조 속에서 억압받고 불공정하게 취급받은 개인으로 그들을 바라보지 못했다는 방증이기도 하다. 필자의 수업에서 '삼별초', '몽골', '고려 정부', '제주민'이 역사행위의 주어로 등장했듯이, 역사 속에 나타난 행위 주체가 대체로 1인칭 복수('우리')로 등장하는 것이 이 두 가지 도덕성 기반에 민감하게 반응하지 못하게 하는 환경일 수 있다. 또한 초등학생들에게 사건을 제시할 때 행위가 어떤 배경, 어떤 조건에서 일어나게 되었는지에 초점을 맞추는 '설명 중심 인과관계'[57]를 충분히 보여주지 못한 점도 한몫한다. 최근 시민교육을 위한 역사교육을 지향하는 논자들은 인권, 정의, 자유와 같은 덕목들을 중시하는데, 이 두 가지 도덕성 기반들을 활성화하는 환경에 대한 고려가 무엇보다 필요하다.

'고귀함/추함' 기반은 인간이나 사물을 신성한 존재로 여기는 윤리에 바탕을 두고 있다. 어떤 행동이 남에게 피해를 주거나 누구의 인권을 침

56_ 위의 책, 194~195쪽.
57_ 조효제, 《인권의 지평》, 후마니타스, 2016.

해하지 않더라도 인간의 질을 떨어뜨리거나, 창조주를 욕되게 하거나 우주의 신성한 질서를 거스를 수 있다.[58] 거룩과 죄악, 순결과 오염, 고결과 타락 같은 도덕적 개념들은 '고귀함/추함' 기반과 관련이 있다. 최대한 피해자가 없는 행위를 가치 있게 여기는 공리주의 사고나 자유와 인권 같은 보편타당한 원칙에 따른 판단을 요구하는 우리 사회 분위기에서 초등학생들이 이 기반을 활성화한다는 것은 쉽지 않다. 더욱이 아름답고 성스러운 장면 하나 없이 전쟁, 죽음, 대립, 고통 등이 적나라하게 드러나는 필자의 수업 장면들도 거기에 한몫했을지 모른다. 합리적인 역사 탐구와 역사적 사고를 중시하는 한국의 역사교육 상황에서 한 걸음 더 나아가 영성교육의 가능성[59]도 고민해볼 필요가 있겠다.

끝으로 도덕적 다양성의 문제를 생각해볼 필요가 있다. 학생들이 '권위/전복', '충성심/배반', '배려/피해' 기반에 국한하여 역사를 이해했더라도, '권위', '충성심', '배려'의 대상은 다양했다. '삼별초', '고려 정부', '몽골인', '제주민' 등으로 나타났는데, 학생들이 다양한 시각에서 역사를 이해하려고 했음을 보여준다. 참여 학생들이 평소 다양한 관점을 가지고 역사학습을 한 결과로 보인다. 그러나 하이트의 주장에 따르면, 표면상 다양한 행위 주체들의 입장을 고려했다고 해서 다양한 해석을 했다고는 할 수 없다. 여섯 가지 도덕적 미각을 모두 사용하지 않았기 때문이다.[60] 학생들의 반응에서 '권위/전복', '충성심/배반', '배려/피해' 등으로 세 가지 기반이 주도적으로 나타났다는 것은 그만큼 다양하게 도덕적으로 판단하지 못했다는 것이다. '공정성/부정', '고귀함/추함', '자유/압

58_ 위의 책, 194~195쪽.
59_ 이와 관련하여 개인적 영성에서 사회적 영성으로 확대하자는 논의를 담은 김진호 외, 《사회적 영성: 세월호 이후에도 삶은 가능한가》, 현암사, 2014 참고.
60_ 조너선 하이트, 앞의 책, 230~234쪽.

제' 기반을 포함하여 여섯 가지 기반을 모두 사용하여 도덕적 관점 및 역사이해의 다양성을 추구할 수 있도록 해야겠다.

IV. 역사적으로 맥락화된 윤리적 성찰을 생각하며

지금까지 도덕성 기반 이론을 활용하여 역사이해에 담긴 도덕성의 양상을 살펴보았다. 이 글의 전제는 역사학습을 통해 '가치', '윤리', '도덕'을 배우기 전에 이미 학생들은 특정한 도덕성을 기반으로 하고 있다는 사실이었다. 연구 사례에서 살펴보았듯이, 초등학생들은 몇 가지 기반이 활성화되는 상황에 있으므로 다양한 도덕성 기반에 호소하는 학습이 필요하다. 이런 논의를 면밀히 진행하려면 중요하게 지적할 사항이 있다. 과연 학생들의 도덕적 판단에 역사적 이해를 담고 있는가 하는 점이다. 학생들의 도덕적 성찰이나 판단이 역사이해와 접속되지 않는다면, 역사이해를 추구하는 역사학습에서 도덕적 판단은 공허하기 때문이다.

도덕적 판단과 관련하여 학생 소감문의 반응들을 분류해보면 도덕적 판단이 드러나지 않는 경우, 단일한 도덕적 판단이 이루어지는 경우, 다중의 도덕적 판단이 이루어지는 경우로 나뉜다. 청소년 초기 학생을 대상으로 보스니아 내전 당시 아이들의 이야기를 들려주고, 이 중 한 아이의 행동을 설명하도록 요구했던 벨리노와 셀먼의 연구[61]와도 유사한 결

61_ M. J. Bellino and R. L. Selman, "The Intersection of Historical Understanding and Ethical Reflection During Early Adolescence: A Place Where Time is Squared", M. Caretto, M. Asensio and M. Rodríguea-Moneo (eds), *History Education and the Construction of National Identities* (189~202쪽), NC: Information Age Publishing, 2012, 197쪽.

과를 보인다. 이들은 학생들의 반응을 유의가적 반응(뚜렷하게 긍정적이거나 부정적으로 판단), 중립적 반응(역사적 사실을 반복하거나 근거를 밝히지 않는 경우), 미정의 반응(암묵적으로 판단을 표현하거나 긍정적 측면과 부정적 측면을 모두 뚜렷하게 인정)으로 나누었다.[62]

첫 번째로 도덕적 판단이 드러나지 않는 경우를 살펴보면, 역사수업 활동 전반에 대해서 서술한 경우("교과서에는 자세히 나오지 않은 삼별초를 (……) 배웠다. (……) 여러 인물도 알고 몇 년도에 무슨 일이 있었는지도 알게 되었다"), 역사적 사실을 정리한 경우("삼별초는 강화도에서 진도로, 진도에서 제주도로 거처를 옮겨가면서까지 여몽연합군에 맞서 싸웠지만 제주도에서 끝내 진압되고 말았다"), 분석과 질문을 서술한 경우("1271년 5월에 제주도에 왔고 1272년 3월에 첫 번째 활동을 했으니까 제주도에 오고 나서 10개월 동안 아무것도 하지 않은 것도 아니고 (……) 10개월 동안에 성을 지었다라는 생각을 했다", "진짜 사실을 배우고 싶다", "왜 성을 흙으로 지었는지 궁금하다")로 나타났다. 역사적 분석과 역사적 질문이 드러나는 경우는 스미스가 말한 '절차적 가치'의 측면이 드러났다는 점에서 주목할 필요가 있다.[63]

도덕적 판단을 드러내지 않았지만 정서를 표현하는 경우("그래도 삼별초가 3~4년 동안 잘 싸워서 통쾌하고……", "삼별초가 경기도까지 공격했다고 해서 놀랐다", "삼별초 항쟁을 하면서 많은 희생자가 있을 것 같아 기분이 묘했다")와

62_ 위의 책, 195쪽.

63_ 스미스는 학습에 관여하는 가치의 유형을 '행위상의 가치', '절차상의 가치', '실질 가치'로 나누었다. 행위상의 가치(behavioral value)는 생산적인 학습환경을 위해 필요한 가치로 교실 토론과 논쟁에 필요조건이 되는 행위이고, 절차상의 가치(procedural value)는 역사가의 탐구에 주요한 기능 및 기법, 즉 비판적 사고, 탐구, 증거 해석, 논증과 아이디어를 심문하려는 열망 등이다. 실질 가치(substantive value)는 행위, 사고, 감정을 형성하고 정의하며 이에 대해 의미를 부여하는 것으로 일반적인 가치판단을 포함한다. R. I. Smith, "Values in History and Social Studies", P. Tomlinson and M. Quinton, *Values Across the Curriculum*, London : Falmer Press, 1986.

감정이입을 하는 경우("삼별초, 여몽연합군과 싸우는 사람들의 마음은 어떨까 하고 한번 느껴보았다", "만약 내가 아기업개라면 김방경 장군을 도와주지 않을 것이다")도 나타났다. 도덕적 판단을 명시적으로 드러내지 않았지만, 암묵적으로 정서 표현과 감정이입 대상을 가치 있게 평가하고 있다고 볼 수 있다. 정서 표현과 감정이입이 갖는 이러한 특성은 뒤에서 살펴볼, 다중의 도덕적 판단 사례에서는 좀 더 분명하게 나타났다.

두 번째로 단일한 도덕적 판단이 이루어지는 경우를 살펴보자. 주로 삼별초를 긍정적으로 혹은 부정적으로 평가하는 반응으로 나타났다. 삼별초를 긍정적으로 평가한 사례로는 "자기들보다 훨씬 강한 원(몽골)에 대적하니 용기가 대단하다", "주둔지가 섬이라서 어딜 점령하려고 할 때 배로 가야 하는데 그때 배는 시간도 오래 걸렸을 테고 인내심도 대단하다", "삼별초가 4년간 싸운 것에 대해서 끈기가 있다고 생각한다" 등을 들 수 있다. '용기', '끈기', '인내' 등의 덕목으로 삼별초를 평가하고 있다. 삼별초를 부정적으로 평가한 사례는 "삼별초는 (……) 왕의 명령을 어겨서 나쁘다"를 들 수 있는데, '충성'의 덕목을 바탕으로 삼별초를 평가하고 있다. 그렇다고 학생들의 도덕적 판단이 현재주의 관점에서 단순하게 이루어지는 것은 아니다. 학생들은 역사적 이해를 바탕으로 삼별초를 판단하려고 했다. 도덕적 주장들이 역사적 구체성에 주목하고 역사적 맥락의 제한 요소들을 고려하도록 조정되었을 때 역사적 이해를 보여준다[64]는 점에서 참여 학생들의 도덕적 판단이 역사적 이해와 접속되고 있다는 점을 엿볼 수 있다. 역사적 이해와 좀 더 밀접하게 접속되는 경향은 다중의 도덕적 판단을 하는 경우에 더욱 두드러지게 나타났다.

64_ Bellino and Selman, 앞의 책, 197쪽.

세 번째로 다중의 도덕적 판단 사례다. 이 사례는 단일한 도덕적 판단이 일어나는 사례보다 더 많이 나타났다. 다중의 도덕적 판단이 일어나는 경우, 삼별초와 관련한 사건에 대한 긍정적인 평가와 부정적인 평가가 함께 나타나고 있으며, 여러 역사적 행위자들의 입장을 고려하고 있다는 특징이 있다. 한 학생은 자존심도 좋지만 백성들이 많이 죽었기 때문에 삼별초가 옳지 않다고 평가하면서도 고려를 지키려고 한 자주정신은 높이 평가했다. 또 다른 두 학생은 삼별초에 대한 자신들의 평가가 달라졌다는 점을 보여주었다. 이 중 한 학생은 삼별초가 착한 줄 알았는데, 세금을 빼앗고 배를 불태우고 사람들을 죽였기 때문에 착한 사람이 아니라고 평가했다. 또 한 학생은 여몽연합군이 삼별초를 진압하려고 했기 때문에 삼별초가 불쌍하다고 생각했으나, 삼별초가 고려에 해를 끼쳤으므로 삼별초에게도 잘못이 있다고 평가했다. 삼별초에 관한 사실들을 구체적으로 알고 나서 평가가 달라졌다고 할 수 있다.

양가적인 평가와 더불어, '호불호(好不好)', '안타까움', '불쌍함' 같은 감정이 나타났다. 호불호의 감정이 드러난 사례는 "삼별초는 분명 같은 고려인인데도 여몽연합군에 속해 있는 고려인을 당연히 싫어했을 것이다. (……) 여몽연합군이 삼별초와 제주도민을 정말 많이 힘들게 했기 때문이다", "전국에 있는 사람이나 제주도민들이 삼별초를 싫어할 것 같다. 제주도민은 원과 고려의 위협을 받아야 하고 삼별초가 물품이나 곡식들을 많이 뺏어서 삶이 어려울 것 같아서", "몽골이 삼별초를 싫어할 것 같다. 왜냐하면 몽골은 그 당시 세력이 아주 컸는데 고려를 쉽게 정벌하지 못한 것이 무신들(삼별초) 때문이니까" 등을 들 수 있다. 학생들이 각기 삼별초, 일반 백성, 제주도민, 몽골의 입장에서 다른 대상에 대한 호불호를 드러내고 있다는 점은 바튼과 렙스틱의 역사적 관점 인식의 요소 중 '역사적 맥락화'와 '역사적 관점의 다중성'[65]을 보여준다. 정교하지 않더라도 참여 학생들은 당시 고려의 상황에서 사건과 인물을 이해하면 서 도덕적인 판단을 했다고 할 수 있다. 여기서 '좋다' 혹은 '싫다'의 '호 불호' 감정 표현이 초등학생들의 가치판단이나 도덕적 판단능력 발달과 어떻게 연관되는지는 자세히 해명할 필요가 있는 부분이다.

많은 학생들은 '안타까움'이나 '불쌍함'과 같은 정서를 갖게 되었다. 이런 감정을 갖게 한 대상은 삼별초("삼별초를 왜 불쌍하게 생각하느냐면 진 도의 용장산성에서 여몽연합군과 싸울 때 많은 삼별초의 백성들이 죽고……"), 백 성들과 많은 사람들("안타깝다고 생각한 이유는 항쟁을 하면서 많은 사람들이 목 숨을 잃고 많이 다쳤기 때문……", "고려 사람들이 전쟁을 할 때 사람들을 힘들게 한 게 너무 안쓰럽고……")이었다. 백성의 고통과 죽음에 대한 연민은 삼별초 를 부정적으로 평가하는 가운데 표현되었다. 현재의 관점에서 감정을 단 순하게 드러낸 것이라기보다는 역사적 이해를 바탕으로 도덕적 판단이 이루어진 것이라 볼 수 있다.

지금까지 살펴본 정서 표현은 역사적 이해를 바탕으로 한 역사적 감정 이입을 전제로 한다. 이와 더불어 '내가 –했다면'의 방식으로 당시 상황 과 사람에 감정이입하는 경우도 주목할 필요가 있다. 협상할 줄 모르는 삼별초를 부정적으로 평가하면서 삼별초의 입장이 되어보기도 하고("나 는 왜 삼별초군이 개경으로 돌아가는 것에 반대했을지 알겠지만 타이르고 협상하려 고 할 때 협상하지 왜 끝까지 반대했는지가 의문이다. 역적이라도 타이를 때 가면 용 서해줄 것 같은데 말이다. 나 같으면 협상했을 것이다"), 많은 사람들을 희생시 킨 삼별초를 비판하면서 죽은 사람의 입장이 되어보기도 했다("만약 내가

65_ K. C. Barton and L. S. Levstik, *Teaching History for the Common Good*, NJ: Lawrence Erlbaum Associates., 2004, 213~218쪽.

삼별초가 싸울 때 많이 죽었던 사람 중 한 명이라면 아주 슬플 것 같다는 생각이 들었고⋯⋯", "나는 유독 다쳐서 아파하고 죽어가고 힘들어하는 사람들만 계속 눈에 띄고 계속 눈에 밟혔다. 그리고 왠지 '내가 만약 저 사람들이었더라면⋯⋯'이라는 생각도 잠시 들었다"). 이 경우는 역사적인 감정이입보다는 정서적인 감정이입을 한 것이다. 역사적 감정이입은 동일시할 필요가 없고 정서적인 것이 아니라는 점[66]에서 그렇다. 이런 반응들은 역사적 상황을 자신의 통상적인 도덕성과 통합하려는 시도에서 나온다. '왜 과거 사람들은 그렇게 행동했을까'라는 질문을 '내가 그 상황이었다면 어떻게 했을까'라는 질문으로 바꾸어 생각하려는 경향이 있다는 벨리노와 셀먼의 지적[67]을 눈여겨볼 필요가 있다. 정서적인 감정이입이 어떤 과정을 거쳐 역사적 이해와 연결될 수 있는지 좀 더 면밀한 연구가 필요하다.

참여 학생들은 삼별초에 대한 역사적 사실을 바탕으로 도덕적 판단을 내렸다. 다중의 도덕적 판단을 내린 학생이 더 많은 역사적 이해를 드러냈다. 역사적 사고와 윤리적 성찰이 서로 대립하지 않고 상응하면서 학생들의 현실 인식에 기여할 수 있다고 주장한 벨리노와 셀먼의 통찰을 확인할 수 있게 된다. 이들의 연구에서는 영역 특수적인 진보에 대한 유기체 발생 이론을 역사적 분석과 도덕적 성찰에 적용했다. 이 이론에 따르면 역사적 분석과 도덕적 성찰은 어린아이들의 마음속에 통합되어 있다가, 과거를 바라보는 독자적인 기능 세트 및 정향들로 구별되고, 결국 의도적으로 통합된다.[68]

이 글을 마치면서 필자는 벨리노와 셀먼의 지적을 되새기고자 한다.[69]

66_ 위의 책, 208쪽.
67_ Bellino and Selman, 앞의 책, 197쪽.
68_ 위의 책, 194쪽.
69_ 위의 책, 196~197쪽.

그들의 주장에 따르면 미정의 도덕적 주장을 한 학생들은 단순히 판단하지 않고 역사적으로 설명했다. '미정'이란 단정할 수 없으며 다른 가능성이 있다는 것을 뜻한다. 겸허하게 여러 측면을 생각하면서 배우려는 태도라고 할 수 있다. 그들은 이 같은 반응들이 학문적 사고, 윤리적 성찰, 시민적 인식이 효과적으로 교섭하여 이루어지는 '역사적으로 맥락화된 윤리적 성찰'로 이어진다고 믿는다.[70] 역사적으로 맥락화된 윤리적 성찰의 의미를 생각하면서 역사학습을 궁리해야 한다는 점을 다시금 깨닫게 된다.

70_ 위의 책, 196쪽.

〈부록〉 제주항몽유적지의 기록화

〈그림 1〉 **삼별초의 대몽항전 결의**

〈그림 2〉 **항파두성 축성**

〈그림 3〉 **여몽연합군의 함덕포 상륙**

〈그림 4〉 **삼별초의 최후 혈전**

〈그림 5〉 몽골인이 제주도민을 괴롭히는 모습

〈그림 6〉 고려인이 몽골인을 몰아내는 모습

참고문헌

김일우, 〈고려·조선시대 외부세력의 제주 진입과 제주 여성〉, 《한국사학보》 23, 2008.

김일우·이정란, 〈삼별초 대몽항쟁의 주도층과 그 의미〉, 《제주도사연구》 11, 2002.

김진호 외, 《사회적 영성: 세월호 이후에도 삶은 가능한가》, 현암사, 2014.

김한종, 〈다원적 관점의 역사이해와 역사교육〉, 《역사교육연구》 8, 2008.

류현종, 〈초등학생들의 역사학습에 나타난 도덕성 양상〉, 《사회과교육연구》 24-1, 2017.

문순덕, 〈제주의 항몽 관련 구비 전승〉, 《제주 항파두리 항몽유적지 학술조사 및 종합 기본 정비 계획》, 북제주군, 2002.

방지원, 〈'국민적 정체성' 형성을 위한 교육과정에서 '주체적 민주시민'을 기르는 교육 과정으로: 향후 역사교육과정 연구의 진로 모색〉, 《역사교육연구》 22, 2015.

백은진, 〈무엇을 위한 역사교육이어야 하는가?: 국가 교육과정, 정부의 역사교육 정책, '국가주의' 비판 담론에 대한 분석〉, 《역사교육연구》 22, 2015.

양정현, 〈삶에 대한 역사의 공과: 니체의 역사인식 지평과 역사교육적 함의〉, 《역사교육연구》 20, 2013.

윤용혁, 《삼별초: 무인정권, 몽골, 그리고 바다로의 역사》, 혜안, 2014.

이상훈, 〈여몽연합군의 삼별초 진압과 고려군의 위상 변화〉, 《군사논단》 73, 2013.

이해영, 〈역사의식 조사로 본 학생들의 가치판단 탐색〉, 《역사교육》 131, 2014.

정춘면, 〈역사과 가치 교육의 특성〉, 《도덕교육학연구》 6, 2005.

정호범, 〈가치관 형성에 있어서 동기와 태도〉, 《사회과교육연구》 20-1, 2013.

조너선 하이트, 왕수민 옮김, 《바른 마음: 나의 옳음과 그들의 옳음은 왜 다른가》, 웅진 지식하우스, 2014.

조효제, 《인권의 지평》, 후마니타스, 2016.

최용성, 〈제1세계의 도덕심리학과 제3세계의 도덕적 다양성에 대한 성찰〉, 《윤리교육 연구》 41, 2016.

현용준, 《제주도 전설》, 서문당, 1976.

황현정, 〈가치를 다루는 역사수업의 실제와 가능성: 민주시민 교육을 위한 가치를 중심으로〉, 《역사교육연구》 24, 2016.

Barton, K. C. and L. S. Levstik, *Teaching History for the Common Good*, NJ: Lawrence Erlbaum Associates, 2004.

Bellino, M. J. and R. L. Selman, "The Intersection of Historical Understanding and Ethical Reflection During Early Adolescence: A Place Where Time is Squared", M. Caretto, M. Asensio and M. Rodríguea-Moneo (eds.), *History Education and the Construction of National Identities*, NC: Information Age Publishing, 2012.

Graham, J., J. Haidt and B. A. Nosek, "Liberals and Conservatives Rely on Different Sets of Moral Foundations", *Journal of Personality and Social Psychology*, vol. 96-5, 2009.

Smith, R. I., "Values in History and Social Studies", P. Tomlinson and M. Quinton, *Values Across the Curriculum*, London: Falmer Press, 1986.

2장

초등학생의 역사 텍스트 다원적 관점 인식

김부경

I. 역사교육과 다원적 관점

근래 역사학과 역사교육에서 다원적 관점에 대한 논의를 쉽게 접할 수 있다. 탈냉전시대 이후 해석으로서의 역사가 주목받으면서 역사 연구에 텍스트론과 문학이론이 도입되고 내러티브의 부활이 이루어졌다. 텍스트를 객관적 사실이 아닌 하나의 해석을 담은 자료로 보고, 역사 연구 대상을 여성, 하층민, 이주민, 농촌과 같이 비주류, 소수, 타자로 확대했다. 이러한 경향은 역사해석을 다양화하고 기존과는 다른 관점의 역사인식을 가능하게 했다.[1]

이처럼 다원적 역사인식과 이해를 강조하는 경향은 역사교육에도 영향을 미쳤다. 역사교육에서는 다원적 관점을 '다양한 관점에서 역사적 사건을 보는 것'이라고 규정하고, 학생들이 그런 관점에서 역사적 사실

---

[1] 조지 이거스, 임상우·김기봉 옮김, 《20세기 사학사》, 푸른역사, 1999, 15~40쪽.

을 보는 경험을 하면 역사이해에 필요한 상대적·다원적 가치를 기를 수 있다는 점을 강조한다.[2] 역사학이나 역사교육학에서 응용되는 다원주의는 주로 서구 유럽 중심의 주류 역사관이나 자국사 중심의 민족·국가정체성을 강조했던 전통 역사교육을 비판하고 그에 대한 대안을 찾는 방향으로 나타났다. 다원주의를 반영한 역사교육은 학생들이 자신과 타인, 다른 나라의 역사와 문화의 서로 다른 측면에 주목하게 한다. 이는 다름의 인정을 전제로 한다. 이러한 경향은 역사과 교육과정에도 반영되었다. 2007개정 교육과정의 역사교육 목표에 다원적 역사이해의 원리를 적용하여 "과거에 대한 서로 다른 해석과 시각이 존재할 수 있음을 인식하고, 이를 통하여 역사에 대한 통찰력을 기르도록 한다"(2007개정 교육과정, 초·중등학교 〈역사〉 목표)라고 명시했다. 또 역사 사실의 성격에 비추어 역사교육의 목적에 부합하는 비판적 사고를 키우기 위해서 역사적 추론, 역사해석에 들어가는 관점, 역사적 평가가 필요한데,[3] 이는 다양한 관점을 인식하고 비교·분석하여 그것을 토대로 자신의 관점을 정립해나가는 학습자의 능력이 전제되어야 한다.

역사교육에서 다원적 관점이 대두된 것은 역사에 대한 다른 해석과 시각에 대한 인정, 역사적 방법을 통한 비판적 사고의 함양, 내용과 방법의

2　김한종, 〈다원적 관점의 역사이해와 역사교육〉, 《역사교육연구》 8, 2008, 231~248쪽; 방지원, 〈새교육과정 '역사'의 다원적 관점의 역사이해와 검정 중학교 교과서 서술〉, 《역사교육연구》 12, 2010, 193~244쪽. 이러한 연구에서는 다원적 관점을 '다원주의적 가치를 반영한 관점(pluralistic view)'으로 해석·접근하며, 역사교육 전반에 다원주의적 가치 반영의 필요성을 강조하는 포괄적 성격을 띤다. 또한 기존의 역사교육이 과잉 민족주의나 중심-주변 방식의 세계사 내용 구성으로 이루어져왔음을 비판하고 그 대안으로 역사교육에서 다원주의적 가치관을 기를 수 있도록 하는 방안을 제안한다. 이러한 논의들은 다원주의적 가치를 기르는 방안으로 한국사와 세계사의 연계교육, 민(民)의 비중을 높인 사회사나 문화사의 비중 확대, 해석의 가능성을 열어둔 교과서 서술 등을 강조한다.
3　김한종, 위의 글, 231~248쪽.

다양성에 대한 필요성이 반영된 것이다. 외국에서는 역사적 사실이 본래부터 가진 다원적 성격에 주목하여 역사적 사고나 역사이해의 요소로서 '역사적 관점'이 일찍부터 논의되어 왔다. 이에 따라 다원적 관점은 역사 연구방법으로 자리를 잡았다. 반면 우리 역사교육에서는 다원적 관점의 일반적 의미를 역사교육에 그대로 적용하는 수준에 머무르고 있어 역사 고유의 특성이 반영되지 않았다. 우리나라가 다문화사회에 갑작스럽게 진입하면서 일반적 의미의 다원적 가치를 역사교육에 접목시키고 이를 사회 변화에 대한 역사교육의 대응책으로 부각시켰기 때문이다.

다원성은 역사가 본래 가진 특성이다. 역사적 사실은 사회문화적 맥락에서 일어난 것이기 때문에 그 시대를 살았던 '타자'의 관점에서 역사를 보아야 한다. 또 동일한 사건이라 하더라도 저자의 관점에 따른 해석이 달라지면 사실도 바뀌기에[4] 역사적 사실은 진리가 아니라 하나의 해석이 된다. 이처럼 역사를 다원적으로 이해하기 위해서는 역사를 통해 접할 수 있는 관점들에 주목해야 한다. 역사적 사실을 바라보는 관점의 다양성이 역사적 사고의 본질이라는 것을 인식하고, 역사학습에서 다루어야 하는 관점은 무엇이고, 각 관점을 어떻게 이해해야 하는지를 알아야 한다.

이 글에서는 다원적 역사교육을 위한 기초 작업으로 학생들이 역사 텍스트에 드러난 관점들을 어떻게 인식하고 있는지 알아보고자 한다. 역사에서 다원성에 대한 이론적 토대가 없고 학습자가 이를 어떻게 인식하고 있는지에 대한 정보도 없는 상태에서 다원적 관점의 역사교육이 필요하다고 선언적으로 주장하는 것은 큰 의미가 없어 보인다. 이미 역사 텍

4　김한종, 《민주사회와 시민을 위한 역사교육》, 서울대학교출판문화원, 2017, 106~107쪽.

스트에는 역사 사건과 관련된 여러 관점이 포함되어 있다. 학생들이 이를 어떻게 인식하는지는 역사적 사실에 대한 학생들의 다원적 이해와 해석을 보여준다. 역사적 사실을 다원적 관점으로 해석하는 수업을 짜임새 있게 설계하려면 역사 텍스트에 들어가 있는 관점을 학생들이 어떻게 이해하는지 검토할 필요가 있다. 이 글에서는 다원적 관점에서 '다양성'보다는 다양성을 이루는 '역사적 관점들'에 주목할 것이다. 이를 위해서 먼저 국내외 선행연구 분석을 통해 다원적 관점의 개념과 요소를 정리할 것이다. 그리고 이를 토대로 학생들이 역사 텍스트에서 접하는 다원적 관점을 어떻게 인식하는지 살펴볼 것이다. 좀 더 구체적으로 학생들이 역사 텍스트 이해의 과정에서 역사적 관점을 어떻게 접하는지, 그리고 그것을 통해 자신의 관점을 어떻게 형성하는지를 살펴보고자 한다. 현재 이론적 연구가 미진한 상태에서 학생들의 실제적 인식 양상은 다원성을 추구하기 위한 역사교육의 방향을 설정하는 데 기초가 될 수 있을 것이다.

II. 다원적 관점의 개념과 요소

1. 다원적 관점의 개념

다원적 관점은 자신의 관점 이외에도 타인의 관점을 고려하는 이해전략이라 할 수 있다. 즉 상황을 다른 관점에서 볼 수 있는 능력과 의지를 갖는 것을 의미한다. 이것의 전제조건은 첫째, 세상을 보는 다른 방법이 있음을 받아들이고 그것이 모두 의미 있고 동등함을 아는 것이다. 둘째,

다른 사람이 보는 것처럼 세상을 보려고 노력하는 것, 즉 공감을 수행하는 것이다.[5] 역사적 관점(historical perspective), 역사적 이해(historical understanding), 역사적 감정이입(historical empathy) 등이 공감을 불러일으키는 이해 방식이다. 이런 이해 방식을 통해 현재와 과거인의 세계관은 다르다는 것을 깨닫고 오늘날의 시각에서 벗어나 역사적 행위를 당시 사람들의 입장과 맥락에서 이해할 수 있다.[6] 이러한 방법은 과거의 맥락에서 역사적 사건을 바라보는 것을 강조한다. 현재의 시각에서는 이해되지 않는 과거의 생각들이 과거의 맥락에서는 당연한 것임을 인식하는 '관점의 상대성'이 중요하다. 과거 인물의 행위를 그 시대의 상황을 고려하여 이해하는 것이나 과거 사건이 가진 의미를 시대적 맥락 속에서 파악하려는 접근은 '관점의 상대성'을 추구하는 것이라고 할 수 있다.

일반적으로 역사교육에서 다원적 관점은 복수의 관점으로 역사적 사건을 바라보는 것,[7] 역사적 방법에 근본을 둔 과정과 절차를 통해 역사적 사건, 인물, 발달, 문화, 사회를 다른 관점에서 보는 것[8] 등으로 정의된

5_ K. P. Fritzsche, "Unable to be tolerant?", R. F. Farnen et. al. (eds.), *Tolerance in Transition*, Oldenburg: Bibliotheks-und Informationssystem der Universität Oldenburg, 2001, 4쪽.

6_ 우리나라에서는 주로 '역사적 감정이입'으로 소개되었는데 이 개념은 사실 전달 위주의 역사교육에 대한 대안으로 많은 관심을 받아왔다. 그러나 외국의 논의들이 텍스트를 바탕으로 하는 역사적 절차와 과정에 뿌리를 두고 그것을 강조하는 데 비해 국내의 역사적 감정이입 연구는 감정이입의 과정적 측면보다는 학생들의 역할극, 글쓰기 등의 방법적 측면에만 주목하여 역사적 감정이입의 본질적 의미가 제대로 발현되지 못하고 있다. 또한 국내의 연구에서 감정이입적 이해는 인지적 추론과정으로 정의되었으나, 실제 수업장면에서 교사들은 추체험이나 공감 등의 정서적 요소를 인지적 과정과 적극적으로 결합시키는 경향이 있어, 정서적 요소를 반영할 필요가 있다는 지적도 있었다(방지원, 〈역사수업 원리로서 '감정이입적 역사이해'의 재개념화 필요성과 방향의 모색〉, 《역사교육연구》 20, 2014, 10~11쪽).

7_ A. Low-Beer, *The Council of Europe and School History*, Council of Europe, 1997, 26쪽.

8_ R. Stradling, *Multiperspectivity in history teaching: a guide for teachers*, Council

다. 이러한 논의에서는 '관점의 다양성'이 강조된다. '관점의 다양성'에 주목하면 역사적 사건이나 인물에 대한 다각적 평가가 중요해진다. 예를 들어 하나의 사건에 관련된 다양한 인물들의 관점에서 사건의 의미를 파악하는 접근이나, 특정 과거 사건에 연관된 서로 다른 국가들의 입장에서 사건을 바라보는 것, 같은 사건에 대해 다른 관점을 가진 역사가들의 논쟁 등이 이에 해당한다.

우리나라 역사교육 논의에서도 다원적 관점은 주로 '관점의 다양성'을 강조한 의미로 이해되고 있다. 이는 앞에서 언급했듯이 다원적 관점이 다문화사회의 역사교육 연구나 학습방안으로 제시되고 있기 때문이다. 그러기에 다원적 관점을 '하나의 사건을 여러 관점에서 살펴보는 것', '하나의 사건에 관련된 다양한 인물들의 입장에서 생각하는 것' 등으로 단순화하고 그러한 접근이 이루어져야 한다는 당위적이고 처방적인 측면만 강조되는 경향이 있다. 그 때문에 학생들의 이해 실태나 체계적인 학습방법보다는 다원적 관점을 적용한 수업구성이 주로 연구되었다.[9] 이러한 연구들에서 다루어진 관점의 주체는 주로 역사가나 특정 국가에 제한되어 있고, 관점 주체의 시점도 미래에 한정된다.

그러나 역사학습을 통해 접할 수 있는 관점은 역사가나 특정 국가의 관점 이외에도 여러 차원이 있다. 독일의 역사교육학자인 베르크만(Klaus Bergmann)은 학생들이 역사학습을 통해 다양한 관점을 접할 수 있다고 하면서, 이를 다원적 관점으로 개념화했다. 그리고 다원적 관점

of Europe, 2003, 13쪽.

9 박중현, 〈역사화해를 위한 다원주의 역사수업 가능성 모색: 야스쿠니 수업을 중심으로〉, 《동북아역사논총》 21, 2008, 51~85쪽; 김정희, 〈혼인 이주사를 통한 다원적 관점의 역사학습〉, 《청람사학》 24, 2015, 231~276쪽; 윤정근·주웅영, 〈초등학생들의 다관점 형성과정 프로젝트: 삼국통일을 중심으로〉, 《사회과교육연구》 23~4, 35~48쪽.

의 차원을 사료, 역사가들의 논쟁, 학생의 의견으로 나누었다. 다원적 관점의 이런 차원은 독일의 교육과정에도 반영되어 있다.[10] 유럽평의회 (Council of Europe)에서 출간한 역사교사를 위한 수업 지침을 담은 《역사교육에서의 다시각성: 교사를 위한 지침(Multiperspectivity in History Teaching: a Guide for Teachers)》에서도 다원적 관점을 과거 행위자가 가지고 있는 관점의 다양성(a multiplicity of vantage point), 견해의 다양성(a multiplicity of point of view), 역사적 설명과 해석(historical accounts and interpretations)으로 나누었다.[11] 오스트레일리아의 국가 수준 교육과정에서도 관점의 유형을 과거 행위자의 관점과 역사가의 과거에 대한 전망으로 분류했다.[12] '과거인들의 관점'은 학생들이 과거인의 '낯선' 생각에 대해 숙고할 수 있고 시간의 흐름에 따라 관점이 변화되었다는 것을 인식하게 한다. '역사가의 과거에 대한 전망'은 역사가에 따라 과거에 발생한 사건에 대해 다른 의견을 가질 수 있으며, 그러한 차이에는 다양한 원인이 있음을 이해하게 한다. 이상의 분류들을 관점 주체를 중심으로 정리하면 〈표 1〉과 같다.

학생들은 역사행위자의 관점이 반영된 사료를 접함으로써 낯선 생각과 태도를 가진 과거인들을 만날 수 있다. 또한 관련된 여러 인물의 관점을 비교하거나 대비함으로써 어떤 상황이나 사실을 바라보는 사람들의 관점이 다를 수 있음을 이해할 수 있다. 역사행위자의 관점을 이해하며 학생들은 관점의 상대성과 다양성을 체험할 수 있다. 상대성과 다양성은 다원성의 기반이 된다.

10_ 이병련, 〈역사교육에서의 다원적 관점 이론〉, 《사총》 84, 2015, 195~196쪽.

11_ R. Stradling, 앞의 글, 18쪽.

12_ ACARA, "Shape of the Australian Curriculum: History", Canberra: Commonwealth of Australia, 2017.

<표 1> 관점 주체에 따른 역사적 관점의 다원성

출처 관점 주체	베르크만	유럽평의회	오스트레일리아 국가 교육과정
역사행위자	사료	과거 행위자가 지각한 관점	과거 행위자의 관점
역사가 (역사 서술자)	논쟁	역사적 사건에 대한 견해, 역사적 설명과 해석	과거에 대한 전망
학습자	학생의 의견		

역사가들도 과거의 사건이나 인물에 대해 서로 다른 관점을 가질 수 있다. 역사적 사실을 바라보는 역사가의 관점 차이는 역사인식이나 해석에서 비롯된다. 이는 역사가들이 역사적 사실을 밝히는 데 사용한 자료, 자료 내용의 해석, 역사가의 배경과 이미 가지고 있는 지식이나 가치 등에 영향을 받는다. 학생들은 역사서술에 담긴 역사가들의 서로 다른 관점에서 역사해석의 다원성을 만나며, 역사적 사실이 논쟁적일 수 있음을 이해한다.

학생들은 역사학습의 과정에서 역사 텍스트를 통해 과거 사람들과 역사가의 다양한 관점을 접한다. 그리고 이를 수용하거나 비판하면서 자기 나름의 생각을 가질 수 있다. 학생들이 역사적 사실을 보는 관점을 가지는 것은 당연하고 바람직하지만, 자료의 설득력 있는 해석과 합리적 추론을 필요로 한다. 이를 바탕으로 한 학습자의 다양한 역사인식은 다원적 관점을 지향하는 교실 역사수업의 전제조건이다.

관점 학습을 통해 학생들이 역사적 사실과 역사해석의 다원성을 경험할 때 다원적 가치가 반영된 역사교육이 이루어질 수 있다. 역사학습 방법으로서의 다원적 관점은 역사학습 과정에서 접하는 텍스트, 역사행위자, 역사가의 관점에 대한 이해를 통해 역사적 현상을 바라보는 것이라고 할 수 있다.

2. 다원적 관점의 역사이해 요소

1) 역사행위자 관점 이해 요소

역사행위자의 관점 이해는 역사적 인물이 왜 그런 행동을 했는지 추론하는 과정을 포함한다. 이와 유사한 의미를 지닌 개념으로 '역사적 관점 취하기(historical perspective taking)', '역사적 감정이입(historical empathy)', '관점 이해하기(perspective recognition)'[13] 등이 있다. 이를 주제로 한 연구들에서는 역사행위자의 관점을 이해하는 데 필요한 요소나 전략을 제시하고 있다. 몇몇 연구에서 제시하는 역사행위자의 관점을 구성하는 요소들은 〈표 2〉와 같다.

세 가지 견해에 공통적으로 포함되어 있는 요소는 역사적 맥락화와 현재적 관점의 지양이다. 바튼과 렙스틱이 제시한 ② '정상성의 공유'는 현재의 관점에서 낯설고 이상하게 느껴지는 과거의 행동은 당시 정상적인

〈표 2〉 역사행위자 관점 이해 요소

하위헌 외[14]	세이사스와 모튼[15]	바튼과 렙스틱[16]
① 역사적 맥락화	① 세계관 차이의 인식	① '다름'에 대한 감각
② 역사적 감정이입	② 현재적 관점의 지양	② 정상성의 공유
③ 현재적 관점의 지양	③ 역사적 맥락화	③ 역사적 맥락화
	④ 증거에 기초한 추론	④ 관점의 다양성
	⑤ 다양한 관점의 고려	⑤ 현재의 맥락화

13_ 키쓰 바튼·린다 렙스틱, 김진아 옮김, 《역사는 왜 가르쳐야 하는가》, 역사비평사, 2017, 363쪽.
14_ T. Huijgen et. al., "Testing elementary and secondary school students' ability to perform historical perspective taking: the constructing of valid and reliable measure instruments", *European Journal of Psychology of Education*, vol. 29-4, 2014, 655쪽.
15_ P. Seixas and T. Morton, *The Big Six: Historical Thinking Concepts*, Toronto: Nelson Education, 2013, 136~167쪽.
16_ 키쓰 바튼·린다 렙스틱, 앞의 책, 365~391쪽.

행동이었고, 오히려 현재 우리에게 익숙한 것들이 과거의 관점으로 보면 낯선 것이 될 수 있음을 인식하는 것이므로 세이사스와 모튼의 ② '현재적 관점의 지양'과 유사한 의미라고 할 수 있다. 세이사스와 모튼의 ① '세계관 차이의 인식'과 바튼과 렙스틱의 ① '다름에 대한 감각'은 과거인의 세계관(신념, 가치, 동기)과 현재의 세계관이 크게 다를 수 있다는 의미이므로, 현재적 관점의 지양과 같은 선상에서 이해할 수 있다. 세이사스와 모튼의 ⑤ '다양한 관점의 고려'와 바튼과 렙스틱의 ④ '관점의 다양성'은 역사적 사건을 다각적으로 이해하기 위해서는 이를 둘러싼 다양한 인물들의 관점을 함께 고려해야 함을 강조한다. 세 가지 견해의 요소들이 거의 비슷하다고 할 수 있지만 각 견해별로 고유한 요소도 찾을 수 있다. 세이사스와 모튼의 ④ '증거에 기초한 추론'은 과거인의 관점을 추론할 때 단순한 상상력과 동일시의 방법이 아니라 반드시 증거에 기반하여 이루어져야 한다는 것을 강조하는 요소다. 바튼과 렙스틱의 ⑤ '현재적 맥락화'는 현재를 살고 있는 우리의 관점도 역사적 맥락의 영향을 받는다는 것을 인식하는 것이다. 이는 과거의 관점뿐만 아니라 현재의 관점이 어떻게 만들어졌는지 반성적으로 살펴보고 현재의 관점도 역사적 구성물임을 알게 한다.

외국의 교육과정에서도 '역사행위자 관점'은 중요하게 다루어져왔다. 미국의 주별 사회과 내용 기준을 개발하고 실행을 안내하는 역할을 하는 C3 프레임워크(C3 Framework)[17]에서는 역사적 사고도구 중 하나로 '관점'을 소개하고 학년별 성취기준을 상술하고 있다. 이 중 역사행위자 관점 관련 내용은 '관점의 비교', '관점과 역사적 맥락과의 관계'에 중점을

17_ C3 프레임워크에서 역사적 사고의 영역은 ① 변화·연속성·맥락, ② 관점, ③ 역사적 사료와 증거, ④ 인과개념과 주장 등 네 가지로 제시된다. NCSS, "The College, Career, and

2학년 말	5학년 말	8학년 말	12학년 말
현재 사람들의 관점과 과거 사람들의 관점을 비교한다.	동일한 시대를 살았던 사람들이 다른 관점을 가진 이유를 설명한다.	서로 다른 시대에 살았던 사람들의 관점에 영향을 주었던 다양한 요인을 분석한다.	서로 다른 시대에 살았던 사람들의 관점에 영향을 준 복잡하고 상호작용적인 요인을 분석한다.
3~5학년에서 시작	역사적 맥락과 그 당시 사람들의 관점 사이의 관련성들을 설명한다.	사람들의 관점이 시간의 흐름에 따라 왜, 어떻게 변하는지 설명한다.	역사적 맥락이 사람들의 관점을 어떻게 형성하고 현재도 어떻게 형성하고 있는지를 분석한다.

• 출처: NCSS, 2013, 48쪽.

두고 학년별 계열화를 추구한다. 이 중 역사행위자 관점과 관련한 내용은 〈표 3〉과 같다.

오스트레일리아의 국가 교육과정은 역사교육의 내용과 학습경험을 구성하는 2개의 스트랜드(strand)로 '역사지식과 이해(historical knowledge and understanding)', '역사 탐구와 기능(historical inquiry and skills)'을 제시한다. 학습방법이나 경험을 의미하는 '역사 탐구와 기능'은 '연대기, 용어와 개념들', '역사적 질문과 탐색', '자료의 분석 및 활용', '관점과 해석', '설명과 의사소통'의 다섯 가지 개념으로 이루어져 있는데, 이 중 '관점과 해석'은 다원적 관점과 관련된 기능이다. 해당 성취기준은 '1차, 2차 사료에서 관점이나 태도, 가치의 차이 기술하기'다.

이들 연구에서는 모두 '역사적 맥락화'를 행위자 관점을 이해하는 데 필요한 요소로 다루고 있다. 역사적 맥락화는 과거와 현재의 차이점을 인지하고 과거의 정치·사회·문화적 프레임을 통해 역사적 인물의 행위

Civic Life(C3) Framework for Social Studies State Standards : Guidance for Enhancing the Rigor of K-12 Civics, Economics, Geography, and History", 2013, 45~49쪽.

를 이해하는 것이다. 여기에는 역사적 사건들을 일으킨 상황 및 관련된 다른 사건에 대한 지식을 반영하는 것도 포함된다.[18] 역사적 행위는 행위자의 사상이나 감정, 동기에 의한 결과다. 이는 인물의 성장과정이나 경험 등 개인사에 영향을 받기 때문에 행위자에 관한 탐구도 필요하다. 역사적 맥락과 인물의 개인적 특성이 복합적으로 작용한 결과가 역사적 행위나 사건으로 나타나기 때문에 이 둘은 상호 연관성 속에서 이해되어야 한다. 그러기에 관점의 비교가 중요한 학습활동으로 제시되고 있다. 텍스트에는 역사적 사건과 관련한 다양한 인물들의 관점이 들어 있으므로 학생들은 다양한 관점을 확인하고 비교하면서 역사적 사건이 각각에게 어떤 의미가 있는지, 서로 다른 관점에 의한 갈등이 어떻게 일어나는지 알 수 있다. 학생들은 역사행위자의 관점을 평가하면서 자신의 관점을 가지게 되는데, 이 관점이 현재 시각으로 과거의 행위를 판단하는 것은 아닌지 유의해야 한다. 그래야 상대주의적 시각으로 역사를 볼 수 있어, 역사학습이 다원주의적 가치를 기르는 데 효과적일 수 있다. 이상의 논의를 종합하면 역사적 맥락, 행위자의 개인적 특성, 다양한 관점, 현재적 관점을 중심으로 행위자의 관점 이해와 관련된 학습자의 인식을 살펴볼 수 있다.

2) 역사가 관점 이해 요소

역사서술은 하나의 해석이며 저자의 의도가 들어가기도 한다. 따라서 텍스트를 읽을 때는 저자의 관점이 반영되어 있다는 점을 염두에 둘 필

18_ J. Endacott and S. Brooks, "An Updated Theoretical and Practical Model for Promoting Historical Empathy", *Social Studies Research and Practice*, vol. 8, 2013, 41~58쪽.

요가 있다. 비판적 읽기에서는 이런 저자의 관점을 추론하는 데 관심을 갖게 한다. 텍스트를 생산한 의도나 목적, 텍스트 내용에 들어가 있는 역사해석 등을 읽게 하는 것이다. 이를 통해 학생들은 주어진 역사, 유산으로서의 역사가 아니라 텍스트가 만들어지는 과정을 경험함으로써 '인식 방법으로서의 역사'를 경험하게 된다. 그 결과 학생들은 역사서술의 과정에 참여한 집단, 사료의 진위 여부, 소외되는 사람들에 대한 이해 등 역사가 쓰이는 맥락을 이해하게 된다.[19] 역사적 사실의 본질에 익숙하지 않은 학생들은 비판적 읽기가 어렵다는 것이 일반적 연구결과다. 그러나 이런 연구는 학교 역사교육에서 비판적 읽기를 가르쳐야 할 필요를 시사하기도 한다.[20] 이 같은 맥락에서 뱅크스는 학생들이 "과거에 대한 역사가의 견해는 역사서술에 대한 개인적인 편견, 목적, 그가 살고 있는 사회와 시간의 영향을 받는다"라는 역사 일반화를 인식하는 것을 강조했다.[21]

이러한 과정은 비판적 읽기의 절차에 포함된다. 비판적 읽기는 텍스트 저자의 관점이나 해석, 텍스트에 내재되어 있는 부텍스트를 읽는 것이다. 이는 역사가들이 사료를 읽을 때 거치는 사고의 과정과 비슷하다.[22] 와인버그(Sam Wineburg)는 사료 독해와 해석 과정에서 역사가가 활용하는 인지적 조작을 '발견법(heuristics)'이라고 지칭하고, 그 절차를 다음 네 단계로 구분했다. 사료를 읽을 때 먼저 출처의 신뢰성을 살피는 출처

19_ 민윤, 〈다문화 역사학습: '기억의 역사'를 통한 비판적 접근〉, 《사회과교육연구》 16-1, 2009, 17쪽.
20_ 김한종, 앞의 책, 352~353쪽.
21_ J. A. Banks, *Teaching strategies for the social studies inquiry, valuing and decision making*, Massachusetts: Addison-Wesley Publishing Company, 1977, 226~238쪽.
22_ 김한종, 앞의 책, 333쪽.

확인(sourcing), 알려진 역사적 사실이나 다른 자료를 통해 사료 내용을 보완해서 확정짓는 확증(corroboration), 역사적 사실을 그것이 일어난 상황 속에서 이해하는 맥락화(contextualization), 저자가 의도적으로 빠뜨린 부분을 검토하는 부재증거 확인(consideration of absent evidence)이 그것이다.[23]

텍스트 읽기 절차 중 역사가의 관점을 파악하는 단계를 '사료 평가' 혹은 '출처 확인'이라고 한다. 밴슬레드라이트(Bruce A. VanSledright)는 이 중 출처 확인의 과정을 사료 확인(identification), 사료의 속성 파악(attribution), 관점 판단(perspective judgment), 신뢰성 평가(reliability assessment)로 구분한다. 사료 확인은 사료의 성격이 무엇이며, 언제 만들어졌는지 확인하는 것이다. 사료의 속성 파악은 사료에는 저자가 있으며, 저자는 역사적 맥락 속에서 사료를 만들었다는 사실을 인식하는 것이다. 관점 판단은 저자의 정치적·사회문화적 입장을 평가하는 것이며, 신뢰성 평가는 다른 사료나 역사해석과 비교하여, 그 사료가 증거로서 믿을 만한지 평가하는 것이다.[24]

미국, 캐나다, 오스트레일리아 등의 교육과정 성취기준에는 역사가의 관점 이해와 관련한 사고활동이 포함되어 있으며, 학생 수준에서 실천할 수 있는 활동을 예시하고 있다. 이런 활동은 주로 관점의 비교, 출처 확인 등과 관련된다. 학생들은 서로 다른 관점이 담긴 사료들을 비교하면서 하나의 사실을 다양한 관점에서 접근할 수 있음을 인식하고, 역사해석은 역사가의 관점을 기반으로 한 것임을 알 수 있다. 또한 이처럼 역사

23_ 김한종 외, 《역사인식과 역사교육》, 책과함께, 2007, 66~67쪽.
24_ B. VanSledright, "What Does It Mean to Think Historically and How Do You Teach It?", *Social Education*, 68-3, 2004, 230~233쪽.

를 보는 관점에서 차이가 생기는 이유를 추론해볼 수 있다. 출처 확인은 사료의 저자와 제작 시기를 확인하는 것뿐만 아니라 저자의 개인적 특성이 사료의 내용에 영향을 미쳤을 가능성과 신뢰성을 평가하는 것도 포함된다. 사료의 신뢰성을 평가하는 기준은, 그 내용을 증거로 삼기에 얼마나 적합한지 검토하는 데 적용된다. 관점 비교나 출처 확인에 사용되는 전략들을 학생 수준에 맞게 재구성하면, 학생들이 역사가 관점을 어떻게 인식하는지 분석할 수 있다.

III. 조사방법

1. 연구 문제

조사에서는 학생들이 역사 텍스트에 들어 있는 관점들을 어떻게 인식하고, 그것을 통해 자신의 관점을 어떻게 형성하는지 알아보고자 했다. 역사행위자 관점을 이해하는 것은 '역사행위자가 왜 그렇게 행동했을까?'에 대한 답을 찾는 과정이고, 역사가의 관점을 이해하는 것은 역사가의 관점에 따라 서로 다른 해석이 있음을 알고 텍스트를 비판적으로 받아들이는 과정이라고 할 수 있다. 학습자 관점은 역사행위자 관점과 역사가 관점이 반영된 텍스트를 읽고, 과거 사건이나 인물을 평가해보는 과정을 통해 형성된다. 이에 다음과 같은 연구 문제를 설정하여 학생들이 역사 텍스트의 다원적 관점을 어떻게 인식하는지 살펴보고자 한다.

① 초등학생들은 텍스트에서 역사행위자 관점을 어떻게 이해하는가?

②초등학생들은 역사가 관점이 반영된 텍스트를 어떻게 이해하는가?

③초등학생들은 역사행위자와 역사가의 관점을 접한 후 자신의 관점을 어떻게 형성하는가?

2. 연구 대상 및 방법

조사는 전라북도 J시에 위치한 초등학교 6학년 두 학급의 학생들을 대상으로 진행되었다. 한 학급당 26명, 총 52명(남학생 24명, 여학생 28명)이 참여했다. 6학년 학생들은 이 연구에서 다루려고 하는 조선시대와 광해군을 이미 배운 적이 있다. 질문에 답하려면 배경지식이 필요하므로 미리 광해군의 중립외교와 관련된 학생들의 선행지식을 조사했다. 학생들은 광해군과 관련하여 '폐위된 왕', '임해군', '영창대군', '쫓겨난 왕' 등 단편적인 지식만을 기억하고 있었다. 이에 광해군의 중립외교의 배경 및 내용에 대한 전반적인 이해가 필요하다고 보고, 프레젠테이션을 이용하여 제공된 텍스트와 관련된 역사적 배경을 설명했다.

조사는 다원적 관점의 차원과 요소가 반영된 역사 텍스트를 학생들에게 제공하고 질문지를 통해 학생들의 텍스트 이해 양상을 파악하는 방식으로 이루어졌다. 질문지 조사는 1차 역사행위자 관점 이해 조사와 2차 역사가 관점 이해 조사로 나뉘어 실시되었다. 두 차례 모두 관련 텍스트와 질문지, 연표가 제공되었다. 학생들마다 독해의 속도 차이가 있을 것이기 때문에 연구자와 학생들이 다 같이 소리 내어 읽고, 어려운 용어의 해설이나 보충이 필요한 부분을 추가로 설명했다.

3. 분석 도구

1) 텍스트

다원적 관점의 역사이해는 역사 탐구의 사고과정에서 이루어진다. 텍스트를 탐구하고 내용을 분석하고 해석하는 과정에서 학생들은 역사적 사고를 하게 된다. 텍스트 탐구를 통해 과거 사람들이 어떻게 생각하고 행동했는지 이해하고, 왜 자신과는 다른 가치관을 가지거나 태도를 보이는지 추론할 수 있다.[25] 역사적 행위의 감정이입적 이해는 역사적 방법에 뿌리를 둔 하나의 능동적이고 적극적인 과정이다. 이는 상호 관련된 네 가지 측면을 가지고 있다. 인간 행동의 분석을 필요로 하는 역사적 사건의 도입, 역사적 맥락 및 연대기의 이해, 다양한 역사적 증거와 해석의 분석, 합리적인 역사적 결론에 다다르게 하는 내러티브 구조의 구축이 그것이다.[26] 감정이입적 이해의 이러한 측면은 역사적 관점 이해를 위한 조건이 될 수 있다. 역사행위를 분석하는 데 필요한 이런 조건들을 반영하여 학생들이 어느 정도 다원적 관점에서 역사를 이해하는지 조사하기 위한 도구를 만들 수 있다.

제공할 텍스트의 내용은 행위 분석이 필요한 역사적 사건을 다루어야 한다. 이를 감안하여 역사적 인물의 선택과 갈등구조가 잘 드러나는 광해군의 외교정책을 채택했다. 당시에도 광해군의 외교정책을 둘러싸고

25_ M. Downey, "Doing History In a Fifth-Grade Classroom: Perspective Taking and Historical Thinking", *American Educational Research Association*, 1995.

26_ E. Yeager and F. Doppen, "Teaching and Learning Multiple Perspectives on the Use of the Atomic Bomb: Historical Empathy in the Secondary Classroom", O. L. Davis Jr, E. A. Yeager, and S. J. Foster (eds.), *Historical Empathy and Perspective Taking in the Social Studies*, Maryland: Rowman & Littlefield Publishers, 2001, 97쪽.

역사적 관점 이해를 위한 조건	적용 결과
인간 행동의 분석을 필요로 하는 역사적 사건의 도입	광해군의 외교정책
역사적 맥락과 연대기의 이해	연표 및 동영상, 프레젠테이션
역사적 증거와 해석에 대한 다양한 분석	사고를 돕는 질문
내러티브 구조의 구축	텍스트 이해를 돕는 해설

첨예한 의견 대립이 있었기 때문에 광해군, 조정의 대신들, 명나라, 후금(청)의 관점이 서로 달랐으며 광해군의 선택에 영향을 미친 요인도 복합적이다. 또한 광해군의 외교정책에 대한 평가는 과거는 물론 현재까지도 엇갈리고 있다. 학생들은 광해군의 외교정책과 관련한 텍스트들을 읽고 당시 사람들의 관점을 접하며 역사적 맥락 속에서 행위를 이해할 수 있다. 이러한 과정은 학생들이 자신만의 관점을 형성하는 토대가 될 수 있다.

역사행위자의 관점을 분석하기 위해서 당시 상황과 사람들의 관점이 제시되어 있는 텍스트를 제공했다. 학생들에게 제공한 텍스트의 목록은 〈표 5〉와 같다. 텍스트는 《조선왕조실록》과 광해군의 생애와 정책을 다룬 문헌자료[27]를 참고하여 초등학생 수준에 맞게 각색했다. 그리고 내러티브 구조에 대한 이해를 돕기 위해 텍스트 중간에 해설을 추가했다.

광해군의 외교정책에 대한 역사가들의 평가가 담긴 텍스트를 학생들에게 주고, 거기에 들어 있는 관점을 분석하도록 했다. 광해군의 외교정책을 긍정적으로 평가한 텍스트와 부정적으로 평가한 텍스트, 조선시대

27_ 한명기, 《임진왜란과 한중관계》, 역사비평사, 1999; 오항녕, 《광해군, 그 위험한 거울》, 너머북스, 2012.

<표 5> **역사행위자의 관점 분석용 텍스트**

번호	텍스트 내용
1	광해군의 임진왜란 경험, 백성에 대한 측은지심
2	광해군의 기본 외교 방침: 사대교린
3	명나라의 세자, 왕위책봉 거절
4	후금의 세력 확장, 명의 원병 요구
5	광해군의 왕권 강화를 위한 궁궐 공사 의지
6	당시 국제정세에 대한 광해군의 생각(명이 후금을 이기지 못할 것이라는 생각)
7	사대부들의 원병 주장
8	광해군의 명나라 파병, 강홍립에게 중립을 지킬 것을 명령
9	강홍립의 항복과 후금의 우호적 입장

에 쓴 텍스트와 현대(2000년대 이후)에 쓴 텍스트를 각각 제공함으로써 학생들이 역사가의 다원적 관점을 분석할 수 있는지, 그리고 그런 분석과 시대 상황을 어떻게 연결시키는지도 살펴보고자 했다. 학생들에게 제공한 자료는 〈표 6〉과 같다.

<표 6> **역사가의 관점 분석용 텍스트**

번호	텍스트 내용(광해군의 외교에 대한 평가)	저자
1	오랑캐에게 항복하고 천하를 어지럽힌 외교	서인 심광세(1619)
2	여러 가지 정황상 개인이 아니라 나라를 위한 외교	실학자 이익(1760)
3	뛰어난 능력을 바탕으로 한 탁월하고 일관성 있는 외교	역사학자 한명기(2000)[28]
4	피해의식에서 비롯된 왕권 수호를 위한 외교	역사학자 계승범(2013)[29]
5	상황에 편승한 기회주의적 외교	역사학자 오항녕(2012)[30]

28_ 한명기, 《광해군: 탁월한 외교정책을 펼친 군주》, 역사비평사, 2000.
29_ 계승범, 〈세자 광해군: 용상을 향한 멀고도 험한 길〉, 《한국인물사연구》 20, 2013, 211~246쪽.
30_ 오항녕, 앞의 책.

2) 질문지

텍스트 분석을 위한 질문은 학생들이 과거 사건에 대한 전반적인 이해와 과거인들의 생각을 효과적으로 분석하도록 돕는다. 또한 학생들이 텍스트의 정보에 집중할 수 있도록 하고 주관적인 감정이나 의견보다 텍스트에 기반하여 생각하도록 이끄는 역할을 한다.[31] 이에 다원적 관점 이해 요소들을 이끌어낼 수 있는 질문들을 구성하고 학생들의 답변을 통해 이해양상을 파악하고자 했다. 질문지의 수준과 제시 자료의 적절성을 판단하기 위해 연구 대상 학급과 비슷한 규모를 가진 인근 학교의 한 학급 학생들을 대상으로 예비조사를 실시했다. 예비조사를 통해 질문지와 제시 자료의 내용을 학생 수준에 맞게 재구성하고 본 연구에 적용했다.

질문지의 전 문항이 서술형이기 때문에 응답률이 저조할 경우를 대비하여 외국의 학생 조사연구에서 쓰였던 '역사적 관점 취하기(historical taking perspective)' 평가도구[32]를 참고로 하여 리커트형(Likert scale) 문항을 보조 자료로 투입했다.[33] 아울러 특정 문항이 맞지 않다고 생각한 경우, 그렇게 생각한 이유에 대해 간단히 서술하도록 했다.

질문지는 선행연구 분석을 통해 추출한 관점 이해 요소에 따라 구성되었다. 각 이해 요소에 따른 질문의 실제는 〈표 7〉, 〈표 8〉과 같다.

1, 2차 질문지의 제일 마지막 문항은 "광해군의 중립외교에 대해 어떻게 생각하나요?"였는데, 학습 결과 형성된 역사적 사실에 대한 학습자의 관점을 확인할 수 있는 것이었다. 같은 문항을 반복해서 질문한 이유는 학생들의 관점 변화 양상을 관찰하고, 각 텍스트가 학생들의 관점 형

31_ E. A. Yeager and F. H. Doppen, 앞의 글, 101쪽.
32_ Tim Huijgen et. al., 앞의 글, 667~669쪽.

성에 어떤 영향을 주었는지 살펴보기 위해서다.

질문지에 대한 학생들의 답변 분석은 양적 분석과 질적 분석을 병행하여 실시했다. 질문의 성격과 답변의 형태에 따라 학생들의 전반적인 사고 경향을 강조할 때나 같은 답변을 한 학생이 많을 경우 양적 수치를 활용하여 해석했고, 학생의 개별적 사고 양상이 드러나는 서술형 문항의 경우 학생의 실제 답변을 제시하여 인식의 과정을 추론하고 분석했다.

33_ 보조자료로 사용한 리커트형 문항

순번	내용
1	광해군은 임진왜란을 통해 전쟁의 처참함을 알았기 때문에 백성들이 고통을 겪을 것을 우려해서 명의 요청에 적극 응하지 않았을 것이다.
2	광해군은 나약한 군사력과 어려운 나라사정 때문에 계속 명나라를 섬기고, 힘이 세지고 있던 후금과도 대립하지 않으려고 했을 것이다.
3	명나라는 광해군의 세자 책봉을 다섯 번이나 거부하고 왕이 된 후에도 쉽게 인정하지 않았다. 광해군은 이 때문에 명에 대한 감정이 좋지 않아서 명에 군사를 보내고 싶지 않았을 것이다.
4	광해군은 자신의 왕권을 강화하기 위해 궁궐 건축을 계속하고 싶었기 때문에 명에 군사를 보내고 싶지 않았을 것이다.
5	당시 사대부들은 명나라를 제외한 다른 민족을 오랑캐로 취급하여 그들과 좋은 관계를 맺는 것을 부끄러운 일이라고 생각했지만 광해군은 그보다 나라의 이익이 우선이라고 생각했을 것이다.
6	형식적이나마 명에 원병을 파병한 것은 광해군도 명에 예의를 갖추어야 한다는 생각을 가지고 있었기 때문일 것이다.
7	광해군은 명에 군사를 보내고 싶지 않았지만 조정 대신들의 반발이 심해지자 결국 군사를 보낼 수밖에 없었을 것이다.
8	광해군은 명과 후금이 전쟁을 하더라도 명이 후금을 이길 수 없을 것이라고 생각했기 때문에 군사를 보내고 싶지 않았을 것이다.
9	광해군은 명을 돕는 것이 아니라 예의를 갖추려고만 했기 때문에 강홍립에게 명나라의 명령에 무조건 따르지 말고 가급적 전쟁에서 조선군이 피해를 입지 않도록 행동하라고 명령했을 것이다.
10	광해군은 전쟁이 일어나면 혼란 속에서 자신의 왕권이 더 불안해질 수도 있기 때문에 군사를 보내고 싶지 않았을 것이다.

〈표 7〉 **역사행위자의 관점을 이해하기 위한 질문**

역사행위자 관점 이해 요소	질문
역사적 맥락 인물의 개별적 특성	• 광해군이 명나라와 후금의 전투에 군대를 보내고 싶지 않았던 이유는 무엇일까요? 글의 내용을 바탕으로 이유를 생각해봅시다.
다양한 관점 (관점의 확인과 비교)	• 명의 원병 요구에 조선이 어떤 태도를 취할 것인지에 대한, 당시 주변 나라나 사람들의 생각을 글에서 찾아 써봅시다. • 강홍립이 후금에 항복한 일에 대해 광해군, 조정 대신, 후금, 명나라는 각각 어떻게 생각하고 그 후 어떤 행동을 취했을까요? • 명의 원병 요구에 대한 광해군과 조정 대신들의 관점이 다른 이유는 무엇일까요?
현재적 관점	• 명나라에 군대를 보내야 한다는 조정 대신들의 관점에 대해 어떻게 생각하나요? 근거를 들어 적어봅시다. • 광해군과 조정 대신들의 관점에 대해 어떻게 생각하나요? 근거를 들어 적어봅시다.

〈표 8〉 **역사가의 관점을 이해하기 위한 질문**[34]

역사가 관점 이해 요소		질문
관점의 비교	관점의 확인	저자는 광해군의 결정에 대해 어떻게 생각하나요? 저자들의 관점은 어떤 차이가 있나요?
	관점의 근거	저자가 광해군의 결정에 찬성하거나 반대하는 이유나 근거는 무엇일까요?
	관점 차이의 원인	같은 사건을 두고 관점의 차이가 나타나는 이유는 무엇일까요?
출처 확인	저자, 쓰인 시기	이 글의 저자는 누구이고 언제 쓰였습니까?
	텍스트의 신뢰성 판단	어떤 글의 내용이 가장 정확하고 믿을 만하다고 생각하나요? 그 이유는 무엇입니까?

34_ B. VanSledright, "Fifth Graders Investigating History in the Classroom: Researcher-Practitioner Design Experiment", *The Elementary School Journal*, vol. 103-2, 2002, 136쪽. 관점의 비교, 출처 확인에 대한 질문은 초등학교 5학년의 텍스트 읽기 양상을 분석할 때 밴슬레드라이트가 구성한 질문을 참고로 했다.

IV. 학생들의 다원적 관점 이해

1. 역사행위자 관점 이해

1) 제한적 맥락화와 단선적 인과의식

어떤 결정에는 여러 요인이 영향을 미친다. 가치관이나 성격, 경험과 같은 개인적 요인이 크게 작용할 수도 있고, 당시의 사회적 상황이나 정치·경제적 구조가 중요한 원인이 될 수도 있다. 역사행위자의 선택은 이런 여러 요인을 종합적으로 고려한 결과다. 이런 선택에는 행위자의 관점이 들어가며, 행위의 결과는 반대로 행위자의 관점을 바꾸기도 한다. 학생들은 역사행위자의 선택을 자기 나름으로 평가한다. 따라서 학생들이 제시하는 행위의 원인을 분석하면, 역사적 행위를 바라보는 학생들의 관점과 행위자의 선택에 대한 평가를 짐작할 수 있다. 이에 학생들에게 다음과 같은 질문들을 하고, 학생들의 응답을 분석했다.

> 광해군이 명나라와 후금의 전투에 군대를 보내고 싶지 않았던 이유는 무엇일까요? 글의 내용을 바탕으로 이유를 생각해봅시다.

이 질문에 답을 하는 과정에서 학생들은 텍스트 속에서 아홉 가지 요인을 찾을 수 있었다. 이 요인들은 텍스트에 의도적으로 포함시켰던 내용으로, 답변 결과를 통해 학생들이 텍스트의 표면적 정보를 파악하는 데는 큰 어려움을 겪지 않는다는 것을 알 수 있었으나(응답률 92퍼센트, 48/52) 학생에 따라 응답한 답변의 수는 각각 달랐다(1~6개).

〈표 9〉 초등학생들이 생각한 광해군 결정의 원인

순번	답변 내용[35]	응답률(%)
1	명과 후금이 전쟁을 하면 후금이 이길 것 같아서 (33/48)	69
2	궁궐 건설에 문제가 생기기 때문에 (21/48)	44
3	임진왜란 후 또 전쟁을 하면 나라가 더 어려워지기 때문에 (16/48)	33
4	당시 조선의 병력으로는 아무것도 할 수 없어서 (15/48)	31
5	혼란 중 역모가 일어날 가능성이 있어서 (14/48)	29
5	군사를 보내려면 식량과 돈이 필요했기 때문에 (14/48)	29
7	명을 도와주면 후금이 보복을 할 것 같아서 (13/48)	27
8	전쟁이 일어나면 백성들이 더욱 고통을 받기 때문에 (11/48)	23
9	명나라가 왕세자, 왕의 책봉을 반대했기 때문에 (4/48)	8

가장 높은 응답률(69퍼센트)이 나온 답변 ①은 학생들이 가장 중요한 행위의 원인으로 당시의 국제정세를 생각했다는 것을 보여준다. 이는 다른 문항에 대해서도 답변의 근거로 가장 빈번히 언급되었다. 또 학생들은 당시 조선의 경제적·정치적 상황과 같은 외부 요인들을 행위의 주요 원인으로 파악했다.

⑨는 가장 낮은 응답률(8퍼센트)을 보인 답변인데, 불안한 왕권을 걱정하는 광해군의 개인적·정서적 측면을 추론해야 하는 응답이다. 때문에 텍스트에 표면적으로 드러나는 다른 요인들에 비해 행위의 결과로 인식하기에는 어려움이 있었을 것으로 보인다. 학생들은 대개 명과 후금 사이의 권력관계, 어려운 국내 상황과 같은 외재적 요인만이 광해군의 선택에 영향을 미쳤다고 생각했을 뿐 광해군이 명에 대해 갖고 있던 태도

35_ 응답률을 표시할 때 함께 표기하는 숫자는 '해당 응답인원/총 응답인원'의 형태로 제시한다. 총 응답인원에는 응답을 하지 않은 학생을 제외한 인원수를 표기한다. 따라서 총 응답인원이 전체 참여 학생 수(52명)와 일치하지 않는 경우도 있다.

나 심리적 요인에 대해서는 관심을 갖지 않았다. 보조자료로 투입한 리커트 척도 결과에서도 가장 낮은 평균값을 보인 문항은 광해군의 세계관과 관련한 내용이었다(리커트 척도문항 6번: "형식적이나마 명에 원병을 파병한 것은 광해군도 명에 예의를 갖추어야 한다는 생각을 가지고 있었기 때문일 것이다"). 학생들은 광해군도 성리학적 세계관을 갖고 있었음을 인식하지 못했다. 성리학이 사대부만의 전유물이 아니라 당시 사회를 지배하던 문화이자 가치관이라는 것을 이해하면 광해군 또한 성리학적 세계관을 갖고 있을 것이라는 추론이 가능하다. 그러나 학생들은 명과 후금 사이의 권력관계, 어려운 국내 상황과 같은 외재적 요인만이 광해군의 결정에 영향을 미쳤을 것이라고 생각했을 뿐 광해군이 명에 대해 갖고 있던 태도나 심리적 요인에는 관심을 갖지 않았다.

학생들은 또한 광해군의 결정 요인이 다양하다는 인식을 하지 못했다. 자신이 생각하는 원인 외에 다른 요인들도 행위의 원인이 될 수 있다는 것을 인정하지 않았다. 예를 들어 "형식적이나마 명에 원병을 파병한 것은 광해군도 명에 예의를 갖추어야 한다는 생각을 가지고 있었기 때문일 것이다"[36]가 틀린 진술이라고 생각한 학생들은 "명에 예의를 갖추기 위해서가 아니라 우리나라를 전쟁에서 구하려고 했기 때문이다"라고 답변했다. 이는 광해군의 원병 파견 결정이 오직 전쟁을 피하기 위해서라고 생각하는 단선적 인과의식을 보여준다.

그렇다면 텍스트에서 여러 요인을 찾아낸 학생들은 광해군의 관점을 잘 이해했다고 볼 수 있을까? 응답한 학생의 73퍼센트(35/48)가 복수의 원인을 찾아냈다. 그러나 해당 학생들은 텍스트 속에서 찾아낸 다양한

36_ 보조자료로 투입한 리커트 척도의 6번 문항이다.

원인들을 자신의 의견을 종합하는 글을 쓸 때 적용하지는 못했다. 이는 학생들이 텍스트 내용에 대한 표면적인 지식만 받아들였을 뿐 감정이입적 이해나 맥락적 이해와 같은 행위자의 관점을 이해하는 데는 이르지 못했음을 의미한다.

이상의 분석들을 종합해보면 학생들은 역사행위의 원인을 설명할 때 텍스트 내용에 대한 표면적인 확인은 가능하지만 그것을 자신의 관점을 형성하는 데 반영하지 못했다. 또한 인물의 선택을 다양한 원인들의 결과로 인식하기보다 자신이 생각하는 주원인만이 결과에 영향을 미쳤을 것이라고 생각하는 단선적 인과관계 인식을 보여주었다. 학생들은 주로 당시의 국제정세와 국내 상황 같은 외재적 요인에만 주목했으며, 광해군의 내면이나 세계관, 그 시대의 문화와 가치 등 추론이 필요한 요인들에 대해서는 거의 관심을 갖지 않았다. 이러한 인식은 역사적 맥락에 대한 이해가 제한적으로 이루어지고 있으며, 인물의 행위를 이해하는 데 개인적·정서적 측면은 고려하지 않았다는 것을 보여준다.

2) 다양한 관점에 대한 표면적 수준의 이해

사람들은 자신을 둘러싼 상황적 맥락과 지위, 처지 등에 따라 자신만의 고유한 가치, 태도, 신념 등을 갖고 있기 때문에 하나의 사건에 대해서도 서로 다른 관점을 갖고 바라본다. 이러한 관점의 다양성 때문에 갈등하고 충돌하며, 그 결과 새로운 상황이 전개되거나 사건이 발생하기도 한다. 명의 원병 요구에 대한 광해군의 결정은 국외에서는 명과 후금의 관점, 국내에서는 광해군과 조정 대신들의 관점 대립을 야기했다. 이런 여러 관점을 살펴보는 것은 역사적 행위와 그 영향을 다양한 측면에서 이해할 수 있게 한다. 다양한 관점에 대한 이해는 텍스트에서 각각의 관점을 확인하고 비교할 수 있는 능력이 선행되어야 한다. 이에 학생들이 광해군의 결정을 둘러싼 명, 후금, 사대부의 관점을 텍스트에서 어떻게 확인하고 비교하는지 살펴보았다.

명의 원병 요구에 조선이 어떤 태도를 취할 것인지에 대한, 당시 주변 나라나 사람들의 생각을 글에서 찾아 써봅시다.

위 문항은 학생들이 텍스트 속에서 역사적 사건에 관련된 다양한 관점을 확인할 수 있는지 알아보기 위한 것이다. 참여한 모든 학생이 답변에 응했고(응답률 100퍼센트), 약 88퍼센트(46/52)의 학생들이 텍스트에서 해당 인물들의 관점을 확인할 수 있었다. 이는 학생들이 텍스트에 제시된 관점을 어렵지 않게 찾아낸다는 것을 보여준다. 그러나 답변 내용을 보면 자신의 말로 정리하거나 요약하기보다는 제시된 텍스트의 내용을 그대로 옮겨 적는 경우가 많았는데, 이는 표면적 정보에 대한 의존도가 높다는 것을 보여준다.

강홍립이 후금에 항복한 일에 대해 광해군, 조정 대신, 후금, 명나라는 각각 어떻게 생각하고 그 후 어떤 행동을 취했을까요?

위 문항은 텍스트의 표면적 정보를 찾는 것을 넘어 각각의 관점에서 광해군의 결정이 미치는 영향과 대응을 추론할 수 있는지를 알아보기 위한 것이다. 또 이 문항은 학생들에게 행위의 결과가 미치는 영향과 의의에 대해 다양한 관점에서 생각해볼 수 있는 기회를 제공한다. 문항의 응답률은 약 90퍼센트(47/52)로 비교적 높았으나, "광해군은 잘했다고 생각했을 것이다", "조정 대신들은 화가 났을 것이다" 등 단편적이고 상식적인 수준의 생각을 나열하는 데 그쳤다. 여기에서도 학생들이 역사적 추론을 어려워한다는 사실을 알 수 있다.

강홍립의 항복 이후 각 주체들의 대응에 대해서는 언급한 학생이 거의 없었으나 자신의 배경지식을 활용하여 조정 대신들의 관점과 인조반정을 연결시킨 사례, 병자호란 이전에는 후금이 우리나라를 공격한 적이 없었다는 것을 연표에서 찾아 그것을 자신이 예상한 후금의 우호적 입장과 관련지은 사례도 있었다. 이는 일부 학생의 사례지만 학생의 배경지식과 연대기적 지식이 역사적 추론에 도움이 될 수 있다는 것을 보여준다.

명의 원병 요구에 대한 광해군과 조정 대신들의 관점이 다른 이유는 무엇일까요?

학생들은 관점 차이의 원인에 대해 인물들의 지위나 처지, 생각 등을 고려하지 않았다. 이 문항의 전체 응답률은 약 85퍼센트(44/52)였으나 그중 약 68퍼센트(30/44)가 "생각이 달라서", "경험이 달라서" 등의 일반적 성격의 답변을 했다. 나머지 약 32퍼센트의 학생들은(14/44) "광해군은 나라와 백성을 지키는 것을 중요하게 생각했고, 사대부들은 명나라에 은혜를 갚고 싶어 했다"와 같이 답했다. 이는 텍스트에 표면적으로 드러난 내용이다. 텍스트에는 광해군의 개인적 경험, 약소국 왕으로서의 입장, 왕권에 대한 생각 등 관점을 형성하게 한 여러 가지 요인이 제시되어 있었음에도 학생들은 백성과 나라를 생각하는 왕으로서만 광해군을 인식하고 있었다. 이는 학생들이 광해군에 대한 긍정적인 인식을 바탕으로 정보를 선택적으로 수용했을 가능성을 보여준다.

3) 현재적 관점과 일상적 감정이입

어린 학생들은 다른 사람들의 관점을 취하는 것을 매우 어려워한다. 특히 자신이 갖고 있는 지식을 타인은 갖고 있지 않을 때 그것을 힘들어한다. 이 점은 역사학습을 어렵게 만드는 요인이다. 학생들이 자신이 가지고 있는 지식들이 과거 사람들에게는 쓸모없는 것이라는 점을 알아야 하기 때문이다.[37] 역사행위를 오늘날의 관점에서 보고 그들의 행위를 어리석은 것으로 보거나 그들이 오늘날과 같은 가치관을 가지고 있다고 가정하는 것을 현재적 관점이라고 한다. 역사행위자의 관점을 이해한다는 것은 과거와 현재의 차이를 인식하고 행위자의 행동을 과거의 맥락에서 바라본다는 것을 전제로 한다. 이것은 과거의 사람들이 나와 관점이 다를 수 있음을 아는 것만으로는 충분하지 않다. 현재의 일반적인 관점과는 다른 과거의 관점도 이치에 맞는 생각이고, '당시에는 그렇게 생각할 수도 있었겠다'라는 인식이 필요하다. 그렇다면 학생들은 광해군과 조정 대신들의 관점을 어떻게 평가했을까? 이 문항에 대한 응답은 학생마다 개별적 사고 양상이 두드러졌으므로 특징적인 답변을 제시하여 인식의 과정을 분석한다. 학생의 응답은 번호로 구분했고, 가능한 한 학생이 작성한 원문을 그대로 인용했다.

답변에 응한 학생들은 모두 조정 대신들의 관점에 반대하는 입장을 보였다. 반대하는 이유는 대부분 우리나라를 위험에 빠뜨리고, 백성들을 더 어렵게 만들 수 있기 때문이었다. 그 과정에서 조정 대신들의 주장을 따랐다면 '우리나라'인 조선이 위험해졌을 것이라는 반(反)사실적 추론

37_ T. Huijgen et. al., "Teaching historical contextualization: the construction of a reliable observation instrument", *European Journal of Psychology of Education*, vol. 32-2, 2017. 164쪽.

명나라에 군대를 보내야 한다는 조정 대신들의 관점에 대해 어떻게 생각하나요? 근거를 들어 적어봅시다.	
12번	조정 대신들의 관점에 반대한다. 만일 조정 대신들의 말대로 명을 돕고 후금이 임진왜란의 피해가 남아 있는 조선을 침략하면 조선 백성들이 더욱 살기 힘들어졌을 것이다.
36번	조정 대신들의 말대로 군사를 명에 보내면 명보다 더 쎈 후금이 반격할 것이기 때문에 군대를 보내자고 하는 것에 반대한다.
8번	조정 대신들은 후금이 우리나라에 처들어올 것을 몰랐던 것 같다. 때문에 현명하지 않았다.
54번	명나라가 임진왜란 때 도와줬더라도 우리나라가 상할지도 모르는데 군대를 보내고 하는 것은 너무 억지인 것 같다. 사대부라면 우리나라를 먼저 생각해야 하는 것 같은데 자기네 나라가 망해도 상관없다니 너무 이상하다.
50번	꼭 틀렸다고 할 수는 없다. 조정 대신들은 성리학에만 빠져 있고 명분상으로도 우리가 도와줘야 했다. 하지만 조선은 약하고 정세를 보지 못하는 게 한심하다.

이 나타났다. 12번, 36번 학생의 답변이 그러한 경향을 보여준다. 이는 위정자라면 나라의 안전과 백성의 생명을 가장 소중하게 생각해야 한다는 인식이 작용한 것으로 볼 수 있다.

8번 학생은 텍스트에 제시된 내용을 참고하지 않고 조정 대신들의 원병 파병 주장에 대해 '현명하지 않았다'라고 평가함으로써 조정 대신들의 사고방식에 결함이 있다고 생각했다. 이는 현재적 관점의 전형적인 형태다. 54번 학생도 당시 사대부들에게 명나라가 어떤 존재였는지에 대한 인식을 드러내지 않고, 위정자의 역할에 대한 자신의 생각을 대입시켜 판단하고 있다.

50번 학생은 참여 학생들 중 유일하게 조정 대신들이 중요하게 생각하는 가치와 그들의 명분을 고려하여 관점을 판단하려는 모습을 보였다. 당시 성리학이 사대부들의 세계관에 영향을 미쳤기 때문에 그에 의거하여 원병 파병을 주장했다고 이해하고 있다. 그러나 사대부들이 당시의

〈표 11〉 광해군의 결정에 대한 학생들의 생각

여러분은 광해군의 결정에 대해 어떻게 생각하나요? 근거를 들어 적어봅시다.	
1번	이렇게 대처할 줄은 몰랐는데 아주 똑똑하게 가서 상황 보고 적절히 행동하라는 말에 깜짝 놀랐다.
50번	나는 괜찮다고 생각한다. 인조가 왕이 돼서 정묘호란, 병자호란으로 조선은 황폐해졌다. 만약 중립외교를 그대로 했다면 안전했을 것이다.
9번	결정을 잘했다고 생각한다. 명은 쇠퇴하고 있었고 조선이 피해를 입지 않으려면 그 선택을 할 수밖에 없었을 것이다.
32번	좋게 생각한다. 명을 도와줘서 강한 후금을 적으로 둘 바엔 후금과 명에 중립외교를 해서 나라를 안전하게 지키는 것이 옳다고 생각한다. 광해군은 멋진 결정을 한 것이라고 생각한다.

국내외적 상황을 고려하지 못했던 점을 들어 '한심하다'는 자신의 주관적 판단을 개입시키고 있다. 이 사례는 초등학생도 현재적 관점을 반영하지 않은 역사적 판단이 가능할 수 있다는 것을 보여주지만, 동시에 감정을 개입시키는 것이 인지적인 추론에 방해가 될 수 있음을 시사한다.

1명을 제외한 모든 학생은 광해군의 관점에 동의한다는 것을 전제로 자신의 생각을 제시했다.[38] 조정 대신들의 관점 평가에서 드러난 바와 같이 학생들은 '나라의 안전'과 '위정자의 역할'을 근거로 들어 광해군의 관점을 판단했다. 또한 갈등 상황에서 어느 쪽도 배반하지 않은 중립외교를 '멋지고 현명하다'고 생각했다.

광해군에 대한 평가에서도 근거를 제시하지 않고 행위에 대한 단순한 가치판단을 하는 유형(1번)이 나타났다. 또한 자신의 역사적 지식을 활용하여 광해군이 폐위되지 않고 계속 중립외교를 추진했다면 조선이 안전했을 것이라는 반사실적 판단을 하는 학생도 있었다(50번).

38_ 광해군의 결정을 비판한 학생(1명)은 '광해군이 의리를 지키지 않았고, 너무 매정하게 명과의 관계를 생각했다는 점'을 근거로 들었다.

광해군의 관점 판단에서 특징적인 점은 9번과 32번 학생처럼 광해군이 강대국으로부터 나라의 이익을 도모하고 나라를 안전하게 지키려 했다고 보고 긍정적으로 평가하는 경우가 대다수였다는 것이다. 앞에서 광해군의 결정과 관계된 여러 요인들, 즉 국외정세, 국내의 정치·사회·경제적 상황, 왕권 수호 목적 등을 확인했던 학생들도 광해군의 결정을 단일한 측면에서만 이해하고 있었다. 이러한 인식은 역사적 감정이입 단계 중 일상적 감정이입과 관련이 깊다. 일상적 감정이입은 역사적 행위를 특정 상황과 관련된 증거에 비추어 이해하지만 비슷한 상황에 언제나 적용될 수 있는 증거를 제시하는 것을 의미한다.[39] 강대국으로부터 나라를 지키기 위해 실리를 추구하는 것은 어느 시대에나 적용될 수 있는 논리이며, 따라서 그 시대의 특수성이 드러나지 않는다. 광해군의 행위에 대해 '그 시대에는 중요하게 생각하지 않았던 실리를 추구했다는 점에서 시대를 앞섰다'와 같은 판단을 하는 것은 당시의 맥락을 반영한 평가라고 할 수 있을 것이다.

39_ 감정이입적 역사이해는 보통 다음과 같은 5단계로 구분한다(양호환 외, 《역사교육의 이론》, 책과함께, 2009, 207쪽).
1단계: 감정이입적 이해를 하려고 하지 않는 단계(자신의 견해나 관점에서 벗어나는 과거의 사실이나 행위를 불합리한 것으로 여기며 과거 사람들의 사고방식에는 결함이 있다고 생각한다).
2단계: 고정관념에 의한 감정이입(그 시대나 사회에 대해 기존에 가지고 있던 고정관념으로 이해한다).
3단계: 일상적 감정이입(역사적 행위를 특정 상황과 관련된 증거에 비추어 이해하지만 비슷한 상황에 언제나 적용될 수 있는 증거를 제시한다. 우리가 아는 것과 당시 사람이 아는 것을 구분하지 않는다).
4단계: 제한적 역사적 감정이입(역사적 행위에 영향을 준 요인을 고려하지만 이중 어느 하나 또는 일부에 초점을 맞추어 이해한다).
5단계: 맥락적 역사적 감정이입(역사적 행위를 당시 사람들의 관점이나 상황에 비추어 이해하는 동시에 과거 사람들의 내면을 고려한다).

2. 역사가의 관점 이해

1) 이분법적 관점 판단과 출처 확인의 부재

서로 다른 관점이 담긴 역사적 해석을 접한 학생들은 역사가들의 관점을 확인하고 비교하는 문항을 어렵지 않게 해결했다. 사전에 미리 기준을 제시하지 않았음에도 학생들은 관점을 긍정적-부정적, 좋게-나쁘게(안 좋게), 훌륭-별로 등의 용어를 사용하여 양분하려는 모습을 보였다. 다른 해석에 비해 상대적으로 이분법적 관점이 명확히 드러나지 않는 글 ④의 경우(〈표 6〉 참조)에도 학생들은 나름의 근거를 들어 긍정-부정의 틀 속에 넣으려 하거나 '그저 그런', '중간 정도' 등의 표현을 사용하여 척도화하려는 시도를 했다. 그러나 일부 학생들은 긍정-부정의 이분법적 프레임에서 벗어나 광해군의 선택에 대해 '탁월한 선택으로 본다', '방어적인 선택으로 본다', '기회주의적인 선택으로 본다' 등 자료 내용을 토대로 역사의 관점을 판단하기도 했다. 이분법적 판단은 관점 확인을 용이하게 해주기는 하지만 역사적 해석의 다양성을 담아내기에는 한계가 있다. 따라서 학생들이 확장된 사고를 하기 위해서는 이러한 경향에서 점차적으로 벗어나 흑백으로 나누기보다는 행위의 속성을 파악하도록 안내할 필요가 있다.

이어 관점의 근거를 어떻게 파악하는지 살펴보기 위해 '저자가 광해군의 결정에 찬성하거나 반대하는 이유나 근거는 무엇일까요?'라는 질문을 했다(〈표 8〉 참조). 참여한 모든 학생들이 관점의 근거를 텍스트의 내용에 제시된 역사적 사실에서 찾았다. 각각의 텍스트 하단에 저자에 대한 자세한 설명이 있었음에도 불구하고 저자 요인을 언급하는 학생은 없었다. 특히 글 ①의 경우 당시의 사대부인 심광세가 서인이었으며, 서인은 광해군을 지지하지 않았다는 보충설명이 있었고, 글의 내용 또한 상당히 편파적이었음에도 관점의 근거로 저자의 지위나 입장, 세계관 등이 고려되지 않았다. 이는 학생들이 역사 텍스트를 접할 때 출처 확인 단계를 거치지 않는다는 기존의 연구결과와 일치한다.[40] 이와 같은 연구결과들은 학생들에게 출처 확인과 관련된 활동을 교육을 통해 직접 지도해야 할 필요가 있음을 시사한다.

같은 사건을 두고도 다른 해석이 생기는 이유를 묻는 문항에서 학생들은 '생각이 달라서'라는 일반적이고 상식적인 답변을 가장 많이 했다. 관점 형성요인을 중층적으로 설명하자면 '역사가의 해석으로 표면적으로 드러나는 관점'이 가장 상위에 있고, 그러한 관점이 나타나게 된 저자의 생각, 의도, 동기 등이 그 아래를 차지하게 된다. 저자의 의도나 생각을 형성하는 것은 저자의 세계관, 살아온 환경, 경험 등이다. 학생들이 관점이 다른 이유에 대한 일반적 답변에서 벗어나기 위해서는 이러한 구조를 알 필요가 있으며, 저자 요인과 텍스트의 내용은 밀접한 관련이 있다는 것을 인식해야 한다. 이를 위해 저자와 관련하여 어떠한 점을 살펴볼 것인지에 대한 구조화된 질문 방법과 내용을 정리할 필요가 있다.

2) 다양한 기준에 의한 신뢰성 판단

비판적 읽기를 하는 사람은 역사해석을 그대로 믿거나 수용하는 것이 아니라 저자의 입장을 고려하고, 사실과 의견을 구분하며, 근거의 적절성을 따져서 텍스트를 이해한다. 비판적 읽기에 익숙하지 않은 초등학생

40_ S. Wineburg, *Historical Thinking and Other Unnatural Acts*, Philadelphia: Temple University Press, 2001.

들은 어떤 기준으로 역사해석을 받아들이는지 살펴보기 위해 아래의 질문을 통해 텍스트의 정확성과 신뢰성에 대한 학생들의 판단 기준을 확인하고자 했다.

①~⑤ 중 어떤 글의 내용이 더 정확하고 믿을 만하다고 생각하나요? 그 이유는 무엇입니까?

이 문항에 대한 답변 분석에서 중요한 것은 학생들이 어떤 텍스트를 선택했는지가 아니라 어떤 기준으로 텍스트의 정확성과 신뢰성을 판단했는가다. 학생들의 신뢰성 판단 기준에 따른 답변 내용은 〈표 12〉에 정리했다.

첫 번째 유형은 자신의 동의 여부를 기준으로 삼은 경우다. 학생들은 역사행위자의 관점 평가를 통해 이미 광해군의 중립외교에 대한 자신의 관점을 갖고 있었고, 자신과 동일한 관점이 들어가 있는 텍스트를 신뢰할 수 있고 정확하다고 판단하고 있었다. 이러한 경향을 보인 학생은 답변 참여 학생의 약 14퍼센트(6/44)를 차지했다. 비판적 사고는 텍스트를 편견이나 감정에 사로잡히지 않고 분석하는 데서 길러질 수 있다. 때문에 텍스트를 읽을 때는 자신의 주관적 편견이나 견해를 배제할 수 있도록 해야 한다.

다음 유형은 텍스트에 제시된 근거의 타당성을 판단의 기준으로 삼은 경우다. 가장 많은 학생들이 이 유형에 해당했다. 학생들은 역사적 사실을 근거로 한 해석은 대체로 타당하다고 생각했다. 응답한 학생의 약 23퍼센트(10/44)가 역사적 사실을 근거로 제시한 텍스트는 믿을 수 있다고 답했다. 또한 근거가 많을수록, 역사적 사실에 가깝다고 생각할수록 글

〈표 12〉 역사 텍스트의 신뢰성 판단 기준에 따른 학생들의 답변

자신의 동의 여부를 기준으로 설정한 경우	
3번	③이 더 정확하다. 왜냐하면 내 관점도 광해군을 나쁘게 평가하지 않기 때문이다.
13번	②가 더 정확하다. 강홍립이 좋은 사람이고 조선을 위해 노력을 하고 있어서
20번	⑤가 믿을 만하다고 생각한다. 광해군은 명과 후금 모두가 조선을 좋게 생각할수록 그 누구 편도 들지 않았다. 그렇기 때문에 광해군의 중립외교는 기회주의 외교가 맞다.

근거의 타당성을 기준으로 설정한 경우	
51번	모두 믿을 만하다. 근거가 사실을 바탕으로 했고 자세하기 때문이다. (유사 답변 10명)
54번	①은 쓴 사람의 감정만으로 쓴 것 같지만 ②는 증거를 토대로 썼기 때문이다.
17번	⑤가 더 정확하고 믿을 만하다고 생각한다. 근거가 많고 믿을 수 있는 글이고 말이 되기 때문이다.
23번	④인데 일부만 믿을 수 있다. 광해군이 피해의식이 크다고 생각하여 외교정책에도 드러났다고 하지만 이것이 결국 우리나라를 지켰으면 그를 위한 방어적 선택이라고는 할 수 없을 것이다.
46번	③, ④. 광해군은 후금을 다독이고 명나라를 주물러서 알맞은 대응을 했고, 피해의식이 컸다. 하지만 글 ④와는 달리 광해군의 외교정책은 실패하지 않고 성공했다. 그리고 중립을 잘 지켰고 우리나라를 잘 지켰다.

기타 – 쓰인 시기, 다른 사람들의 선호도, 저자의 의도	
7번	①, ②가 믿을 만하다. 왜냐하면 그때 사람이 썼기 때문에.
19번	①, ②는 너무 옛날에 쓰였기 때문에 믿을 수 없다.
15번	③, ④가 맞다고 생각하는데 광해군의 결정을 싫어하는 사람보다 좋아하고 찬성하는 사람이 더 많았을 것 같기 때문이다.
23번	②. 왜냐하면 (실학자) 이익은 좋고 나쁨을 평가하기 전에 먼저 당시 상황을 파악해야 한다고 주장했기 때문에.

에 대한 신뢰도가 높게 나타났다.

 그 밖에 저자의 해석에는 동의하지 않지만 증거가 역사적 사실이기 때문에 일부만 믿을 수 있다고 생각하는 사례도 있었다(23번, 46번). 이 학생들은 역사적 해석과 사실을 구분했으며, 텍스트 내용을 선택적이고 비판적으로 받아들였다.

일부 학생들은 텍스트의 신뢰성과 정확성에 대한 판단 기준으로 텍스트가 쓰인 시기, 다른 사람들의 선호도, 저자의 의도를 고려했다. 텍스트가 쓰인 시기를 판단 기준으로 삼은 응답 중에서 흥미로운 결과가 발견되었는데, 7번 학생은 사건의 시점에 쓰인 텍스트가 더 정확하다고 판단한 반면, 19번 학생은 그 당시에 쓰인 텍스트는 너무 오래되었기 때문에 정확하지 않다고 판단했다. 15번 학생은 역사해석이 들어간 텍스트에 대한 정확성의 근거를 다른 사람들의 동의나 선호도에서 찾았다. 일반적으로 더 많은 지지를 받는 역사해석이 존재하기는 하지만 다른 사람들의 선호도가 역사를 판단하는 기준이 되면 자신의 관점을 형성하는 데 도움이 되지 않기 때문에 이러한 판단은 재고해보아야 한다.

참여 학생 중 유일하게 저자 요인을 판단 기준으로 제시한 유형도 있었다. 23번 학생은 역사해석과 함께 제공한 저자에 대한 설명을 참고하여, 저자인 이익이 당시 상황을 파악해서 해석했을 것이기 때문에 다른 텍스트보다 더 정확할 것이라고 판단했다. 이는 저자의 해석 과정에 관심을 둔 비판적 읽기라고 할 수 있다.

3) '사실'과 '해석'의 구분

교사가 별도로 지도하지 않았지만, 학생들은 제시된 텍스트 내용 중 역사적 사실과 해석을 구분했다. 그러나 이런 구분을 근거로 저자 요인을 언급하지는 않았으며 저자의 해석을 뒷받침하는 내용들을 역사적 사실이라고 생각했다. 역사학자들이 역사적 사실을 바탕으로 역사해석을 시도하며, 우리가 접하는 역사는 대부분 그러한 과정을 거치는 것이라는 연구자의 보충설명을 듣던 한 학생은 "그러면 역사는 진실이 아닌가요?"라고 묻기도 했다.

'모두 믿을 수 있다'라고 답한 경우	
6번	모두 믿을 수 있다. 모두 생각이 다른 것이기 때문에 내용의 정확성을 따질 수 없다. 그리고 모두 근거를 자세하게 잘 썼다.
40번	모두 믿을 수 있다. 이건 각자의 생각이기 때문에 누가 더 정확하고 정확하지 않다는 것을 명확하게 말할 수 없다.

'모두 믿을 수 없다'라고 답한 경우	
12번	둘 다 믿을 수 없다. 직접 가서 보는 자료가 없으니 확신이 안 간다.
14번	역사는 결국 기록된 것이고 유물 같은 걸로 추론한 것이기 때문에 사실이 아니다.
20번	각각의 의견은 자신의 생각을 기반으로 쓴 것이기 때문에 그 당시에 그것을 직접 보고 들었다고 해도 생각은 갈릴 수 있다.

'해석으로서의 역사'를 인식한 학생들은 텍스트의 신뢰도를 평가할 때 특정 텍스트를 고르지 않고 '텍스트를 모두 믿을 수 있다' 혹은 '모두 믿을 수 없다'고 판단했다. 이러한 인식을 보이는 학생들은 전체의 21퍼센트(11/52)를 차지했다. 먼저 '모두 믿을 수 있다'라고 답한 학생들은 '역사는 역사가의 해석이기 때문에 모두 인정받을 수 있다'라고 생각했다. 반대로 '모두 믿을 수 없다'고 판단한 학생들은 각각의 해석이 역사적 '사실'이 아닌 '생각'이기 때문에 신뢰할 수 없다고 답변했다. 학생들의 실제 응답 내용은 〈표 13〉에 제시되어 있다.

6번과 40번 학생과 같이 저자의 관점에 더 집중한 학생들은 역사가의 해석은 사실이 아닌 생각이기 때문에 '옳다', '그르다'로 판단할 수 없는 문제이고, 따라서 각각의 해석을 모두 믿을 수 있다고 답변했다. 여기에서 '믿는다'는 진술은 '글이 정확하다'가 아닌 '모두 인정할 수 있다'의 의미로 이해할 수 있다. 따라서 이러한 답변을 한 학생들은 '역사해석은 역사가의 판단이므로 모두 인정받을 수 있다'는 것을 전제로 한다고 볼 수 있다.

역사해석이 사실보다는 저자의 관점이라는 인식은 제시된 텍스트를 '모두 믿을 수 없다'는 판단의 준거가 되기도 했다. 이러한 판단을 한 학생들은 12번, 14번 학생과 같이 '직접 보고 확인한 사실만이 정확성을 갖고 있으며 믿을 수 있다'라고 보았다. 여기서도 학생들은 역사적 사실과 해석을 구분할 수 있으나, 신뢰성의 기준을 눈으로 확인할 수 있는 것으로 한정하여 역사 연구와 서술의 성격을 바탕으로 한 판단에는 이르지 못했다. 그러나 20번 학생은 역사서술은 해석이라는 것과 그것이 역사가의 관점에 따라 달라질 수 있다는 인식을 동시에 보여준다. 이러한 사례는 초등학생도 해석으로서의 역사를 인식하고 관점에 따라 그것이 달라질 수 있음을 이해할 능력이 있다는 것을 보여준다.

이상의 답변을 통해 학생들은 텍스트 안에서 역사적 사실과 해석을 구분할 수 있으나, 사실로서의 역사, 해석이나 기록으로서의 역사에 대한 인식이 혼재하며 이 때문에 객관적 역사에 대한 인식도 각각 다르게 나타난다는 것을 알 수 있었다. 그러나 역사가의 관점을 읽기 위해서는 텍스트 안에서 사실과 해석을 구분하는 단계를 넘어 모든 역사적 해석에는 저자의 의도나 목적이 들어갈 수밖에 없음을 인식하고, 역사 텍스트를 접할 때 그러한 부분을 살피기 위해 노력해야 한다.

3. 학습자 관점 형성

1) 광해군에 대한 긍정적 관점의 유지와 보강

이 연구에서 광해군의 중립외교에 대한 학습자 관점 조사는 총 세 차례 이루어졌다. 첫 번째는 질문지 조사 전 선행지식 평가에서, 두 번째와 세 번째는 역사행위자와 역사가 관점 이해 질문지를 통해 각각 이루어졌다. 선행지식 조사 결과 학생들은 광해군이나 광해군의 중립외교에 대한 단편적인 지식이나 선입견만을 가지고 있었으므로, 관점이 형성되어 있다고 보기 어려웠다. 역사행위자 관점을 접한 후 이루어진 조사에서 학생들은 광해군을 '나라를 구한 왕', '백성을 위한 왕'으로 인식했다. 그 결과 광해군의 관점에 대해서는 거의 모든 학생이 동의하는 입장을 보였고, 조정 대신들의 관점에 대해서는 전원이 반대하는 입장을 제시했다. 동의하는 이유는 승산 없는 전쟁보다는 중립을 택한 것이 합리적이라는 판단 때문이었다. 광해군이 중립외교를 선택한 원인으로 볼 수 있는 여러 역사적 사실들을 제시했음에도 학생들은 당시의 상황적 맥락을 행위의 주된 원인으로 파악했으며, 그것은 광해군의 행위를 평가할 때도 강력한 준거로 작용했다. 그렇다면 광해군의 중립외교에 대한 다양한 해석을 통해 서로 다른 역사가의 관점을 접한 학생들은 자신의 관점을 어떻게 재구성했을까?

광해군의 중립외교에 대한 다양한 역사가들의 관점을 접한 후에도 답변에 응한 42명 중 약 86퍼센트(36/42)의 학생들은 '광해군의 중립외교는 현명한 선택이었다'라고 평가했다. 이는 반대 관점의 역사해석을 접한 후에도 광해군의 중립외교에 대한 생각이 거의 변하지 않았다는 것을 의미한다. 그러나 초기에 형성된 학생들의 관점이 단순히 찬성과 반대의 사를 표현하는 데 머물렀다면, 역사가의 관점을 접한 후에는 역사적 근거를 통해 자신의 논지를 구체적으로 제시하려고 했다. 이 경우 역사가의 관점이 들어가 있는 텍스트는 학생의 기존 관점을 보충하는 참고자료 역할을 했다. 이 학생들은 두 가지 양상을 보였는데, 첫 번째는 자신의 관점과 동일한 관점이 반영된 자료 ③을 인용하여 자신의 관점을 보충

<표 14> 같은 관점을 가진 텍스트를 인용한 경우

번호	역사행위자의 관점 이해 조사 후	역사가의 관점 이해 조사 후(밑줄: 글 ③에 제시된 내용)
1번	이렇게 대처할 줄은 몰랐는데 아주 똑똑하게 가서 상황 보고 적절히 행동하라는 말에 깜짝 놀랐다.	나는 광해군의 결정이 좋고 탁월하다고 생각한다. 이유는 후금을 다독이고 명나라를 주물러서 알맞은 대응을 할 수 있었기 때문이다. 명이 후금에게 질 수 있는 상황에서 군사를 보내달라고 했는데 광해군은 그것이 적합하지 않다는 것을 알고 보내지 않으려고 했지만 사대부들이 계속 보내라고 해서 할 수 없이 보냈는데, 보낼 때 상황을 보고 적합하게 행동하라는 것이 멋있었다.
43번	광해군은 훌륭한 결정을 했다. 이 선택을 해 피해를 입지 않았기 때문에 잘한 선택을 했다.	광해군의 결정인 중립외교정책은 내가 생각했을 때 지금까지 봤던 왕들과 다르고 좋은 정책을 손꼽으라고 해도 세 손가락 안에 들 것 같다. 주변국인 명에게 후금에게 알맞은 대응을 해줘서 조선에게 온 피해는 없는 것 같아서 광해군의 결정은 옳고 탁월하다 생각된다.

<표 15> 다른 관점을 가진 텍스트를 인용한 경우

번호	역사행위자의 관점 이해 조사 후	역사가의 관점 이해 조사 후(밑줄: 글 ④에 제시된 내용)
34번	후금이 이길 확률이 높기 때문에 광해군의 생각이 맞다고 생각한다.	광해군은 글 ③에서처럼 주변국에 대한 정보를 끊임없이 파악했고 그에 대한 정보로 후금을 다독이고 명나라를 주물러서 외교를 중립에서 훌륭하게 했고, 글 ④에서는 명의 출병 요구를 거절하고 후금과의 대화를 추구한 것이 왕권을 지키기 위함이라고 했는데 명과 후금 사이에서 중립을 지키고 자신의 왕권도 지켰기 때문에 대단하다.
35번	광해군의 결정이 낫다고 생각한다. 군대를 보내면 군병들이 피해를 입는다.	광해군의 결정은 좋은 결정 같다. 자신의 왕조를 보전하려고 한 건 좋다. 중립외교를 능동적으로 추구하지 않았다는 게 조금 부족하다. 그래도 난 광해군의 결정에 만족한다.
40번	(답변 없음)	광해군은 선택을 잘했다고 본다. 왜냐하면 그때 그 상황에서 자기 왕권도 지켜야 하고 백성과 나라도 지켜야 했기 때문에 현명한 선택을 한 것 같다.

했다. 이러한 사례는 〈표 14〉를 통해 확인할 수 있다.

그러나 일부 학생들은 광해군의 중립외교에 대해 비판적인 논지를 가진 글 ④도 자신의 관점을 뒷받침하기 위해 인용했다. 자신과는 다른 관점을 가진 자료에서도 사실적 증거만을 발췌하여 인용한 것이다. 글 ④는 광해군의 결정이 현명한 중립외교가 아닌 자신의 왕조를 보전하기 위한 것이었다는 관점을 가졌다. 이에 대해 학생들은 '결국 우리나라도 지키고 자신의 왕권도 지켰기 때문에 잘한 선택이었다'라고 판단했다. 자신의 관점과 다른 해석임에도 일부 내용을 인용하여 자신의 논지를 보강한 것은 특징적인 양상이라 할 수 있다.[41] 〈표 15〉는 여기에 해당하는 사례다.

2) 광해군의 과오에 대한 인식과 평가

일부 학생들은 자신의 관점과는 다른 해석을 받아들였다. 이 학생들은 광해군이 명분에 어긋난 행동을 했다거나 왕권에 더 관심이 많았다는 비판적 해석을 수용했다. 그렇다고 하더라도 이런 해석을 받아들이는 양상이 같은 것은 아니었다.

첫째로 광해군에 대한 비판적 입장을 일부 수용하면서도 결과적으로 중립외교를 긍정적으로 평가하는 유형이다. 〈표 16〉의 답변은 이런 유형에 해당한다. 이런 관점을 가진 학생들은 광해군의 선택이 결과적으로 전쟁이 일어나는 것을 막아서 나라를 안정시켰기 때문에 원래 의도와는 상관없이 좋은 선택이었다고 결론지었다. 주목할 만한 것은 원래 광해군의 중립외교에 대해 유일하게 부정적인 관점을 가지고 있었던 14번 학생의 관점이 이처럼 결과를 기준으로 하는 판단으로 바뀌었다는 사실

41_ 이것은 '현명한 왕 광해군', '우리나라와 백성을 지킨 광해군'이라는 선입견이 강하게 작용한 결과로 보인다. 이 학생들은 '광해군은 어떤 사람이라고 생각하나요?'라는 질문에 '주변국에 대한 정보를 파악하기 위해 끊임없이 노력한 사람', '지혜로운 사람', '냉정해야 할 때는 냉정해지는 엄청 똑똑한 사람', '일에 최선을 다하는 사람', '뛰어난 외교관이자 자신의 권위를 표현하고 싶은 왕', '착하고 대단한데도 욕을 먹어서 아쉬운 사람', '우리나라를 위해 헌신한 사람', '신중한 왕' 등의 긍정적인 답변을 했다.

42_ 이 경우 학생들은 광해군을 '우리나라를 위해 헌신한 조선시대의 왕', '좋고 이기적인 사람

번호	역사행위자의 관점 이해 조사 후	역사가의 관점 이해 조사 후
14번	솔직히 좀 매정한 것 같다. 그래도 도움을 받았는데 은혜도 되갚지 않고 멸망을 보고 있다는 게.	아무리 명을 배반했다 해도 이 외교정책은 적절했다고 생각하고 광해군이 좋고 나쁘고를 떠나서 결과적으로 어떤 결과가 나왔는지가 중요하다. 결국 광해군은 우리나라를 위해 그렇게 한 것이었다.
23번	괜찮다고 생각한다. 조선 백성들이 임진왜란 때문에 힘들었는데 또 싸우면 안 되니 광해군의 결정은 괜찮다고 생각한다.	광해군은 비록 자신의 왕권을 유지하려 중립외교를 선택했지만 그 선택이 조선을 안정시킨 것이면 결과만 좋으면 됐다.

이다. 이는 역사적 사건이나 해석에 대한 학생들의 관점이 사건의 결과에 따라 형성되거나 달라질 수 있음을 보여준다. 그러나 사건의 결과를 기준으로 역사 행위를 평가하게 되면, 역사는 정해진 결론을 향해 나아가야 한다는 단선적인 관점에 빠지게 될 우려가 있다. 또한 역사 행위의 선택이나 역사적 사실의 전개과정을 바라보는 그 밖의 관점을 배제하게 된다. 이는 학생들의 다양한 역사해석을 어렵게 하고 역사적 사실을 바라보는 다원적 관점의 형성을 가로막는다. 그런 점에서 결과론적 판단은 다원적 관점을 지향하는 역사학습과는 배치된다. 이런 문제를 줄이기 위해서는 학생들이 사건의 결과와 과정을 모두 살펴보고, 사건의 주요 인물과 주변 인물의 입장도 함께 고려할 수 있도록 해야 할 것이다.

둘째는 원래 가지고 있던 관점을 토대로 자신의 생각과는 다른 역사가의 해석을 받아들인 경우다. 〈표 17〉은 이들(3명)의 답변을 보여준다. 이 학생들은 역사가들이 제시한 증거를 해석하고 자신의 생각과 비교하여 관점을 수정했다. 이들 학생은 검토할 수 있는 여러 자료 및 관점을 종합

이지만 그 덕분에 좋은 결과를 얻어낸 분' 등으로 인식했다.

〈표 17〉 기존의 관점을 토대로 새로운 해석을 받아들여 관점을 수정한 경우[43]

번호	역사행위자의 관점 이해 조사 후	역사가의 관점 이해 조사 후
9번	결정을 잘했다고 생각한다. 명은 쇠퇴하고 있었고 조선이 피해를 입지 않으려면 그 선택을 할 수밖에 없었을 것이다.	광해군이 중립적 외교는 잘한 것 같지만 실리주의 외교치고는 처참한 결과였다. 군사의 거의 3/4이 전사했는데 이것이 좋은 결과라고 볼 수 없고 병사들은 돌아오지도 못한 채 후금에 포로로 잡혀 있었다. 이런 처참한 결과를 낼 것이면 차라리 보내지 말던가 힘을 다해 싸웠어야 했다고 생각한다.
27번	광해군이 잘했다고 생각한다.	처음엔 잘했다고 생각했지만 글을 읽어보니까 광해군의 선택이 마냥 좋고 잘했다고는 생각할 수 없을 것 같다. 광해군이 한 궁궐 공사 때문에 군대가 허술해진 것도 사실인 것 같은 데다가 명이 광해군을 왕으로 인정하는 것까지는 오랜 시간이 걸려 광해군의 마음이 명에서 떠난 것도 맞는 말이다.
6번	아무리 명이 도와줬더라도 지금 후금이 너무 강하기 때문에 우리가 매우 힘들어진다. 지금 군대를 보낸다면 우리의 상황도 짐작할 수 없다. 그러므로 우리의 이익을 위해 보내지 말자.	광해군은 명에 대해 좋지 않은 감정을 가지고 있었고 자신의 이득을 추구하며 어떻게 해야 외교를 잘 풀지 등등을 생각했다. 광해군의 결정은 현명했지만 너무 이득을 보려고 하는 것 같다.

하여 자신의 관점을 형성했다는 데서 의미가 있다.

관점이 형성되지 않았던 상태의 학생들은 텍스트를 접한 후 역사적 인물에 대한 관점을 갖게 되었다. 초기의 관점은 이분법적이고 단순한 형태를 보였다. 1명을 제외한 모든 학생들이 광해군에 대한 우호적인 인식을 바탕으로 광해군의 관점에 동의했고, 사대부의 관점에는 전원이 반대하는 입장을 보였다. 또한 자신의 관점을 뒷받침하기 위해 제시한 근거도 거의 유사했다. 다양한 역사가의 관점이 반영된 텍스트를 접한 후 이

43_ 이 경우 학생들은 광해군을 '자신의 이익을 추구하고 전쟁을 피하고자 했던 사람', '왕권과 나라를 지키고 싶어 하는 명을 조금 싫어하는 것 같은 사람', '자신의 이득을 얻고 자신이 유리한 쪽으로 이끌며 뒤끝 있는 사람' 등으로 인식했다.

분법적이었던 학생들의 관점은 여러 갈래로 나뉘었다. 학생들은 텍스트 내용을 사실과 해석으로 분리했고, 자신의 관점과 역사가의 관점을 비교하며 비판하거나 수용하는 경향을 보였다. 또한 텍스트 내용을 토대로 자신의 관점을 보강하거나 수정했다. 특히 학생들은 자신의 관점과 반대되는 텍스트를 접할 때 역사가의 해석을 비판하고 근거의 적절성을 따져보는 읽기 과정을 거쳤다. 결과적으로 학생들은 역사행위자와 역사가 관점을 접하며 구체적인 논지와 풍부한 근거를 가진 자신만의 관점을 형성했다고 볼 수 있다. 이 같은 과정을 거쳐 형성된 각자의 관점을 발표, 토론 등을 통해 나누게 되면 학생들은 역사행위자나 역사가뿐 아니라 다른 학생들의 다원적 관점까지 접할 수 있을 것이다.

V. 다원적 관점의 역사인식을 위한 역사교육

일반적으로 역사교육에서는 다원적 관점을 '다양한 관점에서 역사를 보는 것'이라고 규정한다. 학생들이 역사적 사건을 둘러싼 여러 인물들의 관점을 고려하고, 해당 사건에 대한 역사가들의 다양한 해석을 접하게 되면, 비판적 사고력을 기르고 다원주의적 태도를 함양할 수 있다고 보는 것이다. 그러나 다원적 관점은 '다양성'을 경험하는 것만으로는 기르기 어렵다. 이 연구에서 밝혔듯이 초등학생들은 역사 텍스트에 표면적으로 드러나 있는 여러 관점들을 어렵지 않게 확인하고 비교했으며, 관점이 서로 다르고 다양할 수 있다는 것을 인식할 수 있었다. 그러나 같은 사건을 두고 역사행위자들과 역사가들의 관점이 '왜 다를까?'에 대한 답을 찾는 데는 많은 어려움을 겪었다. 이는 역사교육에서 다원적 관점을 기르기 위해 관점의 '다양성'뿐만 아니라 관점의 '상대성' 또한 중요하게 다룰 필요가 있음을 시사한다.

타인의 관점을 상대적으로 이해하기 위해서는 그를 둘러싼 다양한 배경과 개인적 특성들을 고려해야 한다. 과거인의 행위를 이해할 때 역사적 맥락과 인물의 개인적 특성을 모두 고려해야 하는 이유가 바로 여기에 있다. 하지만 텍스트에는 인물의 개인적 특성이나 생각 등이 잘 드러나지 않기 때문에 학생들은 알고 있는 사실을 바탕으로 추론하는 과정을 거쳐야 한다. 역사적 추론은 과거인을 이해하는 유용한 도구가 될 수 있다. 그러나 역사적 행위에 대한 초등학생의 평가에서는 일상적 감정이입을 비롯한 현재적 관점이 들어가는 경우가 많다. 다수의 학생들은 오늘날의 가치를 대입시켜 역사적 행위를 판단한다. 역사적 관점의 다원성을 인식하게 하기 위해서는 학생들 스스로 자신의 판단 과정을 돌아보게 할 필요가 있다. 이는 학생들로 하여금 자신의 관점도 오늘날의 세계관을 비롯한 여러 요인에 영향을 받았음을 반성적으로 성찰할 수 있는 기회가 될 것이다.

학생들은 역사가들의 관점에 따라 하나의 사건에 대해 다양한 해석이 가능하다는 것을 알 수 있다. 그러나 관점을 긍정-부정의 이분법적 틀에서만 파악하려는 경향을 보일 수 있다. 여기에서 벗어나서 다양한 관점에서 역사를 이해하고 해석하게 하려면, 저자의 특성을 파악하고 텍스트의 출처를 확인할 필요가 있다. 역사가들은 텍스트의 신뢰성을 평가할 때 해당 텍스트가 증거로서 얼마나 적합한지에 중점을 둔다. 이를 위해 저자의 편파성, 역사적 사실의 정확성 등을 준거로 텍스트의 신뢰성을 평가한다. 이 연구에서 역사 텍스트를 읽는 훈련이 되어 있지 않은 학생들은 자신만의 판단 기준을 세워 텍스트의 신뢰성을 평가했다. 학생들이 세운 기준은 근거의 타당성, 자신의 동의 여부, 쓰인 시기, 다른 사람의 선호도 등이었고, 참여 학생 중 저자 요인을 고려한 학생은 단 한 명이었다. 자신의 동의 여부와 다른 사람의 선호도를 기준으로 텍스트의 신뢰성을 판단하는 것은 객관성을 전제로 하는 비판적 사고에 한계로 작용할 수 있으므로 지양할 필요가 있다. 역사가들의 서로 다른 해석을 접하면서 학생들은 '사실로서의 역사'에서 '해석으로서의 역사'로 인식이 전환되는 양상을 보인다. 텍스트에서 역사적 사실과 해석을 구분할 수 있었으며, 각자의 생각이 다르기 때문에 해석의 정확성은 판단하기 힘든 것이라고 여기거나, 역사해석은 역사가들의 생각이므로 역사적 사실과는 다를 수 있다고 생각한다. 이런 결과는 역사에서 다양한 관점과 해석을 가진 텍스트가 역사학습 자료로 가치가 있음을 말해준다.

역사행위자와 역사가 관점에 대한 이해는 학생들의 관점 형성에도 많은 영향을 준다. 학생들은 텍스트를 통해 역사행위자의 관점을 접하며 자신의 관점을 형성한다. 그러나 텍스트에 들어가 있는 역사가의 관점을 검토한 후 학생들은 자신의 관점과 역사가의 해석을 비교·분석하며 자신의 관점을 보충하거나 수정한다. 이 과정을 거치면서 역사적 사실을 바라보는 학생들의 관점은 다양해지고, 자신의 관점을 뒷받침하는 근거를 체계화한다. 결론적으로 학생들은 텍스트를 통해 다양한 관점을 접하며 자신의 고유한 역사 관점을 형성한다. 학생들의 다양한 관점은 다원적 가치를 지향하는 교실의 첫 번째 조건이라 할 수 있다. 학생들은 이와 같은 과정을 통해 형성한 자신의 관점을 교실 동료들과 나누고 토론하며 다른 차원의 다양성과 상대성을 경험할 수 있을 것이다.

이 연구에서 적용한 역사 텍스트 읽기를 통해 역사행위자의 관점과 역사가의 관점을 확인하고 분석하는 과정은 역사인식의 상대성과 다양성을 경험할 수 있다는 점에서, 역사가 본래부터 가진 다원성을 찾는 과정이기도 하다. 텍스트 읽기에 익숙하지 않은 학생들의 실제적 인식 양상은 다원성을 추구하는 역사학습의 방향에 많은 시사점을 줄 수 있다. 이러한 과정이 역사적 현상에 대한 학생의 관점 형성에 중요한 역할을 할 수 있다는 점에서 다원적 가치를 기반으로 한 역사의식 형성에도 도움이 될 것이다. 학생들의 인식 양상은 제시된 텍스트와 연구방법에 따라 달라질 가능성이 높다. 그러나 다원적 관점이 들어가 있는 텍스트를 접할 때 학생들은 역사가 가진 특성을 인식하고 자신의 역사 관점을 체계화한다. 이는 다원적 가치를 함양하기 위한 역사학습은 역사의 본질적 특성을 인식하는 것에서부터 시작해야 한다는 것을 알려준다.

참고문헌

계승범, 〈세자 광해군: 용상을 향한 멀고도 험한 길〉, 《한국인물사연구》 20, 2013.

김한종, 〈다원적 관점의 역사이해와 역사교육〉, 《역사교육연구》 8, 2008.

_____, 《민주사회와 시민을 위한 역사교육》, 서울대학교출판문화원, 2017.

김한종 외, 《역사인식과 역사교육》, 책과함께, 2007.

민윤, 〈다문화 역사학습: '기억의 역사'를 통한 비판적 접근〉, 《사회과교육연구》 16-1, 2009.

방지원, 〈새교육과정 '역사'의 다원적 관점의 역사이해와 검정 중학교 교과서 서술〉, 《역사교육연구》 12, 2010.

_____, 〈역사수업 원리로서 '감정이입적 역사이해'의 재개념화 필요성과 방향의 모색〉, 《역사교육연구》 20, 2014.

양호환 외, 《역사교육의 이론》, 책과함께, 2009.

오항녕, 《광해군, 그 위험한 거울》, 너머북스, 2012.

이병련, 〈역사교육에서의 다원적 관점 이론〉, 《사총》 84, 2015.

조지 이거스, 임상우·김기봉 옮김, 《20세기 사학사》, 푸른역사, 1999.

키쓰 바튼·린다 렙스틱, 김진아 옮김, 《역사는 왜 가르쳐야 하는가》, 역사비평사, 2017.

한명기, 《임진왜란과 한중관계》, 역사비평사, 1999.

_____, 《광해군: 탁월한 외교정책을 펼친 군주》, 역사비평사, 2000.

Banks, A., *Teaching Strategies for the Social Studies Inquiry, Valuing and Decision Making*, Massachusetts: Addison-Wesley Publishing Company, 1977.

Low-Beer, A., *The Council of Europe and School History*, Council of Europe, 1997.

Seixas, P. and T. Morton, *The Big Six: Historical Thinking Concepts*, Toronto: Nelson Education, 2013.

Stradling, R., *Multiperspectivity in History Teaching: a Guide for Teachers*,

Council of Europe, 2003.

Wineburg, S., *Historical Thinking and Other Unnatural Acts*, Philadelphia: Temple University Press, 2001.

ACARA, "Shape of the Australian Curriculum: History", Canberra: Commonwealth of Australia, 2017.

Downey, M., "Doing History In a Fifth-Grade Classroom: Perspective Taking and Historical Thinking", *American Educational Research Association*, 1995.

Endacott, J. and S. Brooks, "An Updated Theoretical and Practical Model for Promoting Historical Empathy", *Social Studies Research and Practice*, vol. 8, 2013.

Fritzsche, K. P., "Unable to be tolerant?", R. F. Farnen et. al. (eds.), *Tolerance in Transition*, Oldenburg: Bibliotheks-und Informationssystem der Universität Oldenburg, 2001.

Huijgen, T., et. al., "Testing elementary and secondary school students' ability to perform historical perspective taking: the constructing of valid and reliable measure instruments", *European Journal of Psychology of Education*, vol. 29-4, 2014.

Huijgen, T., et. al., "Teaching historical contextualization: the construction of a reliable observation instrument", *European Journal of Psychology of Education*, vol. 32-2, 2017.

NCSS, "The College, Career, and Civic Life(C3) Framework for Social Studies State Standards: Guidance for Enhancing the Rigor of K-12 Civics, Economics, Geography, and History", 2013.

VanSledright, B., "Fifth Graders Investigating History in the Classroom: Researcher-Practitioner Design Experiment", *The Elementary School Journal*, vol. 103-2, 2002.

VanSledright, B., "What Does It Mean to Think Historically and How Do You Teach It?", *Social Education*, vol. 68-3, 2004.

Yeager, E. and F. Doppen, "Teaching and Learning Multiple Perspectives on the Use of the Atomic Bomb: Historical Empathy in the Secondary Classroom", O. L. Davis Jr, E. A. Yeager, and S. J. Foster (eds.), *Historical*

Empathy and Perspective Taking in the Social Studies, Maryland: Rowman & Littlefield Publishers, 2001.

3장

비공식적 역사 읽기를 통한 논쟁적 역사인식

박선경

I. 논쟁적 역사 읽기의 필요성

역사는 기본적으로 과거에 일어난 사실을 보여주는 사료를 토대로 한다. 그러나 하나의 사건을 둘러싼 과거의 흔적들은 하나로 일치된 목소리를 들려주는 것이 아니라 서로 충돌하고 경합하는 견해를 담고 있는 경우가 많다.[1] 더욱이 역사가들이 살아가는 사회문화적 배경과 상황, 관점의 문제가 더해지면서 역사해석에 차이가 생겨난다. 이처럼 서로 다른 역사해석은 역사학이나 역사교육에서 논쟁으로 이어진다. 역사가들의 이러한 논쟁은 일상적이며 과학으로서의 역사학의 상식에 속한다. 이것은 역사학이 연구의 객관성에 도달하기 위한 근본적인 특징에 해당하는 것이다.[2] 따라서 역사서술 및 해석의 다원성과 논쟁성을 인식하고 탐색

1　주웅영·최석민·전혁진, 〈초등 사회과 역사학습에서 다관점 인식활동: 1·2차 사료의 경합하는 견해의 해결을 중심으로〉, 《사회과 교육》 47-4, 2008, 18쪽.
2　이병련, 〈역사교육에서의 다원적 관점 이론〉, 《사총》 84, 2015, 196쪽.

하는 과정은 역사의 본질에 부합한다.

그러나 정부와 국가기관에 의해 생성되는 공식적 역사(official history)는 과거에 있었던 다양한 목소리를 하나로 표준화하여 역사의 복잡성과 다면성을 좀처럼 드러내지 않는다. 대표적으로 학교에서 다루는 역사교과서는 역사의 해석적 차원을 드러내는 대신에 고정불변의 객관적 사실을 다루는 것처럼 서술되어 있으며, 상이한 해석이나 논쟁이 필요 없는 것으로 제시된다. 교과서의 저자도 특정 관점이나 의도를 가지고 내용을 서술하지만 주로 설명식 서술을 통해 이를 객관성과 중립성을 가진 것으로 가장한다.[3] 이러한 현상은 비단 우리나라뿐만 아니라 다른 나라의 경우에서도 찾아볼 수 있다. 미국의 역사교과서 18종을 검토한 제임스 W. 로웬(James W. Loewen)은 각각의 교과서가 콜럼버스의 2차 항해부터 환경 파괴에 이르기까지 다양한 문제들을 다루면서도 중요한 사실들을 누락하고 있다고 지적했다. 이와 더불어 교과서가 역사적 쟁점의 다양한 측면과 근거를 말해주지 않으므로 학생들에게 과거에 관한 앎을 바탕으로 현재의 관심사를 이해하는 습관을 길러주지 못할뿐더러 미래에 관해 합리적으로 생각하는 토대를 제공하지 않는다고 비판했다.[4]

학생들은 대개 교과서를 통해 과거에 일어났던 '하나의 역사'를 익히는 데에는 익숙하지만 역사적 사실을 다양한 지위, 신분, 입장을 가진 이들의 관점에서 바라보고 해석하는 데는 익숙하지 않다. 따라서 학생들은 역사라는 학문이 단순히 과거의 사실을 그대로 보여주는 거울이 아니라 특정한 사회문화적 배경과 상황에 위치한 역사가의 해석에서 비롯된다는 점을 깨닫지 못할 수 있다.[5]

3_ 양호환, 〈역사교과서의 서술 양식과 학생의 역사이해〉, 《역사교육》 59, 1996, 5쪽.
4_ 제임스 W. 로웬, 남경태 옮김, 《선생님이 가르쳐준 거짓말》, 휴머니스트, 2010, 481쪽.

획일적·고정적 역사교육을 경계하는 목소리는 세계 각국의 역사학계 및 교육단체 등에서 자주 거론된 바 있다. 한국에서 역사교과서 국정화 논란이 제기되었을 때 2013년 10월 유엔총회의 〈역사교과서와 역사교육에 관한 문화적 권리 분야의 특별보고서〉가 많은 이들에게 회자되었다. 그 보고서는 역사교육이 다양한 관점을 수용하는 원칙을 바탕으로 비판적 사고, 분석, 토론능력을 길러줘야 하며 역사의 복잡성을 강조함으로써 역사를 보는 다양한 시각을 인정하는 방식으로 이루어져야 함을 밝혔다.[6] 이보다 앞선 1973년에 체결된 독일의 보이텔스바흐 합의에서도 이와 유사한 내용을 찾아볼 수 있다. 이 합의는 국가권력이나 이념에 치우치지 않는 새로운 교육을 위해 강압적인 교화나 주입식 교육을 금지할 것, 학문과 정치에서 나타나는 논쟁성을 수업에서도 여실히 드러낼 것, 학생에게 정치적 상황과 이해관계를 바탕으로 한 실천능력을 길러줄 것을 주요 원칙으로 삼고 있다.[7] 이 같은 논의들은 다원성과 논쟁성을 내포하는 역사와 같은 교과목의 경우, 다양한 관점과 해석의 차이를 드러내고 이를 적극적으로 공유하는 방식으로 교육이 이루어져야 함을 명시한 것이다.

이 글에서는 이 같은 논의의 연장선으로 초등학생들의 역사학습 상황에서 대안적 역사해석을 내포하고 있는 비공식적 역사(unofficial history)의 활용에 주목하고자 한다.[8] 최근 많은 학생들이 교과서와 수업을 통한

5_ 양호환, 〈역사서술의 주체와 관점: 역사 교과서 읽기와 관련해서〉, 《역사교육》 68, 1998, 22쪽.

6_ 〈유엔, 역사 교과서는 하나가 아니어야〉, 《한겨레21》, 1083호, 2015년 10월 26일.

7_ 이병련, 앞의 글, 193~194쪽.

8_ 비공식적 역사는 공식적 역사에 대항적 기능을 할 뿐 아니라, 때때로 공식적 역사해석을 지지하고 강화한다. 그러나 이 글에서는 역사의 논쟁성 파악에 중점을 두기 위해 비공식적 역사의 전자의 기능에 주목한다.

공식적 역사학습 외에도 역사를 소재로 한 대중매체, 서적, 인터넷 블로그, 만화, 게임, 부모 및 친구들과의 대화 등 일상생활 속 여러 경로를 통해 역사지식에 접근하고 있다.[9] 학생들은 일상생활에서 이 같은 비공식적 역사경험을 통해 교과서에서 좀처럼 볼 수 없었던 소외된 인물이나 사건의 숨은 배경을 살펴보고, 기존의 통설과는 다른 역사해석을 접하기도 한다.

지금까지 알고 있던 사실과는 다른 역사해석이나 평가를 접하는 학생들은 내적으로 인지부조화를 경험할 뿐만 아니라, 생각을 달리하는 이들과 생산적인 논쟁을 벌일 수 있다. 이러한 과정은 나와 생각을 달리하는 역사 속 인물, 텍스트 저자, 현재 사회구성원들과의 만남을 의미하며, 다른 사람들의 견해를 개방적으로 받아들이는 동시에 그들이 근거를 밝히는 방식의 비판적 검토를 포함한다.

역사해석을 둘러싼 논쟁을 살펴봄으로써 학생들은 역사란 고정불변한 결론이 아니라 새로운 증거와 관점에 의해 경쟁하고 변화하는 과정 그 자체라는 것을 인식할 수 있다. 더불어 다른 구성원들이 가진 생각을 인정하는 가운데, 이러한 차이와 다양성이 민주적 사회문화를 지탱하는 중요한 원천임을 이해하게 될 것이다.

---

9   류현종, 〈초등학생들의 역사와 역사학습: '학생의 역사의식 조사'가 주는 시사점을 중심으로〉, 《역사와 교육》 5, 2015; 문재경, 〈2014년 초등학생 역사이해 조사〉, 《역사와 교육》 12, 2015; 역사교육연구소, 〈2010년 초·중·고등학생들의 역사교육 이해 조사 결과〉, 《역사와 교육》 4, 2011.

II. 비공식적 역사와 논쟁적 역사인식

1. 역사적 사실과 해석의 성격

사전적 정의에서 논쟁은 "서로 다른 의견을 가진 사람들이 각각 자기의 주장을 말이나 글로 논하여 다툼"[10]을 뜻한다. 논쟁은 하나의 사안에 대해 다른 의견을 가진 타자들이 존재함으로써 가능하다. 과거의 사실을 역사화하는 과정은 서로 다른 견해의 충돌이며 역사이해의 기초 작업인 사료 비판에서부터 논쟁의 연속이다.[11] 역사적 사실의 논쟁적 성격은 해석의 논쟁성과 평가의 논쟁성으로 나눌 수 있다. 해석의 논쟁성이 동일한 과거 사건에 대한 상이한 역사해석이 경합하는 과정에서 갈등을 빚는 것을 의미한다면, 평가의 논쟁성은 주로 과거 인물의 행위나 사건에 대한 역사적 평가가 상반되게 나뉘는 경우에 발생한다.

역사해석은 일반적으로 역사적 사실에 의미를 부여하는 것을 말한다.[12] 해석의 논쟁은 역사적 사실은 하나의 해석이며, 역사해석은 역사가의 관점이나 그가 처한 상황에 따라 달라질 수 있다는 점에서 비롯된다. 역사 연구의 대상은 과거 인간의 행위로, 사료는 이 같은 과거의 사실과 역사가를 매개하고 연결해주는 자료다.[13] 사료에 들어 있는 역사적 사실의 의미에 대한 연역, 합리적 추리, 상상을 통해 무엇이 일어났는지 재구

10_ 국립국어원 표준국어대사전(https://stdict.korean.go.kr).
11_ 강화정, 〈'논쟁적 역사수업'의 구성원리와 실천방안 탐색〉, 《역사와 교육》 14, 2016, 141~142쪽.
12_ 김한종, 〈역사교육 개념어의 용례 검토: 역사적 사고, 역사해석, 역사인식, 역사의식〉, 《역사교육》 113, 2010, 20쪽.
13_ 권정수, 〈인지행위의 특성을 고려한 사료학습 방안〉, 서울대학교 석사학위 논문, 2000, 3쪽.

성하는 것은 역사가의 주된 연구방법으로 역사가들은 사료를 읽고 해석하면서 다른 사람의 경험을 간접적으로 경험하고 역사적 사실을 이해한다.[14]

그러나 사료의 내용은 과거에 일어난 일을 그대로 담고 있기보다는 편집하고 해석한 것이다. 이 때문에 사료에는 의식적이건 아니건 간에 만든 사람의 관점이 개입하며 때로는 편견이나 의도적으로 왜곡한 역사적 사실이 들어가기도 한다.[15] 모든 역사가는 과거의 인간들이 남겨놓은 사료나 유물을 해석할 때, 그 속에 들어 있는 관점을 고려하지 않고서는 의미를 알아낼 수 없다. 서로 일치하지 않는 사료와 유물의 의미를 만들어가는 과정에서, 역사가들 또한 자신의 관점을 갖는다.[16] 이처럼 역사서술에서 관점의 개입은 피할 수 없는 일이다. 역사가는 어느 한 관점을 선택하여 역사를 서술하고 해석한다. 관점 자체가 바로 과거를 역사로 바라보는 방식을 마련해주기 때문이다.[17] 따라서 동일한 사건이라 하더라도 역사가의 관점과 이들이 채택하는 증거자료에 따라 해석의 양상은 달라질 수 있다.

중요한 역사적 사건에는 흔히 정설로 인정되는 역사해석이 있기 마련이다. 그러나 새롭게 제시되는 관점과 증거자료는 기존의 역사해석과는 다른 비판적 해석을 가능하게 한다. 예컨대 1930년대 이래 고려 지배계층의 성격을 놓고 줄곧 통설의 위치에 있던 귀족제 사회론은 음서제와

14_ 김한종, 〈역사이해와 역사교육〉, 양호환 외, 《역사교육의 이론》, 책과함께, 2009, 238쪽.
15_ 김한종, 〈역사교육의 교재〉, 최상훈 외, 《역사교육의 내용과 방법》, 책과함께, 2007, 140쪽.
16_ 이병련, 앞의 글, 196쪽.
17_ 양호환, 〈역사학습의 인식론적 모색〉, 김한종 외, 《역사인식과 역사교육》, 책과함께, 2005, 45쪽.

공음전을 기반으로 한 문벌귀족의 정치적 영향력에 주목한 해석의 결과였다. 그러나 1970년대에 들어서는 음서제와 공음전에 대한 재해석을 통해 고려를 관료제 사회로 보는 주장들이 제기되었다. 즉 음서제는 국가에 공을 세운 관료의 자손에 대해 국가적 보은(報恩)의 의미에서 초직(初職)에게만 준 것에 불과하며, 《고려사》 〈열전〉 650명의 인물 가운데 340명이 과거 출신이고 음서제를 통해 관직에 진출한 자는 40여 명에 지나지 않았다는 것이다. 관료제론을 지지하는 이들은 당시 관리 선발의 정도(正道)는 과거제이며, 음서제는 부차적·종속적 위치에 있었다고 주장한다. 그 밖에도 '법제적 특권의 향유'와 '지위의 세습'을 지표로 하는 귀족의 존재를 부정하는 문벌사회론과, 정치·경제·사회·문화의 개방성과 역동성의 측면에서 고려 사회의 성격을 규정하는 다원사회론이 존재한다. 이와 같이 고려 사회의 성격을 둘러싼 학계의 다양한 논의는 현재까지도 논쟁으로 이어지고 있다.[18]

평가의 논쟁성은 주로 역사적 인물의 행위나 사건이 당시 시대 상황에 비추어 적절한 것이었는지, 이후 역사 전개에 미친 영향이 긍정적이었는가를 평가하는 과정에서 발생한다. 예컨대 1270년 고려 왕실의 개경 환도에 반발하여 3년 동안 지속되었던 삼별초 항쟁에 대한 평가는 다양하다. 고려 왕조에 대한 반역 혹은 반란이라는 평가부터 몽골 침입에 대한 저항운동 혹은 민중항쟁의 일부라는 평가까지 당시의 시대 가치와 기준에 따라 평가의 양상도 달라진다.[19] 고려 왕실의 사관들은 삼별초 항쟁을 '반란'으로 기록했던 반면,[20] 1970년대 자랑스러운 민족사를 강조하

18_ 박종기, 〈정치사의 전개와 고려 사회의 성격론〉, 한국사연구회 엮음, 《새로운 한국사 길잡이 상》, 지식산업사, 2008, 205~208쪽.

19_ 박종기, 《고려사의 재발견》, 휴머니스트, 2015, 310쪽.

20_ 한국사데이터베이스(http://db.history.go.kr), 《고려사》, 1270년 6월 1일(음).

는 민족주체사관의 영향 아래 삼별초 항쟁은 '고려 무신정권의 항전' 또는 '우리 겨레의 민족항쟁' 등으로 평가되었다.[21] 그로 인해 오늘날까지 삼별초는 우리 민족의 '저항정신'을 보여주는 대표적인 사례가 되었다. 그러나 삼별초 중에서 민중의 난을 진압하는 일을 맡았던 야별초의 실제 역할이나, 당시 무신정권 집권세력의 내부 상황, 항쟁 과정에서 일어난 약탈과 불법행위에 주목하는 사람들은 삼별초를 긍정적으로 보는 이러한 평가에 반기를 들 수 있다.

2. 비공식적 역사의 논쟁적 속성

비공식적 역사는 공식적 역사에서 채택되지 않은 배제된 기억들을 일컫는다. 이러한 역사를 생성하는 주체는 국가나 정부가 아닌 일반 대중이 될 수 있으며, 공식적 역사가 주목하지 않은 다양한 역사 내러티브를 내용으로 포함하기도 한다.[22] 대개 공식적 역사는 국가와 같은 공적 기관의 요구에 맞는 목적의식을 가지고 형성되는 경우가 많지만, 비공식적 역사는 이를 생성하는 주체나 상황에 따라 다양한 목적, 내용, 방식으로 형성되어 하나의 사건에 대해 복수의 목소리를 낼 수 있다.

최근에는 일반인들도 그동안의 역사에서 잊혔던 역사적 사건을 새롭게 조명하고 재구성하여 SNS나 블로그, 카페 등에서 공유하는 경우를 찾아볼 수 있다. 이들은 다양한 출처에서 얻은 정보를 기반으로 역사적 사건을 둘러싼 다양한 견해와 해석을 드러내어 독자에게 생각할 거리를

21_ 강재광, 〈1950~1960년대 독재권력의 삼별초 항쟁(三別抄 抗爭) 인식과 서술: 검정 국사 교과서의 서술을 중심으로〉, 《역사와 현실》 96, 2015, 80~93쪽.

22_ J. V. Wertsch, *Mind as Action*, New York : Oxford University Press, 1998, 155쪽.

제시한다. 이러한 과정에서 비공식적 역사는 이를 생성하는 주체의 관점이나 해석을 강하게 반영하며, 저자의 목소리를 표면적으로 드러내기도 한다. 즉 비공식적 역사에서는 역사적 사실에 대해 저자의 입장을 자유롭게 표현하는 것이 가능하며, 이와 동시에 역사적 인물, 사건에 대해 엇갈린 평가나 해석을 가감 없이 드러내어 독자들로 하여금 역사 논쟁에 적극적으로 참여하도록 이끌 수 있다.

　대중 역사서도 역사를 객관적으로 서술해야 한다는 부담감에서 벗어나 저자의 해석과 가치판단 등을 자유롭게 담아내고 있다. 기존의 초등학생들을 대상으로 하는 역사서는 어린이들에게 아름답고 밝은 역사를 가르쳐야 한다는 '긍정의 역사' 담론에 따라 역사의 선정적이고 잔혹한 면보다는 교훈적·감화적 성격을 띤 역사를 제공하려 했으며, 초등학생의 인지 수준으로는 역사의 복잡한 면을 이해할 수 없다는 주장 아래 여러 관점, 생각, 논란을 제거한 정제된 역사를 보여주는 경향이 있었다.[23] 그러나 근래 들어 논쟁적으로 역사에 접근하는 방식은 성인은 물론 어린이를 대상으로 하는 역사서에서도 쉽게 찾아볼 수 있다. 더욱이 '교과서에 나오지 않는', '교과서 밖으로 나온', '교과서 밖에서 배우는' 역사라는 제목을 내건 어린이·청소년 역사서가 꾸준히 출간되고 있다. 이들 저자들은 공식적 역사에서 제공하는 표준화된 역사해석의 한계를 인식하고 교과서에서 다루지 않는 역사적 사건을 적극적으로 소개하고 다양한 관점에서 이를 재평가하고 해석한다.[24]

23_ 류현종, 〈초등학생들은 긍정의 역사만 배워야 하는가?〉, 《역사와 교육》 2, 2010, 51쪽.

24_ 이러한 어린이·청소년용 역사서를 몇 가지 소개하면 다음과 같다. 유재현, 《교과서가 깜빡한 아시아 역사 1~5》, 그린비, 2010~2011 ; 한홍구, 《한홍구의 청소년 역사 특강: 교과서에 나오지 않는 근현대사 이야기》, 철수와영희, 2016 ; 정은교, 《교과서 밖에서 배우는 역사 공부》, 살림터, 2014 ; 최태성·박광일, 《교과서 밖으로 나온 한국사》, 씨앤아이북스, 2012.

양호환은 젠킨스(K. Jenkins), 버크호퍼(R. F. Berkhofer), 버크(P. Burke)의 견해를 토대로 역사서술에서 관점의 개입과 해석의 불가피성을 부각하기 위한 두 가지 방법을 제안한 바 있다. 하나는 서술의 관점을 분명히 드러내는 것이고, 다른 하나는 여러 관점을 동시에 제시하는 것이다. 전자는 역사서술에서 적극적으로 화자의 위치와 존재를 드러내어, 역사가가 역사를 구성하는 방식을 분명히 보여주는 것이다. 예컨대 역사가는 자신이 주로 사용하는 비유적 표현이나 이데올로기적 입장, 선호하는 논증 양식과 플롯 구성 방식을 서문과 텍스트에 명백히 드러낼 수 있다. 이를 통해 독자는 역사가가 과거에 있었던 사실 그 자체로 역사를 재현하기보다는 하나의 특정한 관점에서 그것을 구성한다는 점을 인식할 수 있다. 후자는 서로 다른 관점을 병렬로 배치하여 과거가 오직 하나의 의미로 제시될 수 있다는 생각에 의문을 제기하는 방식이다. 이렇게 함으로써 독자들은 역사에서 존재할 수 있는 갈등의 양상을 해석의 갈등으로 인식할 수 있다.[25] 이런 점에서 일상생활에서 접하는 비공식적 역사는 초등학생들이 역사해석의 논쟁성을 인식할 수 있는 주요한 자원이 될 수 있다. 학생들은 역사 텍스트의 내용을 비교할 기회를 가짐으로써 텍스트 사이의 차이점이나 강조점을 발견할 수 있다. 그뿐만 아니라 그것을 논쟁적인 서술로 받아들임으로써, 텍스트 자체도 비판적인 시각으로 바라보는 능력을 갖게 된다. 역사학습이 지향해야 할 것은 역사적 사실을 학생들에게 전달하기 위한 학습이 아니라, 역사를 하나의 역사에서 다수의 역사(histories)로 인식하도록 전환함으로써 학생 스스로 그러한 역사적 사실들을 비판적으로 생각하고 판단하는 능력을 길러주는 일이 되어야

25_ 양호환, 앞의 글(1998), 18~19쪽.

할 것이다.[26]

III. 논쟁적 역사 읽기 학습방안

1. 논쟁적 역사 읽기의 방향

강화정은 학생을 역사인식의 주체로 보고 그들의 견해가 누구와 충돌하는지를 따져 교실 수업에 적용할 수 있는 역사논쟁을 '학생들 간의 역사인식 충돌', '역사 인물 간의 인식 충돌', '텍스트 저자와의 인식 충돌', '현재 사회 내에서 논쟁 중인 주제'로 분류했다.[27] 논쟁적 역사수업은 학생들이 다양한 측면에서 역사를 바라보고, 이를 비판적으로 평가할 수 있도록 토의, 토론, 역할극과 같은 다양한 교수학습 활동을 동반한다. 그러나 이 같은 활동들은 토론 기법에 대한 교사의 전문성과 학생들의 수준 높은 문해력을 요구하므로 정해진 수업시간 내에 생산적인 논의를 끌어내는 것이 쉽지 않다. 그리하여 대부분의 수업이 결과적으로 찬성 또는 반대나, 상반되는 두 가지 입장에서 학생들에게 양자택일을 유도하거나, 특정 인물이나 사건, 다른 나라와의 갈등 사례를 중심으로 '옳고 그름', '좋고 나쁨'을 판별하게 하는 수준에 그치고 있다.

역사에서 논쟁이 발생하는 이유가 기본적으로 역사가의 해석적 역할과 그에 따른 역사적 사실의 담론적 특성에 기인한 것이라면, 이를 학습할 때에도 드러난 내용 자체를 이해하는 것에 그치기보다 역사적 사실의

26_ 이동규, 〈역사쟁점을 활용한 역사학습 실행연구〉, 《사회과수업연구》 1-2, 2013, 104쪽.
27_ 강화정, 앞의 글, 144~147쪽.

이런 특성을 이해하는 것을 출발점으로 삼아야 한다.[28] 역사해석의 양상이 역사를 보는 관점에 따라 달라지는 것이라면, 당시의 역사적 상황이나 역사서술에 개입되는 관점을 분석할 필요가 있다. 버크호퍼는 과거의 사실을 기록으로 옮기는 과정에서 타자의 관점 혹은 목소리가 ① 사료 속의 증거를 통해 산재해 있거나, ② 과거의 인물들이 인식한 현재와 과거를 사료 속에 표현함으로써, ③ 역사가를 포함한 현재의 타자들이 과거인의 과거와 현재를 텍스트화함으로써, ④ 역사가들이 과거의 타자에 대해 현재의 시점에서 텍스트화함으로써, ⑤ 역사가가 자신의 저술에서 다양한 관점과 목소리를 현재의 시점으로 텍스트화함으로써 역사서술에 개입한다고 보았다.[29] 이러한 구분에 준하여 학생들이 역사자료를 읽을 때 고려해야 할 관점을 정리하면 〈표 1〉과 같다.

〈표 1〉 **역사자료 읽기에 작용하는 역사적 관점**

역사적 관점	논쟁 유형	논쟁적 역사인식을 위한 학습요소
역사적 행위자의 관점	역사 인물 간의 인식 충돌	• 시대적 배경과 상황 파악하기 • 과거인이 처한 상황 인지하기 • 역사적 행위자의 시선으로 사건의 의미 읽기
저자의 관점	텍스트 저자와의 인식 충돌	• 역사기록의 출처 확인하기 • 저자의 의도나 목적 파악하기 • 역사해석의 타당성 판단하기
학생의 관점	학생들 간의 역사인식 충돌	• 대안적 역사행위 생성하기 • 대안적 역사해석 생성하기 • 학생의 관점에서 인물과 사건 평가하기

28_ 이동규, 앞의 글, 106쪽.
29_ R. F. Berkhofer, *Beyond the Great Story: History as Text and Discourse*, Cambridge: Harvard University Press, 1997, 180쪽.

1) 역사적 행위자의 관점

비공식적 역사는 공식적 역사에서 주목하지 않은 역사적 인물에도 관심을 가진다. 공식적 역사가 대개 국가에 큰 공을 세운 위인의 업적에 주목한다면, 비공식적 역사는 여기에서 소외된 사람들의 생각과 행위에도 관심을 가진다. 대개 모든 역사적 행위는 어떤 개인이나 집단의 의사결정으로 나타난 것이며, 그 행위는 직간접적으로 역사의 진행 방향을 결정짓는 요소로 작용하게 된다. 그러므로 우리가 역사적 사건의 결과나 의미를 살펴본다는 것은 곧 역사적 행위자의 의사결정 결과나 영향을 따져본다는 말이나 마찬가지다.[30] 역사적 행위자의 의사결정 과정을 살피기 위해서는 당사자의 관점에서 해당 사건을 이해하는 것이 중요하다. 그러기 위해서는 역사적 행위자가 처했던 당시 상황과 행위의 목적 등을 깊이 있게 탐색하는 것이 필요하다. 당대 지배층의 입장뿐만 아니라 백성의 입장에서 당시의 사회제도와 사건을 바라보는 방식을 추론하거나 행위의 원인을 추측해보는 것은 동일한 역사적 장면이라 하더라도 서로 다른 역사상을 만들 수 있게 한다.

2) 저자의 관점

비공식적 역사를 생성하는 주체는 전문 역사학자 외에도 대중 역사가, 작가, 역사에 관심이 많은 일반인도 해당한다. 비공식적 역사는 공식적 역사보다 생산하는 계층의 폭이 넓기 때문에 텍스트에 들어 있는 해석이나 관점도 다양하다. 이를 읽어내기 위해서는 저자가 참고한 역사자료가 무엇인지 확인(identification)하는 것부터 저자가 어떤 역사적 상황과 배

30_ 정선영, 〈역사학습에서 의사결정 능력의 신장〉, 《역사와 역사교육》 15, 2008, 28쪽.

경 속에서 이러한 해석을 도출했는지, 그들의 사회적·문화적·정치적 관점을 판단(perspective judgment)하고 그들이 내린 역사해석의 신뢰성을 평가(reliability assessment)하는 신중한 읽기 과정을 포함한다.[31] 저자의 관점이나 입장을 파악하기 위해서는 저자가 텍스트에 직접 명시한 표현 외에도 드러나지 않는 의미, 즉 텍스트의 행간 읽기가 필요하다. 이러한 과정에서 저자의 텍스트 생산 의도와 목적, 저자의 관점 등을 추론하는 적극적 사고활동이 요구된다.

3) 학생의 관점

역사적 행위자는 물론 학생들도 역사적 사실을 다른 눈으로 볼 수 있다. 역사적 사실을 당시 상황이나 행위자의 관점에서 보는 맥락적 이해와 현재 학생들의 눈으로 살피는 현재적 사고는 동일한 사실을 달리 해석하기도 한다.[32] 오늘날 학생들이 역사를 해석하고 판단할 때에는 학교에서 배운 공식적 역사지식뿐만 아니라, 가족 구성원들과의 대화, 대중매체 같은 일상생활에서 경험한 비공식적 역사에도 상당한 영향을 받는다.[33] 따라서 학생들이 역사적 의미를 탐색할 때, 학교에서 배운 내용과 다른 매체에서 얻은 경험들을 폭넓게 활용하여 역사 내러티브를 구성하되, 역사해석과 평가의 과정이 논리적이며, 충분한 근거를 기반으로 해야 함을 인식하도록 한다.

31_ B. A. VanSledright, "What does it Mean to Think Historically and How do you Teach it?", *Social Education*, vol. 68-3, 2004, 230~231쪽.
32_ 김한종, 〈비판적 사고를 위한 역사인식과 학습방법〉, 《역사와 담론》 80, 2016, 408쪽.
33_ T. L. Epstein, "Learning History from Whose Perspective?", *The Education Digest*, vol. 62, 1997, 17~19쪽.

2. 논쟁적 역사 읽기 수업 절차

모든 역사적 사실은 논쟁적 속성을 내포하고 있으므로 비공식적 역사를 읽고 분석하는 방식도 일반적으로 이루어지는 역사 읽기 방식과 크게 다르지 않다. 다만 다양한 경로를 통해 제공되는 역사경험에는 사실의 진위 여부나 해석의 타당성이 검증되지 않은 영역들도 존재하므로 자료의 신뢰성을 판단하는 과정이 더욱 중요하며, 서로 다른 관점을 가진 복수의 자료들을 비교·분석한 결과 학생 자신의 역사해석과 판단을 생성하는 과정이 반드시 필요하다.

글을 읽기 전에 학생들은 먼저 텍스트 제목과 저자, 목차, 글의 장르, 발행일 등을 확인하여 역사적 자료로서 증거능력이나 활용도를 확인한다. 다음으로 텍스트에 제시된 역사적 배경, 인물, 사건에 대해 기존에 알고 있던 내용을 떠올려보거나 텍스트를 읽는 목적, 쟁점이 되는 내용이 무엇인지 탐색한다. 이러한 읽기 전 활동은 텍스트를 적극적으로 읽기 위한 준비 과정이며 평상시 학생들이 일상생활에서 형성한 비공식적 역사지식을 확인하는 단계다.

읽는 중 단계에서는 해당 역사적 사건에서 나와 다른 생각을 가진 사람들과의 본격적인 충돌을 경험할 수 있다. 이러한 인식의 충돌은 학급 구성원뿐만 아니라 텍스트의 저자나 과거 인물과의 관계에서도 일어날 수 있다. 비공식적 역사에서 주목하는 역사적 인물은 공식적 역사보다 다양할 수 있다. 또한 이들이 가졌음직한 생각을 저자의 상상력으로 구성하여 텍스트에 직접적으로 나타내는 경우도 있다. 이러한 가운데 학생들이 역사적 인물의 행위를 평가하기 위해서는 이들의 의사결정 과정에 영향을 미친 당대 사회의 객관적 상황을 고려하고, 역사적 행위자의 선택과 결정이 합리적이었는가를 판단해야 한다. 뿐만 아니라 학습자가 그 러한 입장이었다면 여러 가지 대안 중에서 어떤 대안을 선택했을까를 생 각해보고, 자신의 선택이 당시 사회의 가치 준거나 상황에 비추어 합리 적인 선택인가를 평가하는 과정을 포함한다.[34]

한편 학생들은 텍스트 저자의 입장과 견해를 인식하고, 이와 다른 역 사적 의미를 구성해봄으로써 해석의 논쟁에 참여할 수 있다. 비공식적 역사에는 이를 생성하는 저자의 관점이 강하게 투영되며, 때로는 저자의 생각이 텍스트에 명시되기도 한다. 학생들은 이 과정에서 역사적 사실 과 저자의 해석을 구분하고 저자가 역사서술을 통해 전달하고자 하는 메 시지를 파악할 수 있어야 한다. 학생들이 역사적 의미를 탐색할 때에는 역사가들이 하는 일과 마찬가지로, 증거자료를 기반으로 역사해석을 구 성하되, 비판적 시각을 가지고 다양한 역사상을 그릴 수 있도록 지도해 야 한다. 특히 학생들이 해당 역사적 사건에 대해 가지고 있는 선입견에 서 벗어나 여러 관점에서 역사적 사실을 탐색하려면 다층적 분석 활동이 필요하다.[35] 이는 역사가들이 자신이 세운 가설이나 이론의 타당성을 확 인하기 위해 다른 역사적 사실과 교차 비교하고 확증해나가는 것과 유사 하다. 학생들도 자신의 편견을 확인하고 또 다른 해석의 가능성을 확인 하기 위해 다양한 텍스트를 상호 관련지어 파악할 필요가 있다. 학습자 들이 생성한 대안적 해석과 평가는 다른 친구들과 공유하는 과정에서 그 적절성을 판단해볼 수 있다.

학습 마무리 단계에서는 다양한 활동을 통해 학생들의 역사지식을 정

34_ 최용규, 〈역사학습에서의 의사결정〉, 《사회과교육학연구》 1, 1997, 38쪽.
35_ 강선주, 〈고등학생과 역사가의 역사 텍스트 독해 양상과 텍스트 독해 교수학습 전략〉, 《역 사교육》 125, 2013, 172~173쪽.

읽기 전	• 출처 확인 • 인물, 사건, 배경, 주제 확인 • 배경지식 활성화 • 쟁점 찾기			
읽기 중	A. 역사적 행위 평가하기	A1. 행위자의 관점 파악하기	A2. 대안적 행위 탐색하기	A3. 행위의 적절성 평가하기
	B. 역사해석의 적절성 판단하기	B1. 저자의 해석 찾기	B2. 대안적 해석 탐색하기	B3. 해석의 적절성 평가하기
읽기 후	• 자신의 관점에서 역사적 평가·해석 내리기 • 학급 구성원과 공유하기 • 역사의 다원성과 논쟁성 인식하기			

교화한다. 학생들은 일기나 보고서 작성하기 등의 글쓰기를 통해 자신의 역사 내러티브를 구체화할 수 있다. 이러한 활동은 자신이 이해한 내용을 정리하는 과정으로, 읽기 단계에서 생성한 여러 가지 의미들이 상호작용한 결과 나타난다. 학생들은 자신이 생성한 역사해석을 다른 친구들과 공유하는 과정을 통해 역사의 다원성과 논쟁성을 인식할 수 있다. 읽기 전·중·후 과정에서 수행되는 논쟁적 역사 읽기 절차를 정리하여 제시하면 위의 〈표 2〉와 같다.

IV. 논쟁적 역사 읽기 수업 사례

1. 고종과 대한제국을 둘러싼 역사논쟁

초등학생들에게 비공식적 역사를 통한 논쟁적 역사 읽기를 적용할 때,

의미 있는 교육적 효과를 거둘 수 있는 역사적 사건은 다음과 같은 성격을 가진다. 첫째, 공식적 역사에서 언급하지 않거나 혹은 간략하게 서술되어 다른 역사서술의 보충이 필요한 경우, 둘째, 사건의 결과가 당시 사람들과 오늘날의 우리에게 미치는 파급 효과가 큰 경우, 셋째, 해당 역사적 사건에 대해 다양한 해석과 평가의 가능성이 열려 있는 경우 등이다. 이 연구에서는 이러한 점을 고려하여 '고종, 대한제국을 선포하다'를 논쟁적 역사 읽기 수업 사례로 선정했다.

역사학계에서 대한제국의 성격과 역사적 의의는 다양한 의견이 공존하는 쟁점 중 하나다. 1970년대까지는 일제 식민지배 체제에 편입된 시기라는 점에서 고종과 대한제국을 부정적으로 보는 견해가 우세했다. 그러나 1970년대 이후부터 광무개혁의 개혁적 측면에 초점을 맞춘 해석들이 등장하면서 이를 둘러싼 역사논쟁이 벌어졌다. 이른바 '광무개혁 논쟁'이다. 이러한 논쟁은 1975년에 김용섭의 《한국근대농업사연구》가, 다음 해에 신용하의 《독립협회연구》가 간행되면서 각각에 대한 서평 형식으로 이루어졌다.[36] 김용섭은 신용하의 저서에 대한 서평에서 독립협회, 만민공동회 운동은 광무개혁의 방향에 일정한 작용을 했지만, 개혁운동의 주류는 어디까지나 지배층 중심의 광무개혁에 있었다는 견해를 강조했다. 이에 대해 신용하는 광무양전지계사업은 토지개혁이 아니라 본질적으로 조세확대 정책이기 때문에 이것만으로는 광무개혁의 증거로 부족하며, 친러수구파 정권의 여러 가지 정책들을 종합해볼 때 이 시기 개혁운동의 주류는 독립협회, 만민공동회 운동과 그 이후 재야 구국개혁운동에 있었다고 주장했다. 이어 2년 후인 1978년에 강만길[37]이 상

36_ 김용섭, 〈서평 《독립협회연구》, 신용하 저〉, 《한국사연구》 12, 1976; 신용하, 〈서평 《한국근대농업사연구》, 김용섭 저〉, 《한국사연구》 13, 1976.

공업 부문에서 '광무개혁'을 증명할 수 있다고 주장하며 논쟁에 가세했다.[38] 그렇지만 이 논쟁은 더 진행되지 않고 끝났다.

이어서 2004년에는 교수신문을 중심으로 근대화 추진을 위한 대한제국의 역량과 기반, 고종의 역할 등을 둘러싼 논쟁이 5개월 동안 지속되었다. 이 논쟁은 특히 '내재적 발전론'과 '식민지 근대화론'의 연구성과와 결부되면서 각각의 견해가 더욱 첨예하게 대립했다. 논쟁은《고종황제 역사청문회》라는 책으로도 간행되어 대중의 관심을 끌었다.[39] 그동안 이루어진 논쟁과 연구성과들을 볼 때, 오늘날의 한국사학계는 비록 성공하지는 못했지만 대한제국을 전후하여 근대국가를 수립하기 위한 노력이 전개되었음을 인정하고 있다. 그러나 대한제국 선포와 광무개혁의 역사적 의미에 대해서는 아직까지 다양한 견해들이 존재하고 있다.[40]

해방 후부터 1980년대까지 국사교과서는 대한제국과 광무개혁을 비중 있게 다루지 않았다. 특히 1980년대 교과서에 독립협회의 활동이 자세히 소개되면서 대한제국은 학생들에게 부정적 이미지로 다가왔다. 그러나 학계의 대한제국과 광무개혁 연구가 진전을 보게 됨에 따라 1990년대 이후 교과서에도 대한제국과 광무개혁 서술이 늘었으며 평가에서도 긍정적인 측면이 강화되었다. 2000년대 들어서 간행된 검정 한국근현대사나 한국사는 교과서에 따라 서술 비중에 상당한 차이를 보이고 있다. 이는 대한제국과 독립협회 중 어느 편을 근대개혁의 주체로 보느냐 하는 교과서 저자들의 인식 차이에서 비롯된 것으로 보인다.[41]

37_ 강만길, 〈대한제국의 성격〉,《창작과 비평》, 1978년 여름호.

38_ 이윤상, 〈'광무개혁' 연구의 현황과 과제〉,《역사와 현실》8, 1992, 344~345쪽.

39_ 교수신문 엮음,《고종황제 역사청문회》, 푸른역사, 2005.

40_ 주진오, 〈대한제국의 수립과 정치변동〉, 한국사연구회 엮음,《새로운 한국사 길잡이 하》, 지식산업사, 2008, 87쪽.

2009개정 교육과정이 적용된 현재 초등 사회교과서의 경우에는, 2-② "자주독립 국가의 선포"라는 소단원명에서 알 수 있듯이 대한제국의 의의를 근대적인 자주 독립국가 수립으로 서술하고 있다.[42] 이어서 전기와 교통시설의 확충, 공장과 회사 설립, 근대식 학교 건설 등 대한제국 시기에 시행된 일련의 개혁정책들을 서술하고 있는데, 이는 근대 국가로 나아가기 위한 고종과 대한제국의 주체적 노력을 인정하는 학계의 견해가 반영된 결과다. 그러나 이러한 교과서의 관점과 달리 대다수 학생들은 고종과 대한제국에 대해 그렇게 긍정적으로 생각하지 않는다. 이 연구에서는 본격적인 수업실행 연구에 들어가기 전 초등학생들이 고종과 대한제국에 대해 가지고 있는 역사인식을 파악하기 위해 부산의 K초등학교 6학년 학생 86명을 대상으로 다음과 같은 질문으로 사전조사를 실시했다.[43]

여러분은 '고종'과 '대한제국'에 대해 어떻게 생각하고 있나요? 이와 관련하여 떠오르는 이미지나 생각 등을 단어 또는 문장으로 기록해봅시다.

먼저 고종이라는 역사적 행위자에 대해 학생들은 "겁쟁이", "허수아비", "맹물", "역대 가장 힘없는 왕", "우리나라를 두고 도망갔던 사람",

41_ 김한종, 〈사료내용의 전달방식에 따른 고등학생의 역사이해〉, 《역사교육》 125, 2013, 191~192쪽.
42_ 교육부, 《초등학교 사회 6-1》, 동아출판, 2015, 69쪽.
43_ 이 연구는 2018년 7월 16일부터 19일까지 필자가 근무하는 부산 지역의 K초등학교 6학년 학생들을 대상으로 실시되었다. 조사에 들어가기에 앞서 대한제국과 고종에 대한 학생들의 역사인식을 파악하기 위해 6학년 전체 학생 86명을 대상으로 사전인식을 조사했다. 그 후 전체 학생 중 희망자 25명에 한해 논쟁적 역사 읽기 수업을 진행했다. 해당 학생들은 조사 실시 날짜를 기준으로 약 한 달 전 대한제국 시기에 대해 학습했다. 이 글에 언급된 학생들의 이름은 모두 가명이다.

"불쌍하다", "순진", "귀가 얇다", "국권상실의 책임이 있다", "부인과 나라를 잃은 비운의 왕" 등과 같이 우유부단하고 무력한 인물로 묘사했다. 반면에 "하고자 하는 의욕은 있으나 결과는 미흡했다", "새로운 문물에 관심이 많다", "도전정신이 있다", "커피 마니아", "커피를 즐겨 마신 인물"이라고 응답한 학생도 많았다. 이러한 응답은 커피와 같은 서양 문물을 적극적으로 받아들였다는 점에서 고종의 개혁적 성향에 주목한 것으로 보인다. 대한제국의 역사적 의의에 대해서는 가장 많은 학생이 '황제국'을 선포한 데에서 찾았다. 몇몇 학생들은 교과서에 제시된 것처럼 "서양식 복장", "근대화", "외국 문물" 같은 근대국가를 위한 일련의 노력을 꼽았다. 그러나 학생들의 응답만 가지고는 그러한 역사인식이 어디에 근거한 것인지 정확히 알 수 없었다. 학생들의 응답은 평상시에 가지고 있던 역사관에서 비롯된 것일 수도 있고, 교과서에 나오는 개념들을 대략 떠올린 것일 수도 있다.

분명한 것은 학생들은 고종과 대한제국에 대해 각기 다른 생각들을 가지고 있었다는 점이다. 그러나 공식적 역사학습의 과정에서 이런 상반된 견해를 비교해보고 적절성을 판단하는 논쟁 기회는 제공되지 않는다. 이러한 상황에서 학생들은 국권상실로 귀결되는 상황에 비추어 감정적으로 역사적 행위자를 평가했고, 당시의 상황이나 구체적인 근거들을 기반으로 역사적 사건을 바라보지 못했다. 따라서 이 연구에서는 고종과 대한제국을 서로 다른 관점에서 서술하고 있는 읽기 자료들을 활용하여 관련된 쟁점을 찾고, 학생 스스로 고종과 대한제국에 대해 다양한 측면으로 해석하고 이를 평가해보도록 수업을 구성했다.

2. 논쟁적 역사 읽기 수업 적용

1) 논쟁 준비하기

부산 K초등학교 6학년 학생 중 희망자 25명을 대상으로 논쟁적 역사 읽기 수업을 적용하고 학생들의 반응을 살폈다. 연구에 투입될 읽기 자료는 《이이화 한국사 이야기》,[44] 《대한제국의 개혁과 고종》,[45] 《독립신문을 읽는 아이들》,[46] 《장콩 선생의 우리 역사 이야기》[47]에서 대한제국 설립 전후 시기 서술을 발췌하여 제시했다. 각각의 책에는 일국의 군주로서 고종의 행위에 대한 평가, 대한제국 선포와 광무개혁에 대한 저자 개인의 견해가 뚜렷하게 나타나 있다. 예컨대 《이이화 이야기 한국사》의 저자는 고종의 황제권 강화행위를 "군주권의 반동적 강화"로 보고 있으나 당시 고종의 신변을 위협하던 세력들의 존재로 말미암은 불가피한 선택으로 보고 있다. 반면 광무개혁에 대해서는 "새 정권을 출범시켜 권력을 틀어쥐려던 엽관배"에 의해 주도된 "시대 역행적" 개혁으로 평가한다. 그런가 하면 《대한제국의 개혁과 고종》의 저자는 서양 문물이 조선에 들어와 정착하기까지의 과정을 자세히 설명하면서 고종의 개혁적 성향에 주목한다. 《독립신문을 읽는 아이들》의 저자는 평범한 어린이의 시선에서 대한제국의 탄생을 서술한다. 그러나 대한제국 선포와 광무개혁이 일반 백성을 위한 것이 아니었음을 비판한다. 끝으로 《장콩 선생의 우리 역사 이야기》의 저자는 광무개혁에 대해 "짧은 기간 안에 국방, 산업, 교육, 기술 면에서 적지 않은 성과"를 보인 동시에 "자주적으로 추

44_ 이이화, 《이이화 한국사 이야기 19》, 한길사, 2015.
45_ 이정범, 《대한제국의 개혁과 고종》, 주니어김영사, 2012.
46_ 문미영, 《독립신문을 읽는 아이들》, 푸른숲주니어, 2017.
47_ 장용준, 《장콩 선생의 우리 역사 이야기 3》, 살림FRIENDS, 2012.

논쟁적 역사 읽기 단계	질문
읽기 자료의 정보 파악	• 여러분이 읽은 책의 글쓴이, 글의 종류, 대상 독자들에 대해 살펴보고 글쓴이가 이러한 글을 쓴 목적을 생각해봅시다. • 이러한 글을 읽을 때 어떤 점에 유의해야 할까요?
역사적 맥락 파악하기	○ 아관파천(1896) 이후부터 러일전쟁(1904)까지, 당시의 상황을 나라 안과 밖의 경우로 나눠 생각해봅시다. • 당시 조선이 나라 안에서 겪고 있는 어려움은 무엇이었나요? • 조선 정부가 추진한 개혁에는 어떤 것이 있었나요? • 당시 독립협회는 어떤 주장을 했나요? • 서양 여러 나라들이 조선에서 얻으려고 한 것은 무엇이었나요? • 조선과 청, 조선과 일본, 조선과 러시아의 관계는 어떠했나요? • 일본과 러시아는 조선을 놓고 어떤 의논을 했을까요?

진"되었다는 점에서 그 의의를 찾고 있으나 열강들의 "이권침탈"과 "간섭", "주도 세력의 무능과 부패" 등의 한계도 더불어 지적하고 있다. 그 밖에도 학생들이 역사 쟁점을 용이하게 찾아내게 하기 위해서 인터넷 팟캐스트 〈역사탐구생활〉 26부 '고종은 현군(賢君)일까? 암군(暗君)일까?' 와 27부 '광무개혁을 어떻게 평가해야 할까?'를 부분적으로 활용했다.[48] 학생들은 이와 같은 자료를 통해 고종에 대한 평가, 대한제국 선포에 대한 역사적 의미, 광무개혁을 근대 개혁으로 볼 수 있는지 등에 관한 평가와 해석이 상이하다는 사실을 이해할 수 있었다.

논쟁적 역사 읽기를 시작하기 전, 학생들이 역사 텍스트에 비판적으로 접근하도록 하기 위해 텍스트 저자, 출간일, 글의 종류, 대상 독자 등을 확인하고, 이러한 글을 읽을 때 유의할 점을 생각하도록 했다. 다음으로 당시 조선 안팎의 상황을 정리하도록 했다. 대한제국이 출범하기 전후는 나라 안팎으로 다양한 요구들이 빗발치던 시기였다. 국내적으로는 동

48_ 〈역사탐구생활〉, https://audioclip.naver.com/channels/322(방송일 2018년 3월 1일, 3월 8일).

학농민운동, 갑오개혁에 이어 독립협회, 만민공동회의 활동으로 제도개혁뿐 아니라 시민사회적 요소에 대한 관심이 고조되고 있었다. 외부적으로는 삼국간섭으로 한반도를 둘러싼 국제적 세력균형이 일시적으로 이루어졌지만, 일본을 필두로 한 제국주의 열강들은 조선을 침략할 기회를 호시탐탐 엿보고 있었다. 학생들은 이처럼 복잡한 국내외 정세를 파악함으로써 조선이 직면한 문제들을 이해하고, 고종과 대한제국 정부의 대응을 시대 상황에 근거하여 종합적으로 평가할 수 있다.

2) 논쟁 참여하기

읽기 과정에서 학생들이 적극적으로 사고하며 텍스트를 읽을 수 있도록 활동지를 활용했다. 활동지의 질문은 '역사적 행위 평가하기'와 대한제국 선포와 광무개혁에 대한 서술을 읽고 '역사해석의 적절성 판단하기'로 나누어 제시했다. 최근 들어 고종 개인의 자질이나 근대화 비전 등에 대한 연구도 활발해지면서 고종의 통치행위에 대한 상이한 평가들이 공존하고 있다. 일부 연구자들은 고종이 국가 재정을 장악하고 매관매직을 일삼은 전제군주에 불과하다는 부정적 평가를 내리는가 하면, 다른 한쪽에서는 고종이 영조·정조의 민국이념을 계승했고, 자주독립을 추구하면서도 근대화 정책에 적극적이었던 개명군주로 평가할 수 있다는 입장을 제시한 바 있다.[49]

학생들이 고종의 통치행위를 종합적으로 평가하기 위해 대한제국 선포(1897)를 전후한 시기부터 러일전쟁이 발발(1904)하기까지 고종이 한 일을 알아보고, 그러한 일을 한 까닭을 생각해보도록 했다. 고종은 1863

49_ 교수신문, 앞의 책, 12~13쪽.

년부터 1907년까지 재위했지만 이 연구에서 분석의 범위를 축소하여 제시한 것은 이 시기가 고종의 독자적 행위가 잘 드러난 시기였기 때문이다. 앞서 6학년 전체 학생들을 대상으로 실시한 사전 연구결과에 따르면 대한제국 선포 이전, 학생들이 고종에 대해 가지고 있던 이미지는 명성황후와 흥선대원군의 갈등 속에서 흔들리는 유약한 인물이었다. 이뿐만 아니라 학생들에게 러일전쟁 이후 고종은 조선의 국권을 빼앗긴 무능한 군주에 불과했다.[50] 따라서 이 연구에서는 학생들이 감정적으로 고종을 평가하는 것을 배제하고 다양한 입장에 주목하도록 하기 위해 대한제국 시기 고종의 통치행위에 주목했다.

다음으로 학생들이 고종의 통치행위를 다양한 각도에서 이해하고 평가하기 위해서 대안적 행위를 탐색해보도록 했다. 그 당시를 살았던 여러 인물들이 고종의 개혁을 어떻게 받아들였을지 생각해보는 것은, 학생들이 오늘날의 시선이 아닌 당시의 관점에서 이를 평가하고 해석하는 데 도움이 될 수 있다. 그 밖에도 고종의 개혁정치에서 추가하거나 폐기할 내용이 무엇인지, 조선의 독립을 유지하고 부국강병한 나라를 만들기 위해 선행되어야 조치들에 대해 생각해보도록 했다. 이러한 대안탐색 활동은 학생들이 더욱 확장된 시야에서 고종의 통치행위를 평가하도록 유도할 수 있다.

대한제국이 추진한 광무개혁에 대한 평가 역시 학자마다 엇갈린다. 개

50_ 고종과 대한제국에 대한 사전인식 조사에서 많은 학생들은 대한제국 이전 시기에 고종의 독자적 행위에 주목하기보다는 명성황후와 흥선대원군의 관계 속에서 수동적인 행위자로 인식했고, 러일전쟁 이후 국권피탈의 과정에서 고종의 무능력함을 지적했다. 이와 관련된 학생들의 반응은 다음과 같다. 고종은 아내를 죽음에서 구하지 못한 불쌍한 왕이다(지혜, 은혜 등 총 15명 응답). 고종은 명성황후와 흥선대원군 사이에서 휘둘리는 허수아비다(현주, 지완 등 9명 응답). 일제에게 나라를 빼앗긴 무능력한 왕이다(현우, 희수 등 총 17명 응답).

<표 4> **역사적 행위 평가하기**

논쟁적 역사 읽기 단계	질문
행위자의 관점 파악하기	• 1897년 고종은 왜 황제국인 대한제국을 선포했을까요? • 대한제국 선포를 전후하여 고종이 한 일을 알아보고, 고종이 왜 그런 일을 했을지 생각해봅시다.
대안적 행위 탐색하기	• 아래의 사람들(다른 나라, 당시 지식인, 조선의 일반 백성)은 고종이 한 일을 어떻게 생각했을까요? 그리고 그 이유는 무엇이었을까요? 그 당시 사람이 되어 생각해봅시다. • 고종이 실시한 정책 중에서 추가하거나 폐기하고 싶은 개혁안이 있다면 무엇입니까? 그 이유는 무엇입니까? • 내가 만일 1897년 고종이었다면 조선의 독립을 유지하고 나라를 발전시키기 위해 어떤 개혁을 실시했을까요? 가장 우선되어야 할 내용부터 1~3순위까지 적어봅시다.
행위의 적절성 평가하기	• 1번에 기록한 고종의 행위를 떠올려보고, 그 일이 적절했는지 평가해봅시다. • 지금까지 적은 내용을 종합하여 고종의 정책을 평가한다면 5점 만점에 몇 점으로 평가하겠습니까? 그 이유는 무엇입니까?

혁의 실효성을 부정하는 쪽에서는 대한제국이 부정부패로 얼룩져 근대
화 사업을 주도면밀하게 추진하지 못한 점을 지적하는 반면, 광무개혁을
높이 평가하는 쪽에서는 외세에 의존하지 않고 자력으로 근대화를 이루
려 했던 노력 자체가 중요하다고 보았다. 이들은 근대화 사업 추진 결과
도 어느 정도 성과를 거두었다고 지적하고, 이와 같이 자력으로 시행한
근대화 노력이 일제에 의해 꺾였다는 점을 강조한다.[51] 고종과 광무개혁
을 바라보는 학계의 주장이 다양한 만큼, 이 시기를 서술하는 텍스트 저
자들의 견해도 엇갈린다. 역사해석의 적절성을 판단하기 위해 학생들에
게 고종과 광무개혁에 대한 저자의 생각이 직간접적으로 드러나는 부분
을 찾고 이를 바탕으로 저자의 관점을 파악하도록 했다.

이후 학생들에게 각각의 텍스트에서 '대한제국 선포가 조선의 자주성

51_ 교수신문, 앞의 책, 12~13쪽.

〈표 5〉 **역사해석의 적절성 판단하기**

논쟁적 역사 읽기 단계	질문
저자의 해석 찾기	여러분이 읽은 책의 글쓴이는 다음의 내용(고종에 대한 평가, 광무개혁에 대한 평가, 조선에 들어온 서양 문물)에 대해 어떻게 바라보고 있나요? 책의 내용에서 글쓴이의 생각이 드러나는 표현에 밑줄을 그어봅시다.
대안적 해석 탐색하기	○ 여러분은 아래에 제시된 내용을 어떻게 생각하나요? • 대한제국 선포가 외국의 간섭에서 벗어나거나 자주독립을 유지하는 데 어느 정도 도움이 되었다고 생각하나요? • 광무개혁이 조선의 사회경제적 힘을 기르는 데 어떤 영향을 주었을까요? • 독립협회의 해산은 얼마나 적절한 조치였을까요? 그리고 일반적인 사람들은 이 조치를 어떻게 생각했을까요? • 양전(토지조사)과 지계(토지소유문서) 발급의 목적은 무엇이었을까요? • 광무개혁이 당시 백성들을 위한 것이었는지 생각해봅시다.
해석의 적절성 평가하기	○ 아래 밑줄 친 부분의 의미를 생각해보고 저자의 해석이 적절한지 생각해봅시다. • 《이이화 한국사 이야기》: 그 까닭은 말할 것도 없이 구호만 난무하는 '껍데기 제국'을 인정하지 않았던 것이다.[52] • 《대한제국의 개혁과 고종》: 훗날 역사학자들은 독립협회의 활동과 주장은 대한제국이 자주독립국으로 발전할 수 있는 마지막 기회였을 것이라고 말한다. 그런데 고종은 국민에게 횡포를 일삼는 대신들에게 둘러싸여 마지막 기회를 놓친 것이다.[53] • 《독립신문을 읽는 아이들》: 《독립신문》은 천지가 개벽한 듯 연일 이 소식을 내보냈지만 아이들 눈에는 어제와 달라진 게 아무것도 없어 보였다. 나라 이름이 바뀌고 임금님이 황제가 되었다고는 하지만, 실제로는 무엇 하나 똑 부러지게 바뀐 것이 없었다.[54] • 《장콩 선생의 우리 역사 이야기》: 지계발급은 꿩 먹고 알 먹는 사업이었다.[55]

획득에 미친 영향', '광무개혁의 실효성', '독립협회 해산의 적절성', '양전과 지계발급의 목적과 필요성', '광무개혁이 당시 많은 백성에게 미친 영향' 등을 비교하며 읽고, 이를 자신의 관점에서 정리해보도록 했다. 이와 같은 대안적 해석 활동은 학생들이 해당 사건의 역사적 의의를 생각하고, 해석의 적절성을 판단하는 데 중요한 사고과정이다.

52_ 이이화, 앞의 책, 79쪽.
53_ 이정범, 앞의 책, 91쪽.
54_ 문미영, 앞의 책, 46~47쪽.
55_ 장용준, 앞의 책, 211쪽.

3) 논쟁 정리하기

활동지 작성을 마친 후에는 전체 학생이 그 내용을 공유하는 시간을 가졌다. 이를 통해 학생들에게 자신이 작성한 내용과 다른 학생들의 생각을 비교해보고, '고종과 대한제국'을 바라보는 생각이 서로 다른 까닭과 역사에서 논쟁이 발생하는 이유를 생각해보도록 했다. 학습이 종료된 후에는 읽기 학습 이전에 학생들이 가지고 있던 사전지식과 읽기 후 작성한 학습 결과물을 비교해봄으로써 해당 주제에 대한 학생의 역사이해 및 인식에 어떤 변화가 있었는지 확인했다.

〈표 6〉 **논쟁 정리하기**

논쟁적 역사 읽기 내용	질문
고종과 대한제국에 대한 나의 생각 정리하기	○ 위의 책들 중에서 고종과 대한제국에 대해 가장 적절하게 평가한 책은 무엇일까요? 그렇게 생각하는 이유는 무엇입니까? ○ 지금까지 생각한 내용을 토대로 나의 관점에서 고종과 대한제국의 선포를 평가하고 해석해봅시다. • 고종은 _____한 왕이다. 왜냐하면 _____ 때문이다. • 대한제국 선포의 목적은 _____이다. 왜냐하면 _____ 때문이다. ○ 역사에서 논쟁은 왜 발생하는 것일까요?

3. 학생 반응 분석

1) 고종과 고종의 정책 평가

학생들은 교과서와 주어진 텍스트에서 조선의 친러정책, 아관파천, 근대 문물 도입, 독립협회 해산, 단발령 등 고종의 통치행위를 찾아보고, 이를 평가했다. 그중 근대 문물 도입에 대해서는 다수의 학생이 긍정적으로 인식했다. 이는 교과서와 주어진 텍스트 모두 조선 정부의 근대 문물 수용과 이로 인해 변화된 조선의 모습을 비중 있게 다루기 때문이었다. 이 외에도 학생들에게 만일 1897년으로 돌아가 자신이 고종이 되었고 가정했을 때, 가장 먼저 단행할 개혁조치가 무엇인지 질문한 결과, 총 25명의 학생 중 13명이 근대식 학교나 회사 설립, 전기나 전차, 전화 도입 등의 근대개혁을 꼽았다. 학생들에게 근대 문물의 도입과 정착은 곧 나라의 발전을 의미하는 것으로, 이는 고종이 적극적인 의지를 갖고 이룬 치적에 해당했다.

이와 달리 학생들은 친러정책, 아관파천과 독립협회 해산, 단발령에 대해서는 평가를 달리했다. 당시 조선 정부의 친러정책에 대해서는 일본 세력의 급성장을 견제하기 위해 또 다른 강국인 러시아가 필요했다는 의견(은정)과 오히려 일본을 견제하는 과정에서 명성황후가 시해되었고(수빈, 태현), 결과적으로 러시아도 대한제국의 발전에 큰 도움이 되지 못했기 때문에 외세에 의존하려 한 행위는 적절하지 않았다는 의견(준희, 은비, 지완)이 공존했다. 아관파천과 독립협회 해산을 부정적으로 보는 학생은 통치자로서 고종의 정치적 행위에 주목했지만,[56] 이와 반대 의견을 가진 학생들은 고종의 개인적 처지에 주목했다. 외세의 끊임없는 간섭과 숱한 독살 위협에 시달리던 고종의 처지를 자세히 묘사한 부분을 주의 깊게 읽은 학생들은 고종의 입장에서 이를 대변했다.[57]

56_ 아관파천에 대해 부정적인 학생들의 반응: 고종의 아관파천은 적절하지 못했다. 왜냐하면 고종이 러시아 공사관으로 도망쳐서 그동안 나라가 혼잡했다(우진). 고종이 러시아 공사관으로 도망간 것은 적절하지 못했다. 왜냐하면 백성을 버리고 혼자 살기 위해서 도망쳤기 때문이다(채영).
독립협회 해산에 대해 부정적인 학생들의 반응: 고종이 독립협회를 해산한 것은 적절하지 못했다. 왜냐하면 이것이야말로 민주주의 나라로 독립할 수 있는 기회였는데 해산시켰기 때문이다(수빈).
57_ 아관파천에 대해 긍정적인 학생들의 반응: 아관파천은 적절했다. 명성황후가 시해된 것처럼 고종 또한 살해당할 것을 염려했다. 나라를 지도하는 사람이 살해당하면 나라 전체가 어려

아관파천 직후 갑오개혁으로 시행된 일련의 조치들이 중단되면서 많은 백성의 반발을 샀던 단발령 역시 공식적으로 철회되었다.[58] 그러나 고종이 단발령을 완전히 철회한 것은 아니었다. 한 가지 사례로 1897년 신기선 학부대신이 관립학교 학생들에게 상투를 틀라고 하자 학생들이 반발하며 퇴학하겠다고 나서는 소동이 벌어졌다. 고종은 이때 신기선에게 동조하지 않았고 본인도 계속 단발 상태를 유지했다. 이는 위생상의 이점과 편의를 고려하여 계속해서 단발을 이어가려는 고종의 의도가 엿보이는 부분이다.[59] 많은 학생들은 당시 조선은 지금과 같이 수도시설이 정비되어 있지 않았기 때문에, 위생상 장발은 좋지 않으며 단발령으로 인해 청결이 유지되었으므로 필요한 개혁조치였다고 생각했다(준회, 채영, 현우, 성은, 은비). 그러나 몇몇 학생은 단발령이 친일세력이 주도한 개혁(지훈, 희수)이자, 조선의 오랜 전통을 하루아침에 깨뜨리는 것(태현, 소라, 은정, 희정)으로 백성들의 여론 수렴 과정 없이 성급하게 이루어졌기 때문(지완)에 이를 부정적으로 평가했다.

고종과 대한제국에 대한 학생들의 평가를 살펴볼 때, 고종에 대한 학생들의 기존 인식은 개인마다 차이가 있었지만 특히 부정적으로 평가하

움을 겪게 된다. 자신의 생명을 지켜야지 나라를 위해 일할 수 있다(희수).

독립협회 해산에 대해 긍정적인 학생들의 반응: 고종은 당시 엄청난 위협을 받고 있었다. 근데 독립협회의 주장이 자신의 주장과 반대되자 자신의 권력을 넘보는 것으로 착각하여 해산시켰으므로 고종을 나쁜 사람으로 몰아가는 표현은 적절하지 않다(태현). 아관파천과 독립협회 해산은 당시 고종의 상황을 생각하면 적절한 행위였다. 왜냐하면 고종의 커피에 아편이 투입된 사실로 보아 고종은 자신의 몸과 세력을 지키려고 했을 것이다. 자신의 몸이 안전해야 나라를 안정적으로 지킬 수 있다(지훈).

58_ 〈을미년(1895) 11월 15일에 내린 조령과 조칙(詔勅)은 모두 취소하라〉, 한국사데이터베이스(http://sillok.history.go.kr/id/kza_13408012_002), 《고종실록》, 1897년 8월 12일(양).

59_ 이태진 외, 〈대한제국 100주년 좌담/ 고종과 대한제국을 둘러싼 최근 논쟁: 보수회귀인가 역사적 전진인가〉, 《역사비평》 37, 1997, 240쪽.

는 학생들의 인식은 뚜렷하고 견고했다. 이 학생들의 경우, 다양한 시각에서 고종을 평가하는 텍스트를 제시했음에도 불구하고 자신의 주장에 부합하는 서술만을 선택적으로 읽어 자기주장을 뒷받침했다. 반면에 역사적 인물이 그러한 행위를 한 이유를 파악하고 그 밖의 대안적 행위를 제시해보는 활동은 기존의 인식과 다른 각도에서 고종을 재평가할 수 있는 계기를 제공했다. 그 결과 몇몇 학생들은 총점 5점을 기준으로 고종의 행위를 평가해보라는 물음(〈표 4〉 참조)에 다음과 같이 응답했다. 이는 감정적으로 일관하던 기존의 평가에서 벗어나 고종의 행위에 나타나는 긍정적·부정적 측면을 구체적으로 검토하여 평가한 결과다.

3점. 고종의 행위 중에서 근대적 발전과 회사, 학교 등의 설립은 잘했다고 생각하지만, 독립협회 해산이나 아관파천은 군주로서 미흡한 행위였다고 생각한다. (은비)

3점. 나라를 근대화시켜 발전시키려 했다는 점에서 장점도 있지만 백성의 마음을 차지하지 못했다는 아쉬움이 있다. (민지)

2) 학생의 눈으로 본 '광무개혁 논쟁'

학생들이 읽은 비공식적 역사 텍스트에서 대한제국의 선포 및 광무개혁의 성격과 관련된 쟁점을 정리하면 다음의 세 가지로 압축할 수 있다.

• 황실 중심의 개혁은 타당했는가?

황실 중심의 개혁이 타당했다고 보는 학생들은 한 나라의 지도자가 안정되어야 다른 개혁도 할 수 있다(지은), 당시 조선을 둘러싼 정세가 급격하게 변화하고 있었으므로 빠른 시일 안에 개혁의 성과를 거두기 위해서는 강력한 권한을 가진 황제가 주축이 되어야 한다(지혜, 민수)고 답했다. 반면에 황제의 잘못된 판단에 따라 나라 전체의 운명이 좌우될 수 있다는 점(희수, 현철), 대한국국제의 내용에는 백성의 권리에 대한 법은 없는 반면 황제의 권리만을 지나치게 강조하고 있다는 점(은정), 아무리 황제라도 다른 사람들의 의견에 귀 기울여 더 나은 해결책을 마련해야 한다는 점(소라)을 지적한 학생도 있었다.

학생들의 이 같은 쟁점 인식은 텍스트 내용 구성과 서술상의 특성에 기인한 것으로 보인다. 4종의 텍스트 중에서 2종(《이이화 한국사 이야기》, 《대한제국의 개혁과 고종》)은 고종과 독립협회의 활동을 서로 대립하는 갈등구도로 서술한다. 그로 인해 독립협회와 만민공동회의 민권 향상 운동을 긍정적으로 보는 학생들은 황실 중심의 개혁을 비판했다. 이 학생들은 고종의 개혁 중 폐기되어야 할 정책에 대한 물음에서도 독립협회 해산을 가장 먼저 꼽았다(10/25). 반면에 황실 중심의 개혁이 필요했다고 생각하는 학생들은 당시 급박하게 돌아가는 시대 상황에서 개혁의 시급성과 효율성을 고려했다.

• 대한제국은 조선의 '자주독립'과 '근대화'를 추구하는 데 어떤 영향을 주었나?

대한제국의 선포가 '자주독립'과 '근대화'에 미친 영향을 묻는 질문에는 다수 학생들이 근대국가를 지향했다는 점에 대해 공통된 의견을 가졌다. 그러나 '자주독립'의 측면에서는 생각이 갈렸다. 500년 가까이 중국과 맺어온 사대관계를 끊고 다른 외부세력의 도움 없이 조선이 독자적으로 개혁을 추진한 점에 의의가 있다는 견해(희수, 채영)가 있는가 하면, 몇

몇 학생들은 자주국을 선포했더라도 열강들의 내정간섭과 이권침탈이 계속 이어졌고(태현, 지완, 은정), 결과적으로 일제의 지배를 받았기 때문에 자주독립을 위한 대한제국의 영향은 미미했다(현주)고 생각했다. 앞의 학생들은 대한제국 선포가 가지는 역사적 의의에 주목했고, 뒤의 학생들은 개혁의 성공 여부나 구체적 성과의 유무를 판단 근거로 삼았다.

• 광무개혁은 백성을 위한 것이었나?

광무개혁이 백성을 위한 것이었냐는 물음에 답하기 위해 학생들은 당시 백성들이 이러한 개혁을 어떻게 바라보았을지, 개혁의 결과가 백성의 삶에 어떤 편리함을 가져다주었을지 생각했다. 회사나 학교, 병원 같은 시설의 설치가 백성의 삶을 개선하는 데 도움이 되었다고 보는 학생(태현, 민수, 소라)들이 있는 반면, 몇몇 학생들은 이러한 새로운 문물의 도입으로 조선이 외형상 근대적 국가체제를 갖추었다는 것을 인정하더라도 일반 백성이 그것을 이용하기 위해서는 큰 비용이 필요했고 어떤 이들은 근대 문물에 접근할 기회조차 없었을 것(현철, 진하, 재훈)이라고 생각했다. 이러한 학생들은 사회에서 소외된 이들의 생각에 더욱 깊이 몰입하는 경향을 보였다. 이들에게 고종의 개혁은 황제와 지배층을 위한 개혁에 불과했다.

3) 저자 해석의 적절성 판단

텍스트 해석의 적절성을 평가하기 위해서는 텍스트를 읽기 전에 자료의 성격과 저자에 대한 정보를 수집하고 이러한 자료를 읽을 때 유의할 점을 생각해보게 했다. 이에 학생들은 사실과 저자의 해석을 구분하고 비교하며 읽기(현주), 저자의 해석을 비판적으로 보기(민수, 지혜), 내용의 진위 여부를 판별하며 읽기(은혜, 재현) 등으로 답했다. 학생들은 비판적 역사 읽기의 필요성을 충분히 인지하고 있었다. 그러나 읽기 과정에서 학생들이 실제로 보인 반응은 이와 다른 양상이었다.

4종의 텍스트 저자는 고종의 대한제국 선포에 대한 조선 백성들의 생각, 독립협회 해산, 양전사업과 지계발급에 대한 자신의 견해를 텍스트 곳곳에 드러내고 있다. 학생들은 고종과 대한제국을 자신의 관점에서 평가하는 데 자신감을 보였지만, 저자가 전달하는 메시지에서 숨은 의도를 파악하고, 그에 대한 대안적 해석을 제시하는 데에는 익숙하지 못했다. 따라서 많은 학생들은 텍스트에 반영된 저자의 견해를 그대로 수용했으며, 텍스트에 따라 해석을 달리하는 경우가 있었음에도 그 차이를 역사 해석의 논쟁성과 연결하지 못했다.

예컨대 학생들이 읽은 텍스트 곳곳에는 고종의 개혁정책 결과 근대식 병원, 학교, 회사 들이 설립되었고, 전차, 전기, 전화, 우편 사무 등의 기술혁신을 꾀하는 등 백성의 생활을 개선하려는 노력이 드러난다. 그러나 학생들은 《독립신문을 읽는 아이들》에서 "대한제국으로 국호를 바꾸고, 황제국이 되었지만 아무것도 변한 것이 없었다"라는 표현, 즉 광무개혁이 당시 백성의 삶을 개선시키지 못했다는 저자의 견해에는 별다른 이견을 달지 않았다. 학생들은 저자의 생각을 대변하는 극 중 화자인 어린이의 생각에 공감했고, 힘없는 백성의 처지에 감정이입했다. 학생들은 해당 텍스트가 역사적 사실을 바탕으로 저자의 상상력이 가미된 동화 장르라는 것을 알고 있었지만 이를 다른 시선으로 읽어내지는 못했다. 정서적 호소력이 강한 내러티브일수록 학생들은 비판적 읽기에 어려움을 보였다.

그러나 저자의 해석이 들어가 있는 일부 표현은 적극적으로 해석했다.

예컨대 《이이화 한국사 이야기》에서 대한제국은 "껍데기 제국"에 불과했다는 표현과, 《장콩 선생의 우리 역사 이야기》에서 지계발급을 "꿩 먹고 알 먹는 사업"이라고 표현한 부분에 대해서는 적극적인 수용과 비판의 목소리가 공존했다. 텍스트와 다른 해석을 한 학생들은 근거를 충분히 제시하지는 못했지만, 평상시에 가지고 있던 생각과 다른 텍스트 서술을 참고하여 자신의 생각을 표현했다. 앞의 책에 대해서는, 대한제국이 개혁을 추진할 실질적인 힘을 갖추지 못했으며 개혁성과가 미흡했기 때문에 "껍데기 제국"은 적절한 표현이었다는 의견(수빈, 지은)이 있는 반면, 몇몇 학생들은 대한제국의 짧은 기간 동안 많은 회사와 학교가 설립되었고 고종이 제국에 걸맞은 나라를 만들기 위해 다방면으로 노력했으므로 "껍데기 제국"이라는 표현은 적절하지 않다고 응답했다(은비, 태현). 뒤의 책에 대해서는, 지계발급이 국가의 입장에서 세금을 걷거나 토지제도를 바로잡아서 좋고, 백성들은 토지 소유를 혼동하지 않고 자유롭게 매매할 수 있으므로 양자에게 긍정적인 정책이었다고 보는 견해(지완, 희수)가 있는 반면, 지계발급이 백성을 보호하기 위한 정책이라기보다는 국가가 전세를 꼬박꼬박 받기 위한 것에 불과했다고 보는 견해(민수)도 있었다.

이처럼 저자의 해석이 강렬한 이미지를 연상시키는 수사적 표현의 경우, 학생들은 그 서술의 의미를 파악하기 위해 적극적으로 사고하고 대안적 해석을 찾았다. 공식적 역사를 전달하는 주요 매체인 교과서는 이런 표현을 거의 사용하지 않지만, 비공식적 역사 텍스트에서는 이를 종종 찾아볼 수 있다. 그 밖에도 학생들이 읽은 텍스트에는 "국가 수입을 흥청망청 써대다", "대한제국의 위태로운 탄생", "광무개혁의 빛과 그림자" 같은 표현들이 실려 있다. 이런 서술들은 저자의 정서 표현을 명확히 드러내는 것으로, 일종의 저자가 드러나는 서술이라고 할 수 있다.[60] 텍스트 내용에 저자가 드러나는 서술은 학생들이 해석의 논쟁성을 인식하는 데 도움이 된다.

4) 역사의 논쟁적 속성에 대한 학생들의 인식

비공식적 역사 텍스트를 읽은 학생들은 고종의 평가와 텍스트 저자의 해석을 둘러싸고 논쟁을 벌였다. 학생들은 역사적 행위자를 평가하기 위해 고종의 통치행위를 열거한 후, 각각의 행위에 대한 당대 사람들의 평가와 이후 역사 전개에 미친 영향 등을 분석했다. 그 결과 즉흥적이고 감정적으로 일관하던 평가 내용에 비해 당시 조선 안팎의 사정과 고종의 처지를 고려하는 등 판단에 대한 근거가 구체화되었다. 이는 역사적 사실의 해석과 평가는 구체적인 자료를 바탕으로 해야 함을 인식한 것이라고 할 수 있다. 논쟁적 역사 읽기 수업을 마친 후 고종의 평가에서 기존 이미지를 고수한 학생들도 있었지만,[61] 일부 학생들은 고종에 대한 평가가 바뀌었으며,[62] 긍정적 측면과 부정적 측면을 절충하는 방식으로 평가

60_ 김한종·이영효에 따르면 설명 형식의 텍스트를 접할 때에는 저자의 견해에 수용적 태도에 머물던 학생들이 '저자가 드러난 글'이나 '이야기 형식의 텍스트'를 접할 때는 저자의 의도에 대한 비판을 제기하거나 역사적 사건을 저자와 다른 의미로 해석하는 등의 적극적인 읽기를 시도한다고 밝혔다. 김한종·이영효, 〈비판적 역사 읽기와 역사 쓰기〉, 《역사교육》 81, 2002.

61_ 특히 고종과 대한제국을 부정적으로 보는 학생의 경우, 이러한 경향이 두드러졌다. 이는 일제의 식민지배로 멸망에 이른 왕조라는 결과론이 여전히 학생들의 평가와 해석에 압도적인 영향력을 행사하고 있기 때문으로 보인다. "고종은 열심히 일했지만 빛을 보지 못한 왕이다. 왜냐하면 대한제국을 선포하고 회사, 학교를 세웠지만 결국 빛을 보지 못했기 때문이다."(지혜) "대한제국은 실패작이다. 왜냐하면 인정되지 않고 결국 일제강점기까지 가게 되었기 때문이다."(현주)

62_ 기존에 고종에 대해 '불쌍한 왕', '허수아비', '무능력'이라는 이미지를 가지고 있던 몇몇 학생들은 조선을 강하고 발전된 국가로 만들기 위한 고종의 노력과 대한제국의 개혁을 다음과 같이 긍정적으로 인식했다. "대한제국은 나라의 모습을 바꾸게 된 발판이다. 왜냐하면 대한제

하는 학생도 많았다.[63] 이는 학생들이 비공식적 역사 텍스트에 들어 있는 다양한 역사해석과 평가를 읽으면서 평상시 알고 있던 것과는 다른 관점과 해석을 접하게 됨으로써 역사해석의 폭이 확장되었음을 보여준다.

학생들은 각각의 텍스트에서 동일한 역사적 장면이라 하더라도 이를 바라보는 저자들의 생각이 다름을 확인했다. 교과서와 각각의 텍스트에 제시된 대한제국 시기 서술을 비교함으로써 저자가 선택하거나 배제한 역사적 정보들이 다르다는 점 또한 인식했다. 학생들은 자신과 텍스트 저자, 학급 친구들의 생각이 저마다 다름을 파악하고 서로 논쟁하는 과정에서 동일한 사건을 바라보는 관점의 차이, 역사적 인물과 사건에 의미를 부여하는 방식의 차이, 역사적 사실이 가지고 있는 논쟁적 속성 등을 확인했다. 학생들은 역사라는 학문이 과거에 있었던 일을 그대로 나타내는 것이 아니라 누군가의 해석을 통해 전달되며(현우, 희수, 태현), 하나의 역사를 보는 사람들의 가치관, 관점, 생각 등이 저마다 다르기 때문에 역사는 논쟁성을 가지고 있다고 답변했다(재훈, 민재, 희정, 지은, 우진, 소라). 학생들은 역사적 사실과 기록을 토대로 자신의 역사해석과 평가를 구성해보는 과정에서 역사가들 또한 이와 유사한 방식으로 역사를 서술한다는 점을 알게 되었다.

국 수립은 많은 서양 문물을 받아들이는 과정이었기 때문이다."(은혜) "대한제국은 강대국들로부터 몸부림치는 최후의 수단이다. 왜냐하면 청과 일본으로부터 독립하기 위해 자주적인 국가라고 이야기했고 새로운 개혁을 시도했기 때문이다."(지완) "대한제국 선포의 목적은 우리나라를 자주독립국으로 만들기 위한 것이다. 왜냐하면 고종은 근대화 발전을 통해 조선을 독립국으로 만들려는 의지를 보였기 때문이다."(희수)

63_ 이와 같은 학생들은 〈표 6〉에서 제시된 바와 같이 고종과 대한제국을 가장 적절하게 평가하고 해석한 책을 묻는 질문에도 고종과 대한제국에 대한 긍정적인 면과 부정적인 면을 모두 다룬 다음의 텍스트를 선택했다. 《대한제국의 개혁과 고종》: 그 이유는 고종과 광무개혁을 긍정적·부정적 관점에서 객관적으로 평가한다(현우). 《장콩 선생의 우리 역사 이야기》: 어느 한 곳에 치우치지 않고 고종의 장점과 단점에 대해 균형 있게 평가하고 있기 때문에(태현) 등.

V. 논쟁적 역사 읽기를 마치며

학교에서 실시하는 논쟁 수업은 찬성과 반대의 입장을 정하여 상대방의 주장을 논박하고, 일정한 의사결정 과정을 거쳐 최종 입장에 도달하는 형태로 진행된다. 그러나 이 연구의 논쟁적 역사 읽기는 단지 논쟁에서 이기기 위한 것이 아니라 학생들이 다양한 역사 텍스트를 읽으면서 역사적 판단과 의미 구성 행위에 참여하고, 역사의 논쟁적 속성을 인식하는 것을 목적으로 했다. 이를 위해 역사의 논쟁적 속성을 평가의 논쟁성과 해석의 논쟁성으로 나누어 활동을 구성했다.

초등학교 역사수업에서 쉽게 볼 수 있는 논쟁은 대개 역사적 인물과 사건을 어떻게 평가할 것인가에 관한 내용이다. 많은 학생들은 역사적 인물을 평가할 때 평상시 그 인물에 대해 가지고 있던 생각, 그의 도덕성이나 성향, 그 인물이 초래한 행위의 결과를 중심으로 판단을 내리곤 한다. 그러나 이 같은 평가는 역사적 인물에 대한 객관적인 평가를 저해하고 왜곡된 이미지를 갖게 할 수 있다. 그보다는 역사적 인물이 그러한 행위를 하게 된 동기를 추측하고 그 행위가 당시 상황에 비추어 적절한 것이었는지, 다른 대안은 없었는지를 검토하는 것이 좀 더 타당한 평가로 이끌 수 있다.

비공식적 역사에는 텍스트의 종류와 성격에 따라 다양한 지위, 신분, 입장에 놓인 역사적 행위자가 등장한다. 비공식적 역사의 저자는 역사에서 소외되었던 인물을 중심에 배치하여 우리가 알고 있던 역사 전개와 다른 형태의 장면들을 보여주기도 한다. 이와 같은 텍스트는 주로 국가나 지배계층에 의해 실시된 일련의 정책들이 어떤 사람들에게는 달리 평가될 수 있음을 보여준다. 역사적 사건이나 인물을 평가하기에 앞서 이와 같은 성격의 텍스트를 활용하여 학생들에게 다양한 역사적 상황에 놓인 인물의 관점을 취해보도록 함으로써 다각적인 평가를 내리게 할 수 있다.

이 연구에서 학생들은 텍스트 저자의 역사해석을 비판적으로 인식하고 학생의 관점에서 대안적 해석 활동에 참여했다. 이 같은 학습에서 중요하게 고려할 점은 학생들이 역사서술의 본질을 이해하도록 해야 한다는 것이다. 대개 중층적으로 개입된 역사서술 주체의 의도들은 교과서의 서술에서는 잘 드러나지 않는 것이 보통이다. 현실적으로 교과서에서 이러한 내용을 전부 담을 수 없을뿐더러 교사들 역시 역사적 사실에서 엇갈리는 학설들을 모두 알고 설명해줄 수도 없다. 교사가 할 수 있는 일은 학생들에게 가르치는 역사적 사실이 가지고 있는 담론적인 속성, 즉 선택과 배제의 과정을 파악하고 학생들에게 이를 이해시키는 것이다.[64] 이런 점에서 동일한 역사적 사건을 서로 다르게 서술하고 있는 여러 텍스트를 비교하고 저자의 해석을 분석하는 활동을 해봄으로써 초등학생들도 역사적 사실과 해석의 논쟁성을 인식하는 기회를 가질 수 있다. 그러나 이 과정에서 역사란 저자에 의해 생성된 허구이며 모든 역사서술은 인식론적으로 동등하므로 모두 성립 가능하다는 확대해석의 오류에 빠지지 않도록 주의해야 한다.[65]

역사학습에서 학생들은 일반적인 한 가지 평가를 담는 것보다 왜, 어떻게 사건이 일어나고 전개되었는지를 다양한 각도에서 접하기를 원하며, 이를 통해 논란이 되는 사건, 내 생각과 다른 관점으로 쓰인 사건들

64_ 양호환, 〈역사적 사실의 특징과 역사교육의 특수성〉, 《역사교육》 113, 2010, 124쪽.
65_ 이동규, 앞의 글, 119쪽.

을 스스로 판단해보려는 욕구가 높다.[66] 이 연구에서도 역사적 인물과 사건에 대한 나의 해석이 다른 이들과 어떤 차이가 있는지 관심을 갖고 논쟁적 역사 읽기에 참여했다. 학생들은 다른 친구들과 생각을 비교해보는 가운데 역사적 평가와 해석은 증거로 뒷받침되어야 한다는 사실을 깨달았다. 그리고 역사가들도 서로 해석에 동의하지 않는 경우가 있다는 데 주목했다. 학생들이 과거를 향해 다른 질문을 던지면 역사적 사실의 설명도 달라질 수 있다는 것을 인식하게 되며, 현재의 지배적인 역사해석과는 다른 자신만의 결론을 이끌어낼 수 있다.[67] 이를 위해 그동안 역사 수업에서 잘 다뤄지지 않던 역사해석과 평가의 불협화음을 적극적으로 드러냄으로써 학생들이 이를 탐색할 기회를 제공할 필요가 있다.

66_ 이해영, 〈학생들의 역사적 중요성에 대한 인식〉, 《역사교육연구》 20, 2014, 456쪽.
67_ 키쓰 바튼·린다 렙스틱, 김진아 옮김, 《역사는 왜 가르쳐야 하는가》, 역사비평사, 2017, 161~164쪽.

참고문헌

강만길, 〈대한제국의 성격〉, 《창작과 비평》, 1978년 여름호.

강선주, 〈고등학생과 역사가의 역사 텍스트 독해 양상과 텍스트 독해 교수학습 전략〉, 《역사교육》 125, 2013.

강재광, 〈1950~1960년대 독재권력의 삼별초 항쟁(三別抄 抗爭) 인식과 서술: 검정 국 사교과서의 서술을 중심으로〉, 《역사와 현실》 96, 2015.

강화정, 〈'논쟁적 역사 수업'의 구성 원리와 실천방안 탐색〉, 《역사와 교육》 14, 역사교 육연구소, 2016.

교수신문 엮음, 《고종황제 역사청문회》, 푸른역사, 2005.

교육부, 《초등학교 사회 6-1》, 동아출판, 2015.

권정수, 〈인지행위의 특성을 고려한 사료학습 방안〉, 서울대학교 석사학위 논문, 2000.

김용섭, 〈서평 《독립협회연구》, 신용하 저〉, 《한국사연구》 12, 1976.

김한종, 〈역사교육 개념어의 용례 검토: 역사적 사고, 역사해석, 역사인식, 역사의식〉, 《역사교육》 113, 2010.

_____, 〈사료내용의 전달방식에 따른 고등학생의 역사이해〉, 《역사교육》 125, 2013.

_____, 〈비판적 사고를 위한 역사인식과 학습방법〉, 《역사와 담론》 80, 2016.

김한종·이영효, 〈비판적 역사 읽기와 역사 쓰기〉, 《역사교육》 81, 2002.

김한종 외, 《역사인식과 역사교육》, 책과함께, 2005.

류현종, 〈초등학생들은 긍정의 역사만 배워야 하는가?〉, 《역사와 교육》 2, 2010.

_____, 〈초등학생들의 역사와 역사학습: '학생의 역사의식 조사'가 주는 시사점을 중 심으로〉, 《역사와 교육》 5, 2015.

문미영, 《독립신문을 읽는 아이들》, 푸른숲주니어, 2017.

문재경, 〈2014년 초등학생 역사이해 조사〉, 《역사와 교육》 12, 2015.

박종기, 《고려사의 재발견》, 휴머니스트, 2015.

양호환, 〈역사교과서의 서술 양식과 학생의 역사이해〉, 《역사교육》 59, 1996.

_____, 〈역사서술의 주체와 관점: 역사 교과서 읽기와 관련해서〉, 《역사교육》 68, 1998.

_____, 〈역사적 사실의 특징과 역사교육의 특수성〉, 《역사교육》 113, 2010.

양호환 외, 《역사교육의 이론》, 책과함께, 2009.

역사교육연구소, 〈2010년 초·중·고등학생들의 역사교육 이해 조사 결과〉, 《역사와 교육》 4, 2011.

신용하, 〈서평 《한국근대농업사연구》, 김용섭 저〉, 《한국사연구》 13, 1976.

이동규, 〈역사쟁점을 활용한 역사학습 실행연구〉, 《사회과수업연구》 1-2, 2013.

이병련, 〈역사교육에서의 다원적 관점 이론〉, 《사총》 84, 2015.

이윤상, 〈'광무개혁' 연구의 현황과 과제〉, 《역사와 현실》 8, 1992.

이이화, 《이이화 한국사 이야기 19》, 한길사, 2015.

이정범, 《대한제국의 개혁과 고종》, 주니어김영사, 2012.

이태진 외, 〈대한제국 100주년 좌담/ 고종과 대한제국을 둘러싼 최근 논쟁: 보수회귀인가 역사적 전진인가〉, 《역사비평》 37, 1997.

이해영, 〈학생들의 역사적 중요성에 대한 인식〉, 《역사교육연구》 20, 2014.

장용준, 《장콩 선생의 우리 역사 이야기 3》, 살림FRIENDS, 2012.

정선영, 〈역사학습에서 의사결정 능력의 신장〉, 《역사와 역사교육》 15, 2008.

제임스 W. 로웬, 남경태 옮김, 《선생님이 가르쳐준 거짓말》, 휴머니스트, 2010.

주웅영·최석민·전혁진, 〈초등 사회과 역사학습에서 다관점 인식활동: 1·2차 사료의 경합하는 견해의 해결을 중심으로〉, 《사회과 교육》 47-4, 2008.

최상훈 외, 《역사교육의 내용과 방법》, 책과함께, 2007.

최용규, 〈역사학습에서의 의사결정〉, 《사회과교육학연구》 1, 1997.

키쓰 바튼·린다 렙스틱, 김진아 옮김, 《역사는 왜 가르쳐야 하는가》, 역사비평사, 2017.

한국사연구회 엮음, 《새로운 한국사 길잡이 상·하》, 지식산업사, 2008.

Berkhofer, R. F., *Beyond the Great Story: History as Text and Discourse*, Cambridge: Harvard University Press, 1997.

Epstein, T. L., "Learning History from Whose Perspective?", *The Education Digest*, vol. 62, 1997.

VanSledright, B. A., "What does it Mean to Think Historically and How do you Teach it?", *Social Education*, vol. 68-3, 2004.

Wertsch, J. V., *Mind as Action*, New York: Oxford University Press, 1998.

4장

이봉창의 자아정체성 탐구를 통한 역사학습

박찬교

I. 자아정체성을 탐구하는 역사교육의 가능성

일반적으로 정체성(identity)은 개인이건 집단이건 간에 그 내부에 유지되는 동일성을 뜻한다. 전통적인 관점에서 개인의 정체성이란 '사회적 지위에 의해 주어지는 것', '실제로 존재하는 본질적인 것', '고정적이며 불변하는 것'을 의미했다. 정체성을 보는 이런 관점은 점차 바뀌고 있다. 근래에는 한 개인의 정체성이 변화하는 관계 속에서 지속적으로 구성되기 때문에 유동적이고 다원적인 특성을 가진 것으로 규정하는 견해가 나오고 있다.[1] 그러나 역사교육에서는 정체성을 여전히 본질적이고 고정적인 집단정체성(group identity)으로 다루는 경향이 있다. 이는 과거 사실의 고유성에 관심을 가지는 역사학의 기본 속성에 기인한 것이다. 또한 역사 연구나 교육의 대상이 주로 사회적으로 큰 영향을 미친 사건이

1_ 고미숙, 〈정체성 교육의 새로운 접근: 서사적 정체성 교육〉, 《한국교육》 30-1, 2003, 6~13쪽.

나 현상·인물이다 보니, 개인보다 집단의 행위에 초점을 맞춰 집단정체성을 강조해왔다. 그러나 집단정체성을 지나치게 강조할 경우 과거인의 일반적 특성이 현재까지 지속된다는 믿음을 심어주게 된다. 이러한 믿음은 학생들로 하여금 역사적 변화를 제대로 파악하지 못하거나 다양한 해석과 열린 사고를 하지 못하게 하는 원인 중 하나다. 특히 정체성을 '우리'와 '그들'로 나누는 경계선으로 이해하는 것은 외집단(out-group)에 대한 배타성과 폭력성을 내면화하거나 밖으로 표출하게 만든다.[2]

2000년대 들어 여러 나라에서 역사교육이 사회구성원에게 어떤 정체성을 가지게 해야 하는지를 둘러싸고 논쟁이 벌어졌다.[3] 국가나 민족의 정체성을 길러야 한다고 주장하는 사람들은 '자랑스러운 역사', '발전의 역사'를 강조했다. 이에 반해 개인이나 지역사회의 정체성을 주장하는 사람들은 비판적 관점에서 역사를 해석하고 소수집단을 포함한 다양한 사회집단의 역사를 역사교육의 내용에 포함시킬 것을 요구했다. 정체성을 둘러싼 논쟁은 사회구성원들 간의 심각한 갈등까지 불러일으켰다. 이런 갈등을 피하기 위해 역사교육이 정체성을 기르기보다는 역사학에 기초한 사고와 개념을 가르치자는 주장이 나왔지만, 이에 대한 반론도 제기되었다. 미국의 역사교육학자인 키쓰 바튼은 학문적 접근을 강조하는 것이 학생들의 경험과 역사교육을 별개로 만들 수 있고, 학생들이 역사에 대한 관심을 잃게 만들 수 있다고 비판했다. 바튼은 역사교육을 통해 학생들이 정체성을 가지게 되는 것을 막을 수 없기 때문에, 이를 회피하기보다는 '복합적이고 다면적인 정체성'을 형성하는 방향으로 나아가야

---

2 김정현, 〈배제의 정체성을 넘어서: 열린 문화적 정체성 구축을 위한 모색으로서 서사적 정체성 연구〉, 《철학총론》 61, 2010, 250쪽.

3 린다 심콕스·애리 윌셔트 엮음, 이길상·최정희 옮김, 《세계의 역사교육 논쟁》, 푸른역사, 2015, 446쪽.

한다고 주장했다.[4]

　한편 키쓰 바튼과 린다 렙스틱은 다원적 참여민주주의 사회에서 시민정신의 함양을 위해 정체성이 형성되어야 한다고 주장했다. 먼저 이들은 개인이나 가족의 역사를 통해 정체성을 형성하는 것이 학생들에게 성취감과 보람을 주기도 하지만, 이렇게 형성된 정체성은 공적 참여에는 거의 영향을 주지 못한다고 말했다. 개인이나 가족을 벗어나 더 큰 사회집단과의 관계 속에서 정체성 문제를 다루어야 학생들의 공동체에 대한 인식을 자극·확장시켜 민주주의에 기여할 수 있다고 본 것이다. 또한 이들은 기존의 역사교육에서는 국가정체성을 지나치게 강조한 나머지 나라에 기여한 일부 사람들에게서만 정체성을 찾아서, 학생들 자신의 정체성을 협소화하는 부정적인 결과가 나타났다고 강조했다. 바튼과 렙스틱은 국가정체성의 강조로 인해 학생들이 국가의 현재와 과거를 동일시하게 되었고, 이는 학생들로 하여금 현재의 행위를 합리적으로 판단하지 못하고 과거의 관념과 제도 등의 유산을 절대적인 준거로 인식하게 함으로써 민주주의적 숙의를 약화하는 결과를 가져왔다고 지적했다.[5] 이는 국가나 민족 같은 집단의 정체성을 '본질'로 간주하고 하향식으로 전달하려는 태도와 방식으로 인해 나타난 문제다. 그러나 정체성이 시간의 흐름에 따라 변화할 수 있으며 개인이 만들어간다는 관점에서 본다면 역사교육을 통해 기존과는 다른 방향에서 정체성에 접근하는 방법을 모색할 수 있다.

　이 글은 이런 관점에서 역사적 인물의 자아정체성을 탐구하는 역사수

4　위의 책, 449~454쪽.

5　키쓰 바튼·린다 렙스틱, 김진아 옮김, 《역사는 왜 가르쳐야 하는가》, 역사비평사, 2017, 133~134쪽.

업 방안을 모색하고자 한다. 이를 위해 정체성의 개념과 자아정체성 탐구의 방법론들을 검토했다. 그리고 한 인물을 선정하여 학생들로 하여금 실제로 그 인물의 자아정체성을 탐구하도록 했다. 이 글에서 탐구 대상으로 선정한 인물은 이봉창이다. 학생들은 자료를 토대로 이봉창의 자아정체성을 탐구하는 학습을 했으며, 그 결과 이봉창의 자아정체성에 대한 학생들의 생각이 어떻게 달라졌는지 확인할 수 있었다.

조사 대상 학생은 세종시 중학생 6명이다. 기본적인 연구 설계는 연구자가 했으며, 실제 수업은 중학교 역사교사가 맡았다. 수업안은 문헌 연구를 토대로 연구자가 작성한 다음, 학교와 학생의 상황을 잘 알고 있는 역사교사의 도움을 받아 큰 틀은 유지한 채 약간 수정을 했다. 수업 이후 학생들의 보고서 작성과 심층면담도 역사교사의 도움을 받아 진행했다.

II. 역사교육에서 정체성 접근 방향

자아정체성(self-identity)은 '나는 누구인가?'라는 질문에 대한 답이다. 그러나 자아정체성이 무엇인지 규정하기는 쉽지 않다. 한 개인의 정체성은 그 근원에 따라 다양하기 때문이다. 정체성이 형성되는 근원은 내적 요인과 외적 요인으로 나눌 수 있다. 내적 요인은 흔히 심리학에서 '기질(temperament)'이라 부르는 것으로, 태어나면서부터 개인이 지속적으로 유지하는 특성이다. 외적 요인은 개인이 살아가면서 다른 대상들과 맺는 사회적 관계에서 비롯된다. 사회적 관계는 당사자를 포함한 둘 이상, 즉 집단 영역에서 생겨난다. 이러한 관계를 통해 개인은 사회학·심리학 등의 분야에서 '사회적 정체성(social identity)'이라 불리는 특성을 가지게 된다. 사회적 정체성은 인종, 종교, 국가 등 개인이 속한 집단에 의해 만들어지고 그 집단의 구성원들과 공유하는 특성을 의미한다. 기질은 정신분석학이나 심리학의 영역이다. 역사교육을 포함한 사회과에서 다룰 수 있고, 또 그럴 만한 가치가 있는 분야는 개인의 '사회적 정체성'에 관한 부분이다. 사람들은 자기 스스로 역사지식을 만들어가는 것이 아니라, 여러 사회 집단에 속한 일원으로서 역사지식을 구성해나가기 때문이다.[6]

역사교육은 학생들이 사회적 정체성을 확립할 수 있게 해준다. 학생들은 역사를 배우면서 과거의 사람과 사건들이 자신의 사회적 정체성에 어떻게 영향을 미치는지를 알 수 있다. 그리고 그런 특성을 유지·강화할 것인지 수정·약화할 것인지, 아니면 새로운 사회적 정체성을 선택할 것인지 판단할 기회를 갖게 된다.

사람은 다양한 집단의 구성원이기에 다중적인 정체성을 가지고 있다. 불가피하게 이 중 어떤 정체성을 선택해야 하는 상황이라면, 그 상황에서 맺고 있는 관계 중 어떤 관계가 상대적으로 중요한지 가릴 뿐이다. 따라서 우리는 특정 정체성을 내면화하기보다는 개인이 가진 여러 정체성 중 상대적인 순위를 선택할 때 필요한 합리적 판단능력을 발달시키는 데 관심을 가져야 한다. 우리가 하나의 정체성을 절대적인 것으로 수용할 때 많은 사람들이 가진 다양한 특성과 차이는 무시되고 한 가지 기준으로만 서로를 구분하게 된다. 이럴 경우 다원적 관점과 다양한 범주를 인정할 때보다 훨씬 큰 분열이 초래된다.[7] 자신이 믿는 종교 이외에 다른 종교를 배척함으로써 벌어지는 전쟁과 테러는 단일화된 정체성이 어떻

6_ 위의 책, 56쪽.

7_ 아마르티아 센, 이상환·김지현 옮김, 《정체성과 폭력》, 바이북스, 2009, 17~18쪽.

게 전 세계적 분열을 초래하는지 잘 보여주는 사례다.

최근 이 같은 사회적 갈등을 역사교육으로 해결하고자 하는 움직임이 지속되고 있다. 조지메이슨대학의 코로스텔리나(Karina V. Korostelina)는 역사교육의 사회적 정체성 형성 기능에는 평화문화(peace culture)를 발전시킬 수 있는 잠재력이 있다고 보았다. 그는 역사교육을 통해 다른 정체성을 가진 집단에 대한 부정적 인식이나 긴장을 완화시킬 수 있다고 보았다. 더불어 갈등하는 집단들 사이의 상호 이해와 화해를 촉진하여 정체성으로 인해 야기된 갈등을 줄일 수 있다고 주장했다.[8]

서구의 역사교육 관련 민간단체들도 역사교육을 통해 편견, 고정관념, 자민족 중심주의(ethnocentrism)를 극복하기 위한 방안을 꾸준히 연구하고 있다. 그중 스테판 버거는 모든 집단적 역사들이 가진 동일주의(identitarianism)[9] 관심과 편견으로 인한 폐해를 완화하기 위한 방안으로 근본적 개인주의(radical individualism)에 입각한 역사교육을 제안했다.[10] 근본적 개인주의는 사회구성의 기본 단위와 사회 변화의 출발점을 개인으로부터 찾고자 하는 관점이다. 이러한 관점에서는 가족부터 국가에 이르기까지 모든 사회적 집단은 자연스럽게 형성되는 것이 아니라, 그 집단 속의 개인들 간의 관계 설정에 의해 구성된다고 본다. 근본적 개인주

8_ Karina V. Korostelina, *History Education in the Formation of Social Identity*, New York : PalgraveMacmillan, 2013, 2쪽.

9_ 동일주의는 동일성 혹은 정체성에 입각한 태도나 견해를 말한다. 예컨대 백인우월주의는 백인들의 동일성에 기반을 둔 일종의 동일주의이며, 일국의 국민의 동일성에 호소하는 수사들도 동일주의다. 주권은 국민의 동일성 혹은 통일성을 전제로 한다(안토니오 네그리·마이클 하트, 조정환 외 옮김, 《다중》, 세종서적, 2008).

10_ Stefan Berger, "De-nationalizing hisotry teaching and nationalizing it differently", M. Carretero, M. Asensio and M. Rodriguez Moneo (eds.), *History Education and The Construction of National Identities*, Charlotte, NC : Information Age Publishing, 2012, 42~44쪽.

의를 역사교육에 적용하자는 것은 교수·학습의 '초점'과 '출발점'을 개인에게 두자는 의미다.

개인의 구체적 활동을 이야기 형태로 다루는 것은 생애사(life-span history), 자서전(autobiography), 전기(biography) 같은 전기적 연구방법론과 연관된다. 전기적 연구방법론은 개인의 경험과 삶의 이야기를 '주관적으로 오염된 사적 자료'가 아니라, 개인의 생활세계 속에 가려진 사회적·역사적 구조와 진실의 파편들을 재구성하는 하나의 '입구'나 '창'으로 간주한다.[11] 그러나 생애사 연구는 살아 있는 개인을 대상으로 면담을 통해 수집한 구술자료를 해석한 결과를 삶의 이야기로 기술하는 데 초점을 맞춘다.[12] 따라서 과거의 인물을 탐구 대상으로 삼을 때에는 생애사의 연구방법이나 결과물을 활용하기가 어려운 편이다.[13] 역사교육에서 개인을 다룰 때 활용하기에 적합한 형태는 자서전이나 전기를 활용한 인물 학습이다. 1인칭 시점에서 쓰인 자서전에서는 다른 형태의 저작에서는 찾아보기 힘든 구체적이고 생생한 삶의 모습과 개인의 감정을 파악할 수 있다. 하지만 자서전은 화자의 주관성이 강하고 개인적인 회상에 많은 부분을 의존하기 때문에 사건의 왜곡이나 세부적인 오류가 존재할 가능성이 비교적 높다. 이에 비해 3인칭 시점에서 개인의 회고뿐만 아니라 공적·사적 문서를 바탕으로 작성되는 전기는 왜곡이나 오류

11_ 이동성, 〈생애사 연구 동향의 방법론적 검토: 세 가지 방법적 이슈를 중심으로〉,《교육인류학연구》16-2, 2013, 48쪽.

12_ 김영천·한광웅, 〈질적 연구방법으로 생애사 연구의 성격과 의의〉,《교육문화연구》18-3, 2012, 13쪽.

13_ 생애사는 사회학에서 문화와 개인의 삶, 사회구조와 개인 수준의 행위자 간의 관계를 살펴보는 연구방법으로 출발했다(위의 글, 11쪽). 최근 한국에서는 사회적 소수자나 약자의 삶을 통해 사회문제의 배경과 대처방안을 모색하거나, 개인의 업적이나 특정한 현상이 나타나는 조건을 이해하기 위해 활용되고 있다.

의 가능성이 비교적 적고, 여러 인물에 대한 다양한 종류의 판본이 존재한다. 여러 형태와 수준의 전기물 중에서도, 특히 개인을 영웅화하는 전통적인 전기서술의 방식을 탈피하여 전문 역사가가 개인이 살았던 시대와 환경 속에서 과거인의 삶을 추적한 전기물도 있다. 프랑스 역사가 자크 르 고프(Jacques Le Goff)의 《성왕 루이(Saint Louis)》(1966)가 이에 해당한다. 이 책은 루이의 성자적인 면모에 집중했던 기존의 기록들과 달리 다양한 자료와 엄격한 사료 비판을 통해 루이의 인간적인 면을 보여줌으로써 중세인들의 구체적인 삶과 망탈리테를 잘 보여주었다는 평가를 받고 있다.[14] 한국사에서는 배경식의 《식민지 청년 이봉창의 고백》(이하 《고백》)을 들 수 있다.[15] 이 책은 인물 간의 대화 등에서 일정 부분 저자의 상상력이 개입되었지만, 한 개인의 성장과정과 경험을 추적하고 복합적인 정체성을 밝혀나가는 과정을 잘 보여준다. 우리는 이 과정에서 단일한 정체성에 가려졌던 구체적이고 진실한 과거인의 모습을 발견할 수 있다. 실제로 역사적 탐구는 이 같은 개별적이고 고유한 것에 대한 관심에서 출발한다.

III. 자아정체성 탐구를 위한 인물과 전기물 선정

근본적 개인주의 관점을 양성하는 데 가장 적합한 소재는 역사적 개인의 전기물이다. 전기를 활용한 수업을 할 때, 교사가 가장 먼저 해야 할

14_ 마은지, 〈역사적 전기를 어떻게 쓸 것인가: 서유럽 전기 연구의 사례와 현황〉, 《숭실사학》 36, 2016, 314~315쪽.
15_ 배경식, 《식민지 청년 이봉창의 고백》, 휴머니스트, 2015.

일은 수업 목표에 부합하는 인물을 발굴하는 것이다. 집단정체성에서 벗어나 개별 인물의 정체성 형성과 변화 과정을 탐구하는 전기 활용 학습의 목표는 학생들에게 학습의 대상이 되는 인물에 공감하는 동시에 개인과 사회 간의 역동적인 관계를 파악하게 하는 것이다. 이를 통해 학생들은 현재 자신의 삶과 사회적 변화가 무관하지 않음을 깨닫고 사회 참여 의식을 높이게 된다.

이 같은 학습 목표를 이루기 위해 탐구 대상 인물은 다음과 같은 속성을 갖추고 있어야 한다. 첫째, 성장과정이 평범해서 많은 학생들이 공감할 수 있는 인물이어야 한다. 둘째, 역사적 사건의 영향을 받아서 정체성이 형성되고 변화한 인물이어야 한다. 셋째, 특정 집단의 전형적 속성보다는 나름의 개성을 가진 인물이어야 한다.

이봉창은 이러한 특성을 고루 갖춘 인물이라고 할 수 있다. 이봉창은 12~13세 무렵까지 부유한 집안에서 자랐다는 점을 제외하면, 대체로 동시대의 많은 사람들과 유사한 삶을 살았던 평범한 인물이다. 가세가 기운 후 그는 몸이 유일한 자산인 '무산계급'의 삶을 살았다. 그는 일자리를 찾아 일본과 중국을 전전하면서 민족차별에 설움을 느꼈던 식민지의 청년 노동자였다.

독립운동가에 대한 일반적 이미지와 달리, 그는 더 잘 살기 위해서 '신일본인'이 되려 했다. 그는 영화와 음악을 즐겼고, 술 때문에 빚에 쪼들리면서도 카페와 유곽을 드나들며 근대 소비문화를 향유하던 모던보이였다.[16] 민족차별의 근원이 식민지배라는 것을 깨달았을 때에도, '사상'이나 '주의'를 습득하는 방법을 몰랐고 애써 노력하지도 않았다. 식민지

16_ 위의 책, 14쪽.

의 억압적 구조가 그를 독립운동으로 이끌었던 것은 분명하다. 하지만 그 과정은 서서히, 복잡하게 진행되었다. 어찌 보면 그가 천황을 향해 폭탄을 던지게 된 것은 필연이 아니라 수많은 우연한 사건들 중 하나였다. 더욱이 오늘날 우리가 그의 행적과 사건 경위를 자세히 알 수 있게 된 것도 이봉창이 체포된 후 일본 측 수사에 매우 협조적이었기 때문이다. 그는 폭탄의 위력을 과장한 김구에게 "부아가 나 모든 사실을 그대로 진술했다"라고 말했다.[17] 이봉창이 민족을 위해 자신을 희생한 점은 높이 평가받아 마땅하다. 하지만 그를 비범한 영웅이라거나 전형적인 독립운동가라고 할 수는 없다. 그를 변하지 않는 단일한 정체성을 가진 인물로 규정하기도 어렵다.

학습 소재로 이봉창이라는 인물을 선정한 교사는 학습에 활용할 전기물을 선정해야 한다. 교사가 전기물을 선정하는 기준은 교사 개인의 성향이나 교수·학습 상황에 따라 다양하게 설정될 수 있다. 하지만 기본적으로 학습에 활용한 전기물은 소설이 아닌 논픽션이어야 하기에, 여기에서는 바튼과 렙스틱이 사례로 든 논픽션 역사 내러티브 선택 기준을 활용했다. 그들이 제시한 수업 사례에서 교사는 다음과 같은 기준을 적용해서 역사 내러티브를 선택한다.[18]

① 저자의 자격은 어떠한가?

② 사실이 얼마나 정확하고 완전한가?

③ 책의 출간 날짜를 확인하라. 하지만 단지 오래전에 제작되었다는 이유로

17_ 단국대학교동양학연구소 엮음, 《이봉창 의사 재판 관련 자료집》, 단국대학교출판부, 2004, 458쪽.

18_ Linda S. Levstick and Keith C. Barton, *Doing history* (5th edn.), London and New York: Routledge, 2015, 115~116쪽.

좋은 문헌을 무시하지 마라.

④ 그 책은 최신판인가?

⑤ 저자는 사실과 추정을 구별하고 있는가?

⑥ 책이 얼마나 잘 구성되었는가?

⑦ 그 책은 어떤 문학적 특색을 가지는가?

《고백》을 이와 같은 기준으로 분석해보면, 먼저 저자는 전문 역사학자이자 이봉창 의거의 핵심 인물인 김구에 관해 상당한 연구 경험을 가지고 있다.[19] 두 번째 기준인 사실의 정확성과 완전함의 경우, 《고백》은 이봉창의 여러 행적을 검증하는 데 노력을 기울였다. 예를 들어 《고백》은 이봉창이 활동했던 금정청년회가 조선총독부에 의해 '온건단체'로 지목된 것, 국세조사위원이 어느 정도 사회적 지위가 있고 총독부의 식민정책에 협조적인 사람으로 인정받아야만 선발될 수 있다는 점 등을 지적한다.[20] 세 번째와 네 번째 기준을 검토해보면, 《고백》은 개정작업을 거친지 얼마 되지 않은 최신판이다.[21] 다섯 번째인 사실과 추정 구별 면에서볼 때, 《고백》은 일정 부분 허구가 가미되었으나, 대체로 이봉창의 구술을 인용하거나 그것을 바탕으로 살을 보탠 정도다. 마지막으로 책의 구성과 문학적 특색 면에서 보면, 《고백》은 문학적 특색을 완연히 드러낸다. 저자는 〈프롤로그〉에서부터 이봉창의 사진을 소재로 '역사의 진실에 의문을 던지다'라는 자신의 의도를 명확하게 드러낸다. 각 장의 구성은 기본적으로 연대기적 순서를 취하지만, 이봉창의 삶의 과정을 내면의 생

19_ 김구, 배경식 풀고 보탬, 《올바르게 풀어쓴 백범일지》, 너머북스, 2008.

20_ 배경식, 앞의 책, 66~68쪽.

21_ 초판은 《기노시타 쇼조, 천황에게 폭탄을 던지다》(너머북스, 2008)이고, 2015년 개정판이 《식민지 청년 이봉창의 고백》이다.

각과 감정의 변화를 중심으로 더 세부적으로 나누어놓았다. 각 장의 제목 역시 이봉창의 내면과 정체성을 드러내려고 노력했다.[22] 또한《고백》은 사실관계를 증명할 때에는 전형적인 설명문을 사용하면서, 사건의 전개에서는 인물의 '대화'와 '독백'을 활용하는 고유한 문체를 보여준다.

《고백》이외에《이봉창 의사 재판 관련 자료집》,[23]《이봉창 평전》,[24]《백범일지》등은 교사가 수업을 준비하거나 학생들이 과제를 수행하면서 정보의 출처를 확인하고 내용을 보강하기 위해 활용할 만한 자료들이다. 교과서 역시 시대적 상황과 조건을 파악하기 위한 중요한 정보원이다. 교과서는 보통 집단과 구조에 대한 맥락을 잘 정리한 설명 텍스트다.

수업에 활용할 참고도서들을 선정한 후에는 수업방식을 검토한다. 학생들은 주어진 자료를 바탕으로 인물과 그들의 행위를 탐구하고, 그 결과를 다양한 형태로 제시한다. 독후감이나 인물조사 보고서 작성, 상상적 글쓰기와 같은 글쓰기를 할 수도 있고, 극화나 시뮬레이션 게임의 형태로 표현하는 것도 가능하다. 인물 탐구에는 보통 인물의 생애와 활동을 내러티브로 구성한 자료가 많이 사용되지만, 인물에 대한 학생들의 선행 이미지와 배치되는 사료를 제시하여 학생들을 가치 갈등에 빠뜨리는 방법을 활용하기도 한다.[25]

22_ 책의 구성은 다음과 같다. 〈프롤로그: 두 장의 사진, 역사의 진실에 의문을 던지다〉, 〈1932년 1월 8일, 운명의 그날〉, 〈취중진담, "왜 천황을 죽이지 못하오?"〉, 〈용산 도락가 이진구의 둘째 아들〉, 〈식민지 청년에게 미래는 없다〉, 〈일본행을 결심하다〉, 〈'신일본인' 기노시타 쇼조〉, 〈유치장에 갇혀 민족을 발견하다〉, 〈나는 누구인가?〉, 〈도쿄에도 희망은 없었다〉, 〈상하이에서 천황 폭살을 결심하다〉, 〈거사 준비〉, 〈한인애국단 제1호 단원〉, 〈영원한 작별〉, 〈다시 일본으로〉, 〈현장 답사〉, 〈의혹과 진실〉, 〈이봉창의 힘〉, 〈왜 천황을 죽여야 하는가?〉, 〈에필로그: 박제된 독립운동사를 벗어나 이봉창의 삶 속으로 들어가다〉, 〈화보: 이봉창과 동북아시아 근대의 풍경〉.
23_ 단국대학교동양학연구소, 앞의 책.
24_ 홍인근,《이봉창 평전: 항일애국투쟁의 불꽃, 그리고 투혼》, 나남출판, 2002.

이 중에서 교사가 재구성한 내러티브를 통한 인물학습은 현실적인 여건상 효율적인 측면이 있다. 짧은 시간에 학생들에게 전달할 수 있는 완결된 형태의 내러티브는 학생들에게 즐거움과 지적 충족감을 느끼게 해준다.[26] 하지만 교사의 특정한 의도와 인물의 생애에 대한 압축은 개인의 정체성이 형성되고 변화하는 과정을 탐구한다는 취지에는 부합하지 않는 결과를 낳을 가능성이 높다.

압축적 내러티브는 사건의 맥락이나 인과관계를 소홀히 하게 된다. 또한 억압과 저항이라는 구도가 분명하게 투영된, '응집력을 가진 완결된 이야기'에서 지적 충족감을 얻은 학생들은 더 이상 알려고 하지 않을 수 있다.[27] 압축적이고 완결된 하나의 내러티브를 학생들에게 제시하는 것은 인물 개인뿐만 아니라 해당 시대를 파악하는 데도 적절하지 않다. 만약 과거 사건에 대한 표현과 해석의 다양성을 추구한다면, 내러티브의 선택적 단순화만이 역사학습의 통로가 아니라는 것을 염두에 두어야 한다. 오히려 필요한 것은 단일한 내러티브를 통해 획일적인 정체성을 확인하는 것이 아니라, 학생들이 내러티브를 대할 때 느끼게 되는 부족함, 단절, 낯섦이다.[28] 이러한 측면에서 과거인의 자아정체성을 탐구해나가는 학습에서는 교사가 서로 다른 관점을 가진 내러티브를 활용하여 학생들의 탐구를 유도하는 것이 바람직하다.

25_ 김민수, 〈고등학생의 역사 인물 이미지 형성과 변형: 흥선대원군과 명성황후 사례〉, 《역사교육연구》 7, 2007.

26_ 김한종, 〈역사 수업도구로서 내러티브의 구성 형식과 원리〉, 김한종 외, 《역사교육과 역사인식》, 책과함께, 2005, 237쪽.

27_ 위의 글, 236쪽.

28_ 양호환, 《역사교육의 입론과 구상》, 책과함께, 2012, 207쪽.

IV. 이봉창의 자아정체성 탐구 절차

학습의 전개과정은 대상 인물이나 활용할 수 있는 자료의 양과 질에 따라 다양하게 나타날 수 있다. 다만 개인의 생애 전반을 학생들이 직접 살펴보려면 상당한 시간이 소요되므로 1회 수업만으로는 진행될 수 없으며, 학생 개개인이 교사의 도움을 받아 장기간 동안 개별적으로 탐구하는 일종의 프로젝트 학습 방식을 취해야 한다. 여기에서는 이봉창의 사례를 통해 학습과정의 대강을 제시하고자 한다.

학습의 첫머리에서 교사는 학습 동기를 유발하고, 학생들이 상반된 내러티브를 비교하여 내용의 신뢰성을 판단할 수 있도록 유도하는 수업을 진행한다. 교사는 이봉창이라는 인물에 대해 간략히 소개한 뒤, 역사적 사실과 후대의 기억은 다를 수 있다는 점을 알려준다. 이때 교사는《고백》의 〈프롤로그: 두 장의 사진, 역사의 진실에 의문을 던지다〉의 내용을 활용할 수 있다.[29] 다음의 〈사진 1〉은 1946년 김구의 최측근인 엄항섭의 주도로 출간된《도왜실기》개정판에 실린 사진으로, 이봉창이 의거 전에 찍은 것으로 알려져 있다. 교사는 학생들에게 충분한 시간을 주어 주의 깊게 관찰하게 한다. 교사는 예술비평의 고전적 단계(묘사-분석-해석-평가)를 활용할 수 있다. 학생들은 꼼꼼하게 이미지의 요소를 열거해가는 묘사와 각 요소들의 관계와 전반적인 구도를 설명해나가는 분석을 거치면서, 무언가 이상한 점을 발견할 수 있을 것이다. 얼굴과 몸의 연결이 부자연스러운 이 사진은 이봉창의 얼굴을 제외하고는 모두 손으로 그린 것이다.[30]

29_ 배경식, 앞의 책, 8~14쪽.
30_ 전민조 엮음,《가짜 사진 트릭 사진: 매스컴에 비친 사진의 허상》, 행림출판, 1999, 113쪽.

〈사진 1〉《도왜실기》 1946년판에 실린 이봉창
사진

〈사진 2〉《도왜실기》 1932년판에 실린 이봉창
사진

　이어서 교사는 실제로 이봉창이 의거 전에 찍은 〈사진 2〉를 제시하여
학생들에게 〈사진 1〉과 비교하게 한다. 〈사진 2〉는 1932년에 김구가 중
국어로 발행한 《도왜실기》 초판에 실렸던 사진이다. 초점이 맞지 않아
목에 걸고 있는 선서문의 글자는 전혀 보이지 않고 얼굴도 이목구비만을
겨우 인식할 수 있다. 별도의 조명을 사용하지 않아, 그림자가 태극기와
벽면에 그대로 나타나 있다. 〈사진 2〉의 결정적인 특징은 이봉창이 죽음
을 초월한 듯한 환한 미소를 짓고 있지 않다는 점이다. 희미한 사진 속에
서도 이봉창이 굳은 얼굴을 하고 있다는 것을 알 수 있다. 이는 역사 속
인물의 이미지가 실제와는 다를 수 있다는 점을 환기해준다.

　다음으로 교사는 《고백》에 나타난 이봉창의 모습과 상반되는 특성을
보여주는 내러티브 두 가지를 활용할 수 있다. 하나는 의거 직후인 1932

년 1월 11일 임시정부 기관지인 《상해한문(上海韓聞)》에서 보도한 〈이봉창 의사의 쾌거〉라는 기사이고,[31] 다른 하나는 김구가 직접 기록한 〈도쿄 폭탄사건의 진상(東京炸案의 眞狀)〉이다.[32] 이 자료들은 학생들이 가지고 있던 독립운동가에 대한 선행 이미지와 부합하는 것으로, 이봉창에 대한 기존의 이미지가 어떻게 만들어졌는가를 보여주는 동시에 동일한 인물이라 하더라도 저자의 의도에 의해 다르게 규정될 수 있다는 점을 알려준다.

먼저 교사는 〈이봉창 의사의 쾌거〉를 다룬다. 학생들과 함께 이 기사를 읽어본 후에 교사는 이봉창이 어떤 사람이며, 역사 인물 중 누구와 닮았는지를 물어본다. 학생들의 답변을 듣고 난 뒤, 교사는 기사의 대부분이 이봉창이 재판과정에서 진술한 것과 다르거나 왜곡·과장되었다는 사실을 알려준다.

이봉창 의사의 쾌거

(……) 선생은 경성 출신으로 올해 32세의 청년이다. 그의 가정은 일개 가난한 무산 가정이다. 선생은 일찍이 나라가 파멸된 데에 대해 개탄하고 결사적으로 2천만의 생명을 구하고자 하는 마음은 소년 시절부터 싹텄다. 뿐만 아니라 평소 친구들과 함께 놀 때에도 적대적인 전쟁놀이를 하여 어쩌다 비겁한 자를 보게 되면 이를 엄히 벌했다고 한다. (……)

선생의 가정 상황은 지금 경성에 그의 친형과 조카가 있을 뿐, 선생은 독신생활을 오늘까지 계속해왔다. 일본으로 도망한 뒤에는 이른바 가고시마(鹿兒島)파와 교유하며 평소에는 토목 공사장의 노동자가 되어 생계를 꾸려갔

31_ 단국대학교동양학연구소, 앞의 책, 563~564쪽.
32_ 홍인근, 앞의 책, 337~346쪽.

으나, 원래 돈을 벌 목적이 아니었기 때문에 조금이라도 여가가 생기면 검술을 배웠다. 또 친구 가운데 누구든 자기를 모욕하는 자가 있으면 바로 단도로 해치웠다고 한다. 이와 같이 오랫동안 그의 말과 행동은 완전히 왜인처럼 변화하였고, 혹시 왜인이 조선인라고 경멸하면 그의 복수심은 몹시 격앙되어 배타적 행동을 했다.

기회가 무르익고 만반의 준비가 되어 선생은 평소의 뜻을 실현하고자 했으나, 일본에서는 무기 구입이 불가능해 작년 가을 상해로 왔다. (……)

이어서 교사는 학생들에게 김구가 쓴 〈도쿄 폭탄사건의 진상〉[33]과 최근의 연구성과인 《고백》의 내용 차이를 설명해준다. 구체적인 설명에 앞서, 교사는 두 글이 무엇에 근거하여 쓰였는지를 설명해준다. 《고백》은 주로 이봉창이 재판과정에서 한 진술을 토대로 만들어졌고, 〈도쿄 폭탄사건의 진상〉은 김구가 경험한 이봉창의 언행과 상하이를 떠나기 전 이봉창이 적어준 간단한 이력을 바탕으로 작성되었다는 점을 학생들에게 알려준다. 학생들은 자료의 출처를 파악함으로써 내용의 차이가 발생한 이유를 이해하게 될 것이다. 교사는 〈도쿄 폭탄사건의 진상〉에서 특히 신뢰성이 떨어지는 부분을 짚어주는 것으로 수업을 마무리한다. 두 내러티브를 비교할 때, 다음의 아홉 가지가 쟁점이 될 수 있다.

교사는 각각의 기록이 사실과 다르거나 각색되었을 가능성을 검증하는 과정을 학생들에게 보여준다. 우선 이봉창은 자신의 과거를 꾸며낼 이유가 없다. 또한 일본 측에서 진술 기록을 전부 조작했을 가능성도 지극히 낮다. 이봉창은 수감 기간 동안 예심에서 아홉 차례의 신문을 받았

33_ 이 글은 학생들에게 생소한 용어가 많기 때문에 교사의 적절한 설명이 필요하다.

번호	쟁점	〈고백〉	〈도쿄 폭탄사건의 진상〉
1	이봉창의 집안이 가난해진 이유	아버지의 병, 집문서 사기	일본의 강제 토지수탈
2	어린 시절 근무한 과자가게에서 일본인의 학대	그러한 내용 없음	사람으로서 감당하기 힘든 학대
3	용산역 근무 시 품었던 불만	승진과 보수 차별	능멸·질책·모욕, 무리한 착취·압박
4	일본으로 건너간 이유	일본에서는 조선인을 차별하지 않는다는 이야기를 듣고	②와 ③
5	3·1운동에 대한 이봉창의 생각	별다른 영향을 받지 않음	독립운동을 결심한 계기 중 하나
6	일본식 이름을 사용한 계기	일본 회사에서 부르기 편한 이름으로 바꿔달라고 해서	말과 행동이 일본인과 차이가 없게 되어서
7	의거 전에 다른 사람을 공격한 적이 있는가?	그러한 내용 없음	화가 나면 비수로 사람을 찌름
8	폭탄을 던진 직후 한 말은?	"그 사람이 아니라 나다"	"대한독립만세"
9	체포 후 일본 경찰에 대한 태도	협조적	비협조적

고, 공판은 구형 공판과 선고 공판 두 차례뿐이었다. 조작의 의심을 받고 있는 9회 신문조서(6월 27일)와 공판조서(9월)를 제외하면,[34] 체포 직후인 1월 8일부터 3월 11일까지 이루어진 예심의 1~8회 신문의 진술은 극히 일부를 제외하고는 일관성이 있다.[35] 더욱이 2월 12일에 이루어진 6회

34_ 한시준, 〈해제〉, 단국대학교동양학연구소, 앞의 책, 373~374쪽; 장석흥, 〈이봉창 의사 신문·재판과정에서 일제의 날조와 허위성〉, 김도형 외, 《이봉창 의거의 진실과 왜곡》, 이봉창의 사기념사업회, 2006.

35_ 이봉창이 번복한 진술 내용은 두 가지다. 하나는 김구와 처음 접촉한 날짜인데, 이것은 단순한 착오에서 비롯된 것으로 보인다. 다른 하나는 상하이로 건너갈 때 독립운동을 할 생각을 가지고 있었는지의 여부다. 이봉창은 처음에는 상하이로 건너갈 때 독립운동의 의지가 있었다고 진술했지만, 이후에는 영국 전철회사에 취직할 생각만 있었다고 말을 바꾸었다. 번복한 이유는 불명확하다. 거사 직후 감정적으로 고양된 상태에서 기억의 착오가 발생했을 수 있다. 아니면 임시정부에 대한 이야기를 해준 지인의 신변을 염려했을 가능성도 있다.

신문조서에는 '천황은 신의 장식물에 불과하다'는 표현이 들어가 있다.[36] 만약 일본 측이 이봉창의 진술을 조작했다면 이러한 표현을 그대로 두지 않았을 것이다.

교사는 김구가 이야기를 꾸며낸 의도와 1930년대 초 임시정부와 김구가 처한 상황을 연결시켜야 한다. 이때 교과서에 실린 한인애국단의 조직 배경, 윤봉길 의거 후 임시정부의 상황 변화 등에 대한 정보는 학생들이 간결하고 신속하게 관련 맥락을 이해하게 해줄 것이다. 확실히 김구는 중국과 해외 한인들로부터 임시정부 지원을 이끌어내기 위해, 이봉창을 '제2의 안중근'으로 만들고자 했다. 김구는 이봉창에게 이력서를 쓰게 하면서, "안중근이 아직도 하얼빈 부근의 중국인에게 숭배받고 있으니 군이 일을 성공하면 중국뿐만 아니라 세계에까지 명성을 떨칠 것이다"라고 했다.[37] 김구는 계획 단계부터 〈도쿄 폭탄사건의 진상〉의 그림을 완성해놓았던 것이다.

이러한 일련의 수업을 통해 학생들은 독립운동가라는 특정 집단의 인물들이 가지고 있던 정체성을 하나로 획일화하는 것이 역사해석이나 관점을 제약할 수 있으며, 이후의 탐구과정에서 자료 출처에 대한 확인과 검증이 매우 중요하다는 것을 깨닫게 된다. 또한 탐구 대상과 관련 사건의 흐름을 어느 정도 파악할 수 있고, 대상 인물에게 친숙함을 느끼게 된다. 이와 같이 학생들이 스스로 탐구를 시작할 여건이 조성되면, 교사는 이봉창의 생애와 그에 대한 평가를 정리하는 조사보고서를 과제로 제시한다.

조사보고서의 작성은 참고자료를 수집·정리하고 목차와 개요를 작성

36_ 단국대학교동양학연구소, 앞의 책, 445쪽.
37_ 위의 책, 461쪽.

한 후 세부사항을 덧붙여나가는 일반적인 역사 글쓰기 방식을 바탕으로, 이봉창 개인에 대한 이해를 높여갈 수 있도록 더 세분화된 단계로 진행한다. 첫 번째 단계는 참고자료의 목록 정리와 수집이다. 학생들은 자료 수집 방법에 대한 지식이 부족하고, 자료의 신뢰성을 판단하는 데 어려움을 느낄 수 있다. 사전 수업은 학생들의 이런 어려움을 덜어줄 것이다. 또한 《고백》은 수집해야 할 자료의 성격과 자료의 신뢰성 판단의 훌륭한 준거다. 단 《고백》의 내용에도 허구가 있다는 점을 학생들에게 알려주어야 할 것이다.[38] 학생들이 쉽게 찾아볼 수 있거나 자주 접하는 자료에도 유의해야 한다. 근래에는 일반 학생들뿐 아니라 연구자들도 인터넷을 통해 정보를 수집하는 것이 일상화되어 있다. 특히 학생들은 자료를 찾거나 궁금한 내용을 확인할 때 인터넷 검색을 하는 경우가 많다. 이봉창의 경우에는 인터넷 카페나 블로그 등 출처를 확인하기 어려운 자료뿐만 아니라 어느 정도 공신력을 가진 백과사전의 경우에도 여전히 이봉창의 재판 기록이 공개되기 이전의 내용들을 그대로 답습하고 있다는 점을 알려줄 필요가 있다.

두 번째 단계는 연표 작성이다. 이미 두 개의 상반된 내러티브를 비교한 수업에서 학생들은 내용의 진위 여부와 사건의 흐름을 대강 파악했기에 비교적 수월한 작업이 될 것이다. 하지만 크고 작은 사건들이 워낙 많아서, 학생들이 일차적으로 작성한 연표를 교사가 검토하여 연표의 초점과 범위 등을 수정할 수 있도록 해야 한다. 이봉창이 민족차별을 느꼈던

38_ 《고백》에는 이봉창이 거사 전날 밤 술집에서 과자를 파는 조선인 소녀를 만나 고향을 물어보고 과자 값으로 큰돈을 주었다는 일화가 실려 있다. 이봉창의 재판 기록에는 전혀 언급되지 않은 것으로 보아 이 이야기는 저자의 상상이 가미된 허구인 듯하다(배경식, 앞의 책, 196~197쪽).

다섯 가지 사건[39]이나 의거의 결정적 계기가 되었던 김구와의 만남 등 이봉창이 변화하게 되는 계기를 중심으로 학생들이 연표를 정리해나갈 수 있게 해야 한다. 세 번째는 연표에서 다시 중요한 사건을 선정하여 이봉창의 경험과 생각을 정리해나가는 단계다. 몇 가지 항목을 중심으로 도해조직자(graphic organizer)를 작성하는 것으로, 학생들은 관련 내용을 정리해나갈 수 있을 것이다. 도해조직자의 항목은 무엇을 '느끼고, 들었고, 보았고, 말했고, 접촉했는가'의 다섯 가지 정도로 구성할 수 있다.[40] 네 번째 단계에서는 목차를 구성하고 도해조직자의 내용을 바탕으로 각 부분의 개요를 서술한다. 마지막으로 학생들은 세부적인 사항을 덧붙여가면서 글을 완성해간다. 교사는 각 단계마다 충분한 여유를 두고 장기간에 걸쳐 실행하며, 단계별 결과물의 공유와 피드백을 실시하고, 학생 개인의 필요에 맞추어 적절한 도움을 준다.

연구자가 위에서 제시한 학습과정을 수업에 적용할 때 교사는 약간의 변형을 했다. 학생들이 아직 일제강점기를 학습하지 않은 상황이라는 점을 감안해서, 수업 시작 부분에서 간단한 연표와 교과서 본문의 서술을 통해 한인애국단의 활동에 대해 설명했다. 이어서 교사는 이봉창의 사진을 제시하기 전에 영화 〈암살〉(2015)에서 주인공들이 작전 수행 전 태극기 앞에서 사진 찍는 장면을 학생들에게 보여주었다. 학습동기를 유발하고, 독립운동가들이 의거 전 비슷한 모습의 사진을 촬영했던 맥락을 이

39_ ① 용산역 근무 시 조선인과 일본인의 차별 대우, ② 오사카에서 구직활동 시 조선인이기 때문에 채용되지 않았던 일, ③ 오사카에서 부두노동을 할 때, 일본인 관리자가 이봉창이 조선인이라는 걸 알고 임금을 낮춘 일, ④ 구리제련공장에서 상용인부로 일본인 관리자의 신임을 얻었지만, 직공 지망을 위해 보증을 부탁하자 거절당했던 일, ⑤ 교토에 천황즉위식을 보러 갔을 때 검속·구류를 당했던 일.

40_ Linda S. Levstick and Keith C. Barton, 앞의 책, 159쪽.

해시키려는 의도였다. 다음으로 교사는 〈이봉창 의사의 쾌거〉에서 연구자가 발췌한 부분을 학생들과 함께 읽은 후, 이봉창에 대한 후대의 기억이 사실과 다른 점이 많다는 것을 알려주었다.

수업 후반부에 교사는 한 달 동안 진행될 과제를 제시하고 유의점을 설명했다. 과제는 여러 단계로 나뉘었다. 교사는 먼저 학생들에게 《고백》과 〈도쿄 폭탄사건의 진상〉을 나누어주고, 학생들이 두 자료의 내용 차이를 직접 조사하게 했다. 그리고 참고자료를 찾는 것을 다음 활동으로 설정했다. 교사는 학생들에게 국사편찬위원회의 '한국사데이터베이스'와 '한국역사정보통합시스템' 활용법을 간단히 소개했고, 지역적으로 가까운 국립세종도서관에서 다양한 자료를 찾을 수 있다고 안내했다. 교사는 다음 단계로 이봉창의 생애를 연표로 작성하는 활동을 하도록 했다. 이봉창의 생애에서 중요한 사건을 적고 각각의 사건 옆에 이봉창이 무엇을 보고, 듣고, 말하고, 느꼈으며 누구와 만났는지를 정리하는 것이었다. 마지막 단계는 이봉창의 생애와 그에 대한 평가를 주제로 보고서를 쓰는 것이었다. 보고서의 목차를 구성한 다음, 해당 목차에 맞게 구체적인 내용을 서술하도록 안내했다. 교사는 학생들이 글쓰기에 익숙하지 않다고 생각해서 보고서 구성의 예시를 제시했다.[41]

---

41 교사가 제시한 보고서 구성의 예시는 다음과 같다. ① 서론: 보고서 방향 안내, ② 이봉창의 생애: 연표 내용을 바탕으로 작성, ③ 평가: 내가 생각하는 이봉창의 삶, 이봉창 의거의 의미, 독립운동과 독립운동가에 대한 나의 생각 등, ④ 결론: 보고서 전체 내용을 간략히 요약한 후 의미 부여.

V. 이봉창의 자아정체성에 대한 학생들의 인식

수업 한 달이 지나서 학생들이 보고서 작성을 완료한 뒤에, 연구자와 교사가 공동으로 면담을 진행했다. 면담은 학생들의 일과 후나 휴일에 교사가 담임을 맡고 있는 교실에서 이루어졌다. 면담은 학생 한 명, 연구자, 교사가 삼각형으로 좌석을 배치하여 진행되었다. 면담을 진행한 가장 큰 이유는 보고서에서 주목되는 반응에 대한 구체적인 견해를 듣기 위해서였다. 부차적인 이유는 학생들의 견해를 청취한 뒤, 학습의 취지를 정리해줌으로써 단순히 학생들의 반응을 파악하는 데 그치지 않고 면담을 학습의 마무리 과정으로 넣고자 함이었다.

보고서와 면담을 통해 나타난 학생들의 반응은 ① 정체성의 연결(가교 역할을 하는 정체성 인식), ② 다중 정체성 인식(단일하고 지배적인 정체성과 경쟁하는 대안적 정체성 발견), ③ 고정관념에 따른 배타성(새로운 정체성 수용 거부), 세 가지 유형으로 나타났다. 이러한 반응들을 통해 이봉창에 대한 이미지가 기존의 독립운동가에 대한 이미지와 다르다는 것을 알 수 있었다. 학생들의 반응을 구체적으로 정리해보면 다음과 같다.

먼저 학생들은 대체로 이봉창의 '평범성'에 주목했다. '평범성'은 학생들과 이봉창을 연결시켜주는 가교 역할을 했고, 학생들의 사회적 참여 가능성과 자신감으로 이어졌다.

이봉창의 생애를 보면, 거사 전 그는 그저 평범한 사람이었다는 생각이 든다. 집안이 망하고, 취직이 안 되는 삶, 우리가 흔히 생각하는 독립영웅과는 다르다. (보고서, 2학년 문채영)[42]

기존에 갖고 있던 독립운동가들에 대한 이미지와 이봉창은 달랐어요. (독립
운동가는) 다 용감하고 행실이 바른 줄 알았는데, (이봉창은) 일을 수행하기
힘들어 보였어요. 폭탄 던지는 것도 시행을 좀 늦게 하고 그런 걸 봤을 때
(……) 이봉창은 인간적인 면이 많이 보이고 평범한 사람 같았어요. 특별한
사람이 아니어도 용기만 있다면 이런 큰일을 할 수 있을 것 같아요. (면담, 3
학년 이윤진)

이 같은 학생들의 반응은 역사교육에서 개인의 정체성을 탐구하려는
접근이 평화와 참여를 촉진할 잠재력을 가지고 있다는 것을 보여준다.
우리가 소속된 집단으로 인해 생겨난 특정한 사회적 정체성이 갈등과 폭
력을 조장한다고 해도, 이를 완전히 제거하기는 어렵다. 한 집단과 관련
된 사회적 정체성의 완전한 제거는 해당 집단을 떠나거나 다른 집단으
로 완전히 동화되지 않는 이상 불가능하다. 하지만 문제가 되는 정체성
과 경쟁하는 대안적 정체성을 인식하고 강화함으로써, 이를 완화할 수는
있다. 역사교육에서도 우리와 그들을 구별하는 정체성을 강조하는 데서
벗어나, 우리와 그들을 연결시켜주는 가교 역할을 할 정체성을 발굴하
고 형성하는 데 노력할 필요가 있다. 과거 사람들이 가진 다양한 정체성
을 탐구하는 과정을 통해, 학생들은 타인과 자신이 연결되는 지점을 찾
는 경험을 할 수 있다. 이러한 노력은 정체성을 협소화하는 데서 벗어나
자신뿐만 아니라 타인에 대한 이해를 증진시킬 것이다. 위 학생들의 반
응에서도 확인할 수 있듯이 독립운동가들의 위대함을 강조하는 것보다
는 독립운동가들과 현재 학생들의 공유점을 찾아보는 것이 오히려 공동

42_ 이 글에 표기된 학생들의 이름은 모두 가명이다.

체에 대한 헌신과 참여를 촉진할 수 있다.

　다음으로, 일부 학생들은 독립운동의 동인이 '민족'이라는 단일한 정체성에 기반한 것만은 아니라는 점을 깨닫게 되었다. 이는 학생들이 이봉창의 '식민지 하층 노동자'라는 계급적 정체성을 독립운동의 주요한 동인 중의 하나로 파악한 것에서 확인할 수 있다.

　　이봉창의 집이 부자였거나, 자기가 하고 싶었던 일을 할 수 있었다면 독립
　　운동을 굳이 하지 않았을 것 같아요. (면담, 2학년 김별)

　위의 반응은 한 인물을 깊게 탐구하는 과정에서 다중 시각이 자연스레 배양될 수 있는 가능성을 보여준다. 이 학생은 민족차별에 울분을 느끼면서도 일본인처럼 '고급의 삶'을 살고자 했던 식민지 조선인들의 이중성이 이봉창의 삶에도 투영되어 있다는 것을 인식하게 되었다.

　하지만 독립운동가에 대한 고정관념이 강했던 한 학생은 이봉창을 독립운동가로 규정하기를 거부했다. 이 학생은 이봉창의 '친일적인 성향'과 함께 이봉창의 '도덕성'을 강하게 비판했다.

　　이봉창은 인간으로서의 삶도 좋지 않았다. 책에서 '여자를 사러 갔다'라는
　　구절로 보아 성매매를 자주 했고 욱하는 성격도 있었던 것으로 보아 피폐하
　　고 부정적인 삶을 살았다고 추측할 수 있다. (보고서, 2학년 이태영)

　　독립운동가들은 검소하게 살았잖아요. 이회영 같은 사람들은 재산이 많았
　　는데 팔고 갔잖아요. 그런 사람들을 보면 평소 검소하고 나라를 위해 투쟁
　　하고 뭐든지 쓸 수 있잖아요. 이봉창은 처음에 일본인으로 살고 싶었는데,

환경이 안 돼서 어쩔 수 없이 일본인으로 못 살았고, 일본이 하는 국세조사원도 열심히 했던 사람인데, 평소에 독립운동가들과 대조되는 삶을 살았기에, 이봉창은 도쿄 폭탄사건이 아니면 평소의 생활만 보고는 독립운동가라고 할 수 없어요. (면담, 2학년 이태영)

이 학생은 아직 중등교육에서 일제강점기를 배우지 않았음에도 이회영, 윤치호, 이완용 등 동시대의 다양한 인물들에 대한 기본적인 정보를 알고 있었다. 이 과제에 참여하게 된 계기도 '역사를 잘 아니까 참여해보라'는 친구들과 담임선생님의 권유였을 정도로, 평소 역사에 관심이 많고 역사적 지식이 많은 학생이었다. 이 학생은 주로 초등학교 때 접했던 아동용 역사서적에서 역사적 지식을 습득했다. 즉 위와 같은 반응은 이러한 서적들에서 독립운동가의 정체성으로 도덕성이 강조되었기에 나타난 것이다. 이는 학교에서 정체성 문제를 다루지 않더라도, 이미 정체성 문제가 역사를 이해하고 평가하는 기반으로 작동하고 있다는 것을 보여준다.

이 학생은 단일하고 지배적인 정체성의 그늘에 가려 긍정적으로 평가할 수 있는 이봉창의 정체성을 볼 수 없었다. 역사적 지식이 오히려 다중 시각 형성을 방해하고 있는 것이다. 이로 인해 이 학생은 독립운동이라는 공적 영역의 행위를 개인의 도덕성이라는 사적 영역에 기초하여 평가하고 있다. 고정관념이 합리적 추론을 방해한 것이다.[43] 이는 학생들이 정체성을 탐구하는 과정에서 부딪히는 가장 큰 걸림돌일 것이다. 이를

---

43 실험심리학 분야에서는 고정관념이 무의식적으로도 인간에게 신체적·정서적·인지적으로 부정적인 영향을 준다는 사실을 밝혀냈다. 이러한 영향은 일반적으로 생각하는 수준보다 훨씬 더 심각한 영향을 미친다(클로드 M. 스틸, 정여진 옮김, 《고정관념은 세상을 어떻게 위협하는가》, 바이북스, 2014).

완화하기 위해서는 정체성이 다층적이라는 사실을 개념적으로 인식하는 것뿐만 아니라, 개인이 가진 다양한 정체성을 탐구하고 판단하는 경험을 학교 역사교육에서 제공하는 것이 필요하다.

이봉창이라는 한 독립운동가의 자아정체성 탐구에 초점을 맞춘 이 학습은 학생들로 하여금 독립운동가에 대한 기존의 단일하고 고정된 이미지에서 벗어나 개개인의 상황과 특성을 파악하도록 계획되었다. 학습에 참여한 학생들은 이봉창의 평범한 모습을 통해 독립운동이 특별한 사람들의 전유물이 아니라는 점을 깨닫게 되었으며, 이봉창의 삶 속에서 독립운동가가 아닌 다른 사람들의 다양한 특성들을 발견할 수 있었다. 이봉창의 편집된 사진의 사례처럼, 역사교육에서 특정한 집단의 사회적 정체성을 지나치게 강조하는 것은 학생들이 볼 수 있고 또 보아야 하는 것들을 보지 못하게 만든다. 우리는 역사교육을 통해 학생들과 역사적 인물을 이어주는 '가교로서의 정체성(identity as a bridge)'과 단일하고 지배적인 정체성에 대한 의문과 성찰을 유도할 수 있는 '대안적 정체성(alternative identity)'을 학생들이 발견해나가는 과정을 조력해야 할 것이다.

"개인을 통해 역사를 가르친다는 것이 역사를 파편화하고 가르치는 양만 증대시키는 것은 아닌가" 하는 우려가 나올 수 있다. 하지만 학생들은 식민지의 평범한 노동자였던 이봉창을 통해 일제강점기 재일조선인을 포함한 노동자들의 생활과 노동 문제를 생생하게 이해할 수 있을 것이다. 동시에 근대의 소비문화가 일반 대중에게 어떻게 파고들었는지 살펴볼 수 있을 것이다. 학생들이 다중 정체성을 가진 개인을 통해서 사회의 집단과 구조를 더 잘 이해할 수도 있는 것이다.

한 개인을 통해 역사를 바라보는 것은 초등학생부터 역사학자까지 널리 활용할 수 있는 역사이해의 방법이다. 그렇지만 역사 인물에 접근하는 방법이 모두 동일한 것은 아니다. 초등학교 역사교육이 역사 인물의 행위를 알고 이를 전범으로 받아들이는 데 치중하고 있다면, 중등학교에서는 그 인물이 가지고 있는 성격을 분석함으로써 역사행위를 이해할 수 있게 지도해야 할 것이다. 이 글의 자아정체성 탐구도 그런 접근의 하나다. 역사 인물의 탐구를 통한 더욱 다양한 역사이해 방법을 모색할 필요가 있다.

참고문헌

고미숙, 〈정체성 교육의 새로운 접근: 서사적 정체성 교육〉, 《한국교육》 30-1, 2003.

김구, 배경식 풀고 보탬, 《올바르게 풀어쓴 백범일지》, 너머북스, 2008.

김도형 외, 《이봉창 의거의 진실과 왜곡》, 이봉창의사기념사업회, 2006.

김민수, 〈고등학생의 역사 인물 이미지 형성과 변형: 흥선대원군과 명성황후 사례〉, 《역사교육연구》 7, 2007.

김영천·한광웅, 〈질적 연구방법으로 생애사 연구의 성격과 의의〉, 《교육문화연구》 18-3, 2012.

김정현, 〈배제의 정체성을 넘어서: 열린 문화적 정체성 구축을 위한 모색으로서 서사적 정체성 연구〉, 《철학총론》 61, 2010.

김한종 외, 《역사교육과 역사인식》, 책과함께, 2005.

단국대학교동양학연구소 엮음, 《이봉창 의사 재판 관련 자료집》, 단국대학교출판부, 2004.

마은지, 〈역사적 전기를 어떻게 쓸 것인가: 서유럽 전기 연구의 사례와 현황〉, 《숭실사학》 36, 2016.

배경식, 《식민지 청년 이봉창의 고백》, 휴머니스트, 2015.

심콕스·애리 윌셔트 엮음, 이길상·최정희 옮김, 《세계의 역사교육 논쟁》, 푸른역사, 2015.

아마르티아 센, 이상환·김지현 옮김, 《정체성과 폭력》, 바이북스, 2009.

안토니오 네그리·마이클 하트, 조정환 외 옮김, 《다중》, 세종서적, 2008.

양호환, 《역사교육의 입론과 구상》, 책과함께, 2012.

이동성, 〈생애사 연구 동향의 방법론적 검토: 세 가지 방법적 이슈를 중심으로〉, 《교육인류학연구》 16-2, 2013.

전민조 엮음, 《가짜 사진 트럭 사진: 매스컴에 비친 사진의 허상》, 행림출판, 1999.

클로드 M. 스틸, 정여진 옮김, 《고정관념은 세상을 어떻게 위협하는가》, 바이북스, 2014.

키쓰 바튼·린다 렙스틱, 김진아 옮김, 《역사는 왜 가르쳐야 하는가》, 역사비평사, 2017.

홍인근, 《이봉창 평전: 항일애국투쟁의 불꽃, 그리고 투혼》, 나남출판, 2002.

Carretero, M., M. Asensio and M. Rodriguez Moneo (eds.), *History Education and The Construction of National Identities*, Charlotte, NC: Information Age Publishing, 2012.

Korostelina, Karina V., *History Education in the Formation of Social Identity*, New York: Palgrave Macmillan, 2013.

Levstick, Linda S. and Keith C. Barton, *Doing history* (5th edn.), New York: Routledge, 2015.

찾아보기

집필진(게재순)

김한종
서울대학교 사범대학 역사교육과, 서울대학교(석사, 박사)
(現) 한국교원대학교 역사교육과 교수

구경남
고려대학교 사범대학 역사교육과, 고려대학교(석사, 박사)
(現) 단국대학교 교육대학원 교육학과 교수

이해영
한국교원대학교 역사교육과, 전남대학교(석사), 한국교원대학교(박사)
(現) 대구 가톨릭대학교 역사교육과 교수

방지원
한국교원대학교 역사교육과, 한국교원대학교(석사, 박사)
(現) 경북대학교 역사교육과 교수

나미란
공주교육대학교, 한국교원대학교(석사, 박사과정 재학)
(現) 대전 장대초등학교 교사

김주택
서울교육대학교, 한국교원대학교(석사, 박사)
(現) 서울 오현초등학교 교사, 한국교원대학교 강사

류현종
서울교육대학교, 한국교원대학교(석사, 박사)
(現) 제주대학교 교육대학 교수

김부경

전주교육대학교, 한국교원대학교(석사, 박사과정 재학)

(現) 전북 정읍북초등학교 교사

박선경

부산교육대학교, 한국교원대학교(석사, 박사과정 재학)

(現) 부산 교동초등학교 교사

박찬교

한국교원대학교 역사교육과, 한국교원대학교(석사, 박사과정 수료)

(現) 한국교원대학교 역사교육과 강사

학술총서 04

시민교육을 위한 역사교육의 이론과 실천

1판 1쇄 2019년 3월 29일

지은이 | 김한종, 구경남, 이해영, 방지원, 나미란, 김주택, 류현종, 김부경, 박선경, 박찬교

펴낸이 | 류종필
편집 | 이정우, 최형욱
마케팅 | 김연일, 김유리
표지디자인 | 석운디자인
본문디자인 | 성인기획
교정교열 | 오효순

펴낸곳 | (주) 도서출판 책과함께
주소 (04022) 서울시 마포구 동교로 70 소와소빌딩 2층
전화 (02) 335-1982
팩스 (02) 335-1316
전자우편 prpub@hanmail.net
블로그 blog.naver.com/prpub
등록 2003년 4월 3일 제25100-2003-392호

ISBN 979-11-88990-29-0   94900

이 도서의 국립중앙도서관 출판시도서목록(CIP)은
서지정보유통지원시스템 홈페이지(http://seoji.nl.go.kr)와
국가자료종합목록시스템(http://www.nl.go.kr/kolisnet)에서 이용하실 수 있습니다.
(CIP제어번호 : CIP2019006809)